国家出版基金项目
NATIONAL PUBLICATION FOUNDATION

当代国外马克思主义研究丛书

陈学明　吴晓明／丛书主编
张双利　汪行福／丛书副主编

西方马克思主义当代乌托邦思想研究

祁程／著

重庆出版集团　重庆出版社

图书在版编目(CIP)数据

西方马克思主义当代乌托邦思想研究/祁程著.—重庆:重庆出版社,2017.7
(当代国外马克思主义研究丛书)
ISBN 978-7-229-12152-5

Ⅰ.①西… Ⅱ.①祁… Ⅲ.①西方马克思主义—乌托邦—思想评论 Ⅳ.①B089.1②D091.6

中国版本图书馆 CIP 数据核字(2017)第 063343 号

西方马克思主义当代乌托邦思想研究
XIFANG MAKESI ZHUYI DANGDAI WUTUOBANG SIXIANG YANJIU
当代国外马克思主义研究丛书
祁 程 著
陈学明 吴晓明 丛书主编
张双利 汪行福 丛书副主编

责任编辑:林 郁
责任校对:何建云
装帧设计:重庆出版集团艺术设计有限公司·卢晓鸣

重庆出版集团 出版、发行
重庆出版社

重庆市南岸区南滨路162号1幢 邮政编码:400061 http://www.cqph.com
重庆出版集团艺术设计有限公司制版
重庆天旭印务有限责任公司印刷
重庆出版集团图书发行有限公司发行
E-MAIL:fxchu@cqph.com 邮购电话:023-61520646
全国新华书店经销

开本:787mm×1092mm 1/16 印张:26.75 字数:410千
2017年7月第1版 2017年7月第1次印刷
ISBN 978-7-229-12152-5
定价:69.00元

如有印装质量问题,请向本集团图书发行有限公司调换:023-61520678

版权所有 侵权必究

《当代国外马克思主义研究丛书》总序

对国外马克思主义的研究滥觞于20世纪70年代末和80年代初的"西方马克思主义热"。经过20多年来的发展，今天我们完全有把握说：国外马克思主义研究，尤其是当代国外马克思主义研究，已经成为一门显学。

国外马克思主义研究之所以成为显学，原因是多方面的。首先，马克思主义本身显示出强大的生命力。几乎可以说，在马克思以后，国际上出现的任何重大的社会思潮，都会自觉地或不自觉地从马克思主义那里借贷思想资源，甚至直接地或间接地用马克思主义来命名相关的思潮或学派。在这个意义上可以说，马克思仍然是我们的同时代人。其次，国内的马克思主义研究，特别是马克思主义基础理论研究，必须借鉴国外马克思主义研究的最新成果。作为发展中的国家，我国在现代化进程中尚未经历过的事情，许多国家已经经历过了。它们的经验教训是什么？这些经验教训蕴含着哪些重大的理论问题？这些问题是否会导致我们对马克思主义基础理论理解上的重大突破？事实上，国外马克思主义者一系列原创性的研究成果，早已引起国内理论研究者的深切的关注和巨大的兴趣。再次，作为社会主义的国家，我国是以马克思主义作为自己的指导思想的，当然应该比任何其他国家都更多地致力于对国外马克思主义的探索，以便确保我国的精神生活始终站在马克思主义理论的制高点上。

作为国外马克思主义研究领域中的长期的耕耘者，我们也深切地体会到这一研究领域近20多年来发生的重大变化。复旦大学哲学系于1985年建立国外马克思主义研究室；1999年升格为复旦大学当代国外马克思主义研究中心；2000年成为教育部重点研究基地（该研究领域中唯一的重点研究基地，简称"小基地"）；2004年，在小基地之外，建立了复旦大学国外马克思主义与国外思潮国家级创新研究基地（该研究领域中唯一的国家重点研究基地，简称"大基地"）；2005年又建立了国内第一个国外马克思主义自设博士点。2006年，全国又建立了21个马克思主义一级学科，下设五个二级学科，其中包括国外马克思主义研究。所以，从学科建设的角度来看，国外马克思主义已经从马哲史或外哲史的一个研究方向上升为独立的二级学科，而小基地和大基地的相继建立也表明，国外马克思主义的研究已经受到高度的重视。

我们之所以要策划并出版《当代国外马克思主义研究丛书》，其直接的起因是：通过投标和竞标，我们获得了2004年度教育部重大攻关课题《当代国外马克思主义思潮的现状、发展态势和基本理论研究》。这个课题促使我们凝聚大、小基地的全部学术力量，及博士后和博士生中的佼佼者，对当代国外马克思主义做出全方位的、有穿透力的研究。这套丛书具有以下三个特征：

其一，系统性。本丛书试图通过三种不同的研究进路，即"区域研究"、"流派研究"和"问题研究"来构建这种系统性。"区域研究"重点探讨亚洲、非洲、拉丁美洲和南美洲（包括一些社会主义国家，如越南、老挝、朝鲜、古巴）的马克思主义发展现状；"流派研究"主要探索国外最新的马克思主义流派，如"后马克思主义"、"解构主义的马克思主义"、"女性主义的马克思主义"、"解放神学"等；"问题研究"侧重于反思当代国外马克思主义者探索的一系列重大的理论问题，如"全球化背景下的现代性"、"市场社会主义"、"当代资本主义的最新发展"等。通过这三条不同的研究进路，这套丛书将全面而又有重点地勾勒出当代国外马克思主义发展的整体面貌。

其二，前沿性。本丛书对"前沿性"的理解是，把研究的焦点放在20世纪80年代和90年代初以来国外马克思主义的最新发展上。也就是说，重点考察在最近20年左右的时间里，国外马克思主义发展的最新态势是什么？国外马克思主义者发表了哪些有影响力的著作和论述？他们正在思考哪些重大的社会问题和理论问题？当然，为了把前沿问题叙述清楚,也需要做一些历史的铺垫,但探讨的重心始终落在国外马克思主义者所面对的最前沿的问题上。

其三,思想性。纳入本丛书出版规划的著作,除译著外,都充分体现出对思想性的倚重。也就是说,这些著作不仅是"描述性的",更是"反思性的"、"研究性的"。它们不仅要弄清新的现象和资料,而且要深入地反省,这些新的现象和资料可能给传统的理论,尤其是基础理论造成怎样的挑战?如何在挑战与应战的互动中丰富并推进马克思主义基础理论的发展?总之,它们不是材料的堆砌,而是思想的贯通。这也正是这套丛书不同于其他丛书的最显著的特点之一。

我们感到庆幸的是,这套丛书在策划的过程中就得到了重庆出版社总编辑陈兴芜编审和该社重点图书编辑室主任吴立平的热情支持。本丛书的出版也得到了2004年度教育部重大攻关课题《当代国外马克思主义思潮的现状、发展态势与基本理论研究》(课题批准号为04JZD002)的资助,在此一并表示感谢。

俞吾金　陈学明　吴晓明

《当代国外马克思主义研究丛书》续总序

这套《当代国外马克思主义研究丛书》,早在10年前就由重庆出版社推出,前后共出版了近20部书,由俞吾金教授任主编,陈学明、吴晓明任副主编。当今天再次筹划继续出版这套丛书时,俞吾金教授已谢世一年多,我们的内心充满了对他的敬意与怀念。

俞吾金教授在"总序"中已对出版这套丛书的宗旨、特点,以及对研究国外马克思主义的意义都已做出了明确的论述。这里,我们仅做若干补充。

与10年前相比,研究国外马克思主义,特别是研究西方马克思主义在当今中国的意义已越来越被人们所深刻认识到。我国的马克思主义理论一级学科中,明确设立了国外马克思主义的二级学科。但是,国外马克思主义,特别是西方马克思主义在当今中国的意义并不仅仅是成为一个二级学科,而主要是通过它在理论和现实生活中的实际作用体现出来的。西方马克思主义是在20世纪70年代末80年代初流传进我们中国的。中国学者已经对其进行了长达30多年的研究。西方马克思主义研究在中国的整个译介和研讨过程,大致可以分为三个阶段。这就是:从20世纪80年代初至90年代初;从20世纪90年代初至21世纪初;从21世纪初至现在。中国走上改革开放的道路,开辟新的历史时期,关键在于要破除原有的思想障碍,实现思想解放。而在各种思想障碍中,无疑对马克思主义的教条、僵化的错误理解是最大的思想障碍。在改革开放的历史性实践中,先前的思想障碍逐渐被破除,对马克思主义更加深入而全面的理解要求出现了。而西方马克思主义研究的意义就是在很大程度上助成并促使人们从对马克思主义教条、僵化的理解中摆脱出来。20世纪80年代末90年代初，国际风云突变，这主要表现在东欧一批社会主义国家的易帜和苏联的解体。我国的西方马克思主义研究也进入了一个新的阶段。这一阶段我国的西方马克思主义研究的一个重要意义就是为增强马克思主义信念带来推动力，为正确地总结苏东剧变的教训提供借鉴。20世纪末到现在，我国的西方马克思主义研究主要是为开辟中国特色社会主义道路提供某种对照性的理论资源，既为论证中国道路的合理性与合法性提供有参考意义的理论说明，也为破解中国道路面临的难题提供借鉴性的理论启示。西方马克思主义与中国特色社会主义理论体系之间因而产生了紧密的联系。西方马克思主义研究伴随着中国改革开放的整个历史进程。西方马克思主义研究已经构成了当今中国的马克思主义研究，甚至整个理论研究的一个重要的有机组成部分。正因为国外马克思主义，特别是西方马克思主义在当今中国有着不可替代的作用，所以它也理所当然地成为当今中国学界的显学。我们这套丛书的价值与意义是同国外马克思主义、西方马克思主义的价值与意义紧密联系在一起的。

我们清醒地知道，一套丛书的命运固然主要是取决于社会对其需求的程度，但同时也离不开这套丛书自身的品质。为了顺应时代的发展和学术研究的深化，使这套丛书的品质在原有的基础上有进一步提高，我们打算做出以下四个方面的改进：

其一，原先收入本丛书的著作，主要是研究国外马克思主义、西方马克思主义的某一代表人物或者某种思潮、某种流派，现在我们力图强化"问题意识"，在继续推出研究人物、思潮、流派的著作的同时，着重出版以问题为导向的著作。

其二，原先我们的视野主要局限于西方的那些以马克思主义者自居的思想家，现在我们试图进一步扩展视野，把更多的思想家包含进来。具体地说，本丛书所涉及的国外思想家将包括"三个圆圈"："核心的圆圈"还是那些以马克思主义者自居的思想家；再扩展到那些并不自称是马克思主义思想家的国外左翼学者；最后再往外扩展到那些"左翼"以外的学者，只要他的研究涉及马克思主义，就将成为我们的研究对象。

其三，原先本丛书的作者主要是我们复旦大学当代国外马克思主义研究中心和复旦大学哲学学院的教师以及在这里就读的博士生，现在我们将本丛书扩展成整个中国国外马克思主义、西方马克思主义学界的丛书，热忱地欢迎国内外这一领域的相关学者将自己的研究成果列入本丛书出版。

其四，原先本丛书的著作基本上是以"述介"为主，即主要是进入研究对象的思想体系，用中国的思维方式和中国的语言把其讲清楚。现在我们提倡在走进研究对象的基础上，还要进一步从研究对象中走出来，用马克思主义的立场、观点、方法对其做出深刻的研究，本丛书还会继续出版"述介"型的著作，但将更加重视"研究"型的著作。

最后，我们在此对重庆出版集团致以谢意。我们在这里特别要指出，重庆出版集团是对中国的国外马克思主义，特别是西方马克思主义研究做出了重大贡献的。早在20世纪的八九十年代，他们就支持徐崇温教授推出了《国外马克思主义和社会主义研究》丛书。该丛书在中国的国外马克思主义，特别是西方马克思主义的研究史上留下了不可磨灭的印记。我们当时作为青年学者也积极参与了该丛书的写作和出版。我们所编写的《西方马克思主义名著提要》（三卷本），作为该丛书的一个部分，在上海推出时，时任上海市政府顾问的汪道涵先生亲自参加出版座谈会，并发表了热情洋溢的讲话，高度评价重庆出版集团所做的工作。近30年时间过去了，重庆出版集团不改初衷，继续竭尽全力支持国内学界对国外马克思主义，特别是西方马克思主义的研究。他们在与我们商谈出版这套丛书时，根本不与我们涉及当前出版图书通常所见的那种所谓"出版贴补"之类，这着实使我们感动。这使我们在重新策划这套丛书时，从根本上解除了"后顾之忧"。我们希望以交出更多的优秀著作来回报他们，并向他们表示深深的敬意。

陈学明　吴晓明

Research on the Contemporary Utopian Thought of Western Maxism

MULU
目 录

《当代国外马克思主义研究丛书》总序　1
《当代国外马克思主义研究丛书》续总序　1

引　言　1
　一、研究意义　2
　二、国内外研究现状　3
　三、研究思路和方法　10
　四、研究内容和创新之处　12

第一章　乌托邦思想的历史流变　16
　一、传统哲学中的乌托邦思想：概念和特征的分析　17
　二、现代哲学中的乌托邦思想：观念和特质的阐释　28

第二章　乌托邦思想的当代重大转向　46
　一、西方马克思主义的当代乌托邦视野　48
　二、乌托邦思想从现代向当代的转向　62

第三章　审美创设下的当代乌托邦营建　93
　一、现实主义的历史乌托邦洞见　95

二、文化想象中的乌托邦精神　106
　　三、超越弥赛亚的乌托邦救赎　124
　　四、审美之维中的乌托邦运作　137
　　五、反讽否定中的乌托邦艺术气质　153
　　六、文化逻辑中的乌托邦美学政治　170

第四章　社会展望下的当代乌托邦构筑　190
　　一、异化发生学的人本图景　192
　　二、冷流印象的嬗变　207
　　三、本能结构的革命策略　224
　　四、公共力量穷竭的消解　238
　　五、乌托邦终结论的反叛　255
　　六、激进的空间"替代方案"　267
　　七、生态空场的画卷填充　283

第五章　乌托邦与意识形态的新型关系　301
　　一、意识形态与乌托邦的关系分析　303
　　二、共产主义中乌托邦与意识形态的张力　313
　　三、现代大众文化整合的冲突交锋　320
　　四、西方思想界的反乌托邦诠释　329
　　五、乌托邦危机中的知识分子抗争　344

第六章　当代乌托邦的重建　355
　　一、历史意识中的当代乌托邦唤醒　357
　　二、现代性展开中的当代乌托邦诊断　370
　　三、现代性视野中的中国当代乌托邦重建　378

结　语　394

参考文献　401

后　记　414

引 言

> 人们必须为不可能的东西而不懈奋斗，否则就不可能达到可能的东西了。[①]

人为什么活着？应当以何种方式活着？什么样的生活，才符合人之为人的存在？什么样的社会才能提供这种生活样态……这些人类思想中不断产生的疑问，穿过历史时空，永恒地叩问着人类灵魂。正是这种思想的自我追问，才使人具有了人之为人的意义和价值。为实现美好未来社会，人类提出过各式各样富有深度的方案和制度设计，其中，乌托邦是最富有创造性和想象力的。它对未来希望图景的描绘，调动着人类自身天性中最为丰富的部分，使之超越了丑恶和黑暗划定的界限。

然而，与理想化的落幕相伴，如今乌托邦的地位却一落千丈。它真的陷入不能自拔之中了吗？如果我们肯定这一答案，为什么它的踪迹贯穿历史千年，它的见解遍布世界各地，围绕它的论争不断，对它的褒贬毁誉不绝？由此看来，它绝没有也不可能退出历史舞台，也绝不是罪恶深重而应当弃绝。但是，何以它如此遭人唾弃？何以它如此落寞孤寂？这在很大程度上，与世人对其的误读误介有关。那么，真正意义上的乌托邦是什么？在当下还有何价值？它怎样才能吸引人们重新理解并接受？

人们在讨伐传统乌托邦的负面效应后，是否也应公正评价它的积极因素？是否也应立足当代视野，发现新的乌托邦存在形式？对西方马克思主义乌托邦思想的深入挖掘，是乌托邦研究整体发展中的关键一环，重视这

[①] Max Weber, *The Sociology of Religion*. Boston: Beacon Press, 1963, p. 144.

一研究重镇,推进乌托邦思想的整体发展,是学界不能回避的问题。

一、研究意义

乌托邦是一个源流长久而又丰富的复杂主题,想全面厘清乌托邦理论的相关问题是不太可能的。如今乌托邦理论的发展态势,已由传统理论领域,向各个分支学科延伸,依然保持着旺盛的生命力。西方马克思主义乌托邦思想,是传统乌托邦理论的新形态,是对现代资本主义社会矛盾深刻批判后的理论结晶。

近年来,由于西方马克思主义在中国学界得到密切关注,国内学者在留心西方马克思主义发展乌托邦思想的同时,也对在阐释和译介中的乌托邦概念运用有所疑虑。乌托邦概念不再局限在完美而不可能的意义上,而是出现了进一步泛化的趋势,学界和日常的误读性使用越发多元,有必要重新在西方马克思主义的理论视角中加以界定。西方马克思主义乌托邦思想的传入,对于解决中国自身发展的种种困境,是不无裨益的。但是,其中一些问题还是很难在短时间内得以澄清,甚至会出现理论上的冲撞。由于其理论内在所要解答的诱惑与当下中国的社会现实之间有较为直接的对应关系[①],西方马克思主义乌托邦思想所回应的问题性质,虽具有发达工业社会,甚至是后工业时代的特殊性,但其理论的出发点及归宿,都建基于对人本身及其所处历史时代的关注之中,在一定程度上带有的普遍意味,又与中国主流意识形态发生某种密切关联。西方马克思主义乌托邦思想,是当今社会病理学的内在诊断书。当代乌托邦的理论发生及其功能作用发挥,引发出对当今中国命运的启示。由于文化传统出现的暂时性断层,在病态的市场化秩序里奔走,比起历史上任一时期,生活在中国当下的人们,离乌托邦精神的距离越发遥远。与此同时,和谐力量缺乏的社会现实,又是乌托邦得以新生的温床。那么,从西方马克思主义的理论视角,应当怎样看待乌托邦在中国

[①] 有学者指出,在100年来的汉语语境中,"工业化"一词是大多数中国人的信仰,而不是反思的对象。在很长的历史时段内,普通的中国民众所追求的乌托邦恐怕还是一个至善的政治国家,而不是一个消除了人的异化的和谐社会。

所处的历史方位？乌托邦又能以怎样的姿态面向中国未来？

本书是国内第一次对西方马克思主义当代乌托邦思想的梳理和概括,旨在了解现有乌托邦研究文献的基础上,通过对西方马克思主义乌托邦思想的新质特征与传统特征之间的对比和分析,尽可能全面地厘清西方马克思主义话语系统中,乌托邦理论发展脉络和逻辑演进,并借助于对此的分析,澄清相互关联的理论困惑,进入政治现象和某些意识形态的背后,重新理解人类这种独具的超越性和创造力,进而深入到人类纷繁变迁的社会历史进程中,直面现实生活的挑战。

二、国内外研究现状

古今中外关于乌托邦的研究资源丰富,不仅包括中西方文化的早期思想,近代经典作家的理论探讨,还包括现当代学者的理论成果,西方马克思主义者及反乌托邦主义者等的研究成果。上述的理论研究,对乌托邦的基本内涵、主要特征、历史进程、乌托邦精神的积极意义、悖论性品格、外部困境、反乌托邦话语的回击、历史新型设计等提出了较详尽的思路。20世纪社会转型带来全方位剧变的同时,也使得乌托邦的研究在方向、思路与方法上发生了转变,关于乌托邦思想特别是当代乌托邦精神的研究获得了长足发展,实现了从"模式意识"到"问题意识"、从单纯的乌托邦评价问题到对各学科专题的开放式研究的转换,对国际社会思潮与社会心理产生了不同以往的影响。国内学界在理论新兴发展的同时,引进涉及乌托邦研究的译著,重视当代西方马克思主义的发展趋势与研究进展,试图从与国外学者不同的逻辑起点,在超越元乌托邦的层面上,形成不同的研究走向。

国内学界关于乌托邦的研究,大体上自新中国成立后逐步展开,并分为两个阶段。新中国成立初期的乌托邦研究,带有很大的局限性,多把乌托邦思想与空想社会主义画上了等号。① 对空想社会主义内涵的把

---

① 那时相继译介出版了一批近代以来的乌托邦著作,包括莫尔的《乌托邦》、康帕内拉的《太阳城》,以及圣西门、傅立叶和欧文等人的著作。空想社会主义理论实际上只是乌托邦演变过程的一部分而已。

握，也只是停留在社会主义批判的层面，离乌托邦研究视角，还有很大的距离。当时的乌托邦研究深受苏联教条主义的侵害，研究范围一般都以空想社会主义为界限，错误地将乌托邦作为科学社会主义的对立面来研究，而无法进入到西方近代政治文明的视野中。基于传统马克思主义的研究方法和观点，乌托邦被预设成需接受批判的对象。乌托邦研究的主要资料来源，也是俄文翻译或苏联专家的推介，进入国内研究视野的理论资源，跟不上研究本身的发展形势。[①]直到改革开放特别是21世纪之后，国内学界才渐渐从传统理论的惯性束缚中解脱出来，继续译介出版国外关于乌托邦相关理论研究的学术作品，以及一些乌托邦文学作品，对乌托邦思想才有了较为公允的研究，也才有了专门意义上的乌托邦理论专著的问世。乌托邦研究日益受到重视，对乌托邦也形成了学人的独立见解和眼光，且将其同空想社会主义加以了合理的区分。

第一，围绕国外马克思主义特别是西方马克思主义的理论著作进行阐释和解读，主要集中在对布洛赫、马尔库塞、哈贝马斯、詹姆逊等人作品的分析和评介上。主要学术作品包括：《理想的界限："西方马克思主义"现代乌托邦社会主义理论研究》（陆俊，1998）、《新乌托邦主义》（陈岸瑛、陆丁，2001）、《关于一个公正世界的"乌托邦"构想》（章国锋，2001）、《道德乌托邦的重构——哈贝马斯交往伦理思想研究》（龚群，2003）、《詹姆逊乌托邦思想研究》（林慧，2007）、《乌托邦困境中的希望：布洛赫早中期哲学的文本解读》（夏凡，2008）、《审美乌托邦的想象：从韦伯到法兰克福学派的审美救赎之路》（李建，2009），等等。

第二，从历史文化层面入手，充分运用乌托邦的视角进行深刻的批判和反思。主要学术著作包括：《历史与乌托邦——历史哲学：走出传统设计之误区》（衣俊卿，1995）、《现实生活世界：乌托邦精神的真实根基》（贺来，1998）、《二十世纪中国的反传统思潮与中式乌托邦主义》（林毓生，1996）、《大众文化与当代乌托邦》（陈刚，1996）、《走出历史哲学的乌托邦：马克思主义发展观的当代沉思》（刘怀玉，2001）、《正义之善：论乌托邦的政治意义》（陈周旺，2003）、《反乌托邦思想的哲学研究》（谢江平，2007）、《乌托邦语境下的现代性反思》（张彭松，2010），等等。《历史与乌

[①] 如吴易风的《空想社会主义》（1980），王兰垣、余金成主编的《空想社会主义比较论》（1991）等，这一时期的研究在方法、材料方面都有些局限，研究资料也相当的短缺。

托邦——历史哲学:走出传统设计之误区》与《现实生活世界:乌托邦精神的真实根基》主要从马克思主义哲学的立场出发,对乌托邦的哲学精神给予深入解读。[①]《正义之善:论乌托邦的政治意义》率先从政治学视角系统阐释乌托邦,研究思路清晰,论证严密,在方法论上有较明显的自觉性。《反乌托邦思想的哲学研究》从反乌托邦思想的角度,展开对乌托邦思想的研究。这本书对于西方学界在乌托邦理论阐释上的新动向,给予了较多关注。《乌托邦语境下的现代性反思》从现代性批判的这一新角度,着重分析了乌托邦与现代性之间的关系。此外,关于乌托邦研究的论文成果,数量也相当客观。

国内的学者在乌托邦文学方面的研究散见于论文或随笔。这些学者主要有张隆溪、梦海、姚建斌,等等。他们对相关文本进行了细致的考察,对乌托邦文学传统的研究,起到了不小的推动作用。中国古代思想中,从《礼记》中的大同世界到洪秀全的"太平天国"再到康有为的《大同书》,乌托邦家族可谓源远流长、谱系繁多。

国内关于乌托邦的研究主要存在如下问题:首先,在对乌托邦概念的使用上,出现内涵外延界定不严的状况。由于对概念的使用缺乏基本约定,使得各自有一套言说方式。其次,对乌托邦思想本身的纯粹研究不够重视,乌托邦仅仅当作一种学术操作工具,对西方乌托邦思想的脉络与特征,很少有人问津。第三,对西方马克思主义乌托邦思想没有进行深入的研究和梳理,仅有的一部《理想的界限:"西方马克思主义"现代乌托邦社会主义理论研究》,虽然视野已经打开,但仍局限在社会建构这一个问题上且以代表人物分章叙述,很大程度上只是用传统马克思主义的研究思路进行取舍和衡量,评价不甚客观。国内研究仍处于起步阶段,一方面,受政治观点的影响,相对缺乏客观公正的研究传统,之后又受到新旧研究成果的相互干扰和影响,研究思路难免会出现

[①] 被学界认为"代表了中国当代乌托邦研究的水平"(见徐长福:《乌托邦反思:在历史与现实之间——对两部研究乌托邦问题著作的合议》,载《求是学刊》,1999年第2期)的这两部著作都是以哲学的视角来作为乌托邦研究的起点,着眼于人类与乌托邦之间的冲突和矛盾。衣俊卿和贺来认识到人对于乌托邦来说是一个不完美的存在,因此在实践过程中对人的过高期望最终只会导致希望的破灭。虽然他们在各自的研究中得出了不同的结论,但这两部著作的最大意义,是使国内乌托邦研究开始独立化,从先前的社会主义研究模式中脱离出来。

问题；另一方面，旧有研究模式的影响力还未完全褪去，乌托邦仍然在一些通识作品中，被指认为空想社会主义思想流派的理论，被简单归结为空想的代名词。

就国外研究情况而言，乌托邦是西方思想界长期关注的问题，国外的研究基本上就是西方乌托邦思想的发展史。[①] 西方乌托邦观念在古代就已广泛存在于哲学和宗教作品中。莫尔正式提出了"乌托邦"这一词汇。一般而言，凡是涉及对一个理想社会结构的描述或刻画，并在其中暗含了对当时社会状况的批判或讽刺，诸如此类著作都被看成是乌托邦作品，而关于理想社会规划设计或带有社会建构特征的思想观念，一般都被称之为乌托邦思想。乌托邦在18世纪逐渐从文学表现形式中淡出，而进入到了关于社会理论和政治思想的行列中。乌托邦问题在国外引起广泛关注并非偶然，持续时间之长，其原因颇为复杂，主要体现在两方面：

首先，是西方意识形态对抗的结果，为达到反乌托邦的目的展开研究。在现代西方研究语境中，乌托邦长期被视为社会主义或共产主义的同义词。在西方学者看来，19世纪之后，社会主义是最具乌托邦性质的理论。"这般眼花缭乱的和谐设想——在严肃的乌托邦文献里，

[①] 在"乌托邦"这一名词出现之前，乌托邦观念就已广泛存在于哲人的思想和著作中。早在柏拉图的《理想国》中就得到了详尽阐述，再往上追溯，希伯来先知阿莫斯、以赛亚等人的著述，就提出救世主国家，即"神的王国"乌托邦思想观念。这在启示录著作中得到进一步发展，其中最著名的是《约翰启示录》。伦理—宗教乌托邦著作中，伊甸园的神话和基督教关于天国的想象也包含不少乌托邦的因素，最重要的是奥古斯丁的《上帝之城》。1516年，英国人托马斯·莫尔爵士用拉丁文出版了一部以对话录的形式书写名为《乌托邦》的书，这标志着"乌托邦"这个名词正式在历史上出现。乌托邦是莫尔利用希腊文字创造的虚构词语，意指一个"美好的"但并"不存在"的地方。文艺复兴时期到17世纪，陆续出现了一系列乌托邦作品，如康帕内拉的《太阳城》、培根的《新大西岛》、莫里斯的《乌有乡消息》等影响深远的名著。启蒙时代，培根则设计了一个科学的乌托邦，带来了进步的观念，以及物质极大丰富的未来社会理想。霍布斯在《利维坦》中主张君主集权式的乌托邦。在法国启蒙思想家的社会理论中，尤其在卢梭的《社会契约论》等著作中，却明显受柏拉图的理想国等古典理想社会的影响。乌托邦观念在19世纪才进入研究者的视野。路易斯·雷勃在1840年首次提出乌托邦社会的概念；稍后，摩尔列举了柏拉图以来的25种乌托邦，并运用政治学的方法加以分析。从莱布尼兹、康德到黑格尔等18世纪、19世纪的思想家，大多数都相信人类社会日益进步，人性可以无止境地趋于完善。科学进步似乎有可能把乌托邦由理想变成现实，于是乌托邦不再是某一地点，而是存在于未来发展之中，而不在未知的异国绝域。恩格斯的《社会主义从空想到科学》成为这一时期乌托邦研究的代表作。

几乎绝无仅有。"①这就是库玛对马克思主义未来共产主义社会设想给出的判断。很大程度上,经典马克思主义理论家对空想社会主义的批判,直接将对乌托邦的批判提到了意识形态的高度。移居克罗茨纳赫时期,马克思对英法空想社会主义思想进行了深入研究。马克思、恩格斯创立自己的学说之时,也正是各种资产阶级、小资产阶级社会主义思潮在欧洲流行的历史阶段。他们将自己的理论称为批判的共产主义,而把布兰基、魏特林等人的学说,直接称为空想的共产主义。19世纪70年代后,他们将自己的学说称为科学社会主义,以示区别。把乌托邦等同于空想,是马克思主义的思想误区,而等同于社会主义,则是别有用心的学者把乌托邦用来作为攻击社会主义的意识形态工具。在当代最具影响力的思想家的"围剿"下,"告别乌托邦"在二战后一度成为时代的标签,新自由主义者对乌托邦的批判,带上了深刻的时代烙印。

这一时期,更主要是对资本主义制度的清醒认识和深刻批判,以展现不同于现实社会的未来理想。西方马克思主义者对乌托邦展开了细致周密的阐释,特别是在对马克思主义的论证中,将其作为一种突破现存世界且以改变世界为主旨的乌托邦。这种阐释不仅凸显了理论批判的革命性威力,也彰显了实践的超越立场。西方马克思主义乌托邦思想,被布洛赫称为一条"内在的道路"。一大批西方马克思主义思想家和马克思在根本立场上是一致的,都是直面现代人的物质和精神的双重危机。西方马克思主义乌托邦思想在20世纪产生了非常重要的影响。

20世纪以后,乌托邦研究逐步作为专门领域展开,一大批有影响的思想家对乌托邦进行了深刻阐释,相关文献也大量出现。现代思想家们对乌托邦的研究,一般已不再局限在传统乌托邦的范围内,早已不将其视为空想社会主义,也不只是在传统本体意义上对其做形而上学的解读,而对乌托邦出现的各种新形态给予解释和说明。当代国外乌

---

①Krishan Kumar, *Utopia and Anti-Utopia in Modern Times*. Oxford: Basil Blackwell, 1987, p.428.

托邦研究,大体上分为三类:①第一类是西方马克思主义者。他们乌托

---

①第一类是西方马克思主义者。他们中的大多数人高举乌托邦旗帜,直接为乌托邦辩护,为现代条件下乌托邦存在的合理性和必要性做最广泛的论证。同时,对保守自由主义者的批判也进行了有力的回击。正是在不断的争论中,他们系统地阐明了自己的乌托邦理论。第二类是自由主义者。他们大多认为,乌托邦观念与极权主义思想两者之间存在同等的价值前提,并认为,乌托邦是理性的滥用以及对个人自由的摧毁。自由主义者对乌托邦观念的批判是全面而深刻的,而保守自由主义者对乌托邦的批判似乎忽略了一个关键前提:理性和知识作为批判的工具,只有在自己的领域才有效。乌托邦非但没有消失反而更加兴盛。第三类是其他的乌托邦研究者。(1)从乌托邦思想本身或思想史层次中,19世纪末期起,具有西方自由人文传统的学者纷纷关注乌托邦现象,涌现出了大量研究乌托邦的著作,如莫里兹·考夫曼的《乌托邦》、刘易斯·芒福德的《乌托邦的故事》、赫茨勒的《乌托邦思想史》、伯里瑞的《乌托邦之旅》、莫顿的《英国乌托邦》等。赫茨勒出版于1923年的《乌托邦思想史》是较早以编年体史形式对乌托邦进行研究的著作。他对具有代表性的乌托邦思想进行历史的抽样剖析,将乌托邦思想按照历史发展顺序进行探讨,其源头一直追溯到希伯来人的先知时期,然后从柏拉图的《理想国》一直写到现代的理查德·贝拉米和H.威尔斯等人。作者持较中立的价值原则,力图对历史上的各种乌托邦理论做一个清晰的描述。这一时期的乌托邦研究还没有明显受到时局变动的影响,这样的研究思路不久便被带有强烈价值取向的研究思路所替代。(2)从社会学和哲学美学等层次研究中,曼海姆在1936年出版的《意识形态与乌托邦》被认为是其间最有名的乌托邦研究著作。该书从知识社会学的角度赋予乌托邦以全新的政治含义,提出了乌托邦心态的观点,通过揭示乌托邦与意识形态的关系,反映出乌托邦思想结构的变化。曼努尔兄弟的著作《西方世界的乌托邦思想》也从编年叙事体系着手,以文本为对象对西方的乌托邦思想做了系统的研究。克利衫·库玛的《现代的乌托邦和反乌托邦》对乌托邦做了严格的定义,并认为,源于西方文艺复兴时期的乌托邦是唯一的乌托邦。他将乌托邦放在西方现代性开端的历史语境中去讨论,避免了之前一些研究者对乌托邦的定义过于宽泛而引起的一系列问题。宗教哲学家保罗·蒂里希在《论乌托邦的政治意义》中为乌托邦的存在及其积极意义做了有力的辩护。马丁·布伯的《乌托邦之道路》探讨了乌托邦从思想转化为行动的过程及后果。达伦·韦布在《马克思、马克思主义和乌托邦》中,从乌托邦的视角研究了马克思主义,并认为,社会主义的前途取决于人类对自身事务的驾驭能力。拉斯基在《乌托邦与革命》中认为,政治革命就是乌托邦的道路,而政治革命中乌托邦必然会向教条主义转化。(3)从文学的视角进行的研究中,西方出版了近百种研究乌托邦文学的著作,其中较有代表性的有福第尔的《托马斯·莫尔的乌托邦思想和其在文学中的发展》。关于反面乌托邦文学研究,作家们通过反乌托邦文学的创作,寄托自己的社会理念和对现实的反思,以"反乌托邦三部曲"为代表,即赫胥黎的《美妙的新世界》(1932)、乔治·奥威尔的《1984》(1948)和扎米亚京的《我们》(1924)。其后网络的飞速发展催生了乌托邦文学的又一变种——伊托邦,对这个新型文化现象的研究则较少,目前仅有美国的威廉·J.米切尔教授《伊托邦——数字时代的城市生活》一书,尚未见其他著述。乔治·格兰的《乌托邦创作》将反面乌托邦文学直接作为乌托邦文学的一种类型,对"反乌托邦三部曲"的情节、内容做了介绍性评论,但未将其看作独立的文学体裁。西方乌托邦研究领域和范围正不断被拓展,主要有汉娜·阿伦特、福柯、朱迪·史克拉、保罗·利科等人。

邦思想主要分为五类:(1)本体论形态,以布洛赫为代表;(2)回复论形态,以马尔库塞与弗洛姆等为代表;(3)转换论形态,以哈贝马斯和高兹等为代表;(4)生成论形态,以詹姆逊、雅各比、哈维等为代表;(5)其他西方马克思主义者的论著中也有乌托邦的思想流露,如卢卡奇、戈德曼、施密特等。后面会对这些类别进行详细阐述。第二类是自由主义者,即反乌托邦主义者,以波普、哈耶克、柯尔奈、伯林、奥克肖特、塔尔蒙等为代表。第三类是其他的乌托邦研究者。乌托邦研究逐步呈多元化趋势,朝社会学、解释学、建筑学、未来学、文化研究、后现代主义、生态等领域拓展。这既取决于乌托邦思想的丰富内涵,同时在一定程度上,也体现出乌托邦理论本身的当代转向。虽然研究者大多涉及乌托邦理论的演变,但往往忽视了乌托邦内在具有的与其他相关形式之间的关联性。

乌托邦问题的研究范式主要有以下四种:

第一种,从政治学实证研究的视角对传统乌托邦运动和政治实践加以清算和批判。众多国内外学者将乌托邦视为人们对不可能最终实现的社会理想,或终极性的社会理想状态,或全面理想社会设计,表现出的人类关于遥远未来的目的性追求。他们一般认为,如果依据乌托邦的社会理想,对现实社会进行构建,就会最终堕入集权和独裁之中,生活在其中的人们,将在乌托邦运动的狂热里不能自拔。尽管该范式对乌托邦政治设计进行了深刻反思与批判,但缺乏对乌托邦与科学社会主义之间渊源流变与问题转换的清理,在当代意识形态研究转型之后,对乌托邦特别是乌托邦精神的定位与发展态势等问题也缺乏深入而系统的研究。

第二种,以编年史的方式对乌托邦文本做纯学术性的宏观把握。以《乌托邦思想史》、《西方世界的乌托邦思想》等为代表的研究路向全景式地对传统乌托邦的历史做出描绘,较为直接地展示乌托邦思想的发展进程。该范式从总体上把握住了乌托邦的概貌与特征,但缺乏对20世纪西方马克思主义者和当代反乌托邦主义者特别是现代性视野和全球化时代乌托邦走向的思考。

第三种,在社会历史语境与文本的意义关联中进行多学科乌托研究。该范式从曼海姆的知识社会学开始,将社会学、哲学、语言学、历史学等多个学科领域的知识和方法融会贯通,既有曼海姆《意识形态与乌托邦》的知识社会学方法,又有伊格尔顿等左翼人士运用文化研究方法,将社会现实直接充任文本的语境,甚至视作文本本身,在宏大的语境下对乌托邦展开文本批评,还有以蒂里希《政治期望》为代表的宗教社会学对乌托邦的政治意义展开探讨。但总体而言,该范式缺乏对超越政治现实的乌托邦精神的整体性研究,并缺乏与乌托邦运动的分析比较,对西方马克思主义者研究中的借鉴意义研究不足。

第四种,运用西方马克思主义和左派自有学术话语系统展开跨学科乌托邦研究。该范式随西方马克思主义的历史逻辑而展开,从早期创始人卢卡奇到布洛赫、马尔库塞、列斐伏尔、哈维、詹姆逊、雅各比等,均能在很大程度上受辩证唯物主义和历史唯物主义的方法影响,深入历史社会现象进行较为具体和细致的考察,既主张在精神贫乏的时代高扬乌托邦精神,又紧紧与社会现实的变化相关联,致力于凸显当代乌托邦超越传统乌托邦的积极意义,扩大了乌托邦作为人的价值实现方式的研究维度,指明完全拒斥乌托邦的灾难性后果,即人本身丧失超越性的维度,对未来社会的想象也断送了总体性视野。这一范式还是没有能完全按照马克思主义的视角,全方位审视西方马克思主义乌托邦研究可能存在的缺陷和不足,也没有深刻反思反乌托邦者所提出的一系列责难带来的系统困境。

三、研究思路和方法

本书的基本思路是从对乌托邦概念的重新反思中,寻求西方马克思主义当代乌托邦思想对西方传统乌托邦观念的批判和超越,梳理其逻辑发展主线,分析其思想中的重大理论和实践问题,追溯其边缘化的深层机理,置入全球化时代西方马克思主义面临的时代困境,探寻西方马克思主义乌托邦思想批判性重建的路径。

(一)基本思路

第一步,厘清传统乌托邦思想的思想流变,归纳与比较不同的乌托邦研究范式。

第二步,阐释西方马克思主义乌托邦思想中审美与社会现实的两大关注点,对乌托邦与意识形态、现代性、历史等关系进行比较研究。

第三步,解析西方马克思主义乌托邦的当代意义,以其积极面与现代社会反乌托邦思潮对话。

第四步,探索西方马克思主义乌托邦思想批判性重建的可能性,从历史、现代性的视角展开创新性重建的合理路径。

(二)研究方法

第一,历史与逻辑相统一的研究方法。对乌托邦思想的历史进程与当代乌托邦转向的历史演进进行概述的同时,发掘乌托邦思想在当代转向过程中的内在逻辑。从历史生成的角度分别对西方马克思主义乌托邦思想进行思想溯源、样式归纳与流变分析,梳理出一条贯穿始终的历史虹线;在逻辑分析上则对乌托邦与意识形态等关系进行分析与界定,以人与自然、社会之间的密切关联为轴心探寻思想的生成动力与逻辑归因,力图从现代性判断与乌托邦追求的关系上,把握西方马克思主义者在世界性的历史变革中寻求乌托邦精神的价值。

第二,跨学科交叉研究法。从哲学、政治学、社会学、建筑学等学科之间,找出西方马克思主义乌托邦思想在不同学科交叉下的研究共性和研究规律的基本点,综合考虑各种一般性的阐释路径,以避免造成事物现象与本质的割裂。从哲学出发,比较西方马克思主义乌托邦与意识形态的异同;从社会学出发,考察知识分子的乌托邦精神困境;从现代社会理论出发,考察乌托邦与现代性意识及其困境之间的关联;从历史唯物主义出发,探求西方马克思主义乌托邦思想发展的哲学基础;从政治学出发,展开西方马克思主义乌托邦与西方社会反乌托邦的互动研究。

第三,总体性研究方法。从总体关系的角度来把握乌托邦文本与社会现实之间的关联性。从研究的整体性要求出发,将科学研究与价值判断、文本与历史—社会语境相结合。从宏观上把握西方马克思主义乌托邦思想的逻辑演进;同时,综合运用具体分析与整体比较、逻辑归纳与历史追溯相统一的方法,使研究得以展开和深入。

第四,实践诠释法。实践二重化决定了乌托邦思想发展中正负面效应并存的客观性,从西方马克思主义乌托邦社会主义运动实践解析西方马克思主义乌托邦思想的生成与流变,以现实具体的实践范式促进理论的更新。

第五,文献研究法。主要是搜集、整理从古至今特别是西方马克思主义有关乌托邦思想的文献资料,进行分析和提炼,从厘清当代乌托邦与传统乌托邦的区别中凸显其价值。

第六,辩证思维的方法。乌托邦自其诞生之日起,就充满了矛盾和悖论。在当代中国人精神重建的维度思考乌托邦转向的意义问题,要充分考虑现代主义与后现代主义在反思现代性问题上形成的乌托邦与现代性的张力,在超越现代与后现代两极对立思维的维度中切实推进中国的社会建构和现代化发展。

四、研究内容和创新之处

本书立足现有西方马克思主义者及其他学者的乌托邦理论与当代乌托邦实践,深入阐释西方马克思主义乌托邦思想,研究其历史逻辑和与若干思想的关系问题,以消除历史发展的复杂性和现实生活的多元可能中的乌托邦困境,挖掘西方马克思主义乌托邦研究范式的积极意义,以突破诸多学者对乌托邦思想的偏见,赋予其新的时代涵义,以期在同西方反乌托邦话语争夺意识形态领导权的斗争中葆有活力,并在促进社会进步和提升人们精神境界中,发挥积极的建设性作用。乌托邦研究范式、问题场域和功能属性的转型本质上是社会政治经济变革的结果,因此,本书遵循西方马克思主义学者持有的学术立场和价值关怀,对西方马克思主义乌托邦思想展开研究,以求拓展马克思主义的创新路径与理论视野。

(一)研究内容

第一,从哲学角度梳理乌托邦的思想脉络,重点阐述传统乌托邦思想和现代乌托邦思想中代表人物的思想资源,在此基础上说明两类乌托邦思想的基本内涵和典型特征。在从西方马克思主义的研究范式中,指认当代乌托邦思想不同以往实体论思维方式乌托邦的重大转向,指出马克思主义阵营内部对乌托邦误读的原因,以及当代乌托邦之乌托邦精神的一般规定性,归纳西方马克思主义乌托邦思想中的几种乌托邦概念生成样式和基本理论形态。

第二,研究西方马克思主义乌托邦思想的历史样式和实践生成,从审美和社会建构两条逻辑线索出发,挖掘西方马克思主义乌托邦思想的关注点和理论价值,从典型代表人物所具的不同理论视角和相关社会背景,对乌托邦文本加以解读,尽可能揭示其本身的理论发展逻辑,指明当代审美乌托邦蕴含的乌托邦精神。内含的否定性批判意义,并探讨乌托邦社会主义实现的可能途径,使之自如游移于不在场与在场化之间。

第三,考察西方马克思主义对西方社会当代反乌托邦思想质疑给予的回应,先指出传统乌托邦主义是由观念盲目朝现实行动过渡所致,概括自由主义者对乌托邦主义的批判内容,再反过来从逻辑上为乌托邦辩护,并在知识分子面临"乌托邦之死"的抗争中,进一步讨论如何克服乌托邦的消极因素,张扬其积极因素。

第四,对西方马克思主义乌托邦思想关于乌托邦与意识形态的新型关系进行研究,比较学者间意识形态理论的不同之处,在西方马克思主义意识形态研究的基础上,尝试进一步厘清意识形态与乌托邦之间的复杂关系,分析当代乌托邦在意识形态思想困境中的观念转换,并尝试分析共产主义隐含的新型关系路向。

第五,从历史、现代性与当代乌托邦之间的密切关联出发,着重研究现代性视野下乌托邦思想的批判性重建问题。还原西方马克思主义乌托邦所展示的新型历史意识,隐含对历史终结论等极端思潮的客观批判，阐释在现代性版本展开中的当代乌托邦诊断，从理念、制度、实践等层面，探讨当代中国乌托邦重建的可能性和内在限度。

（二）创新之处

本书把系统阐述西方马克思主义乌托邦思想与意识形态、总体性、现代性、知识分子、大众文化、文学艺术、政治革命、社会生态运动等的关系，作为拟解决的关键问题，从诸多关系的考察中分析西方马克思主义乌托邦思想的衍生与发展，以及意识形态与乌托邦在此语境下的关联性，着力论证西方马克思主义乌托邦思想的积极意义。创新之处有以下三点：

第一，重新评价了乌托邦思想，合理辨识了西方马克思主义乌托邦的地位与命运。宗教哲学的回归、马克思主义被边缘化、自由主义思潮的泛化造成乌托邦的精神退化，急剧的社会转型导致乌托邦在一定程度上陷入过度批判和自我迷失之中。本书指出，西方马克思主义乌托邦思想肩负着乌托邦哲学思想复兴的历史使命。本书认为，对乌托邦的分析理解，既不能缺乏对当代社会发展的理性认识，又不能只停留在思辨的想象里。当代乌托邦重建，在文化价值与社会建构层面，找回失落的乌托邦精神，达到对传统乌托邦的辩证否定，使得现实社会的发展不至于陷入价值制衡或制度封闭中，使乌托邦既可以作为可现实化的具体社会理想，又不至于导向极端的完全理想实现，导致拒斥乌托邦状况的发生。从马克思主义理论框架中，完成对西方马克思主义乌托邦的重建。西方马克思主义对乌托邦的建构，正是提供审视社会现实问题的一种全新思维方式，使其与现实、历史、价值保持一定的张力，从而恢复和提高人们对现实社会所具有的批判和反思能力。

第二，本书指明了西方马克思主义乌托邦思想中的重大理论转向涉及乌托邦由一主多元替代了一元论，专注于时空两个维度的辩证考量，从社会乌托邦到文化哲学范式的审美路向，突出对其本体论的论证，从对象化的非人希望到生存论意义上的属人希望，根植于属人的自由和希望的存在之上，从单一的政治主题朝向多个领域延伸，具有现实总体性特质等，反映出乌托邦思想的传统越位与当代归位的统一。本书指出,西方马克思主义乌托邦思想实现了多重理论转向,达成了对西方传统社会乌托邦思想的批判和超越,在核心价值、学术策略、知识谱系与社会功能上的差异性基础上实现了理论和实践转换。

第三,本书系统阐释了西方马克思主义乌托邦思想本身具有自身的逻辑演进脉络。从西方马克思主义的历史逻辑角度,指出了西方马克思主义乌托邦思想也有一个相对明朗的理论发生过程,由乌托邦的本体论论证到审美乌托邦想象的扩展;从乌托邦的社会政治展望到生态乌托邦、交往乌托邦、文化批评乌托邦、时空辩证乌托邦的演进,展开对西方马克思主义乌托邦的界定和梳理,借此吸取传统乌托邦在社会实践中的经验教训,反思其教条化及可能导致的边缘化困境。本书认为,经詹姆逊、哈维、雅各比等新一代西方马克思主义者对乌托邦思想的进一步阐释,可以形成对后现代主义和后马克思主义"无乌托邦"全面扩张境况的思想突围,重塑乌托邦整体解放的时空意义。

第一章
乌托邦思想的历史流变

　　乌托邦之如哲学，恰如星星之如夜空，越是夜色沉沉，它就越能给人以启迪和激励。①

　　乌托邦的密码无疑是难被破译的，之所以如此，皆因乌托邦本身的丰富内涵与复杂色彩。自有文字记载以来，人类就有乌托邦思想存在，它的历史远在概念正式出现之前。而人们从不同角度、不同层面介入，对不同样态乌托邦的理解，或历史流变的考察，本身就是对乌托邦存在可能的追问。②究竟乌托邦是从16世纪欧洲发明出来的，还是从视野更为开阔的文化传统（本文仅从哲学这一视角切入）中生发而出？在当代又有怎样的动态进展？福柯尖锐地说出"人死了"，即是说，人的精神超越性的遗失造就了人的死亡。现时代对乌托邦的或者对理想的渴求异常急迫。自莫尔创造"乌托邦"这个词以来，乌托邦概念就历经变化。人们对乌托邦的概念众说纷纭，通过不同学者各具特色的言说

---

①William Appleman Williams, *The Contours of American History*(paper back edition). Cleveland:World Publishers,1966,p.4.
②法国学者罗兰·夏埃尔强调莫尔著作的历史意义。他认为，在最严格的意义上说来，乌托邦是在16世纪初产生的，因而乌托邦的历史必然从托马斯·莫尔开始。学者莱曼·萨金特对乌托邦的理解较为宽泛，认为对乌托邦主题的发展线索要到全部历史中追溯，虽然并非每一种文化都在知道托马斯·莫尔之前，就已经发展出经由人力建立的乌托邦，但这样的乌托邦的确存在于一些宗教文化中。

方式提出见解,却无法给它一个确切的定义。①

乌托邦观念根植于人类历史,是对更美好事物的憧憬与向往,也是对社会变革的评判与意愿,还是对社会现实的批判与不满,在对乌托邦憧憬的同时,又表现出社会现实和变革意愿的一种评判。它不仅在空间上普遍存在,而且在时间上也持续不断。人类是出色的梦想动物,乌托邦思想史上,存在着无数为人类梦想操劳的思想者,"不包括乌托邦在内的世界地图不值一瞥,因为它忽略了人类不断去造访那个国家。而人类一旦抵达那里,放眼望去,看见一个更为美好的国家,便又扬帆驶去。进步就是乌托邦的不断实现"②。本章分析了西方哲学中的乌托邦观念,从传统与现代这两个历史分期出发,对乌托邦的理论特征进行归纳,以期在此基础上,发现西方马克思主义对乌托邦思想进行的崭新历史书写。

一、传统哲学中的乌托邦思想:概念和特征的分析

(一)概念分析

"乌托邦"一词最初从西方社会产生。在日常生活中,人们把乌托邦主要理解为与科学相对立的空想。一提及乌托邦,又往往容易把它

---

①库玛认为,乌托邦的概念是与独特的历史情景相联系的,当历史情景发生,乌托邦无论内容还是形式都会发生变化。"只有非历史的东西才能给予定义。"Krishan Kumar, *Utopia and Anti-Utopia in Modern Times*. Oxford: Basil Blackwell, 1987, p. 32.

②Oscar Wilde, "The Soul of Man Under Socialism" in Plays, in: *Prose Writings and Poems*, ed. by Anthony Fothergill. London: J. M. Dent, 1996, p. 28.

与空想社会主义相联系,或与文学联系起来。① 就西方文化精神精髓而言,这一概念既有着对自由理想的执着追求,又有着浓烈的西方宗教文化色彩。"建立起的著述体系,唤起人间天堂般生活想象的意图,这一人间天堂与现存秩序有着天壤之别并给予居住者幸福。"②无论是古希腊对理想国的向往,还是中古的上帝拯救,抑或是康德的人为自然立法,都升腾着浓浓的乌托邦情怀。

乌托邦是一种理想,但理想并不就是乌托邦,因为并非所有的理想都是不可能实现的,作为一种绝对的、极端的、不可妥协的理想主义,它在原则上不可能实现,之所以不可能实现,则经常与其目标的完美性有关。西方近代以来,关于未来社会理想的理论来源,有两个涉及传统历史进步观念,一个是希腊的乌托邦思想,另一个是希伯来的末世论。③古希腊语中,乌托邦原本是一个静态的虚无空间,往往牵涉不到历史过

---

① 自莫尔以来,西方从文学角度的一套乌托邦理解方式,就是把关于理想社会或未来生活的小说称之为"乌托邦的"。西方存在着一种称作"乌托邦小说(或故事)"的文学体裁,出现了大量各种类型的乌托邦小说,从带有社会主义倾向的乌托邦小说,一直到只与科学技术有关的科幻小说。这类小说都在某种程度上模仿莫尔的《乌托邦》,描绘和设想海外、未来或过去的某个理想社会。布洛赫在《希望的原理》的导言中曾对乌托邦小说的这种虚构或游戏性质进行过批评:"'乌托邦'概念一方面被不恰当地限定在过于狭隘的意义上,即用来特指关于理想国度的小说,另一方面(这也是首要的一方面),由于这些小说明显的抽象性,'乌托邦'概念保留了这一抽象的游戏形式,以至于唯独社会主义从乌托邦到科学的发展过程被排除在外、被移走了。"幻想和白日梦不一定非要指向现实,因为作为一种游戏有其自身的意义,人们生活在诸如科学世界、幻想世界等不同世界中,它们有各自的游戏规则和玩法,现实世界只是其中的一种。他指出,不要把乌托邦概念局限在"关于理想国度的小说"上,科幻小说是关于尖端技术的创设,就不应完全被排除在乌托邦概念涉及的领域。乌托邦概念得到更宽泛的使用。Ernst Bloch, *The Principle of Hope*, trans. Neville Plaice, Stephen Plaice & Paul Knight. Cambridge: The MIT Press, 1986.

② Manuel, *Toward a Psychological History of Utopi-as in Utopias and Utopian Thought*. Boston: Houghton, 1966, p.70.

③ 在赫茨勒看来,乌托邦思想的基本精神认为,现实社会是一个并不完全真实的社会,有必要而且可能进行人自身的改造,以符合某种合理的社会理念,最终使社会达到一种理想的境界。在其所著的《乌托邦思想史》中,把乌托邦的思想追溯到柏拉图之前的希伯来先知那里。先知们在面对当时不合理的现实时同样能够审时度势,提出重建社会理想的路线,并勾画出一幅完美的未来图景。他们解决所面临的社会问题时的具体策略不同,但都希望通过对堕落的现实的人的改造重新皈依耶和华,并遵循神的教导才能最终摆脱苦难的现实。库玛也认为,诸如黄金时代或者是无节制的地方、千禧年观念和理想城市等宗教文化观念,都与乌托邦有着密切联系。

程,并与其保持极模糊的关系,是永不可能在历史过程中真正出现的,既不表明对未来历史进程的期待,也不表明要采取某种政治上的积极行动。它并非要对未来做综合的设定,而只是一种道德规范准则,用来评判现实的好坏。直到近代启蒙运动的历史进步观形成前,乌托邦都更多作为空间概念来使用的,是永远无法出场的。对"乌托邦"一词的近代化使用在于,希腊的空间化特征被希伯来的时间化特征所取代。它的时间化使用,则意味着其含有了要在历史过程中实现的含义,同时也意味着拥有了某种现实权力。思想家们一直为关于完美理想社会的观念,而展开理论的创造。他们希望国家有着至善的法则,它的功能实现就在于,提升国民的福祉,人类的各种恶被铲除。柏拉图的理想国,就是这种类型乌托邦的最早体现。他在《理想国》中,设计出当时的现实社会里根本不可能出现的社会模式。现实社会是对理想社会图景的模拟,即便这种社会理想在现实中是不存在的,却比现实更加可靠和真实,因为它已在人的内心世界留存。理想国并非只是纯粹主观想象、逻辑推演而来的尽善尽美世界,相反的例证在于其中表达的社会,是人在特定的条件下通过自己的组织创造的产物,而不是被给予的对象。这种乌托邦社会状态,是现实经过反思批判把握后,一种观念中的存在,正是由于反思批判中对现实流露的不满,才推动了社会历史的向前发展。这种看上去不存在的理想性,通过人的现实创造性活动,又能变为未来可能的现实,而并不是对现实社会的简单映照。亚里士多德则与柏拉图有所差别,他关于理想社会的理论探索,不是从先验的理念出发,而是以理想批判的方式,从生活的经验实证入手,构建理想的存在方式与城邦共同体。他的理想社会的构建宗旨在于,对幸福与正义的追求。古希腊的理想主义乌托邦,已经带有深刻的反思批判精神,其存的历史价值,就是它能清醒地指出人类本性中所潜存的缺陷,引导人类不要满足于维持现状,而应当不断走向可能的未来世界道路。传统乌托邦观念,很大程度上源于西方社会的宗教文化传统,但还要基于人类理性能力的发展。奥古斯丁关于上帝之城的宗教社会文化理想,也要体现出人与人之间的友爱精神。通过神话方式体现出来的乌托邦观念,只是一种思想的萌芽。在这种意义上,乌托邦不能完全遵循神的意旨,接受神赋予的力量获得拯救。就完整意义而言,乌托邦思想更多反映了人自身内在具有的主体性力量。

英语"Utopia"一词,来源于希腊文中"无"和"场所"两词的组合,含义为乌有之乡、无场所的事物,最早由托马斯·莫尔于1516年提出,出现在他以拉丁文出版的《乌托邦》一书中,作为虚构出来的岛国名称,逐渐发展成一个越来越复杂的概念。[①] 英语中的乌托邦,是理想或理想国家的代名词,可以瞥见人类理性对于美好生活的追求。对国家社会情况的期望值过高,使这种理想几乎不可能实现。后来乌托邦主义往往由此用来指代非现实的东西,或形容不切实际的改革。一个涵义深刻的悖论被莫尔揭示了出来,也就是人类追求理想境界过程中,所无法避免的矛盾性和模糊性。而"乌托邦"一词,恰恰就是这个悖论的集中体现。这就招致了对于《乌托邦》中所表达的主张和观点的评价,通常是褒贬不一的。一类侧重于描述的岛屿生活本身,认为,乌托邦是依照现存的经验生活虚构的,这种空想乃是一种基于经验的判断;另一类侧重于把乌托邦看作作者本人的理想追求,同时也代表人类对未来追求的思想观念,通常这一类被评价者所忽略,即"由理性主宰的理想国家的观念"[②]。乌托邦的构词意蕴包含着极大的模糊性,《牛津英语大词典》(简编本)中给出如下解释,即"某个地方、国家或者是情况在法律、风俗和环境都尽善尽美的",或者是"一种不可能的理想计划,尤其是社会运动的计划"。[③] 乌托邦具有双关性,即 utopia(no-place)乌有之乡和 eutopia(good-

---

[①] 据杰拉德·魏格麦的观点,莫尔是意在表达乌托邦具有的完美性。《乌托邦》第二卷,描述了一个各种制度和政策受理性支配的、异教徒的共产主义城邦,共产主义被看作根治私人生活和公共生活中利己主义的唯一良药。"不仅是最好的,而且是唯一真正够得上理想社会之名的政治秩序。"参见张隆溪:《乌托邦:世俗理念与中国传统》,复旦大学出版社,2005年,第224页。

[②] Grolier Aeademi, *Eneyelopedia*, Danbury:Grolier International Inc., 1983, p.497.

[③] C. Onions, *Shorter Oxford English Dictionary*. Oxford: Book Club Associates and Oxford University Press 1983, p.2444.

place)美好之乡。① 仅从词源学的表面解释判断,这一概念的内在矛盾已经很明显,"不存在的"与"理想的"地方之间,构成了一对矛盾。但这个概念不是在词源学的表面解释上下功夫,而是"不存在的"和"理想的"两个内涵之间,就暗含了概念悖论产生的张力作用,这也生发出了乌托邦概念特有的历史魅力。作为西方日常语言词汇出现的乌托邦,也具有美好但当下无法实现的意思,或根本不可能实现的意思,也有空想或不切实际等引申义。

在近代进步观念和启蒙精神的推动下,乌托邦观念从一种空间概念逐步转变成时间范畴,它根植于西方传统文化和现代启蒙观念的相互碰撞中,与社会现实生活的距离越来越近。近代空想社会主义者,往往在设计社会蓝图的同时,之所以也尝试与自然科学相似的社会试验就在于,乌托邦越来越关注现实生活,越来越贴近人的实践活动。这些思想家们都希望所设计的理想社会能够实现,并做了各种不懈的尝试和努力,虽然最终在行动上都失败,但他们积极投身于当时的社会实践中,从而克服了单纯思维构想理想图景的局限。由此可见,这种乌托邦理想,不但要求对美好社会蓝图进行设计,而且也以期以一定程度的社会改良或变革来推动理想社会的实现。在西欧,随着资本主义的发展,理性主义为乌托邦注入了活力,用理性为理论武器批判否定现实,形成了近代社会的空想社会主义。空想社会主义者的心目中,乌托邦是那种最完美、不可放弃,也不可达到的"自在之物",被泛指为不可能实现的社会—政治理想,但又是一种不可放弃的、能使人产生激情,甚至产生狂热的信仰对象。各种形式的空想理论都采用了乌托邦式的思想方式。近代空想主义者运用乌托邦方法的出发点,就是彰显重视人的尊严、追求人格完美的人文主义。空想社会主义,以及各种空想主义都是以人的尊严、人的理性为出发点的。莫尔的《乌托邦》、康帕内拉的《太阳城》都是根据人文主义的正义原则、公正原则来批评资本主义的。

---

① 从词的结构来看,utopia 这个词由 u 和 topia 两部分构成,u 出自于希腊文 oγ,表示无或普遍否定的意思,而 topia 来自希腊文 toπos,表示地方或地区。u 和希腊文中的 eu 联系起来,eu 有"好"、"完美"之意,因此,utopia 亦可指 Eutopia,理解成"美好的地方"。

莫尔认为,英国是缺乏公正和不知恩义的国家,力求探索出最完美的国家制度,批判英国乃至欧洲当时的种种不合理现象。摩莱里按理性原则把社会分为理性的制度和非理性的制度。所谓理性的制度,是从人的自然本性中引申出来,《自然法典》就是要建立合乎理性的社会制度。马布利也是从人的自然本性、自然权利出发,认为,私有制是万恶之源,财产公有制社会才是适合人的本性的最完美的制度。巴贝夫则从自然法理论出发,认为,人类"自然状态"下的以平等和公有制为基础的原始公社,乃合乎人的本性的"自然"的制度,是一种符合人的永恒天性的社会制度。圣西门认为,人类历史就是人类理性发展的历史,要通过对人类理性进程的研究,找到最佳状态的社会组织体系。在这种传统意义上,乌托邦就是根据人的理性、愿望而设计出来的,永远不可能实现的、完美的社会主张。

从柏拉图的理想国再到康德的道德世界,无不是在某种人性有限的假设下,把纯粹的期望寄托于理想层次的乌托邦,继而将失去乌托邦导引的世俗生活,演化为脱胎于昏昧下的堕落。乌托邦在康德那里,是基于人类理性的、作为人类道德预设的,属于理性一直追求的道德世界——这一世界是作为自在之物而存在。通过二律背反的分析表明,这些都不是也不能是某种实际的状态,但正是这种以评价生活、引导生活的必然假设——被康德称之为"公设"——使人的生活有了意义。康德认为,从经验中无法得出关于人类希望的东西。他反对任何基于经验的美好生活片段,通过攫取经验而归纳获得的虚构乌托邦。不过他又认为,作为国家形式出现的乌托邦,是人类所必不可少的,人类对乌托邦带有鄙夷的眼光,就意味着自身的堕落。哪怕人类已经处在最黑暗的阶段,也还是要充满希望,且最终能得到拯救。"尽管政治本身是一种艰难的艺术,然而它与道德的结合却根本不是什么艺术,因为只要双方相互冲突的时候,道德就会剪开政治所解不开的死结。"[①]启蒙思想家眼中的理性,带有有限度的

[①] Kant, Perpetual Peace and Other Essays on Politics, in: History, and Morals. Indianaplis: Hackeft Publishing Company, 1983, p. 135.

思辨色彩,这种思辨的理论无限膨胀,就会无形中在理想和现实之间划界,从而将人类对理想社会的憧憬,盲目地往这种不可逾越的人类生活彼岸推开去。政治人物往往会对人类这种未来关切持嘲讽或不屑的态度,将未来生活的希望视为超出范围的设想,"然而不断地趋近于它则不仅是可以设想的,而且就其可能与道德法则相一致而言还是义务,但并非是国家公民的义务而是国家首脑的义务"①。在康德看来,人的历史是人类理性的产物,理性对将要来临的事件具有历史把握的能力,是富有先天陈述倾向的历史总体预告,而乌托邦就是作为对这种人的历史总体预告的表达。

人们多从其空想性或梦想性来批评和指责乌托邦。这种批判来自以康德为代表的思想家。他们对启蒙运动中无限膨胀的理性加以批判,认为,这种极度张扬的理性,没有对自身加以分析和反思。另一部分来自马克思主义经典理论家的批判,则把乌托邦与科学相对的空想性定位。其实任何旨在改变人类命运基本条件的事业,势必有一些空想成分,空想中包含远见,至于梦想则是人们不安于现状的心理状态的一种自然投射,是对未来的期待。

自莫尔的《乌托邦》问世之后,虽不断地遭到指责和批判,但书中描述的社会景象,其实就是近代资本主义社会出现的商品拜物教情形。传统意义上的乌托邦设想,在当今部分得以实现,成为对普通大众的普遍性制度安排,并逐渐在全球范围普及。乌托邦思想深深扎根于西方传统社会的文化观念和社会结构中②,在西方思想史的进程中,乌托邦的涵义逐渐扩大,已不仅限于对某种理想的幻想式描述。如今,思想史研究中的传统乌托邦,主要是指一种与思想所产生的环境实况不相符的思想,包括某种特殊思想的性质,而非这种思想的表现模式。这种思想的目的,是彻底改变与此思想不符的现实环境,但原则上却是不可能实现的。

①〔德〕康德:《历史理性批判文集》,何兆武译,商务印书馆,1997年,第160页。
②西方传统社会是一个确定性的概念,是指启蒙时代之前的,其中包括现代性观念还未充分展开的、宗教观念尚未被完全祛魅化的近代社会发展形式,因而为现代社会所不容。

(二)特征分析

西方传统中的乌托邦观念,具有从古希腊形式向近代以来的转变过程,已不再限于现象与本质之间处于静态对峙的二元逻辑中,而是处于过去与现在之间的动态过渡之中。"近代的时代意识展示了一个维度,在其中乌托邦思想和历史思想融合在一起。乌托邦力量向历史意识进行的这种渗透,就是造成法国革命时期及以来各民族政治的那种时代意识的特征。"①总体而言,传统乌托邦还是有一些共同的特征。

传统乌托邦源于尘世生活,具有典型的世俗化特征。②乌托邦则具有现世的希望精神,带有更美好生存方式的意愿。在过滤一些形式或细节差异后,这种乌托邦与中世纪教会的意识形态相反,乌托邦是人在现世人间的社会构想,而不是完全处于天国的彼岸幻想,不是来世兑现的天堂画饼,不局限于纯粹的来世关怀。文艺复兴带来的理性精神和人文力量,催生了属人的理想社会产生,而乌托邦是针对中世纪和奥古斯丁原罪观念来界定的世俗化,以人性的至善观念,或人性是可以走向至善作为前提。"只有当社会放弃天堂形象的时候,乌托邦史才刚刚开始。乌托邦是世俗化的产物之一。"③传统乌托邦认为,良好的社会运作,应当以理性和计划去维持,保证用较为系统的方式进行构建,尽力满足这个社会范围内的每种可能性。它不单单是纯粹理性的自我意识产物,还是以现实世界和人性法则为依托,并以此世的历史作为中介展开的对未来理想境界的可能设想。传统乌托邦对文艺复兴的古典

---

① 〔德〕哈贝马斯:《新的未了然性》,转引自睁华:《哈贝马斯的商谈伦理学》,辽宁教育出版社,1988年,第88—89页。

② 据库玛的说法,乌托邦是在特定的历史条件下产生的纯属现代的观念。"宗教与乌托邦之间有原则上根本的矛盾……宗教典型地具有来世的关怀,而乌托邦的兴趣则在现世。"Krishan Kumar, *Utopia and Anti-Utopia in Modern Times*. Oxford: Basil Blackwell, 1987, p. 10.

③ Roland Schaer, Gregory Claeys and Lyman Tower Sargent, *Utopia: The Search for the Ideal Society in the Western World*. New York: New York Public Library & Oxford University Press, 2000, p. 29.

人文精神加以秉承,同时与上帝之城的终极关怀相交融。① 正如库玛所言,《乌托邦》的人文主义多于宗教热忱。因地理大发现而流行的游记文体,其想象遥远国度或描绘原始景象的相关材料,几乎就是乌托邦的雏形。这些叙事被充填作无穷想象的材料,对《乌托邦》的写作形式产生极大影响,加之宗教世界观的偏差,为乌托邦的产生创造了条件。

乌托邦虽然包含现实与虚幻两种因子,但涉及的种种问题是对应现实的。无论乌托邦描绘的背景在何处,现实这一要素都始终如影随形。它不仅表现出具体历史语境中的人文关怀,也从一定角度折射出当时历史社会的真实面貌。《乌托邦》第一部分,通过对社会不公正的淋漓尽致揭露,达到对当时英国社会现实的讽喻;而第二部分则将乌托邦在各种领域的理想状况大加描绘,但不可否认的是,那时的英国社会还是莫尔的参照系。《乌托邦》创作的意义,不仅是表达对未来理想社会的向往,而且作者是希望以此达到对现实批判和隐射的目的。展开乌托邦想象的来源,不仅是肯定未来,也是在否定现状,这也是乌托邦的功能发挥和价值体现。它在一定的时候是动员弱者斗争的思想力量源泉,是被压迫群众反抗压迫阶级的力量和支柱,乌托邦理想国在现实是否可行,往往容易被关注,而其叙述表层背后的意义,则往往容易被忽略。乌托邦是一种没有上帝的宗教,其中的任何设想,都不可能不考虑到其实践性,有自身得以存在的社会基础,其中总有一些可实践的内容。因此,乌托邦往往是超历史性的,但这种性质也是相对而言的,在当前被视为是一种乌托邦,但到了未来社会,也有着实现的可能性。

传统乌托邦思想家在对理想社会形态进行构想时,由于受古希腊城邦制影响,确立统治秩序的途径多着眼于城邦群体的理想生活。以自然经济为背景的传统社会中的乌托邦思想,以歌颂古代反对现实和泛劳

---

① 《乌托邦》可以看成是对《上帝之城》这一宗教完美生活观念的回应。杰拉德·魏格麦尔论证莫尔使用奥古斯丁的《上帝之城》主要是做对比,乌托邦恰恰就是存在于现世人间的美好社会,根本不同于奥古斯丁作为超越现世之精神存在的上帝之城。"乌托邦才'不仅是最好,而且是唯一真正够得上理想社会之名的政治秩序';《上帝之城》否认真正公正的社会可以在人间的任何时间任何地方存在。"Alan Touraine, *Society as Utopia*, trans. Susan Emanue, Oxford: Oxford University Press, 2000, p.29.

动为主。这种感叹黄金时代已去的文化资源,借以美化史前社会来对抗现实。为了维持乌托邦社会秩序的开展,就要确保某种合法性和合理性。他们对组织分配管理诸多环节进行描述,但往往个体是被忽略的对象,对家庭的运行期待乃至社会伦理等的构想,都不甚重视。"乌托邦的城民是统计意义上的人口,那儿不存在任何个体意义上的人,更不用说存在意义上的'生活经验'。"[1]在《理想国》、《乌托邦》、《太阳城》里,家庭、婚姻等关涉个体方面寥寥数语,没有对某一个体的相关描述,也没有个体的精神空间。"在希腊,乌托邦只是人们理性沉思的对象,乌托邦并未进入人类历史,进入人们的实践意识。"[2]乌托邦思想有相当的群众基础,反映了弱者的一种良好的愿望。但这些乌托邦设想基于一个城邦或国家诸种社会秩序的规划,建立起集体化的反个体社会秩序,崇尚智慧和理性的力量,相信由"哲学王"抑或是"形而上学者"等精英统治,理想的国家制度和社会制度才有可能实现。

传统乌托邦的本质具有不可能实现的虚幻性,这种本真性即不在场,具有了某种意识形态性。它并不指谓是纯粹的幻梦,而是呈现出别样的真实感,但这种与现实不同的真实感,不是每个人都能体会到的。乌托邦思想反映了社会弱势群体的一种良好的愿望,本意是要消除人世间的不合理和罪恶现象。乌托邦是世界上现在没有将来也不会有的无限美好的地方,要害所指的附加含意是不可能实现的幻想,不能完全以美好的幻想,代替真实的现实,而是在本真性的基础上,再造出一个无限美好的现实。它对弱势群体而言,是具有地平的意味,只能看得见,却无法触及,也无法达到。这种马克思所言的精神鸦片,让人被动地沉湎在幻想之中。真正的乌托邦计划或实现,就含有某种对封闭性的承诺,"在这里和其他地方一样,正是封闭性使系统得以存在,就是说,使想象得以存在"[3]。乌托邦观念能否实现,并不是非要思想家在实践中体现,或是执行后实现,而只是规划出一个远景,从这个角度来

---

[1]〔美〕F.R.詹姆逊:《詹姆逊文集》第3卷,王逢振译,中国人民大学出版社,2004年,第374页。
[2]谢江平:《反乌托邦思想的哲学研究》,中国社会科学出版社,2007年,第3页。
[3]Roland Barthes, *Sade*, *Fourier*, *Loyola*. Paris: Editions du Seuil, 1971, p.23.

看,乌托邦又是欺骗弱者的一种意识形态。

从乌托邦思想产生的社会背景看,乌托邦多是"乱世"时期的产物,是对社会现实的种种罪恶现象的反动。柏拉图的《理想国》正是雅典城邦衰落时期,社会动乱加之伯罗奔尼撒战争爆发之时产生的。莫尔的《乌托邦》一书产生于英国资产阶级发展时期,所谓"羊吃人"的时代这一宏大历史背景下。乌托邦的理想世界,就是人们所向往的那块"不被吃"的地方。这种理想图景,同社会现实相对立,针对现实社会中恶的一面,从道德层面上设计出来的愿望,恰好是与现实相反,是对善进行的设想。虽然所构想的社会图景,在具体规划上会有差异,但相一致的特征,都是趋向于无限的完美,历史发展中的真实意义不足。但任何事物其实都具有两重性,任何社会美与丑、善与恶、正与邪,都彼此相互依存,自有人类社会就一直存在。不同阶段的恶,会随社会的进步而产生某种复制或变异,但不可能因物质财富和文明进步,就完全趋之不存。

传统乌托邦具有唯美主义倾向,带着强烈的道德意味和伦理性特征。学者的设计蓝图,一般都富含政治浪漫主义色彩,几乎都是基于某种道德动机来进行社会理想构建的,而道德信念的具象化表现,就是乌托邦。柏拉图的理想国,就是基于至善理念出发,作为本体的善是最高的知识,至善是知识的本源,也创造了宇宙的本质,从中心论题步步深入和展开,构造了一严密的逻辑体系,由道德理想引申出政治理想,对主要的道德范畴都做了较为明确的界定。道德问题在这里上升到了社会制度的高度,个人道德伦理的完善,需经由完美无缺的社会制度运行,才会得以完成。确保道德理想最终实现,就要依托政治实体——理想国,这一抽象理论的理性运作。在至善本体的至高地位得以保证的前提下,理性并没有被贬斥,而是在至善的关照下,道德与理性得到了统一,理性也因基于两者的统一,才有了受重视的地位。传统乌托邦虽不相信人性的绝对善恶之分,但预设了对改造人性的肯定态度,设定世间万物都具有趋向完善的一面,能够达到社会认可的规范效果。莫尔的乌托邦,是对"羊吃人"的英国社会的唯美超越,而经典作家意义上的乌托邦社会主义,也是对资本主义大工业社会现实完美的虚幻超越。

作为乌托邦的整体是无法实现的,或许正是因为它无法实现,才具有终极性社会理想的永恒魅力。[①]

传统乌托邦的绝对自由和绝对无限,超越了人的有限性。人能不断超越现实的存在,却不能超越现实社会与人生,不能超越自身有限性的特性,达到绝对无限的自由。现实社会也不能企达终极完美。即使人能借助想象中的超人类实体完全超越,也不能消解人的自由界限与社会的有限空间。"本世纪上半期的所有的无数的乌托邦不过是以人的天性为最高准绳而设想完美立法的企图。"[②]由于传统乌托邦的两重性,在现代社会变革中,乌托邦不可避免地发生范式的转变,不再作为一味推进社会完美的力量,而达到用理性来衡量与调试社会的发展质量。

二、现代哲学中的乌托邦思想:观念和特质的阐释

(一)观念阐释

乌托邦思想家赫茨勒指出,莫尔描绘的乌托邦过于完美,以致在现实中不可实现。现代乌托邦旨在对传统乌托邦思想进行理性批判,深刻反思社会生活的种种深层问题,运用理性来探求社会制度的规划,通过现代智慧以实现社会进步和人类幸福。现代社会的社会价值观,有相当多是对乌托邦持异样眼光的。现代乌托邦从传统视角做了切换,既有人从人文理性层面审视乌托邦,也有人从个人主义出发审视乌托邦,也有人用后现代的眼光审视乌托邦,不论哪一种形式,都反映了乌托邦内在价值的深度和广度。随着现代科技的进步,以及伴随而来的

[①] 由于秉承的思想资源与文化传统的不同,中西乌托邦的价值指向与表现形态存在很大的歧异。与西方人认为终极关怀的目标在彼岸天国不同,中国人秉承入世关怀的原则而认为,此岸与彼岸是不即不离的。西方将乌托邦寄寓哲人王统率的王国,或一个神秘不知所在的岛国时,贯穿中国思想史的乌托邦精神多注重此岸世界人间乐土的社会形态建构。

[②] 〔俄〕普列汉诺夫等:《论空想社会主义》上卷,中国人民大学编译室等译,商务印书馆,1980年,第2页。

进化论观念普及,传统乌托邦观念逐渐在消解之中。①

德国社会学家卡尔·曼海姆使乌托邦概念脱离空想窠臼,而上升至哲学领域。他指出,意识形态与乌托邦是超越现实的两种基本类型,乌托邦的含义发生了逆转,对乌托邦的认定取决于掌握秩序的代表所持的立场与观念,关乎于历史意识与人类理想,第一次被理解成了某种可以被实现的观念。由于一定社会秩序的代表总是从自身的观点出发,才将在原则上永不能实现的东西视为乌托邦,"那些把自己的思想与感情与他们其中有明确地位的现存秩序紧密联系起来的人,总是倾向于把那些仅仅在他们自己生活的秩序框架中显示出不可实行的所有思想称作绝对的乌托邦"②。在曼海姆看来,乌托邦思想被视为对秩序根基会产生负面误导性的虚幻观念,被纳入到某种秩序的意识形态中,但乌托邦实际上却是一种社会批判力量,内在地蕴含着对非正义成分的否定和扬弃,同时也包孕着对普遍正义的向往和追求。它敢于挑战现存秩序的长久合理化和绝对合理性。乌托邦坚定地处于现有社会秩序的对立面,对现有秩序展开批判,同时积极指引人类调整生存状态。之所以乌托邦话语会出现,实际上就是维护或反对现有秩序的两股力量互相博弈与对立所致。所谓乌托邦的不可实现特性,是不可能从现实生活中硬性发现的,而只能在人的思想意识中显现出来。通过建造一个与乌托邦无实际关联的实体对应物来帮助其实现,也是不可取的。但是这种不可实现的特性,只是不能契合于现有秩序,具有相对的不兼容性,与人类社会生活格格不入的不可实现不同,也不能简单等同于毫无价值和意义的幻象。作为一个充满着悖论性质的事物,"乌托邦的优点正是在于,由于反对为现存秩序辩护的守观点,它避免了对现存秩序的绝对化,因为它把现存秩序设想为种种将产生那些乌托邦因

---

① 汉索在《完美与进步:乌托邦思想的两种模式》一文中总结,古典的和近代的乌托邦在理想目标上存有差别,前者追求抽象的完美,后者追求现实的进步。E. Hansot, *Perfection and Progress: Two Modes of Utopian Thought*. Cambridge: The MIT Press, 1974.

② [德]卡尔·曼海姆:《意识形态与乌托邦》,黎鸣、李书崇译,商务印书馆,2000年,第201页。

素的唯一可能的乌托邦"①,一旦达成了实现的目的,又会朝意识形态的方向转变,致使其内在动力衰竭,从而失去自身改变现存秩序的力量。乌托邦的积极功能就在于,对现实机制的批判,或者对可能性发展的关注,以此达成人类的自我实现和更新的目标。

政治哲学家罗尔斯在《万民法》中把"现实的乌托邦"当作政治伦理学的核心概念使用。《万民法》旨在说明自由、尊贵的世界社会如何可能,这种世界社会被称为"现实的乌托邦",并不完全同于传统乌托邦思想,这里的现实也并非在现存意义上使用的现实。他坚信各个国家能够共同制定出《万民法》,以此来更好地对国际行为进行规范。现实乌托邦主张为权力的合理行使设定必要的界限,赋予某种政治行为以应有的价值,将政治自由总念作为政治世界的长远目标,并应用到对现实生活的协调中去。它反映出了理想主义与现实主义的对立和矛盾,有着国际政治领域里,所无法取代的现实性。"当政治哲学之扩展至于普遍认为实际政治可能性的限度,并且使我们跟我们的政治与社会条件相协调,这样的政治哲学实际上就是乌托邦。"②应该对公共政治规范进行合法性的论证,使得政治哲学观念成为一种走向世界正义的政治自由理念或正义观念。政治可行性的界限得以扩充,在国民共同体的组织框架内,这种观念具有普遍的效力,并且让人们在社会境遇面前得以接受。现实乌托邦作为有限政治道德准则的表达,是由政治自由总念从国内领域逐步朝国际领域的延伸,并不要求相关主体的意识具有绝对普遍性,也不以主体形态的完全形成为前提。它需要的是主体意识中所具的全球眼光,以及政治文明系统成员之间的等价互动。罗尔斯坚信这种社会能够存在不是空想,乃是人类的自由理性与公平正义的思想结晶。如果说康德的设想"永久和平"和"世界公民状态"是理性的先验形式,罗尔斯的乌托邦构想则是思想试验的结果。现实乌托邦凸显了世界多样性与自由主义普遍价值间存在的紧张关系,"目标在于描述一种我们可理性地希望其能够存在和成立的社会

---

① 〔德〕卡尔·曼海姆:《意识形态与乌托邦》,黎鸣、李书崇译,商务印书馆,2000年,第202页。
② 〔美〕约翰·罗尔斯:《万民法》,张晓辉等译,吉林人民出版社,2001年,第12页。

世界,且这个世界的存在和成立是我们和我们的先辈们选择的结果,这个世界与我们所认识的关于人性和社会生活的事实相一致"[1],不过又能反映出现实社会合理的多元性,继而超越差异的普遍性,达到对紧张关系的调和。罗尔斯所提出的"无知之幕",也被认为是一种带有乌托邦色彩的社会设想。该概念对现代正义理论具有深刻的启发价值。

宗教哲学家保罗·蒂里希力图将乌托邦纳入新的时空语境,对其词源的意义进行阐发。他认为,英语所表达的"乌托邦"一词即无场所的事物,从未有过且今后也不会有这样一个现实的场所,如果事物只具有一个位置和场所,在这样的空间中才有真正的在场出现,所谓在场,就是空间和时间合一的一个点。在场即站在对面的事物,明确地表现了空间和时间的统一。而乌托邦是超越具体在场的不在场的在场。[2] 乌托邦怀疑与否定现存,又提供了否定之否定的发展动力。乌托邦的不在场,常常被视为虚无,但实则是对自身强大力量的确证,因为它大大超出了已有现实存在。就非真实性的特征而言,乌托邦常常无法加以把握。虽然人的有限性可能会在历史中无休止地延续,但人在今世的有限性,并不必然构成人在来世的有限性,也并不必然构成对乌托邦的阻抗,而是应当努力使疏远化的人脱离疏远化。乌托邦存在的幻想属性,是与人的现实存在相违背,从而有可能导向幻灭,但它仍是朝向未来生存与运动的一条轨迹,在保存中获得对消极力量的超越意义。人的个人生存和社会生存,不仅仅满足于此刻所立足的存在,而且立足于将来的实现。而为这种将来能够实现的一切因素,都是建基在健全的乌托邦之上。"由于人超越一切有条件处境的能力是有限的,所以人

---

[1] Charles R. Beitz, Rawls's, Law of Peoples, in: *Ethics*, 2000(4), p.70.
[2] 蒂里希对乌托邦的三种积极意义和消极特征进行了归纳。其中包括真实性,即乌托邦表现了人的本质,是人生存的深层目的;有效性,即乌托邦展现了种种可能性;力量性,即乌托邦能尽其所能改造已有事物。同时他也指出了其三种消极特征,即不真实性、无效性与软弱性。"乌托邦的根本弱点在于它预先假设了一个虚假的人的形象,而这个人的形象又是与它自己的基本设想相矛盾的。"〔美〕蒂里希:《政治期望》,徐钧尧译,四川人民出版社,1989年,第218页。

始终都有一些尚未实现的可能性——无限的可能性。"[①]乌托邦是一个期望的范畴,其富含的多样化可能,既超越了当下,也从过去中挣脱。乌托邦在统一的意义上存在,满足于适当的时间,需要一个完全自足的实现时刻,摇摆于可能性与不可能性之间,是突破个人与社会界限的联合体。但只有在垂直维上的根本性超越,摆脱对水平维的制约,才能在困境中划清与原先自我保存的界限,实现真正的自我超越。蒂里希认为,乌托邦内在的乌托邦精神,根植于人性,是一种面向未来敞开的可能性,这也就是乌托邦本身的敞开,敞开的是保持自己完整性的人的力量。

学者诺齐克提出元乌托邦的观点,认为,乌托邦观念应当是多元的,各种各样的乌托邦都有存在的权利,它们被称为共同体。[②]"乌托邦必须是对我们所有人最好的世界,是对我们每个人可想象的最好的世界。"[③]自由的共同体中,所有的善可以齐头并进,曾经各式的生活样态也能一同存在。他将乌托邦理论做了三种形式的区分:第一种是帝王式的乌托邦。它强迫所有人只能在一种共同体内生存,里面不会有与之不一致的联合体出现,那么只要其中一人反对该共同体的合法性,这个乌托邦就会变得不稳定。这种乌托邦由于排除了选择的可能性,就变成了人间灾难的根源所在。第二种是传道式的乌托邦。它通过劝慰与交流的方式,让人们在同一个共同体中生活。在这个特殊共同体内,并不阻止人们做出选择的权利,但是由于提倡结构性正义,就不可能允许实现人们自己所主张的奇异理想。乌托邦内的联合体会受到严格的限制。这种乌托邦实际上就是指契约论和功利主义的国家理论。而最后一种要求存在权的乌托邦,这实际上是诺齐克所希望的乌托邦形式。在这里可以有各种能实现每个人不同理想的共同体同时存在,形成不同的异质性的联合体。乌托邦与各种不同性质的联合体及其实

---

① [美]蒂里希:《政治期望》,徐钧尧译,四川人民出版社,1989年,第169页。
② 诺齐克把这种乌托邦称之为自助餐厅,意为每个人在其中都可挑选自己心仪的食品,而以往传统的乌托邦理想则相当于全城只此一家的餐馆,只供应一道菜。
③ [美]罗伯特·诺齐克:《无政府、国家与乌托邦》,何怀宏等译,中国社会科学出版社,1991年,第298页。

现过程,都具有一定的兼容性。这种乌托邦里不同联合体的性质,也是由联合体里的成员自身来决定。传统的各种乌托邦都认为自己的制度设计最完善,而诺齐克的乌托邦只满足低调的个人愿望,从而避免最大的美好值左右各种人群的权利运行。元乌托邦框架里,由国家—共同体—个人三个环节组成,其中国家位于政治体系的一极,而另一极是个人,在两者之间有不同类型的共同体存在。共同体的数量不受限制,无限的共同体,即乌托邦,构成了丰富多彩的社会。"乌托邦是各种乌托邦的一个结构,是一个人们自由地联合起来,在理想共同体中追求和实行他们自己认为好的生活观念的地方,但在那里,任何人都不可把自己的乌托邦观念强加给别人。"[1]国家不对个人的价值观念负责,在这些彼此冲突的观念中,国家始终保持中立。而形形色色的共同体,由追求共同价值观念的人自愿组成,这些共同体与不同的价值观念是密切关联的。国家在这种意义上被看作一个乌托邦框架,不同类型的生活试验都可以在此进行,以便发现对自身来说最为理想的世界,按照自己的意愿追求善和理想的实现。这种乌托邦,即最小国家,不是各种善和价值的完全体现,而仅仅作为一种实现的框架,关于这些价值各自内容的实现,都在不同的共同体形式中存在。在真正的乌托邦中,无论是共同体,还是个人,都将人当作目的,而不是工具。诺齐克依据权利优先于善的原则,将社会及其价值导向多元。

德国哲学家海德格尔致力于对乌托邦救赎的意义重建。这种救赎的乌托邦,是对人类存在意义的追问,反映出真正意义上的人类栖居及其困境。它是在摧毁现实的基础上萌生的,而乌托邦的存在本身,就是来自身处远方作为指南的救赎召唤。参与了对人类栖居意义的追问,这种乌托邦不是在此岸停留,而是在彼岸的沉思中,实现对意义的追问价值。回溯现代乌托邦的返乡,给人们在现代社会提供了自由的支点,"在沉思中我们走向一个场所,由此出发,一个贯穿我们当下所作所为

---

[1] 〔美〕罗伯特·诺齐克:《无政府、国家与乌托邦》,何怀宏等译,中国社会科学出版社,1991年,第311页。

的空间才得以开启自身"①。人类栖居的真正困境并不仅仅在于物质产品的匮乏,而在于重新对栖居本质的探寻。必将终结于一死的人们,总是必须学会栖居,能够有乌托邦的感召和对真善美的允诺才能够栖居。在失去理想的层面上,非乌托邦化概念被滥用,人们在进入一种半盲状态的现代生活中,既渐渐失去了生活的目的,又产生出对生活意义的疏离,陷入到了无可自拔的两难困境里,乌托邦的迷思被现代生活所消解。

学者鲁丝·列维塔斯强调乌托邦概念的构成性,从内容、形式与功能这三个维度加以分析。内容上,乌托邦作为更好生存方式的意愿,充满了理想主义的色彩,但其不是通过社会中介实现的,并非体现为某种自然冲动,而是反映在某种社会构成的属性在里面;②形式上,在考察了乌托邦研究中各种定义和方法后,他认为,乌托邦关键的因素不是希望,不是对人性中基本冲动的预设,而是有更好生存方式的意愿;功能上,他认为,许多关于乌托邦的著作中对其给出的定义过于偏狭,为了避免本质主义的理论视野局限,他不是基于诸如人性等概念来定义乌托邦,而是基于共同的假设,具有与现实的鲜明疏离功能。他企图设立宽泛的乌托邦定义,以期能具有包容性,以便适合各种不同带有更好生存方式意愿的乌托邦观念。

美国神学家尼布尔对两种形式的乌托邦主义加以了区分:一种称之为温和的乌托邦主义;另一种称之为强硬的乌托邦主义。同时,他又

---

①〔德〕马丁·海德格尔:《演讲与论文集》,孙周兴译,生活·读书·新知三联书店,2005年,第65页。

②列维塔斯认为,乌托邦概念应该有一个较大的范围,各种文学小说、宗教或者是世俗的天堂观念、政治理论、政治计划和宣言、共同体的小规模实验、创造美好社会的整个国家,乃至国际范围的行动都含有乌托邦的表达因素。"在某一社会的需求与这个社会可能达到而且分配到的满足之间,有整个社会人为建构起来的距离,而乌托邦则是对此距离由社会人为建构起来的回应。"Ruth Levitas, *The Concept of Utopia*. New York: Philip Allan, 1990, pp. 181-182.

将自由主义归入第一类,将马克思主义归入第二类。[1] 他认为,这两者之间的共同之处在于,都相信社会的进步可以逐步达到对罪恶的清理,历史在自我拯救中展现正义的力量,在历史之中最终完成上帝之城的构建。马克思主义所反映出的强硬乌托邦主义特征,是因为无产阶级被看作具有道德主义的完美倾向。在确立了新的社会秩序和制度体系后,对无产阶级特别是阶级统治权力不加任何约束,导致如此的政权建立,必然会出现专制的局面。权力的不平衡,必然造成社会自身的风险加大,而权力的绝对化导致的社会局面甚至比不义更可怕。为了恢复马克思理论本来具有的深刻洞见,必须把马克思主义纳入到基督教思想的监管视野里,将温和的乌托邦色调表现出来,发挥它积极的现实主义成分的一面,又合理控制住可能出现的阶级狂热情绪,避免道德的自行的完满性。

福柯通过新的异托邦概念,表达空间概念和乌托邦异质性的空间性质对于当代历史的重要性。空间过去被认为具有僵死的非辩证性,但实则不然,对其认识是随着历史推移而变化。19世纪,人们从关心时间和线性发展的历史,逐步将视线移向空间。空间变成一个被分成等级的场所的集合,空间复杂关系网络的广延性代替了定位功能。如今,由点和元素间邻近关系确定的位置,进一步代替了定位。作为对这种关系集合的空间的全新认识,充满了异质性和多元性,实际上强调了事物之间的复杂关系。在复杂的位置中,主要有两种相对独特的类型:第一类是乌托邦,作为完美的社会本身或是社会的反面,同社会的真实空间保持直接或颠倒类似的总的关系,从根本上说是不真实的空间场所;另一类就是异托邦,是一种确实实现了的乌托邦,它建立在规范空间和异质空间关系之上,可以将几个相互间不能并存的空间并置为一个真实的地方,这里真正的场所在特定的社会与历史之中,发挥

---

[1] 在尼布尔看来,所谓强硬的乌托邦主义是这样一些人的信条,他们宣称自己代表着完善的社会,因此他们觉得自己在道德上有理由使用任何强制手段来反对那些不赞成他们的人。而温和的乌托邦主义则是这样一些人的信条,他们并不宣称体现着完善,但却期待完善会从持续不断的历史进步中产生。〔美〕莱因霍尔德·尼布尔:《光明之子与黑暗之子》,赵秀福译,北京大学出版社,2011年。

某种特定的作用,且能够在文化内部被找到,可以在人类与传统时间完全中断的情况下,黏合好时间的片段。"因为这些场所与它们所反映的,所谈论的所有场所完全不同,所以与乌托邦对比,我称他们为异托邦。"①异托邦与乌托邦相类似,因为它们都一定程度上同现实空间构成了对立关系,所不同的是,异托邦这种异质的场所,在现实中真实存在,只不过存于其他场所之外。

在现代社会中出现许多乌托邦术语,但实际上没有确切的内容。②众多反对乌托邦的思想流派中,新自由主义对乌托邦运动研究表现得最为激烈。这些学者一般都认为,乌托邦的思想结构中蕴含了极权主义的专制独裁话语,但对苏联模式或斯大林主义,同纳粹主义又不加区分,把计划经济模式、社会主义制度与乌托邦工程也扯在一起。哈耶克将乌托邦直接用极权主义来标识,对乌托邦原先的空想性质不再理会,而突出计划手段的危害,社会主义者为了达到乌托邦运动的目的所采取的行为具有极大危险性。他认为,乌托邦的幸福许诺,最终必然导致国家权力对社会资源的绝对垄断,从而为人类世界铺设了一条通向奴役的道路。而波普则把乌托邦理解为制度设计的乌托邦工程,认为,乌托邦主义者以对某个整体社会蓝图的使用来企图达到构建理想国家的目的,这就必然会导致少数人的集权统治,可能在这种强力的推动下走向专制和独裁。伯林认为,乌托邦是一种矛盾的空想体系,一切优点和谐并存的完美社会的观点都毫无意义,以完美形式所表现出来的完美

---

① 〔法〕M. 福柯:《另类空间》,王喆法译,载《世界哲学》,2006 年第 6 期。
② 比如爱德华·贝拉米的《回顾》、西奥多·赫茨卡的《自由之乡》、威尔斯的《现代乌托邦》和托夫勒的《第三次浪潮》等,赫茨勒冠之以拟乌托邦,因为这些作品中的社会构想与传统社会乌托邦思想相比,不再保持与当下现实社会的巨大张力,虽然采取了乌托邦的叙述形式或构想模式,但乌托邦的内容却与现实社会基本上没有什么差别,对现实的变革具有的启迪和警示作用也不如过去深刻,也缺乏丰富的超现实的想象力。在拒斥形而上学,充分理性化、操作化的现代文化观念土壤中,以至实现这种所谓的社会理想完全是指日可待的事情,他们承认这种乌托邦构想,是按照现实的人性来构想和实现的,与现实社会的差别只在于发生时间上的量的不同而已,根本而言没有什么质的区别。"能够认识到试图刻画出一个永恒的完美国家是愚蠢的行为。他们认为社会的改造必须建立在人类本性的现实基础上。"〔美〕乔·奥·赫茨勒:《乌托邦思想史》,张兆麟等译,商务印书馆,1990 年,第 220 页。

第一章 乌托邦思想的历史流变

社会特征,本身不合逻辑,其中包含有浓厚的价值一元论特征,完美为主题的乌托邦观念,包含的若干价值已被证明无法调和,不可能并存在某一个永久不变的乌托邦形式中。伯林以价值多元主义来攻击乌托邦主义坚持的普救主义价值观,通过区分消极自由和积极自由,指认力图实现完全的自我决定的积极自由,反过来可能会伤及到自由自身的合理性存在。以积极自由来解释乌托邦工程,可能会带来灾难性的后果。而消极自由才是真正积极的自由观念,既能保证自己的自由权,同时又能保证他人的权利自由。如果是以人类整体自由的形式压制个体自由的话,这种乌托邦会最终走向极权和奴役。此外,柯尔奈希望人们过一种没有乌托邦的生活,"乌托邦是想象(仿佛真的一样)人(或超人)的完美状态的观念,从现实的痛苦紧张感中解放出来,并完全摆脱了一切罪和罪感"。因为一旦乌托邦从一种观念上升为政治行动,又会形成对个人的极端控制,进而转化为现实中的专制形式。[1] 此外,还有另外一些学者对乌托邦做了分析。[2]

互联网络和信息技术的飞速发展,对未来发展做了文化上的深层次更新。信息时代的乌托邦,被人们视为伊托邦,即虚托邦或V托邦,用以表现网络社会的虚拟特征。信息时代以一种全新的地理大发现形式呈现,包含了现实之外无穷广阔的虚拟空间,可以依照人们的空间诉求,展开自由的形塑处理。美国学者米切尔提出的伊托邦的概念,是新

---

[1] Kolnai Aurel, *Critique of Utopia*, See the Utopian Mind and Other Papers. California: Atalon Press, 1995, p. 15.
[2] 内格利等认为,乌托邦不可能存在于现实经验中,而只能存在于想象之中,只有诸如文学和艺术创造等这些创造性想象,才称得上乌托邦。斯金纳认为,乌托邦变动性太强、太情景化,完全没必要在时空中去检验何为乌托邦,关于乌托邦的含义所存在着的决然相反的差异性,一直存在于整个乌托邦的历史中。利科认为,乌托邦是一种旨在破除僵化保守、走向未来的内在冲动,它能够克服僵化、探索可能的东西,将现存的文化系统置于一定的距离之外,使人们得以从外而内,以反思的态度来观照自身的文化系统及其生活世界。莫里斯·迈斯纳认为,毛泽东的乌托邦思想有其合理性。他从乌托邦的定义上区分乌托邦的两种不同含义:从道德上看,"乌托邦"一词的模糊含义恰恰是它的优点,而不是它的缺点,乌托邦或许是"福地乐土",而在历史上它可能是"乌有之乡"。他充分肯定乌托邦能促进人们追求社会进步的巨大作用,认为,历史发展的动力,不是乌托邦的实现,而是对它的奋力追求,乌托邦不是作为某种未来的设定物存在,如果乌托邦实现,那就标志着历史的终结。

时代乌托邦的一种新形式。伊托邦的色彩相对温和与中性,作为一种客观的存在,影响甚至决定着人类的未来。它冷静判断技术社会的走向,提出应当努力营造技术与人双向协同的适应关系。信息时代的空间形式,既包括以现实场所的面貌示人,还包括必要的虚拟场所形式存在,通过这一形式把人类结合起来,在此之中,又制造出一批以网络为媒介的新型城市。伊托邦提供电子化服务、全球互联的时代空间,传统的城市模式无法与网络的"赛博空间"共存,"无所不在的通讯网络、智能机器、智能建筑,与供水、废物处理、能量传输以及交通运输系统相结合,构成一个不分时间、无论地点的全球化互联世界"[1]。这成为人类无法后退的新选择,将导致一种新的全球共存关系,带来了不同以往的乌托邦体验。数字化符号形式的技术模式,提供了人与人交往全新的虚拟实践形式,在一定程度上得以摆脱原有社会价值规范的束缚,带来了全新的生存体验。同时,虚拟技术为学者提供了试验手段,大型虚拟乌托邦,基于虚拟网络,开辟出一系列理想社会模式的实验空间,能够对不同社会设想加以改换和升级,既不需要面临社会代价的考验,不会产生负面的效果,又能为社会制度的实践开辟可能的途径,对完美社会进行冷静和清醒的检验。

现代乌托邦就像乌托邦文学史记录者刘易斯·芒福德认为的那样:"是对重新构建的环境的新视野,不仅更加适应自然,而且更加适应可能的发展。"[2]它既是对理想生存方式的体现,又将其中的普遍性模式展示出来,供每个人进行不同的选择,让他们取得接近的乌托邦理想状态。

(二)特质阐释

现代乌托邦很多是以人的天性为最高准绳,而设想完美立法的企图内心建造着属于他们自己的个人乌托邦,这也许就是现代人的某种拯救方式,精神的攀登有时会类似西西弗斯的神话,明知目的无法实现

---

[1] [美]威廉·J.米切尔:《伊托邦——数字时代的城市生活》,吴启迪等译,上海科技教育出版社,2001年,第11页。

[2] Lewis Mumford, *The Story of Utopias*. Whitefish:Kessinge Publishing,2003,p.21.

第一章 乌托邦思想的历史流变

还要努力,这个过程本身就是具体精神价值的实现。

现代乌托邦不拘泥单一的社会模式,能生产合乎不同群体思考范式的社会设计。新的乌托邦理想,是带有实践倾向的本体生存结构,展开了不同趋向的人类实践活动。它不能简单等同于追求某种普遍理性,这无疑是思维范式的一种调整的结果。个体都应当获取与自身的存在相适应的思考范式,在此基础上达到对相对广泛适宜标准的共识。现代乌托邦不单单追求结构化的社会目标,更关注于社会结构内部的深层问题。与存在的就是合理的意识形态相对应,现代乌托邦表示存在的就是必须改变与扬弃的,逐步趋近于具体化的生活行为方式。在传统乌托邦看来,人同自身的本质一开始是同一的,只是在社会发展过程中发生了偏转或背离。现代乌托邦则认为,人虽是具有实在本质的,但是其并未在历史上呈现出来;相反,这要靠人在面向未来的前行中去获得,既在乌托邦与现实社会之间做比较,同时还在乌托邦层面的未来人与当下层面的世俗人之间做比较。这不将乌托邦自身的缺陷仅仅归咎于实践者的不足,也不仅仅对实践过程的人进行本质上的认识,还将视野放到了乌托邦主客体两方面,以其两方面的本质实现来作为乌托邦真正实现的因素,而不是用一元论思维去解释人的本质。

现代乌托邦对时间乌托邦和空间乌托邦具有一定的兼容性。乌托邦的观念演变过程中,形成了地理空间的变化到时间维度的转换。由于古代技术条件不发达,乌托邦想象长期在地理空间的维度内。地理环境受限,加之人们认识能力有限等原因,使得人们在地理空间的认知和空间概念的理解上有很大的局限。之后,随着近代天文事业的推进,人类探险活动成果的积累,地理空间的视野变得开阔起来,加之科技进步引发相应的进步观念,极大地拓宽了人们的视野和空间概念,逐渐将视野转向了太空或并不熟悉的海底世界。这在文学形式的科幻乌托邦中,有最集中的反映。受达尔文进化论的影响,生物的进化与时间性和历史性捆绑在了一起。未来时间的无限性,逐步取代了人类所生活空间的有限性。时空转换力求揭示,无论现实世界多么黑暗,人类还是有可能向未来的光明前景迈进的。遍布全球的社会主义运动,都体现了这一转换的魅力。贝拉密的《回顾》和威尔的《现代乌托邦》是对正统社会主义的辩护。W. 摩里斯在《来自乌有之乡的消息》中，提出的与乌托邦针锋相对的敌托邦概念，是出自对乌托邦的逆转，但仍旧是这一转换的继续和变种。这些具体形式的变化——都是对未来世界的探索或对虚幻意识形态的反叛，仍在这一时空转换的视角之内。

现代乌托邦对完美性给予消极意义上的解释，对超越性和颠覆性做了重新认定。完美从表示存在的状态，过渡到对无缺陷的修正。现代乌托邦的正义观念不再是欲求对人类所有价值的一次性的获得，现实中许多价值之间的不可通约，揭示了现实的有限性，乌托邦追求的却是局限现实之外的无限性。现代乌托邦着力在微观操作上减少有限性造成的想象力衰竭，趋近人对完美向往的复杂过程，也就逐步被视为多重价值的复合。超越既存秩序的理论，并非都能发展成乌托邦，起到特殊的社会作用。乌托邦只有构成他者的异质性维度，其颠覆性和超越性才能淋漓尽致地发挥。乌托邦不一定都是完美的，是要借力于社会力量的发展的，也不再完全如列宁描述的那样，是无论如何都不能变成现实的幻想，而是同各种符合历史前进方向的政治力量的发展壮大联系在一起的。[①] 这样乌托邦的超越性和颠覆性就会相应起作用。

现代乌托邦带有某种相对性，在很大程度上是一个相对的概念。因为现代社会不同阶层的代表，都会依照自己的利益需求并从各自的观点出发对乌托邦加以认识和解读。从他们自己的观点出发，把乌托邦谓之为原则上的不能实现，以此来诋毁它具有颠覆性和实现的可能性。之所以会提出相对不同的观点，就因为有可能由于利益的不同而对乌托邦做出不同的判断，归根到底是为了摆脱乌托邦的颠覆性对自身存在的威胁。随着社会历史的变迁，以前的某些乌托邦，已变成了现

[①] 落后国家由于反封建的民主革命曾是主要任务，但这种革命又处于资本主义在西方已经确立，在其内部的矛盾日益尖锐的背景下，因而一些社会民主主义者也以社会主义为目标提出民主革命的任务。民粹派的乌托邦，就是小资产阶级劳动者，要求根本消灭封建旧剥削者的愿望的反映，也是要把资本主义新剥削者一并消灭掉的愿景。在落后国家的乌托邦，表达着反封建过程中对社会主义的追求。这既与时代相关，也与以农民为主体的国情有关。"一个国家的自由愈少，公开的阶级斗争愈弱，群众的文化程度愈低，政治上的乌托邦也愈容易产生，而且保持的时间也愈久。"《列宁选集》第2卷，人民出版社，1995年，第297页。

实存在的东西。乌托邦虽然常常只是早熟的真理,但在一定程度上也反映了乌托邦的相对性。虽然这种早熟可能会使乌托邦一时水土不服,由此产生种种现实问题,其作为一种尚未,可能永远只是一种美好的梦想,但当这种真理具备应该成熟的条件之时,也自然会成熟地化为新的乌托邦。每当一种思想被标为乌托邦时,往往是已经过去的那个时代的思想者的辛勤成果。积极的乌托邦是对现存社会秩序的抗争,对臻于完美的不懈努力和探索,体现出乌托邦相对性的精神和价值取向。曼海姆将乌托邦定义为与现实状态不相称的思想状态,从相对性的角度剖析,借以绕开乌有之义的理论陷阱,揭示了长期以来对此概念认知偏执的根源。乌托邦在特定的时空交接处,一部分可能已由应然转化为已然。

现代乌托邦不是静态的假定,而是兼具复古主义与未来主义的两重性。[1] 现代思想家所构造的乌托邦理想,总要将其确定在时空坐标上的某一点,这一点在现代乌托邦中已经经过了多元化的处理。人类整个文明进程中具有向后回望或向前预设的冲动,"还乡"与"向未来筹划"有时并不绝对矛盾地相结合。现代时间具有不可重复与可检验的双重属性,使现代乌托邦的构建程序,既有历史的反思意义,又意味着精神"还乡"。现代乌托邦冲破现在的阻碍,穿越到时间之流的另一面之中,但同时对现时代的世俗生活还未抛弃,两者兼而有之,将乌托邦理想在方向上贯通起来。现代乌托邦既重视对已知历史的追述,又不仅仅是对既往某个阶段的简单化追忆,更多是将之诉诸未来。复古主义以历史退化论或循环论为逻辑依托,具有悲观主义特征;未来主义则以历史进化论为其理论依据,具有乐观主义特征。现代乌托邦恰恰既能结合两者之所长,又在两者之间有所侧重,把向前看或向后看的不同点融合,进而形成较为深刻的历史文化内涵。

---

[1]汤因比根据时间方向上的不同选择,将社会空想划分为未来主义与复古主义,把二者都看成是为摆脱现在的苦难而做同样绝望的挣扎。这两种逃避和挣扎,不是逃避时间次元的互不相容的企图,而是证明其为几于绝望的事业来做同样努力的。而现代乌托邦恰恰具有了兼容的性质。〔美〕阿诺德·汤因比:《历史研究》下卷,郭小凌等译,上海人民出版社,2010年。

现代乌托邦具有空间和时间上都超越政治现实的双重意味,乌托邦与政治现实的二元对立趋向缓和。通过自身的空间意义,乌托邦的时间意义才能在社会发展过程中获得推进,它不再是对空间意义的僭越,而是把历史终结处的乌托邦推至当下的空间,继而考虑到把乌托邦现实化的后果来还原乌托邦的空间意义。空间意义对遥远地方的期待与对未发现之处的向往,也传递了乌托邦在时间维度上的未来感和未然性的性质,一方面隐含了在历史中实现的可能性,另一方面又揭示其实现在于怎样缩短现实与未来之间的时空距离。乌托邦的时空冲动,是现代对过去挤压和未来地位上升的凭证。乌托邦之所以成为现代性话题,是由于人类取代上帝缺席的位置,而对未来的冲动,恰恰把现代人卷进对未来的冒险里。这种冲动无疑体现了乌托邦时空兼容的品格。现代乌托邦中的空间不仅指承载的场所,也是一种建构。现代乌托邦同时注重乌托邦的空间意义,以寻求对乌托邦的整体性理解。政治设计中的乌托邦,之所以居于历史的某种终结之处,是因其提供了与政治现实不一致的政治设计方案,从空间意义上显示了对政治现实的否定和超越。以历史合目的性的发展来寻求乌托邦的实现,在乌托邦的时空两种意义中凸显。以时空意义作为基准来界定乌托邦,即在政治生活中有效地将乌托邦与乌托邦的现实化运动区别开来。乌托邦是在与政治现实的对立中做自我揭示的,也就是说,乌托邦与政治现实的对立并不是简单的二元对立,乌托邦不仅是非现实的,更重要的在于,它是超越政治现实,在与政治生活本身的关联,而非与现存政治事实的关联中来使其政治意义呈现。乌托邦在道德价值上保持着对政治现实的优势,内在地具有对政治现实的观照和批判意义。[①] 要从历史进程的总体性关系,而不是从当下现实出发来考察乌托邦的政治意义,既要介入人类的总体意义生成过程中,又不能采取导致乌托邦退化的

---

①鲍曼推断乌托邦与现实的意义关系在于四个方面:乌托邦与现存的关系是相对的;乌托邦是对现存发展之可能性的文化推断;乌托邦使共有的现实分裂,并对因此而形成的一系列相争目标作评判;乌托邦对实际的历史进程具有巨大的影响作用。Zygmunt Bauman, *Socialism: The Active Utopia*. London: George Allen & Unwin Ltd., 1976, pp.13-16.

现实化方式,但这种紧张的二元对立,又在总体意义生成中缓解。

现代乌托邦理论对乌托邦的理解在很大程度上趋向多元,认为,乌托邦是客观存在于历史之中,但会在很多领域中展开。曼努尔曾对现代广义的乌托邦进行分类,"有温和的也有严厉的,有停滞稳定的也有激进变革的,有感性解放的也有灵性超升的,有贵族化的也有平民化的,有逃避的乌托邦也有进取的乌托邦,有集体主义的乌托邦也有个人主义的乌托邦"①。多数的一元论,是一种形而上学理论,指任何见解只存在一类实体,企图把事物或价值都归结到原始的基质中,这种一元论倾向,就反映在承认有根本的价值观念里,"乌托邦观念与形而上学一直以来共享一种未受挑战的对唯一性观念的偏爱"②。实现乌托邦的方法和途径多样化,不再谋求加强自身理论唯一合法性的论证,不再刻意设计实现乌托邦的所谓唯一的最正确选择。特别是诺齐克明确拒绝传统乌托邦的一元论取向,在他看来,从经验到事实的出发,可以表现出这个世界的多元化。而且人也在诸多方面都存在差异。乌托邦中的共同体,将以多种不同的形式出现,生活方式也各式各样、生气盎然,甚至会出现各种差异明显的共同体,而人们在这些不同的共同体里生活,在不同乌托邦的制度中行动。

现代乌托邦是动态的,各种领域的乌托邦形式层出不穷,诸如宗教乌托邦、科学乌托邦、审美乌托邦等。由于社会历史进程不断向前,历史的终结是不可能的,但其自身的理性和运行规律,需要不断在实践中总结和把握,而这些多元乌托邦,也要通过人类的实践来把握,也都有诸如自由选择权利的预设价值为人们所遵守。

从乌托邦思想的历史走向来看,它经历了由喜到悲再到希望的命运。现代社会的思想文化观念对乌托邦的态度是带着一种拒斥的眼光的。它们很多是从工具理性与个人主义出发的,忘却了它对社会历史发展的积极面,内涵逐渐缩小和变形,成为空想的代名词,被表面上自

---

① 转引自周宁:《孔教乌托邦》,学苑出版社,2004年,第138页。
② [法]詹尼·瓦蒂莫:《消散的乌托邦》,俞丽霞译,载《国外社会科学》,2007年第6期。

由多元的现代社会排挤,乌托邦的内在价值由此被遮蔽。历史似乎成为唾手可得的囊中物,现代社会的文化价值观对传统社会文化观念采取了一种退化式的反叛。此外,还有来自乌托邦主义的实践误区和激进运动,带来了可能的集权和独裁,引起人们内心的抵触和恐惧之情。遵从现代性发展逻辑的现代人,比传统社会的人更加远离人的本真状态。他们认为,没有超越现实世俗生活的乌托邦构想,在逐步远离自然纯朴的生活方式后,又没有达到他们所期望的社会理想境界。现代人立足于现状,通过精确计算或预测,或理性的设计,试图创造出能够抓住的切近未来来超越所在的世俗生活,而不再需要付诸更多丰富的想象力和诗意栖居去构想一种超越现实的乌托邦。

赫茨勒以空想社会主义为界,把之后出现的乌托邦谓之拟乌托邦,对乌托邦本身的当代价值没有信心:"空想社会主义者就是最后一批乌托邦思想家。随着理论史的不断完善,思想进化的不断发展,真正的乌托邦已不再出现。"①很大程度上,人们乌托邦精神的缺失,已是现时代不得不面对的残酷事实,而不仅仅作为学者的预言。伽达默尔也曾悲观地认为:"当今的时代是一个乌托邦精神已经死去的时代。过去的乌托邦一个个失去了它们神秘的光环,而新的、能鼓舞、激励人们为之奋斗的乌托邦再也不会产生。这正是我们这个时代的悲剧。"②乌托邦逐渐变成外在于人的观念,而不是人之为人的本质确证,或是可有可无的虚假意识形态,也不是对生活意义与价值的审视。但关涉生活的意义和人的价值等种种重大问题,没有因为当今人类的越发聪明而得以解决。

"上帝死了"是对人想象能力的唤醒。但人在梦醒之后又该如何?就乌托邦的历史演变而言,"乌托邦"一词表达了人类对社会发展的展望能力,其积极意义与对社会历史的塑造紧紧联系在一起,积极面的施用领域更广泛,洞察现实社会的弊病更深远。这种人类特有的能力,将使精神家园不至于变成贫瘠的精神荒漠。关于乌托邦已经实现,或拒

---

① 〔美〕乔·奥·赫茨勒:《乌托邦思想史》,张兆麟等译,商务印书馆,1990年,第219页。

② 章国锋:《伽达默尔谈后现代主义》,载《世界文学》,1991年第2期,第282页。

绝乌托邦的论调,都将被证明是一种历史的短视,或某种意识形态的自欺,最终都将被历史的车轮碾碎。乌托邦精神的淡漠,令现代社会中的人不自觉地变成属物的存在者,被物欲和恶念所控制。

乌托邦成分在人类思想和人类行动之中的消失,会促成曼海姆所谓的某种静态的事态。人对生存达到了最高程度的理性控制,却由于对乌托邦的抛弃,而丧失掉塑造历史的决心,进而使理解历史的能力发生退化。没有乌托邦的世界所展现出来的世界图景就是如此荒芜和灰暗。人们对普遍必然性的提问形式与思考方式,在现时代不断发生改换,但此岸与彼岸、应然与实然的内在张力,仍在影响与挑战多样化的普遍性诉求。

第二章
乌托邦思想的当代重大转向

> 没有乌托邦的文化总是被束缚于现实之中,而且会迅速地倒退到过去,因为现在只有处于过去和未来的张力之中才会充满活力。[①]

在经典马克思主义那里,乌托邦作为虚假意识形态遭到强有力的贬斥,连法兰克福学派的洛文塔尔晚年也指认乌托邦的幻灭,认为,乌托邦精神得以维系的时代已终结。而西方马克思主义的乌托邦思想作为发达资本主义社会行进过程中演化而成的文化政治逻辑。这一思想在陈旧的意识领域中兴起,实现了乌托邦思想领域的重大转向。[②] 在西方马克思主义者的眼中,乌托邦不一定是科学的、理性的,但一定是利益的、价值的,需要变成常态的、日常的和实际的,是与普通大众的关系和利益联系在一起的。面对全球性生存与发展的内在困境,他们能够对乌托邦有全新认识,丰富当代乌托邦的内涵,继而拓展人类历史的可能性空间。"这样一个未来,无论是否属于想象的,人们都希望它能够来到我们的现在,并且扮演一个起着诊断以及批判作用的角色。"[③]

[①] 蒂里希:《政治期望》,徐钧尧译,四川人民出版社,1989年,第215—216页。
[②] 在这里,将西方马克思主义乌托邦思想更鲜明地指认为当代乌托邦,更为突出其在当代发挥的现实意义和乌托邦重建价值。
[③] 〔美〕F. R. 詹姆逊:《詹姆逊文集》第3卷,王逢振译,中国人民大学出版社,2004年,第373页。

第二章 乌托邦思想的当代重大转向

当代乌托邦作为表征当今人类精神生活的标识,这种他者的时空视域,能提供关于乌托邦思想史丰富的思想内容和各具特色的表现形态。

西方马克思主义提出的乌托邦价值变革诉求,为当代社会政治新秩序的形成,铺开了相当广袤的精神空间。乌托邦的社会经验背景,发生了较大规模的变化,传统的解释效力已经减弱,对乌托邦的传统思维方法也开始失去效用。新的革命和社会活动经验,与旧有乌托邦思维模式差异越发显著。作为新秩序推动者的西方马克思主义者,在对乌托邦理论和实践经验的借鉴和吸收中,致力于寻求一套新的乌托邦阐释系统,为未来社会主义和当代乌托邦本身做价值合法性的论证。一旦资本主义意识形态作为传统思维模式对经验世界解释权进行掌控,新的价值观念往往就带有传统乌托邦的色彩;相反,如果作为新型思维模式的当代乌托邦掌控对经验世界和未来理想的话语权,新的价值观念才真正能够深入人心。从总体上看,乌托邦再一次获得了美好、希望等其词源上的意义,并被作为一种赋予世界意义的功能手段,而置于显著的地位。

西方马克思主义者对乌托邦思想进行批判的客观分析,并进行内容、形式和作用的创造性转化。这是对传统乌托邦理论的超越,使之继续具有对社会现实的批判眼光与鉴别能力。他们在追求乌托邦精神的同时,也未伤及乌托邦思想本身的完整性,使得乌托邦的历史命运并非宣告终结。传统乌托邦不会在场化,而当代乌托邦精神却处于在场与不在场的张力之中,葆有无穷的生机活力。本章对西方马克思主义的乌托邦思想给予一般性梳理,尝试说明学术语境中对乌托邦误读的原因,说明马克思思想对当代乌托邦的解困,并从中明晰西方马克思主义乌托邦的当代转向,同时对西方马克思主义乌托邦的形态进行描绘。

一、西方马克思主义的当代乌托邦视野

(一)西方马克思主义的概念框架

无论是正统马克思主义,还是西方马克思主义,都是马克思主义在20世纪后分化演进的结果。本着"一源多流"的原则,摈弃传统的马克思主义阐释语境,把马克思主义的发展看作是以马克思的思想为源,从各国同时代条件、思想运动和文化传统之间的内在联系出发,并与之相结合的多流派、多形态和多种理论传统的发展过程,这既是由马克思主义的内在本性所决定,以变革社会现实为己任必然将实践置于理论的中心地位,也是由其在不同国家与地区的文化选择所决定。马克思主义的理论形态,由此呈现出多流派共存、多种理论传统并置的局面。我们应当从时代和理论家双向互动的视角进行切换,对各个延伸理论的得失加以评价。这种研究视角的切换,内在地要求将西方马克思主义从二元对峙中拯救出来,放置于整个马克思主义理论推进的历史进程中去,以此来明晰西方马克思主义的思想实质。

西方马克思主义是马克思主义在20世纪分化后的产物,是具有国际性影响的当代西方社会思潮之一,又是一种理应界定清楚的所谓非正统马克思主义。它是从20世纪20年代开始,一批决心从共产国际教条主义中走出来的西方理论家独立自主地探索在当代西方资本主义条件下,就如何开展共产主义运动和社会主义革命道路而产生出来的理论思潮。就它的本质而言,是一个意识形态概念,自产生之日起就饱受争议,特别是在国际共产主义运动内部,遭到不公正的待遇。但是无论个人境遇怎样,西方马克思主义理论家一般都自称马克思主义者或信奉马克思主义,其理论建构紧紧围绕西方资本主义社会现实,并对社会主义阵营和马克思主义基本理论中暴露出的种种问题进行深入研究。对其的界定包括历史和逻辑两个方面,本质即对这一思潮的基本定性。它与马克思主义之间不只是一种偶然的联系,而是一种思想原则上的继承。西方马克思主义对经典马克思主义进行的多维解读,构成了自身的理论谱系。无论是柯尔施、梅洛·庞蒂,还是安德森,所指认的这一概念,都是一种历史上真实的存在。这些理论思潮和流派有特定的代表人物、理论背景和研究成果,虽未被直接指认,但均以不同形式表现出其理论倾向和见解主张,与第二国际、社会民主党、列宁主义等相比,形成了自己的理论特色。[①]

西方马克思主义的发展历程分为四个时期:以卢卡奇、葛兰西、柯尔施等为代表的一战后初创时期,他们对无产阶级革命中的问题进行过反思,在沿袭传统研究路向的基础上,尝试新的理论建构;以法兰克福学派为代表的第二次世界大战前后的形成时期,霍克海默、马尔库塞、阿多诺等展开对社会批判理论的营造;二战后五六十年代以存在主义和结构主义为主线的发展时期,与多种西方社会文化思潮融合,基本上以人本主义和科学主义为主线,形成两大理论阵营对峙的局面;20世纪70年代以后由后现代主义主导的多元化时期,后现代主义为方法论主流走向多元化的发展道路,形成了一种别样的国际文化景观。

西方马克思主义概念,具有明显的地域性特点,但其内涵具有超越地域层面的深刻意义,不能将其限定在西方发达资本主义国家范围内的马克思主义。"西方"一词本是一个地理概念,但在这里,已超出了单纯的地域意义,意味着发达资本主义的社会环境,而非地域上的泛指。纯粹从地理角度对理论思潮加以界定,理论研究的意义不大。西方的地域概念,并不单单源自其地理特征,而是覆盖上了相当复杂而深刻的社会历史文化背景,不能将之与西方的马克思主义等同起来,而应

[①] 柯尔施作为西方马克思主义奠基人之一,在1930年所著的《关于〈马克思主义和哲学〉问题的现状——一个反批判》中,首次使用西方马克思主义这个概念,由此将西方马克思主义命题正式提出。柯尔施、梅洛·庞蒂的西方马克思主义概念在本来意义上使用,关于西方马克思主义的其他用法都是在柯尔施、梅洛·庞蒂提出的概念基础上演化而成。英国学者佩里·安德森在其1976年出版的《西方马克思主义探讨》一书中指出,西方马克思主义多样发展中具有共同线索、共同主题和共同特点,并说明这使之区别于传统的马克思主义。德国学者霍尔茨在1975年出版的《欧洲马克思主义的若干倾向》、麦克莱伦在1979年出版的《马克思以后的马克思主义》、本·阿格尔在1979年出版的《西方马克思主义概论》等对西方马克思主义有了一个比较系统的认识,掀起了对西方马克思主义的研究热潮。

当超越东方和西方两个政治概念和地域性的限制，为这一语境提供理论旨趣上的某种内在连续性。①

西方马克思主义不是后马克思主义。② 有的学者将其视为西方马克思主义中的一个流派，认为两者在理论渊源和精神气质上有异曲同工的地方。有的学者指出，后马克思主义的话语方式与思想观点等，带有后现代主义的特征，虽然属于国外马克思主义范畴，但已经在很大程度上，离开了西方马克思主义的理论基调。但是，西方马克思主义正是马克思主义分化演进过程中发展的理论成果，作为所谓正统的镜像存在的。虽然国际局势发生重大变化，苏东社会主义国家解体，但资本主义的社会现实并未有实质上的改变，马克思主义本身也依然保持着生命力，这就不能否认西方马克思主义在现时代存在的合法性理由和思想价值。西方马克思主义这个概念并未设置刚性的逻辑边界，这条边界线是具有弹性的，它因形势需要和理论场景而变，但这并不说明它不存在相对确定的界限，也不意味着用理性语言无法进行相对准确的描述。

对西方马克思主义概念使用，大体上分为六种：第一种是最狭义的概念，也是最具有逻辑连贯性和内部一致性的，从《1844年经济学哲学手稿》正式发表开始到二战结束后，在西方发达资本主义国家逐渐兴起的人本主义的马克思主义将早期西方马克思主义者仅视为西方

---

① 虽然早期西方马克思主义特别是葛兰西的政治哲学为欧洲共产主义提供了直接的理论基础，但是一种思想本身的理论逻辑和将这种思想标举为意识形态的历史效应之间并没有天然的对等关系。意大利共产党心目中的葛兰西不一定等于作为西方马克思主义创始人之一的葛兰西。

② 后马克思主义于20世纪80年代前后在西方兴起，是后现代主义理论中的一种具有马克思主义特性的带有批判性倾向的新思潮，被视为当代西方左翼思想的新亮点。英国的拉克劳、墨菲在1985年发表的《霸权与社会主义策略：走向一种激进的民主政治》中，鲜明地提出了后马克思主义的概念，它在西方理论界引起了广泛的关注和激烈的争论。此后，后马克思主义的概念迅速广泛地在欧美流行，至今仍是西方理论界中的一个标志性话语。拉克劳、墨菲、福柯、利奥塔、德勒兹、加塔利、博德里拉、德里达、吉登斯等被视为当代后马克思主义的重要代表人物。后马克思主义，一方面，肯定了马克思主义的价值，继承了马克思主义的批判精神，特别是继承了马克思主义对资本主义的批判传统，借助后现代主义理论，对当代资本主义社会及其思想文化进行了新的探讨和分析；另一方面，又主张解构马克思主义的核心范畴，否定了马克思主义的基本理论、观点和方法，并力图通过这种解构和否定，重新激活马克思主义的传统。

第二章 乌托邦思想的当代重大转向

马克思主义先驱而排除在外;第二种把其理解成单单的地域性概念,同西方的马克思主义画上等号,既包含西方资本主义国家范围内的马克思主义流派,又包括西方共产党的观点主张;第三种是突出特定的思想内涵,也是一方面认可其作为地域性含义,放大其与列宁主义的差异及斯大林主义的对立,基本上接近柯尔施和梅洛·庞蒂的用法,主要在西欧发达资本主义国家兴起,作为一种与正统马克思主义所不同的哲学话语系统;第四种是突出主题的转换,在肯定其作为地域性概念的前提下,将主题集中在哲学、美学两个论域内,接近佩里·安德森在《西方马克思主义探讨》中的规定和论证,同时将科学主义的马克思主义一并纳入;第五种将其直接等同于新马克思主义范畴,划分标准不在于具体思想见解的不同,而在于是否坚持马克思主义基本观点的同时,以非正统的视角进行马克思主义研究,包括佩里·安德森设定的西方马克思主义内涵,还加上南斯拉夫实践学派、布达佩斯学派等东欧新马克思主义、后马克思主义、文化批评学派、自治主义的马克思主义、分析的马克思主义、生态学马克思主义等,詹姆逊、雅各比、哈维等人的思想理论都可以放在这一论域中讨论,把超出第二国际、第三国际、第四国际理论视域范围的新马克思主义理论都视为西方马克思主义,从而放弃了对其地域性含义的强调;第六种是最广义的概念,将理论生产的下限推后,不以苏东剧变为限,空间范围扩展到各地,甚至连各左翼政党的社会主义理论都囊括进来,类似于现在学科分类中"国外马克思主义"的提法。在笔者的论域中,更为倾向于第五种看法。

需要重视国外马克思主义各个子项的区别,以此大致划分西方马克思主义的边界。国外马克思主义虽然思潮流派众多,但其理论旨趣大相径庭,在对马克思主义所持的原则立场上,有相当大的区别。[1] 国外共产党和社会主义的理论和实践,是以科学社会主义和国际共产主义运动为主要研究内容。西方马克思主义和东欧新马克思主义,两者

---

[1] 按照学界较为通行的说法,从总体而言可分为五大部分,即国外共产党和社会主义的理论和实践、西方马克思主义、东欧新马克思主义、西方马克思学、后马克思主义。

产生的根源具有一致性,并且都反对苏联模式的马克思主义理论模式,在国际共产主义运动过程中产生,与马克思的思想观点有着直接关联,不同在于前者更加侧重于从西方社会历史条件和文化传统出发,对马克思主义进行重新阐释,而后者更侧重于批判苏联式的理论教条和集权社会模式。西方马克思主义侧重于对马克思本人思想的学术研究,或对文本文献的细致梳理,或通过贬损马克思主义的思想观点,为西方主流意识形态服务。后马克思主义的思想来源主要趋向于后现代主义,但又有马克思思想的影子,以及西方马克思主义思想的痕迹,显得十分庞杂。只要学者能清晰地识别自己所使用的概念内涵和外延,就不会导致理论逻辑上的冲突,或者学术语言的冲撞。

(二)马克思主义内部对乌托邦思想的误解

与社会主义联系密切的乌托邦通常与空想社会主义作为同义语使用,第二国际和苏联的马克思主义者标榜正统,将乌托邦作为打压对手的论战工具,新自由主义者也对乌托邦大加讨伐,以"空想/科学"的范式界定乌托邦与社会主义的关系,从而使"乌托邦"一词蒙上了灰色的阴影,形成了一些公认的成见。

不论其意识形态如何,"乌托邦"一词都意味着一种不切实际的社会复兴纲领。乌托邦社会主义者被看作是一种理想主义者,这些不可救药的乐观主义者彻底背离了现实世界。马克思主义传统也断言乌托邦的分析方式是"大杂烩"(恩格斯的术语),依靠这种方式永远也不可能获得发动革命所需的政治力量。但是决不应当忘记,有几次当马克思和恩格斯试图对将要取代资本主义的社会主义进行描述时,他们的模式恰恰是美国乌托邦社会主义者所树立的那种分权的、自治的公社形式。恩格斯在晚年时,曾力图劝说坚持把国家政权作为无产阶级统治工具的德国考茨基派社会主义者,要他们认识到美国那种全面自我管理形式的价值。关于乌托邦概念的内涵分析,"我们最好还是竭力去弄懂它,亲自搞清它的真实含义,而不要借口说它是不可实现的而将

第二章 乌托邦思想的当代重大转向

其视为无用"①。现在国内对乌托邦误解在于：一是将其与实干对立，这种简单的二分，极容易忽略乌托邦与改造世界的社会实践之间所存在的紧密联系；二是将其与科学对立，这一划分标准的局限性在于，对非马克思主义性质的，或者在马克思主义之前就已经形成的其他社会主义理论来说，不是客观的研究视野，而是出自于理论的偏见，单单从文体上来看的话，又让乌托邦概念的内涵不够全面。②

乌托邦概念在其适用范围不断扩展的同时，也随之从其一开始的双关义中，渐渐清除掉了"美好"的意思，剩下来的仅仅是"乌有"的意思。学界反复引证莫尔自己的一段话加以证明，其实这是一种理解上的偏差。③ 这一方面是莫尔对无法实现乌托邦理想的悲伤情绪，但也可以体察到，他的话中包含了对实现民主社会的迫切心情。苏联时期乌托邦被解释成空想，因此他们把乌托邦社会主义有意译为空想社会主义，而"空想"一词相对立的是"科学"一词，进而又促使乌托邦变成了与科学的对立。国内对乌托邦概念的意义偏差更加远离其真实内涵，传统的意识形态的先验判断和价值偏向，使人们对乌托邦的误读更为严重。国内马克思主义编译者们，直接用"空想"来对译"乌托邦"，把"乌托邦社会主义"纯粹译成"空想的社会主义"，这种"语词上的暴政"在一定程度上更加曲解了乌托邦，其具有的多重含义解释被做了单一化处理。乌托邦和科学的二元对立被确立了下来，乌托邦与空想这个日常概念的对等关系也被固定了下来。乌托邦经苏联进入汉语表达时，在新的学术地域环境里，意义在某种程度上被再造。这就制约了现代汉语语言对乌托邦概念内涵的人文观照，也剥夺了对乌托邦的审美视角，以致不管在学界，还是在日常生活中，一旦出现对马克思主义

---

① 〔德〕恩斯特·卡西尔：《人论》，甘阳译，上海译文出版社，2004年，第83页。
② 对乌托邦有三种传统理解：一是乌托邦即空想，即不科学、不能实现、不实际；二是把乌托邦与社会主义连用，把社会主义分为乌托邦社会主义和科学社会主义两类；三是把乌托邦理解为一种文学体裁，如乌托邦小说、幻想小说。
③ 托马斯·莫尔自己在《乌托邦》第二部结尾时，曾说过这样一段话："我情愿承认，乌托邦国家有非常多的特征，我虽愿意我们的国家也具有，但毕竟难以希望看到这种特征能够实现。"〔英〕托玛斯·摩尔：《乌托邦》，戴镏龄译，志文出版社，1997年，第119页。

信仰的缺失,就给其扣上乌托邦的帽子,并且指认共产主义运动就是一种乌托邦。"一个概念被界定的方式,以及这个概念中所表现的细微差别,已在某种程度上体现了有关建立在这个概念之上的一系列思想后果的先入之见。"①可见,乌托邦之所以遭到错误的指认,与接受意识中的前结构有关。

经典马克思主义理论家们,把对乌托邦的批判上升到意识形态,严重影响到学界及民众对乌托邦含义的认识及情感判断。囿于特定历史时期意识形态的影响,他们严厉贬斥乌托邦的论断,尤其是用"乌托邦"一词直接指称各种所谓的不成熟理论,而后代学人仅仅看到了这种在特定时代出现的论断,就随意做出不合理的演绎,不可避免地切碎了乌托邦概念的完整意义。马克思在青年时代,就不再把理想和现实看成一种绝对的对立关系,"康德和费希特在太空飞翔,对求知世界在黑暗中探索;而我只求深入全面地领悟在地面上遇到的日常事物"②。他认为,不能以应然否定实然,而应当立足现实来展开革命研究。马克思在《黑格尔法哲学批判》导言中,就赋予乌托邦不能实现的意义,"彻底的革命、全人类的解放并不是乌托邦式的空想,只有部分的纯政治的革命,毫不触及大厦支柱的革命,才是乌托邦式的空想"③。在《共产党宣言》的第三部分第三小节,马克思明确区分了各种不同类型的社会主义,驳斥了空想社会主义的种种论调。在《1848至1850年的法兰西阶级斗争》中,马克思引用乌托邦概念,直接用来界定各式的空论的社会主义,在这里,乌托邦作为一种空洞的理念,受到了猛烈的批判。他指出,这些社会主义模式,都是出现在个别学究的头脑活动中,而无关于真实的社会现实土壤,"把现代社会理想化,描绘出一幅没有阴暗面的现代社会的图画,并且不顾这个社会的现实而力求实现自己的理想"④。

---

① [德]卡尔·曼海姆:《意识形态与乌托邦》,黎鸣、李书崇译,商务印书馆,2000年,第201页。
② 《马克思恩格斯全集》第40卷,人民出版社,1965年,第651—652页。
③ 《马克思恩格斯选集》第1卷,人民出版社,1972年,第13页。
④ 《马克思恩格斯选集》第1卷,人民出版社,1972年,第479页。

第二章 乌托邦思想的当代重大转向

恩格斯明确将乌托邦与科学置于对立的两方。他在《论住宅问题》里，首次使用科学社会主义这个概念，以与空想社会主义相对。之后马克思在《巴枯宁〈国家制度和无政府状态〉一书摘要》里也认为，对乌托邦的使用，就是达到与空想社会主义对立的目的。恩格斯在《社会主义从空想到科学的发展》里，继续进行对乌托邦的非难，使之成为科学的鲜明对立面。他把乌托邦视为一种虚假意识，继而与空想等同起来，批评空想社会主义理论是不成熟的，除了科学社会主义以外，其他关于未来美好社会的思想，都是天才头脑的偶然发现，是由他们所设想出来的社会制度，这种尽可能完善的社会制度和唯物主义历史观是不相容的，由资本主义生产力的不发达决定，适应于当时落后生产关系与阶级关系的现实条件，将空想社会主义制度设计得越具体，就越容易产生所谓乌托邦式的纯粹幻想。恩格斯用"乌托邦的"和"科学的"来划分和描述两种不同的关于未来美好社会的理论，虽不是在后来狭窄的意义上加以使用，但他肯定了对此的二元区分，以此来对应不成熟时期的社会主义思想和无产阶级成熟时期的社会主义思想。其实纵观社会主义流派发展进程，空想社会主义者不会自称是空想家，也不认同自己是乌托邦主义者，反倒是给自己冠以科学家等身份字眼。当然，他只是以他们的学说或经历，作为评价他们是否是乌托邦社会主义者的依据，而不是承袭既定用法。列宁在《两种乌托邦》里也展开对乌托邦的抨击。他对俄国当时出现的两种不良社会运动状况做出了评断，严正申明反对一切乌托邦形式的存在。他这里批驳的一种是自由派的乌托邦，另一种是民粹派的乌托邦，把乌托邦作为空想虚构和神话的代名词，"乌托邦、幻想，就是这种不独立性，这种软弱性的产物。沉迷于幻想是弱者的命运"[①]。不过列宁在《怎么办？》中，没有将空想和实干简单对立起来，因为那样的话，容易使人忘却乌托邦幻想与改造世界的行动之间存在的关系。经典作家的划分，虽然也包含特定的意识形态色彩，但至少没有后来人们所理解的那么浓厚，也不是对传统乌托邦理论嗤之以鼻，而是把它们作为自己理论的重要来源之一。

[①]《列宁选集》第2卷，人民出版社，2004年，第298页。

此后,乌托邦在一些马克思主义学者那里,与科学、实干这些概念相互依存。这些人往往用科学来标榜自己是理论正统的继承者,而利用乌托邦概念来作为和对手论争的语言攻击工具,从而使得乌托邦的内涵价值被掏空。①经典作家对乌托邦的相关论断,往往是基于意识形态斗争的角度,以此对致力于实现的乌托邦加以讨伐,这和学理上对乌托邦概念的使用是不能相提并论的,也不能对支配人类社会生活的未来导向的乌托邦冲动持否定和消极的态度。就乌托邦运动而言,这是人类社会多次出现的政治实践方式,不能简单用实施行为的结果作为衡量其好坏得失的依据;从学理上看,不能局限在思想家就特定历史语境中引申出的理论成见,而要以动态和积极的视角去发现乌托邦的价值所在,客观认知乌托邦概念中的多重含义。那些当时被称为乌托邦的社会理想,是否实现过或有过变成现实的可能性是根本不能准确判断的。从乌托邦思想的发展历程看,各种乌托邦理想,几乎对社会历史的前行,或多或少都起到了一定的推动作用。

(三)马克思对乌托邦的解困

马克思理论与乌托邦的某种共同点,即是有足够的能力去构想一种替代现实社会的可能性选择,这个选择能够超越既定现实,从而把理论目标指向未来社会。社会主义、共产主义与乌托邦在这一点上,始终有着亲缘关系,作为新型意识形态的科学社会主义和资本主义现代性价值表露的意识形态属性不同,它不是寻求将历史的片断永恒化,而是内在地包含当代乌托邦的超越维度,在现实与理想、历史与价值之间,对这些要素关系中内含的乌托邦精神进行反思、批判和超越,并且保持要素之间的必要张力。

在诸种偶然性因素之中,对社会规律进行探测主要在于,对社会发展轴线的把握,这就要通过历史必然性的形式加以组合呈现。"所考

---

①辨析乌托邦从莫尔的原始文本中衍生出的两种不同情况:一种是致力于实现的乌托邦计划;另一种是模糊而无所不在的乌托邦冲动,它支配着人们生活、文化诸方面一切未来导向的事物。[美]詹姆逊:《"现时乌托邦"和"多种多样的乌托邦"》,王逢振译,载《华中师范大学学报·人文社会科学版》,2008年第3期。

察的时期越长,所考察的范围越广,这个轴线就越同经济发展的轴线接近于平行。"①在一定程度上肯定内在自洽的乌托邦精神,是一个社会发展和进步的精神源泉和内在动力,但是并不能完全仰仗某种终极的意识形态观念,固守一种与具体的社会实践改造无涉的绝对教条。马克思成熟时期所构想的共产主义社会理想,作为一种新型意识形态,力求实现对人与自然、人与社会的分裂现实的缝合,不再如传统乌托邦那样,只是确立一种应然的社会理想状况,也不至于滑向现实意识形态,而最终演变成权力统治的奴隶。

这种内在的乌托邦生成,形成了一个与未封闭世界未来希望之间互动的关系模式,面向未来的实践活动,把未来尺度抬高为一种当代乌托邦内在组成部分的各种实践基础,创造性地揭示了超越当下的可能东西。马克思哲学乃是乌托邦精神的当代承载者,试图通过对此岸世界真理的领悟进入自我相遇境界,确立此岸世界的真理,直指马克思哲学的理论目标,而唤醒沉睡乌托邦精神的重要作用,就是维持哲学本身的社会改造动能。

人是有理智的生物,是可能有理智自我调控的。马克思的整个论域被限定在一个具体的而不是抽象谈论的范围之内。资本主义的发展后果,必然会使得人类需要与极大化占有生产资料的状况,产生更为密切的联系,导致人类的史前时期的结束。而这个史前时期的显著特点,就是一部分人通过对生产资料的极大化占有,实现对他人生存和发展的剥夺,以及对他人非暴力的强制和奴役,从而达到最大限度地发展自己的目的。这一史前史也有着有限的进步意义,能在客观上间接地实现提高人类能力的要求。马克思真正解开了这个历史之谜:"技术的胜利,似乎是以道德的败坏为代价换来的。随着人类愈益控制自然,个人却似乎愈益成为别人的奴隶或自身卑劣行为的奴隶……我们的一切发现和进步,似乎结果是使物质力量具有理智生命,而人的生命则化为愚钝的物质力量。"②社会生产力的高度发展,是一个可预期的经济发展

---

① 《马克思恩格斯选集》第4卷,人民出版社,1995年,第733页。
② 《马克思恩格斯全集》第12卷,人民出版社,1979年,第4页。

状态。物质资料的极大丰富,就会使得史前时期这种历史的具体的现实的人类发展形式失去必要性,人类理想的社会存在形式,就获得了不同以往时期的质的规定性。乌托邦的自由困境是可以解困的,从生产力高度发展的角度看,私有制的灭亡是一个自然历史过程,人类没有必要继续维持这种社会经济形态的存在。

综观马克思创建唯物史观以后的思想进路,逐渐并最终彻底摆脱了历史哲学乌托邦—末世论传统的先见,把一部人类历史概括为人性异化和复归人性的双重否定过程,把未来进步前景构想成人类社会各种矛盾得以解决的自由王国。这种历史进步观的实现,不是依托社会尖锐矛盾所致的社会结构自我毁灭得到的。社会自我完善能力的提高在于,不断减少乃至避免历史进步的错误代价。政治变革表层现实之下的社会形态更替运动要警惕可能会出现的类自然性的盲目发展,这种隐藏起来的无意识,会将历史运动过程变成无主体的自然过程。马克思跨越卡夫丁狭隘的观点,抛弃了黑格尔泛逻辑主义的主张,不再把西欧起源的自然历史进程,作为人类历史的普遍发展道路加以泛化。一个社会如处在稳态发展时期,具有确定的主导的发展趋势,其未来是可以预测的,"社会主义学说正是在它抛弃了关于合乎人的本性的社会条件的议论,而着手唯物主义地分析现代社会关系并说明现在剥削制度的必然性的时候取得成就的"[①]。而一个社会如处于转型期,这种趋势则尚不明确,对其未来走向还难以较为精确地预测。马克思晚年扬弃了那种为了未来进步而不惜一切代价的盲目性,避免所隐含的单线思辨的历史进步成分,对未来走向多元化的能动性选择,才能够相对全面地预计现实运动导致的不确定趋势。马克思关于共产主义理论本身,决没有否定乌托邦,他早已察觉到作为应然之物的乌托邦和历史必然性之间的张力。而西方马克思主义乌托邦思想对社会主义未来的判断,其实是当下作用的客观历史逻辑的必然反映,从而意味着经历了意识形态从单一的现实向度到未来向度的历史过程,从某种意义上来讲,这也是当代乌托邦本体结构的展开过程。

[①]《列宁全集》第 1 卷,人民出版社,1984 年,第 155 页。

传统哲学把本体设定为至善,而当代乌托邦蕴含着的对人类的关切,存在于可能性的视域中,以乌托邦精神为内在激励,以研究人类可能世界和理想世界为目标,形成一种新的思维方式。随着由现实世界到可能世界的本体意义域转换,这种全新的乌托邦概念,不是对旧的乌托邦理想的简单重复,不是静止的、终极的、抽象化的实体,而是终极性与非终极性的统一动态的过程,以否定现实、变革现存的乌托邦精神为内核,又将彰显为一种现实历史运动。马克思意义上的本体论哲学精神,实质上就是理论化再现了的西方马克思主义乌托邦思想,在西方马克思主义者的继承和发展中,既达到了对传统乌托邦的有效批判,又避免了乌托邦缺失所致的价值虚无,给予了乌托邦未来建构以理论支持。

当代乌托邦的本体指向,与马克思关于人全面自由的发展和解放基本是一致的。在对人的完整性的追求过程中,根植于人之存在内部的乌托邦精神,成为这一理论建构的核心环节。马克思认为,哲学的真正意义在于,使现存世界革命化,这种批判不仅是理论上的,而且是实践上的。在此基础上所展开的实践活动,不仅包含有揭示人的自由解放属性的外在物质活动,也包含有揭示人真实生活价值的内在精神活动。西方马克思主义的乌托邦思想,从理论形式和致思态度上形成了一个有效媒介,是连接未实现过去与可能性未来之间的有效通道。马克思的哲学是紧紧围绕乌托邦精神来展开的,通过对其实现对人的现实关切和终极关怀的本真理解,以根植于人性内部的乌托邦精神为内驱力,可以摆脱多重意识形态的干扰,恢复人这个自由主体的乌托邦维度。而西方马克思主义在此基础上,形成一种新的诠释社会和属人自然的文化模式,保持人本精神和科学精神的良性张力,将形而上学的本体批判与经验实证联系起来,致力于推动乌托邦的自觉重建。马克思哲学的原点是现实的人及其历史发展,而西方马克思主义者眼中未来的出发点,也同样是现实,而不是虚无。所有充满希望的哲学思索,都把面向未来的地平线看作变革现实的内动力。

(四)当代乌托邦的内涵

西方马克思主义的乌托邦理想,相信人类能够摆脱疏离与异化的历史,表达了一种对历史总体非经验刻画的形上之思。将理想与现实两个互异的东西放在同一个视野中同时加以考虑,把当代乌托邦作为一种"中道"的存在状态来寻求未来与现实彼此间的合理张力,不能因为乌托邦精神有可能沦为空想,就彻底否定其本身意义所在。当代乌托邦本身,并不等于完全脱离实际的空想主义。它源自于现实,是对现实的反思性把握,乌托邦精神与脚踏实地的务实态度并非截然对立。同样,重视社会生活中的可行性和可操作性,需要立足于现实土壤,通过坚实的行动和行之有效的途径,接近和实现这种理想性追求。[1]

人们对乌托邦这一历史文化现象的态度,主要表现为以下四种:[2]

第一种是基于日常的立场。自在自发的日常世界,会导致排斥理性反思的日常意识出现。这种天然的保守倾向,把思想家心中梦寐以求的乌托邦看成是不切实际的代名词,甚至是病态的臆想猜测,把乌托邦思想家看成是对现实不满的挑衅者,或是激进主义者,或是社会的异端。第二种是基于实证主义的立场。由于这种立场认为只有个体的经验事实才是为真的命题或判断,因而拒斥一切具有幻想色彩或对未来价值的存在方式,将乌托邦看作是一种遵循早已被科学抛弃的过时思维方式,无法用实证方法与经验手段加以验证。第三种是基于社会学或政治学立场。乌托邦被视为某种社会政治现象,虽然他们也重视研究乌托邦积极面的意义,承认多数乌托邦反映出了所产生的那个时代的希望,但又认为,它具有虚妄性和无效性,"成为一种教条,以其科学主义和理想主义使人类受苦"[3],将乌托邦视为在历史上从未真正实现过的东西,而在现实中又往往与现实社会活动的目标和内容相背离。这反映出这一立场本身带有的理论冲突。第四种是基于文化价值的立场。这种立场具

---

[1]布洛赫就放弃了乌托邦主义的政治设计,而致力于乌托邦精神的发掘,在他看来,乌托邦精神是人类冲破异化结构的精神动力,是在此世没有位置的希望,使人们认识到现存政治结构的不完善性,唤起人们冲破异化结构的自我解救意识。他将乌托邦精神根植于现实土壤与人的本性,从而保存其对现实的批判力度。Ernst Bloch, *The Spirit of Utopia*, trans. Anthony A. Nassar. California: Stanford University Press, 2000.

[2]部分观点参见贺来:《乌托邦精神:人与哲学的根本精神》,载《学术月刊》,1997年第9期。

[3]〔美〕米洛凡·吉拉斯:《不完美的社会》,今日世界出版社,1976年,第2页。

第二章 乌托邦思想的当代重大转向

有人学和价值论的意蕴,把乌托邦视为一种文化表现形式或者文化象征符号,不再注重反映乌托邦的具体形式细节和结构设计等,而是注重反映它作为历史文化现象的表现形式,认为,具体细节方面的东西只是精神内涵的外在载体,而精神层面则已溢出了外在形式。这种立场虽然体现出了乌托邦的文化价值,但又显出视野的空泛和缥缈。

上面所述的前三种立场,都无法深刻体现出乌托邦的价值内涵,偏执于肯定性思维的局限之中。而第四种立场,也只能显露一种浅薄的"人性的真实"和"价值的真实"。乌托邦原先是作为一种具有完美境界的地方,而对人类理想社会做总体性建构或设想的乌托邦观念、乌托邦思想、乌托邦价值或乌托邦精神,在概念表述上相对较迟出现,但在理论内涵上,从之前的历史流变也能看出它们早已存在,并且不是以现实社会的具体要素或同一性机制体现出来的。西方马克思主义思想家则突破了上述的四种观察方式,既注重从当下的现实生活世界本身出发,又彰显了乌托邦的独有的精神内涵。当代乌托邦是根植于人类本性与发展需求,是人的本体结构中的重要维度,走在以自身为目的的途中,帮助人们超越现实指向未来,是人自身内在的创造和超越潜能。它反映了人之为人的本真态度在于对现实生活的深切反思、对价值相对论的超越,在经验价值与超越价值之间保持了微妙的平衡。这是当代乌托邦的灵魂所在,也是其最富魅力的地方。

乌托邦在其思想流变的过程中已上升为专门的术语,布洛赫等又进一步拓宽了乌托邦概念的内涵,使之成为带有普遍意义的哲学范畴,充分表现了这一概念的价值理性维度,既使其同现实保持适度的距离,又使其凸显出乌托邦精神的超越品格。具体的社会理想属于工具理性的范畴,带有有限性和即时性的特征,追求既定目标下的价值最大化。与之不同的是,乌托邦既要深刻观察社会目标的价值合理性,又进一步拓展视野,发现现实社会范围之外的历史走向。

当代乌托邦理想主要有三层涵义:第一,它是一种属人的价值理想。人不是始终保持与自身的同一状态,而是在不停的运动、发展和生成之中,达到人的价值实现。人类社会实践活动中,都包含有目的性的价值。人必然会根据自身的生存和发展方式,通过这种理想的价值维度,对社会现实进行重构。第二,它是一种人自身发展的可能性空间。人之存在,是一种指向尚未的存在。人有面向未来多种选择的可能性,如果将之可能性排除,将陷入不知怎样选择的境地,尽管有再多可以选择的条件,也无法使人获得真正的自由。人不但要根据现实逻辑来维持生存,而且还要以超现实的逻辑追求能够实现的可能性,以其自由的选择开启未来开阔的可能性空间。第三,它是一种历史价值诉求。历史的总体并不是对既往社会历史阶段的简单叠加,虽然人类社会发展的历史,是通过不同的社会阶段共同组成的,但所有过去与现在经历的社会表现形式,也只是对历史的过去与现在的反映。未来的历史如何续写,以怎样的社会表现形式存在,这就要在很大程度上取决于人们渴望超越现实而面向未来这一历史价值的体现。"社会便被这些把人们引向另外一个更美好未来的幻想的力量点燃了。这些幻想中所包含的种种结合通过历史的过去和现在爆发出来了,同时又打开了通向被隐藏着的现在与未来的大门。"[1]当代乌托邦作为一种社会理想的表现形式,更具有开启未来的力量。

西方马克思主义乌托邦思想的批判主题更多地集中于文化层面,这一转变与社会历史条件的变化直接相关。20世纪文化危机暴露,各种意识形态冲突频发,处于文化生存困境中的人们,普遍地经受过异己文化力量的束缚和统治,从历史进程的深处生发出对人的本质和人的存在视角的集中关注。在这个意义上,西方马克思主义把乌托邦理论的关注点,投放到人的乌托邦精神解放之中,从当今的多元文化冲突中,批判性地洞察人类历史发展的走向,增强了乌托邦主题的生命力。

二、乌托邦思想从现代向当代的转向

(一)理论转向的时代背景

西方马克思主义的乌托邦概念寓意丰富,在复杂的社会历史条件

---

[1] [美]莫里斯·迈斯纳:《马克思主义、毛泽东主义与乌托邦主义》,张宁、陈铭康等译,中国人民大学出版社,2005年,第254页。

第二章 乌托邦思想的当代重大转向

下,体现了对资本主义现实的超越性批判。只有从多侧面反映历史发展的要求,才能对乌托邦形成具体性的认识。20世纪的时代变革期,全球化进程紧锣密鼓地行进,现代性危机日益严重,当代西方马克思主义思想家及时把关注点放在了乌托邦上,致力于扭转原先乌托邦理论的路向,向乌托邦精神回归,为摆脱人类自身的生存困境寻求宝贵的理论资源支撑。在他们看来,正是资本主义社会本身生成了现代性危机,在此基础上形成的制度性瓶颈,导致了几乎所有社会层面的高度同质化,经济政治文化等各个组成部分之间,形成互为因果的连贯性支持系统。西方马克思主义对资本主义社会形态的批判,必然要上升到社会总体性批判。在这种情形下,对社会某一个环节的否定,必然导致一系列连锁反应的出现。但这是否就意味着乌托邦已丧失合理性和生命力,当今社会已不再需要这一思想武器,甚至要选择将其彻底抛弃?乌托邦从诞生初始,其理论内部就蕴含有现实批判和文化交互的萌芽。那么,为什么到20世纪才产生相应的理论转向,直至随着西方马克思主义的历史逻辑而发生?

首先,资本主义在二战后,进入了新一轮迅速发展期,呈现出后工业社会的新特点。当代乌托邦理论的出发点,就是直击发达工业社会的社会现实。在西方马克思主义者看来,从经济角度而言,当代资本主义已脱离了原先的匮乏阶段,进入到物质商品丰富的社会繁荣局面。社会生产力的高速运行,使统治阶层也包括工人阶级在内的所有社会群体,生活水平改善和劳动条件提高的可能性极大提高。创造剩余价值的最主要来源,不再完全归属于劳动力资源,技术这个物质利润的决定性因素,基本取代延长工人劳动时间和增强劳动强度,成为榨取更多剩余价值的新型形式。随着作为现实批判力量的无产阶级被社会体制全方位同化后,资本主义社会掘墓人的身份逐渐消失,也已不具备新的社会历史条件要求。对当代资本主义的社会现实来说,马克思的社会革命与批判理论,在一定程度上缺乏适应力。这样就需要对资本主义社会制度的内在矛盾进行重新分析,并求得批判资源的适时更新;从政治方面而言,资本主义民主机制得到逐步的调整和完善,符合现行政体的手段策略广泛使用,包括多党政治体制、法治化管理、民主选举、信息

63

公开、新闻舆论自由等，都对资本主义体系的社会矛盾和潜在危险做了缓和处理。国家的调控作用和能力增强，伴随着经济干预的合法化，从意识形态角度，资本主义主流话语逐渐成为席卷全球的话语霸权。20世纪90年代，福山甚至由此满怀信心地宣布历史的演进过程走向终结，自由与民主的价值理念空前强化。

其次，近代乌托邦运动的蔓延，造成人类历史贻害无穷的灾难，使得乌托邦观念渐露衰竭迹象。由于科技的发展和社会的进步，现实历史场景攻占了人类梦想的诸多地盘，直接伤及到了彼岸世界的信仰；同时，各种乌托邦主义运动在实践中又遭到数次被证伪的命运，致使乌托邦思想声誉渐趋窘迫。哈贝马斯曾坦言，乌托邦的力量已经穷竭。曼纽尔兄弟也认为，乌托邦已经接近它的黄昏。库玛更不讳言："乌托邦在本世纪的进程中，无论其形式还是受众，都已经零散化了。"[1]伴随乌托邦运动的沉寂，乌托邦图景同现时代显得格格不入，在很大程度上几近消声，进而走向了乌托邦的反面。乌托邦自身遭遇的历史演变，实质上乃是乌托邦精神逐渐遭遇危机的过程。古代乌托邦无论是莫尔的乌托邦，还是培根的新大西洋，总是意欲铺展开一个宏大史诗般的理想王国，将乌托邦与对未来社会形态的详细规划等同起来。工业时代背景下的乌托邦，还在竭力争取抵消工具理性造成的后果，营造和谐美好社会景象，而一些后现代乌托邦则逐渐被挤压变形，甚至把乌托邦中关于人类自由和解放的精神扭曲，甚至打造起完全冰冷的、渐趋销蚀人的存在的钢筋水泥墙，在压抑个体情感自由的基础上进行解读。

再次，后现代思想浪潮的不断侵蚀，传统乌托邦理论没有及时做出相应调整，以应对后现代主义的进攻。从利奥塔等后现代先驱的思路出发，后现代主义被看作对宏大叙事的质疑，换而言之，也是对差异性和多元化的追求，这给传统西方理论包括乌托邦思想带来了极大的挑战。一般传统意义上的乌托邦，是一种极端一元论的代表，在实践上不仅会带来重大隐患，在理论上其哲学根基更是遭到后现代主义的深度

---

[1] Krishan Kumar, *Utopia and Anti-Utopia in Modern Times*. Oxford: Basil Blackwell, 1987, p. 420.

清理,与此同时,乌托邦的正当性与严肃性遭到严重削弱,传统乌托邦关于美好生活的追求被斥为荒谬虚幻,反而是带有权宜之计色彩的社会改造方案更易被接受。试图构建完整团结的世界图景在现阶段不被认可,即使后现代主义取向中仍有部分坚持对未来社会做出臆想,也只是裹挟着暂时性质的抵抗乌托邦,供情绪低落的革命人士发泄用。

另外,与西方思想界对现代性的反思直接相关。通过现代性的角度加以考察,理论形态的乌托邦似乎不复出现。伴随文明进步而产生的种种负面效应,启蒙以来的现代性模式遭受到质疑。多元紧张的价值纷争,在现代性语境下,作为世界祛魅结果出现。而乌托邦被视为现代性背景下的产物,在某种意义上被看成最激进的现代性版本,带有的许多现代性特征,作为应对这一纷争局势的独特资源,被此起彼伏的批评声吞噬。① 针对传统政治秩序的崩溃,韦伯认为,现代性呈现出的是对传统秩序中合法性的否定性替代方案,进而化为一种世界除魅的状态。乌托邦理论与现代性之所以相通,乃是因为两者都认为,通过自觉的人类活动能对社会积极地加以塑造,并把希望寄托在世俗的人而非超自然的神身上。在物质层面上,现代社会基本已实现早期乌托邦所希冀的丰裕面貌。现代社会实际被看作已完成的乌托邦,那么就要对现代人有限的社会理想和超越性的乌托邦式终极理想做出区别化的理解和判断。多元主义的萌芽,一直在乌托邦理论内部潜伏,层出不穷的乌托邦文本暗自论证了其内部存在的诸种不同方案。在乌托邦的类似模式大规模受挫后,势必从其他多元路向探求挽救自身的资源。

最后,乌托邦在理论上还面临西方政治哲学严峻的挑战,新自由主义对乌托邦的批评声尤为激烈。波普、哈耶克、伯林、奥克肖特、阿隆等代表人物极力摧毁乌托邦的逻辑架构,视乌托邦是对个人自由的压制和摧毁,也是对人类理性的玷污和滥用。尽管批判本身存在诸多缺陷,但乌托邦所具的理论前提和本质内涵被撼动。将理性和知识作为批判

---

① 艾森斯塔特认为,现代性是带有独特的制度和文化特征的独特文明样式,也是对世界一种或多元阐释方式的形成和发展的产物,"不仅围绕权威的社会、政治秩序的基础,而且围绕基本的本体论前提产生了一种强烈的反思意识"。〔以〕S. N. 艾森斯塔特:《反思现代性》,旷新年、王爱松译,生活·读书·新知三联书店,2006 年,第 8 页。

的工具,只在特定领域才适用和有效。自由主义与乌托邦相比,更易于被现实政治意识形态所吸纳,乌托邦观念与极权主义思想被看作存在同等的价值前提,在价值层面上将两者画上等号。乌托邦从一种精神活动转换为改造世界的行动,而其中浸润着人神观、至善论、目的论、决定论等种种消极观念结构,促使其朝向乌托邦主义转变,既在一定程度上对应然和实然的边界做了消解,也对目的和手段的关系加以混淆,在实践中促发乌托邦精神的歧变,规避掉无限与有限的矛盾,逐渐沦落为专制权力对个人选择的残酷剥夺,从而演变为通往奴役之路。乌托邦本质上是一种信仰,源于人类天性中向善的情感指向,此乃这一批判所忽略的关键性前提。在这些思想家的联合"围剿"下,"告别乌托邦"一度成为时代的标签。

(二)哲学话语系统的初步阐释

马克思主义既标识乌托邦想象的最激进立场,又是其最猛烈的批判者。马克思主义既是乌托邦主义,又是反乌托邦主义,历史上彼此冲突的表述运用到了同一对象的指代上,由此显现乌托邦这一术语在使用中的多样性。

有人称马克思为"反乌托邦的乌托邦主义者",马克思和恩格斯对乌托邦的论述,体现在对空想社会主义的批判上,主要针对圣西门、傅立叶和欧文等人,包括他们的空想社会主义观念及其运动。批判他们是空想家的原因,是出于实现设想的方法手段和社会进程设计,而不是出于对未来社会设想本身的考虑。马克思对乌托邦的意义判定有了新的标准,之所以称其为乌托邦社会主义,乃是这些乌托邦社会主义者错误的认识,他们以为对社会各个阶级诉诸理性的宣传教育,或用抽象的人性去唤起人们的道德价值,就能实现社会形态的自动转变。"批判空想社会主义和共产主义的意义,是同历史的发展成反比的。阶级愈发展和愈具有确定的形式,这种超乎阶级斗争的幻想,这种反对阶级斗争的幻想,就愈失去任何实践意义和理论依据。"[①]这是一种彻底的唯心

[①]《马克思恩格斯选集》第 1 卷,人民出版社,1995 年,第 304 页。

第二章 乌托邦思想的当代重大转向

主义,与唯物主义的理论和行动格格不入,两者背后凸显了不同的精神气质和哲学基础。随着马克思对历史唯物主义与剩余价值这两大理论的发现,两者从理论体系上也表现出原则的区别。马克思主义对其批判也从手段和理论基础,向其实质内容转变。恩格斯指出,早期社会主义者造成的失误在于,理论设计和社会蓝图过于详尽,细节上越完美越易陷入空想。他与新自由主义者的批判并非简单地出自一炉,而是源于不同的理论前提。新自由主义者眼中的历史是不可预测的,对其进行设计,无疑是一种理性的滥用,对偶然的背叛。而马克思主义眼中的历史进程,则是既遵循了社会运动本身的规律,又依靠人这个历史主体在其中的作用发挥,因此,完美蓝图没有现实意义可言。

20世纪马克思主义者对乌托邦的判定与界说,都继承与保持一种学术的态度和眼光,并对传统的乌托邦谋划进行了反省,以期从一个新的视角重新审视乌托邦概念的内涵。如布洛赫、马尔库塞、詹姆逊、雅各比、哈维等西方马克思主义思想家,已经在一定程度上创新了对乌托邦的思维方式,超出了乌托邦概念的传统使用范围,彻底颠覆对乌托邦的贬斥态度。

布洛赫拓宽了乌托邦概念的内涵,把其界定为中性的现代哲学概念,尽可能避免传统乌托邦概念在使用中的种种问题,达到为这一无人问津的重要领域命名的效果,"尽管它们充实着每个人的意义,以及每个存在者的边缘域,却至今没有形成词语,更别说能形成概念"[1]。布洛赫认为,从普遍意义而言,乌托邦与人类精神生活是密不可分的,同很多重要的精神现象相关。他由此开始重新审视社会主义这一社会形态,以及各种与梦想有关的社会现象和精神现象。在布洛赫看来,乌托邦是趋向尚未到来的一种更好状态的意向与内在潜能,与希望、朝前的梦想等概念相近。[2] 由于表征超越现存的时代精神和创造性冲动,乌托邦被赋予不容忽视的社会作用。"乌托邦的"则与"希望的"、"期盼

---

[1] Ernst Bloch, *The Principle of Hope*, trans. Neville Plaice, Sephen Plaice & Paul Knight. Cambridge: The MIT Press, 1986, p. 6.
[2] 参考〔德〕克劳斯·库菲尔德:《"思想意味着超越"——论布洛赫哲学的现实意义》,于闽梅译,载《文化与诗学》第一辑,上海人民出版社,2004年,第103—104页。

的"等含义相近,并常和精神、意识、期盼连用,以此反过来理解乌托邦。社会乌托邦是对理想社会的设计,其中包括乌托邦社会主义,除此之外,还有各个学科领域内的表现形式,如建筑乌托邦、医药乌托邦等,足以让研究者们极目畅怀。

乌托邦意识的结构是尚未,它将静止性的存在形式,加上了时间和历史的维度,传统形而上学的静止性是由二元对立思维方式支配的,是极权等级价值体系的同谋。尚未在这里,被看成是关联尚未存在与尚未意识整体的运动。这种尚未意识普遍地存在于阶级社会中,在前阶级社会中也有浅层次的表现,在未来的理想社会中,人们不再生活在期待和焦虑之中,不再属于人类的史前史。这种尚未是对人与事物的潜在性、流动性的肯定,根本而言,是一种本体生存结构。"'乌托邦的'是个褒义词,也即与人类相称的希望及其包括的全部内容……朝向尚未实现可能性的盼望、希望和意向,并不仅仅是人类意识的基本特性;如果得到具体的教正和把握,那么,它们也是客观实在整体的一个基本规定性。"[1]布洛赫认为,真正的乌托邦哲学,应当关注这种尚未存在的本体论生存结构,希望的主体在乌托邦冲动下,具有主动面向可能性未来的倾向。乌托邦功能表现在个体心理和整个文化领域中,他有时候将其与功能、内容两个概念连用,将内容视为功能的表现形态,既可以表现为负面的幻象或空想,也可以表现为正面的理性设想或规划。他把愿望分为向上的乌托邦愿望和向下的即倒退和虚无主义,把梦想分为大的乌托邦梦想和小白日梦两类。后者有向前者发展的空间,抽象的梦想也朝着具体迈进。乌托邦功能甚至在意识形态领域也可以找出规律。布洛赫划分出若干对象域,然后在这一区域中进行中性研究。它并不包含全部的梦想、幻想或想象,这是因为布洛赫接受了理想社会预设的价值判断。他的划分不是简单出于某种政治主张或道德要求,也没有武断任意地划清界限,而是先是基于事实描述,然后再基于先设的价值判断,遵循社会和精神现象的脉络合理区分。与"乌托邦期盼"

---

[1] Ernst Bloch, *The Principle of Hope*, trans. Neville Plaice, Sephen Plaice & Paul Knight. Cambridge: The MIT Press, 1986, p. 7.

第二章 乌托邦思想的当代重大转向

属于一个谱系的希望、至善等概念,以及另一个谱系的黑暗、虚无等概念,首先都是中性概念,或现象描述的词汇。尚未意义上的乌托邦,是对社会文化与人类本身的全方位超越。

马尔库塞明确表达出对乌托邦的赞赏,认为,应当扫荡附着在乌托邦身上的霉味与晦气,力图让其走出乌有之泥淖,从而重新确立乌托邦在人文艺术领域中享有其应有的地位。"乌托邦这一概念意味着什么呢?它已经成为伟大的、真正的、超越性的力量。"[1]马尔库塞对乌托邦概念的含义,做了新旧两种解释。他对旧式乌托邦采取批判的态度,直指传统社会主义观念的时效性,认为,传统乌托邦概念对未来的长远规划已无效,旧式乌托邦应当终结。"新的可能性不再被认为是旧的历史和环境的延续,更不能被认为存在于与旧的历史和环境相一致的同样历史统一体中。"[2]马尔库塞所谓的新式乌托邦,既是全新的历史,又是未来道路的谋划和实现方式。马尔库塞标举崭新的观点解读乌托邦,用"乌托邦"来修饰那些被既存社会挡住去路的"冲动"、"期望"、"热望"、"幻想"或"趋向"相类似的精神力量,作为一种人的意识得到坚实认定。在此基础上,他提出从马克思回到傅立叶的口号,并由此提出了不同以往的新型乌托邦社会革命理论,产生的新社会是对历史质的超越的新形态,"从科学到乌托邦而不是从乌托邦到科学或许是通往社会主义的道路"[3]。乌托邦不应该是"无此地方",而是正好相反,它意味着"暂时不可行",而不是"绝对不可能",即暂时被现存势力阻挡却有可能实现。马尔库塞首先对乌托邦概念进行了分析。传统的乌托邦概念的初始含义,是指某种不可能实现的社会变革纲领。而真正的乌托邦,是历史的产物,与时代紧密联系在一起。马尔库塞指出,有两种与乌托邦关联着的关于不可能的含义:一种是相对的不可能。现存社会体制阻碍了历史的脚步,社会改造计划暂时难以实行,会在新的

---

[1] Herbert Marcuse, *An Essay on Liberation*. Boston: Beacon Press, 1969, p. 22.
[2] Herbert Marcuse, *Five Lectures: Psychoanalysis, Politics and Utopia*. Boston: Beacon Press, 1970, p. 63.
[3] Vincent Geoghegan, *Utopianism and Marxism*. New York: Routledge Kegan & Paul, 1988, p. 106.

社会历史条件下,实现乌托邦的终结。另一种是绝对的不可能。由于社会变革方案与客观规律相脱节,而不可能得以实施。但这种观点对社会主义理想并不适用,因为它是超越了历史的真正乌托邦,乌托邦是与"绝对不可能"联系在一起而终结的。之所以把乌托邦等同于不可兑现的空想,是源自两种偏见的作用:一是认为,乌托邦和现实主客观条件的出入,导致了难以转化为现实,但不可实现的理由并不稳固,标准也并不充分,对改造构成威胁的主客观因素,往往都能在革命进程中加以清除;二是认为,乌托邦在历史的界限之外,即使它越过了历史的界限,但非历史性的视域,应当在某个范围之内,也就是说,其与客观规律有很大的差距,似乎也缺乏足够的合理性。制约乌托邦理想转化为现实的主客观因素,其实是并不存在的,不利于其实现的阻力因素,都会被历史进程中的变革因素加以阻断。

马尔库塞将乌托邦放到历史进程中考察,把乌托邦的概念转换和历史演进加以联系。乌托邦作为历史的概念,是因为乌托邦构建的变革方案和社会理想会随着历史的变化而发展,任何一种乌托邦设想,都是以现实为基础的,具有实现的可能性。乌托邦是对应现实可能的制度谋划而加以选择的,在此基础上,做出特定理想社会的制度设定。它既是对现存社会历史状况的否定,也是对未来的合理想象。它在过往历史条件下无法实现,新的历史阶段,却有了达成的现实基础。这种新的历史可能性,是根据对现实的否定做出的,一般而言,是在对未来的想象中出现。证明乌托邦不可能和空想的理论,虽然以永恒真理的面孔出现的,但也必将从理想设置的范围,以非历史的因素的面孔被清理。马尔库塞的乌托邦概念,基本上是在布洛赫所说的社会乌托邦领域来设置的,与布洛赫的乌托邦是有所差异的。马尔库塞构想的社会乌托邦,以未来理想社会中的人本身作为出发点,不同于传统乌托邦主义。它没有对未来社会的细致设计,而只有对其可能性的论证。这就使乌托邦在对现存制度的拒绝声中,充分摆脱了既往的僵化蓝图设计。

哈贝马斯把乌托邦看成一种批判精神,以独特价值立场面向人的存在。哈贝马斯希望建立新的话语伦理规范,以重建达到交往理性高度的生活世界。他提出的无限制的交往共同体,就是着力去实现一种无暴力和统治的社会秩序。他对自己所持的乌托邦立场报以信心,不排斥别人把交往理论视为交往乌托邦,并区分了乌托邦与幻想两者的不同:"决不能把乌托邦与幻想等同起来。幻想建立在无根据的想象之上,是永远无法实现的,而乌托邦则蕴含着希望,体现了对一个与现实完全不同的向往,为开辟未来提供了精神动力。"他将乌托邦当作思想方法使用,作为更为抽象的认识方法,使其具有重要方法论的意义。他认为,历史的思想和乌托邦的思想这两种方式是相互排斥的,而方法论的乌托邦与广义的乌托邦概念的界限不是很分明,许多人所理解的乌托邦主义就是这种方法论概念。"饱有经验的历史思想似乎是受命来批判乌托邦的蓝图,而狂热的乌托邦的思想似乎具有能揭开越出历史连续性的行动的抉择和自由活动的可能领域的功能。"①哈贝马斯这里所说的乌托邦,就是在广义上使用,并界划为古代乌托邦和现代乌托邦两种,前者根据人的尊严、完美的人格而形成,后者根据现代人类认为能够有效控制社会、自然而形成。这种抽象的乌托邦思维方式,是与经验的方法、历史的方法相对立的,近乎于演绎法在社会理论中的运用。只有使用乌托邦方式分析研究具体的社会问题时,二者的区别才越发明晰。他认为,乌托邦承认现实的种种弊病与缺憾,但仍坚信在现实内部,具有化解缺憾与克服弊病的因素。历史上很多东西曾被看作是乌托邦,但正是经由历史的证明,只要经历不懈的奋斗过程,终究都会变成现实。乌托邦以自觉的方式所表达的解放旨趣,以其独特的价值立场,达到对人的存在的批判目的。

阿多诺把乌托邦的要素,移植到了否定的辩证法,表现出乌托邦在其思想中的否定性功能,且向往更美好未来的主观性发挥。"否定的辩证法为刺透它的变硬的对象所使用的手段是可能性。"②他对传统的社会乌托邦秉持一种谨慎的立场,对主客交融或天人合一状态的所谓原始和谐在大多数时候持怀疑态度,两者存在根本的差异且表现出一种张力,主客融合是不可能的。阿多诺指出,实现了的社会主义,甚至

---

① [德]哈贝马斯:《新的非了然性——福利国家的危机与乌托邦力量的穷竭》,薛华译,转引自《哲学译丛》,1986年第4期。
② [德]阿多诺:《否定的辩证法》,张峰译,重庆出版社,1993年,第52页。

未来共产主义社会,并不意味着人自由全面发展的实现。他在经历奥斯维辛和布拉格之春之后,根本不认为不存在某种不带邪恶的世界,比起幻想和理论预期,事实更为复杂。同时,他与乐观的启蒙主义保持距离,也对由此引发的传统乌托邦设计持拒斥的态度。但他仍然强调,社会乌托邦不应存在于僵化的社会蓝图中,而是存在于批判与拒绝之中。阿多诺接受了布洛赫关于尚未的革命性的置换,由传统形而上学公式 A = A,置换为乌托邦公式 A = not yet A,并使之同主客体矛盾的反思相联系。主体一方面,依据客体来调整自身的认识与行动;而在另一方面,又拒绝现存的客体样态。思想是一种否定的行动,是不断流动的,作为一种能够抵制强加于自身东西的行动,这种行动同时是向事物开放着的,通过对现实的改造来达成对理想的实现。他更关注非同一性的后一方面,这里表现出应然的意义,可以被视为乌托邦功能的体现,"观念生存在要求事物所是的样子和它们实际所是的样子之间的空场中"[①]。乌托邦在审美活动中继续发挥功能,即将产生一种乌托邦和谐,并在艺术的美学努力中得到不断展示,"艺术可能提供一个未来社会的'真实'预示,其途径乃在于它和谐地统一了形式和内容、功能与表现、主体与客体"[②]。这与布洛赫较为接近,不同之处在于,布洛赫注重审美运作中的乌托邦意象对未来的预示作用,阿多诺更注重探求艺术中的和谐与理想社会的相似性,从中达成对乌托邦精神的凸显。

詹姆逊将乌托邦作为文化领域中的具体规划,探索新社会形式的可能性前景,将乌托邦看成一种文化形式,作为阐释社会存在的方式。他将乌托邦建构成一种全新的、开放的促成历史大联合的事业,敏锐地觉察到晚期资本主义文化死灰一般的本质状况,提供及时的支点,而不是理论化的规划图。在前现代、现代和后现代多元共生的地带里,致力于文化批判来提高人们关注现实的情怀和对理想的维护。文化在一定程度上不但和其他形式相互联系,甚至交叉,而且还能预示未来的生产方式的表现形式,预测社会历史发展的趋势,"它在认识论上的价值在

[①]〔德〕阿多诺:《否定的辩证法》,张峰译,重庆出版社,1993年,第147页。
[②]〔美〕马丁·杰伊:《法兰克福学派史(1923—1950)》,单世联译,广东人民出版社,1996年,第206页。

于使我们感到围绕我们思想的壁垒,在于它使我们通过纯粹的感应发现看不见的局限,在于在生产方式自身当中使我们的想象陷入困境,在于使奔驰的乌托邦之脚陷入当前时代的泥沼,想象那时地球引力本身的力量"[1]。他以全球化的语境中,第三世界的集体生产方式为战略基点,思考促进新社会诞生的方法,通过乌托邦这种抵抗的文化政治,攻击资本主义社会中的不合理因素,并指出这种重建集体的经验,无须提供最终的答案。

指涉未来轮廓的乌托邦思想,在雅各比看来,在历史上存在着两种不同的知识传统:一种是蓝图派传统;另一种是反偶像崇拜传统。前者是对与理想社会精确构想,醉心于设计一种与现实不同的理想制度,妄图全方位规划社会生活,也许迟早会被耗尽[2];而后者对人类文明的进步保持高度的关切,是一种特殊反乌托邦形式的新型乌托邦,是多种未来指向思想的前提条件。这种不可或缺的反偶像论思想,对现实图像的蛊惑进行顽强的反抗。这就意味着必须放弃蓝图派传统,而要不断在理论轨迹中寻找自己的资源,翻过斯大林化的一页,也标志了蓝图派乌托邦传统的衰退。知识分子的力量,在反偶像崇拜的乌托邦中虽然不够强大,但是他们不但拒绝对未来做具体描述,也不愿意抛弃人类应该过更好生活的愿望,不对社会现实妥协,"反偶像崇拜的乌托邦主义者却绝少提供可以把握的具体东西:他们既不讲述关于明天的故事,也不提供有关明天的图画"[3]。这种乌托邦中既有对现实的批判和对美好社会的追求,又有一种对历史的反思和批判,具有开启理想未来的功能。

在哈维看来,辩证的时空乌托邦理想,意味着时间与空间两者的辩证统一,还意味着希望和实践关系的重建。它不仅带有幻想的成分,又要防止完全的无法实现,还要同现实的政治实践相关联,更要防止对现

---

[1]〔美〕弗雷德里克·詹姆逊:《时间的种子》,王逢振译,漓江出版社,1997年,第1页。
[2]在蓝图派乌托邦的社会蓝图设计中,从就餐的安排、座次的设计、谈话的题目,到工作的时间、劳动的强度、寝室的面积、服饰的款式,都有精确的安排。〔美〕拉塞尔·雅各比:《不完美的图像:反乌托邦时代的乌托邦思想》,姚建彬等译,新星出版社,2007年。
[3]〔美〕拉塞尔·雅各比:《不完美的图像:反乌托邦时代的乌托邦思想》,姚建彬等译,新星出版社,2007年,第9页。

实无关紧要的改进。未来的希望与现实的政治,如果要联系起来,还要通过切实可行的纲领的中介作用。"马克思与昂格尔至少在一点是有共同目标的。他们两人都坚持未来肯定不是以某种幻想的乌托邦模式构建的,而是通过现在状态中我们拥有的原料的切实转变来构建的。"①哈维不是将其作为针对现实的不合理的社会制度,而是作为对具有社会替代前景的乌托邦在现实中起作用,是任何社会变革必须与人类解放的远景结合起来的具体希望。全球化在他那里,是反映自由市场前景的,进而为资本主义积累和扩张开辟空间,这也是时空乌托邦的表现形式。只有辩证的时空乌托邦,才能和这种全球化乌托邦对抗。"我们所有人都可以发挥我们的创造意志而成为自己命运的建筑师,但没有一个建筑师会免于偶然性,不受现存条件限制。"②这种带有实践意图的希望空间,才能使得活在时间和历史之中的人们,减少偶然性和不确定性的影响,才能造就人们成为自己命运的建筑师,把自己带出时代的困境,在时空中建立一系列动态的平衡关系。

当代乌托邦内蕴的乌托邦精神不断外化,使得既存的确定性存在得以在其作用下努力超越,推进自身阶段性的实现,又在既存之中不断寻求扬弃与更新,不断向未来开创可能性空间。

(三)理论转向的不同形态

面对乌托邦身处的复杂社会境况,西方马克思主义者寻求乌托邦所依附现代性框架之外的理论突破,是一种恰逢其时的选择。在不断争论的学术境况中,他们系统地阐明了当代乌托邦理论来直接为乌托邦思想辩护,对各种批判声音也进行了有力的回击,同时提出各式的乌托邦新型形态,对乌托邦的困境给予适当的回应,以表达新时代思想者对理想社会的一种构想。乌托邦思想在西方马克思主义那里,形成了一条较为清晰的运行逻辑,他们的乌托邦理论与过往的乌托邦相比,理

---

① 〔美〕大卫·哈维:《希望的空间》,胡大平译,南京大学出版社,2006年,第186页。
② 〔美〕大卫·哈维:《希望的空间》,胡大平译,南京大学出版社,2006年,第232页。

第二章 乌托邦思想的当代重大转向

论更加自觉深刻,深入论证了当代乌托邦存在的合理性与必然性。西方马克思主义的乌托邦思想的具体理论形态,大致分成四种:

一是以布洛赫为代表的本体论形态。布洛赫是第一个深入阐释乌托邦思想的西方马克思主义者,希望哲学本身与乌托邦紧密勾连。希望本质的扩大,也使得乌托邦的意蕴更加深刻。乌托邦正是希望的核心,"稳固的希望作为尺度本身绝不会失望;同样,作为义务这方面也绝不会失望"①。乌托邦追求美好的内在趋势,说明其本身有着从自然、人类社会和文化等维度表现出来的客观基础。他以此展开本体论论证,把乌托邦指认为世界的本质,认为,乌托邦具有超越维度,包含超越有限、指向无限的超越性,具有朝向未来的动力学意义。布洛赫的白日梦的内核是希望,是一种对尚未存在反思的外溢。这种超越现存和自我的未来意识,决定了尚未的生存发展方式源于对人的本质的精神自觉,直接指向人的存在的未完成性。布洛赫认为,这种具体的乌托邦具有冲破现实的要求,至多承诺了一种最佳的前景,也具有了客观真实的可能性,表达了对更美好生活和世界的愿望和希望,人的行动从一种可行的发展趋势朝向积极的自由转变。在布洛赫看来,乌托邦哲学核心范畴就是尚未,但并不意味着消极意义上的空无含义,而是指向更为真实的尚未生成,是一个趋向于无限的展开和生成的过程。乌托邦过程,让传统乌托邦中终极性的具体化实现形式变成了一种定在的永恒过程。乌托邦通过尚未完全确立的更美好形式,将现在的限定力量加以释放,上升到开放性的未来。乌托邦有客观的存在基础,代表了世界与人类未完成的过程,是自然和社会追求更美好境界的内在冲动。乌托邦创造性冲动在现实的空缺,更加激发了精神解放的要求,促使乌托邦从乌托邦工程的困境中解脱出来。布洛赫认为,乌托邦处于未完成的尚未状态,朝向各种可能性开放,"社会主义"的实现可能性,出自这个世界本身具有实现乌托邦的"潜力"和"趋势"。人类思想史不断进行的对抗斗争,引起冲突的主线不是依照唯物主义和唯心主义之间

---

① 〔德〕E.布洛赫:《希望会成为失望吗?——图宾根1961年开讲辞》,梦海译,载《现代哲学》,2008年第1期,第55页。

的矛盾来标识的,而是在主体能动性的张扬和展示的"动态思维"与排斥或者销蚀主体能动性的"静态思维"之间,做出与以往不同的鲜明标注。乌托邦内在潜能正因为超越的缘故,被赋予作为破坏和打碎现有社会,或者准备打碎它的阶级或集团的整体构想意义。乌托邦式的社会功能发挥,并不完全是来自人的凭空想象,也不单纯是某种抽象思辨的表达。以面向世界的方式来超越,就其内在生存论维度而言,乌托邦乃是人类精神生活的不竭动力,不仅是在自由劳动基础上的完满生活形式表达,也超越了劳动而作为自由人的社会生活闲暇远景。在物化布景下的现代王国中,乌托邦精神是人类本应拥有的文化形式,这种真实存在之所以有魅力,是因为其内在具有的"文化剩余",超越并游离于特定时代的意识形态之上,蕴含着超越时代局限的思想维度,过滤掉依附于时代的尘垢,就能恢复或找回属于人类自我的自由超越本性。

二是以弗洛姆和马尔库塞为代表的回复论形态。传统马克思主义将乌托邦视为科学的对立物,他们为乌托邦终结进行辩护,认为,这一终结作为旧式乌托邦观念的终结也并非是一种社会主义从空想到科学的转变。由于传统所理解的科学社会主义的社会本质,是以外在于人本身的客观物质活动为基础理解的,这种构建新型社会主义的方式,是外在于人自身的,应当将这种误入歧途的表现翻转过来,更多地从人的本性、心理结构和个性角度,以求做出最终的合理解释来阐发社会发展进程的必然性,以此代表社会历史发展的要求,为当代条件下乌托邦的存在做关于合理性和必要性的论证。当今,人道主义精神日趋衰落,异化成为现代人的基本人格特征,要论证社会主义的合理性就必须回到乌托邦,在科学社会主义信念的感召力日趋淡漠之际,这种乌托邦的思想力量可以激发人们为真正的人道社会而奋斗。乌托邦是一种可实现的想象或思想过程,有自身的独特价值与发展规律,以及真理价值。乌托邦终结,实际上是指马克思科学社会主义观念某种程度的危机,并不是指所有乌托邦思想或精神的终结。社会技术发展带来传统意义上的乌托邦观念终结,其实并非是乌托邦的真正终结,反而是赋予乌托邦以在新历史条件下的时代意义。未来社会发展的可能性,是依照人们对现实的彻底批判,在乌托邦想象中出现,而不是依照现实历史运动的发展来加以构想,这样的乌托邦才必须终结。这就意味着某种新的社会主义范式的出现。马尔库塞批判科学社会主义理论在当代的有效性和理论基础,认为,马克思主义的许多概念在今天已不适用,特别是对唯物史观关于生产力的基本命题进行了批判,将其称为"对生产力的崇拜"。在发达工业社会中,早已达到了马克思社会主义观念中的生产力水平,社会主义没有出现,但是在生产力不发达的国家,却有这种性质的革命产生。向未来社会主义过渡,不能放到生产力因素里去看待,而只能到生产力之外人的因素中去寻找。社会生产力的发展,对发扬社会主义意识构成阻碍,这就要从意识和人的本能结构中探求新社会的奥秘。整个关于科学社会主义实质的讨论,应当在重新理解新人本主义的基础上来进行阐释,依据人的本质的实现来加以界定。同时,他借以批评以苏联为代表的现实社会主义运动,主要从经济角度理解社会内涵,是一种误入歧途的非科学社会主义,背离了早期马克思的人道社会主义理念,首要目标并非是人的自身解放,这种社会性质不过是别样形式的发达资本主义工业文明。从人的本性和个性心理结构等层面角度审视,社会主义的必然性才会得到合理的理论论证。而要论证这种合理性和必然性,就应当翻转过来回到乌托邦来阐发,实质上是更多地从人道主义方面来为之辩护,"乌托邦是一个历史概念,指的是那些被认为不能实现的计划。而我们今天有能力把世界变成地狱,也有能力把世界变成天堂"[①]。这使得乌托邦没有在内外交困的窘境中消失,反而显现出兴盛迹象。弗洛姆也是和马尔库塞一样沿着大体相似的路径,展开对人道主义乌托邦的思考。他也提出,返回马克思的人道主义社会主义立场,从人的概念中推导社会主义本质,以人的解放为基础,展开社会主义的重建。社会主义的本质要义,更多地表达的是人的本质复归和人性的要求。社会主义的真正目的是人,目的是消除人的自我异化,是作为某种实在的东西的人的本性的第一次出现,"马克思的目的在于建立一个超越资本主义的人道主义社会,一个以全面

[①] Herbert Marcuse, *Five Lectures: Psychoanalysis, Politics and Utopia*. Boston: Beacon Press,1970,pp.62–63.

发展的个性为宗旨的社会"①。资本主义社会条件下,人的需要不可能被真正地加以满足,而社会主义是要以发展起来的关于人的概念为基础,建立在人的本质的真正实现之上。在他们看来,马克思对社会主义所做的理论论证,不能完全体现对其本质的阐释,但他们对社会主义理念的当代乌托邦重建,与早期空想社会主义者的论证也不尽相同,前者不仅仅是从理性、爱等人性东西出发来进行论证的,两者基于新型人道主义的解读方式,都不是抛弃乌托邦,而是为解放的乌托邦做辩护。回复乌托邦的历史要求,充满了历史的现实性,乌托邦被赋予了新的意义。

三是以哈贝马斯为代表的转换论形态。他们认为,有古代的乌托邦和现代的乌托邦之分。如曼海姆所言,人类历史的进步意味着乌托邦与历史现实的融合,就必然导致乌托邦作为一种乌托邦的终结。与此相反,哈贝马斯深感社会主义观念在当今西方世界已渐趋衰退,他所谓力量穷竭的乌托邦,就是人们对社会主义及美好生活理想向往的热情的减退或衰落。在传统意义上,人们把未来希望寄放到了劳动社会的乌托邦上,将社会物质生产基础上的科技与计划想象成了一种对自然与社会进行合理掌控的工具。这种乌托邦把社会解放的希望也归于劳动,对自然界进行控制的强制劳动,被视为解放的潜能体现,希望从劳动形式的变化中,产生出新的社会生活形态。这里对未来生活形式的社会建构,都是围绕目的合理性劳动形式展开,将劳动看成一种具有目的合理性的行动。对这种社会设想,基于劳动形式的合理化的要求,要从根本上转换原有根本基底,解决事物的可行性和实施方式的被理解性,在社会批判理论的基础上,创立一种全新的、具有普遍意义的理论范式。哈贝马斯认为,真正合理社会的构建,或社会主义本质的体现,要在从生产范式到交往范式的转换的基础上,以交往乌托邦取代劳动乌托邦,实现建立一个更加合理社会的目的。他提出,社会合理性重建,遵循共同规范要求的"普遍化原则"。用一种属于未来的目光审视过去留下的问题,提供了相对自由的共同寻求真理的实现方式,

---

① 〔美〕弗洛姆:《在幻想锁链的彼岸》,张燕译,湖南人民出版社,1986年,第149页。

被视为达成一致评价的直接手段,从而把对话看作"交往行为"的继续。有效途径就是选择恰当的语言进行对话,主体间发生关系时通过语言进行的思想交往,这种语言规范是一种相对于资本主义社会语言的被扭曲化所建立的语言机制。相对于内外交困的乌托邦状态,在合理化交往的过程中,建立理想的语言环境,通过论证和商讨所形成的理性认识和共同见解,是交往各方共同参与的结果,诚然存在一种"强制",但由于从理解为目标的行动的产物出发,认定主体间的"相互性"与"承认关系",建立和遵循了共同的规范,因而达到了"无强制"的境界。在这种交往过程中产生的知识架构,以及认识改造世界能力的共同作用下,人类社会才能得以不断进化。未来社会主义的可能性和必然性,很大程度上取决于在社会交往活动中,知识水平和道德水准是否具备改善和提高的可能性。乌托邦力量的穷竭,并非乌托邦与历史现实的融合,无历史性的乌托邦注定要衰竭;历史抛却了乌托邦的希望,无希望的历史只能是虚无单调的奴役,这恰恰是历史意识与乌托邦意识分裂所致。乌托邦的困境不是由其本身造成的,而是乌托邦工程中乌托邦发生的变异造成的,包括其在实施具体行为上的不当而造成的后果。

四是以詹姆逊、雅各比、哈维等人为代表的生成论形态。新时期的西方马克思主义者都能正确辨析苏东剧变的时代形势,认识到当下乌托邦是社会发展中的一种非理性力量,本身内涵的丰富性,就要求应当从多视角加以观照,存在着自发的生成意蕴,而不能以一种理性主义的逻辑框架来判定新理论走向的是非对错。这些理论家都能紧紧抓住当代乌托邦与国际共产主义运动之间的必然联系,在特定社会历史条件下,深入挖掘其新时代内涵,以及在社会发展进程中的意义。雅各比认为,乌托邦概念重心随着时间推移,逐渐发生了变化。乌托邦冲动是任何时代社会进步不可或缺的精神酵母,是政治生活中的必需维度。它开辟了政治实践的空间,即使不能保证革命胜利,但提供了一种实践的历史可能性。在乌托邦冷漠的时代,拒绝的不是乌托邦理想,而是其特定的表现形式。特别是雅各比近年来问世的《乌托邦之死:冷漠时代的政治与文化》和《不完美的图像:反乌托邦时代的乌托邦思想》中,对乌托邦进行了坚决的捍卫,并分析了乌托邦在当代受到冷遇和围攻的原因,并做了关于蓝图派与反偶像崇拜的乌托邦两种类型的区分,在抨击前者的同时褒扬了后者。乌托邦不仅是具有实践意图的社会理想,还意味着一种过程性的实践想象。乌托邦理论本身是一个未完成的方案,而不应当将其乌托邦化。当前的社会改革,尚不具备20世纪初的革命条件,乌托邦有助于清醒地审视现行体制结构的弊端,并从中梳理出一套适合当前历史形势,又超越现实的批判性改革方案。虽然在共产主义运动的低潮期,当代马克思主义面临一系列困境和挑战,"个人受到摧残的表现就是欲望得不到满足,个人内心的欲望永远是被压抑,受到摧残,便普遍地存在着乌托邦式的冲动,乌托邦式的对整个世界的幻想性的改变"[①]。现时代比以往任一时期都需要乌托邦的超越性品格来指引社会的前进,而传统乌托邦衰落的背景下,尽管乌托邦不能实现,但它强烈的批判性主张,能提供一种超越新自由主义的未来视角。乌托邦大都有一种不同于社会现实的理想社会蓝图,以此展开对理想社会的设计,但是如果把这种蓝图直接带进现实,就是对现实合理性的不合理扭转,会导致社会秩序乃至整个人类文明的巨大破坏。乌托邦被雅各比视为摆脱蓝图社会设计困境的生成过程,这种超越的追求力量的不断释放,也就是在对现实不合理的批判中不断得以激发的一种运作过程,体现出一种对现实生活的诊断,更多地体现出它的批判超越性的特征。社会发展本身就是一个过程,作为历史进程中的人们,需要乌托邦作为其不懈追求的精神动力。詹姆逊认为,乌托邦是人类政治生活必不可少的维度,并不是生活中随意配置的调味品。虽然乌托邦不能从根本上保障政治运作的最后实现,但乌托邦想象的丧失,实际上就意味着激进政治不会再以一种实践形式继续在现实生活中出现。人类生活在两个似乎截然相反的世界中:一种被贫困饥饿和社会冲突所左右,乌托邦被人们认为是毫无意义可言的;而一种是在享乐主义的时代里,乌托邦形式又变得极其低俗和枯燥。"在其中的一个世界中,社会的解体是如此绝对……在另一个世界里,我们看到前所未有的财富、电

---

① 〔美〕弗·杰姆逊:《后现代主义与文化理论》,唐小兵译,陕西师范大学出版社,1987年,第170页。

脑化生产、一个世纪前难以想象的科学的与医学的发现,以及无止境的商业和文化享乐,所有这一切似乎使得关于乌托邦的猜测和想象都变得枯燥乏味和陈旧不堪。"①这双重可能情形中,都带着乌托邦实现的不可能性,为乌托邦辩护就是在为其不可能性找理由。乌托邦理想面临的难题就在于,既不能完全否定特定阶段的不可能性这一维,又不能作为纯粹的不可能永久地存在下去,这就让乌托邦不得不处于一个生成的状态。哈维把人们对乌托邦理想长期遭遇的不公正待遇,视为特殊乌托邦形式的失败,而并不是乌托邦本身的失败,实际上这种拒绝话语同乌托邦本身无关。然而,由于传统乌托邦理想的固有的矛盾和问题,经常使乌托邦陷入两难困境之中,导致了一种尴尬结果的出现,乌托邦的实现之时往往就是其幻灭之时。但如同现代性作为一个未完成计划一样,乌托邦也是不可能一弃了之的,它同样是作为一个未完成的计划,同时还肩负着对现代性进行洞察与反思的历史使命。现时代对乌托邦理想的拒斥,很大程度是出于自由主义者的理论批判。在他们搜寻替代方案的过程中,产生的负面事实会抑制想象的自由运用,进而带来更加不幸的结果。雅各比、詹姆逊和哈维等为代表的生成论形态的乌托邦,不仅积极地阐释了乌托邦的当代意义,也揭示了传统乌托邦观念的种种缺陷。他们所加以阐释的乌托邦思想,本身不能附着乌托邦化的特征,而只能在现实延伸与彼岸的张力中,不断地生成和完善。乌托邦作为未完成的方案,所提的一系列开放式问题,需要在现时代进一步探寻和敞开。

确定性的乌托邦文化规则,在现时代渐行僵死。要突破现有人类生存场域,就要借力于西方马克思主义内部呈现为多个形态的当代乌托邦希望,乌托邦思想也不会因此在此中窒息。

(四)理论重大转向的变化特点

乌托邦思想这一当代转向,是针对传统乌托邦形态的个别特征。这种当代重大转向,并不是这一思想绝对的概括,也不能统一每个西方

---

① Fredric Jameson, The Politics of Utopia, in: *New Left Review*, 2004(25), p.35.

马克思主义者的乌托邦思想,这是由于代表人物的具体理论观点,仍存在一定的差异。整体性质的重大转向,表现出来的也一定是部分思想内容的新质变,在一定意义上还保留有某些传统特征。但与过往的乌托邦相比,其理论更加自觉、更加精细繁杂,为现时代乌托邦的合理性和必然性做了广泛的理论论证。

第一,相对于传统的乌托邦理论而言,当代乌托邦以一主多元替代了传统单一结构的一元论,同时不再以一种绝对的预设表现出来。一元论作为过去乌托邦理论带有的标志性特征,内在逻辑追求一种绝对化的倾向。历史上无数的乌托邦主义运动或乌托邦实践者们被这种一元论所吸引,以至于造成相当严重的现实后果,"乌托邦"这一语词,被打入令人诟病的地牢。西方马克思主义的乌托邦思想不再一味秉持此种逻辑,而是在传统社会乌托邦发展演变的基础上,扬弃了元乌托邦的基本性征,更具对乌托邦资源的包容性,反对持固有的压制性立场,允许具有相对差异的乌托邦观念进行有序的对话。乌托邦的可行性和合理性,要靠社会历史进程的不断检验和调试。一旦非世俗化的谬误观念蔓延开来,社会全体成员就会在相对包容的理想视域下,进行集体反省并及时对自身行动加以改进,带动社会预警机制的建立健全。乌托邦恰恰是不正义的政治现实的反映,一旦超过社会所能容纳的必要限度,就自动地朝决定历史进程的一元化主导力量转变。当代乌托邦的一主多元机制,能内在地驱动现实政治发生改变,使人正视自身的有限性,以及由此带来的焦虑感。布洛赫区分的抽象的乌托邦和具体的乌托邦,前者作为静态的理想社会发展模式,但由于绝对的一元化色差,虽作为一种终极性价值指向未来,也不能形成良好的反映现实生活世界的机制,缺乏有效的客观理解方式,现实与理想之间的对立也在无形中被绝对化。与之相比,后者则是来源于现实又超越现实,"从朝向白日梦,朝向外在征兆的幻想运动开始,为了乌托邦基本概念的宏大实施"[1],在反思与实践的双向活动中,突出实现可能的动态过程。从这

---

[1] Ernst Bloch, *The Spirit of Utopia*, trans. Anthony A. Nassar. California: Stanford University Press, 2000, p. 248.

一区分来看,真正的完美社会是现实的人无法企及的终极性目标,毫无必要给予乌托邦事无巨细的描绘,不应再像传统乌托邦那样尽可能精确地描绘未来的社会发展样式,而应在辩证地看待理想与现实关系的基础上,用科学理性的精神对待正在发生的社会变革,或者变革迹象,从乌托邦社会运动中,解放出超越性的乌托邦品格,整个变革目标不断贴近和关注现实,同时警惕人类陶醉和满足于当下社会的具体形态,以摆脱多维度的理想化与现实的极端化。乌托邦的终极意义,是对各种存在方式的渴求,而不是刻意专注于理想的大而全。这种哲学转向为乌托邦赢得更多同情的声音。

第二,当代乌托邦专注于时空两个维度的考量。当代乌托邦既是一个话语和文本的建构,也是一种时空进程的表征。时间和空间是存在于辩证关系下的两种乌托邦维度。传统乌托邦的空间维度,表现的是一个封闭的独立地理空间,某种意义上带着后现代的游戏特征。而当代乌托邦是一种超越时空的不在场状态,承载了超越当下、超越现实的人类态度,又在特定历史时空中在场化。人能够无限地接近人的自由状态,人的发展过程就是不断克服人的有限性,克服人的非本质存在,走向真善美的人的理想价值实现。当代乌托邦从时间上看,通过不断自我超越而日益接近人的本真状态,扼制持有任意方法、手段和力量来实现绝对完美状态的企图,以此来缓解人类不可能的有限性特性。从空间上看,原有空间的重塑需要精神的渗入和文化的改造,乌托邦文化观念也会形成新的文化空间追求和塑造。当代乌托邦不是被动地容纳社会关系,由于社会空间蕴含着变化的无限可能性,空间作为社会矛盾与冲突纠葛一体的场所,成为社会的第二自然,处于前现代、现代与后现代复杂共生的空间模式之中。列斐伏尔的空间乌托邦也是如此,在空间都市中的长期空间战略规划,对日常生活进行彻底的变革,"日常生活将变成为其中的每个公民与共同体各显其能的创造(诗性的而不是实践的)活动"[①]。阿多诺同样强调,真理在看似有限的时空中等

[①] Henri Lefebvre, *Everyday Life in the Modern World*, by Philip Wander. New Brunsuick: Transaction Publishers, 1994, p. 135.

待发生,面向未来充满了无限的可能性,"回忆本身能使乌托邦思想得以新生,而无须将其引入经验生活的歧途"①。物理时空不可能回到原初真我的发生状态,通过艺术审美的形式唤起乌托邦想象,不断地从源头返回并不断生成朝向未来的期待。西方马克思主义者特别是哈维,对任何只反映时空单一维度的乌托邦,都持一种不支持的态度,因为这些乌托邦很难取得操作上的成功,即使是有所收获,也只是以伪乌托邦的面目出现的,乌托邦理想应同时包括空间和时间的生产。社会所能承受的伤痛,要是抵达了自身所能承受的极限,乌托邦就以对现存社会有力介入的时空交互力量,迫切地迈出单纯的想象范围,而不仅是单单作为某种想象和附带批判的力量。哈维通过对现代城市空间的考察,希望人们重新考虑体现时间和空间辩证关系的可能性方案,设计出来的工作和生活环境,要求是与自然对应的平等状态,将传统乌托邦的空间形式和时间过程加以摒弃。"时空乌托邦理想的模糊形式并非很难从我们自己对资本主义地缘政治所推动的历史地理的研究中发掘出来。这样看来,任务就是确定一个替代方案,而不在于描述某个静态的空间形式甚或某个完美的解放进程。"②时空交替的乌托邦是对传统空间维度不真实存在诉求的扬弃,把视线更多投向现实存在的可能性空间,通过反映特定时空中那种空间的异质性特征来阐释反抗的可能性,由微观层面形成复杂的间接社会政治追求和政治理想话语建构过程。

第三,当代乌托邦理论从传统的社会乌托邦转向审美乌托邦,即一种文化哲学转向。西方马克思主义审美乌托邦产生的根源之一,是来自发达工业社会的压抑性现实,就其本质而言,是人应对束缚的一种精神境界追求。就其产生的范围而言,是人们为了超越现实制度界限,致力于在某个时空环节触及本真的独特形态。乌托邦的视角重心,直接关注人的文化境况。个体受工具理性的控制,在社会高度一体化的统治当中,已变成异化社会的牺牲品。受到了与审美相冲突的现实挤压,

---

① 〔德〕阿多诺:《美学理论》,王柯平译,四川人民出版社,1998年,第231页。
② 〔美〕大卫·哈维:《希望的空间》,胡大平译,南京大学出版社,2006年,第190页。

第二章 乌托邦思想的当代重大转向

人类自足的生存空间慢慢变形。人性的扭曲与精神的压抑由此达到前所未有的程度,为了克服这种文明与精神主体之间的分裂与对立,审美乌托邦试图唤醒健全的人性,找回被遗忘的自然本能,将单向度的残缺修复为和谐完整,使人摆脱分裂与对立、压抑和奴役,从而获得彻底而全面的身心解放。出于对现存社会状况的不满,一些西方马克思主义者在社会政治领域,尝试了多种改造世界的方法却无果而终,就转投到在艺术、审美力量的感召之下,重新收获感性与理性的统一,用审美方式来拯救异在的世界图景。与社会乌托邦不同的是,审美乌托邦在寻求一种全新的生活的过程中,不再寻求极度的颠覆性,革命方式也不追求强烈的激进效果,不试图谋求用暴力手段打破现有政治制度。蒂里希也曾从自由这种人的内在本质特征入手,研究过乌托邦同人的存在之间的必然联系。审美乌托邦相对于社会乌托邦的全新创造来说,所追求的是在现有基础上更本真、更和谐的生活,一切存在都应该符合其本真的色彩,这就决定了超越的目的不是颠覆而是拯救,"乌托邦观念使一个在性质上完全不同于这个世界的世界有可能富于生气,它采取一种执着地否定现存一切的形式"[1]。西方马克思主义通过怀有乌托邦式的冲动,将目光转向了哲学审美范畴,在人的精神领域实施对现实世界的反叛和革命,寻求通过文化和美学异在力量,唤醒人的全面而彻底的批判意识,实现向合乎人类本性的理想王国质的飞跃。

第四,就是突出了对乌托邦的本体论论证。布洛赫等人从本体论方向,探求乌托邦存在的根据。布洛赫是对乌托邦问题研究得最早、最系统的西方马克思主义思想家,他的乌托邦本体论哲学,作为一种新型的人道主义历史人类学,着力论证了乌托邦存在的价值意义。现代物化社会,对人们创造美好生活的潜能不断进行扼杀,而当代乌托邦通过重新唤起人类的乌托邦精神及批判意识,既显示了人类情感世界的状态,又是作为对存在的世界的特殊认识。这正是关于人的创造性能力的反映,让人们重新找回生活的真正意义。人们过去没有发现它,或

---

[1] 〔美〕弗雷德里克·詹姆逊:《语言的牢笼:马克思主义与形式》,钱佼汝、李自修译,百花洲文艺出版社,1995年,第92页。

者说没有自觉地意识到它的存在,而一旦对事物进步发展的本质有所洞察,就会激发人们无限的创造力,让现存世界符合人的本性,使其运转的方向,尽可能依照人类自身的意愿,从而解救可能导致窒息的人本质力量。蕴藏无穷希望的乌托邦精神,使表面上不相关的事物所构成的现实世界,内在地具有共同的本质。这种特殊本体论意义上的乌托邦尚未状态,是作为潜在事物和人的行动倾向的真正可能性状态。充满乌托邦精神的世界,本身就是某种内在的潜势的外在表达,万物存在都有这种朝向更美好状态生长的潜力,世界也才由此不会堕入静态化,事物也由此而得以进化和具有生命活力。生活世界中的一切文化现象,也是人类对事物和人自身潜势的认识和把握。乌托邦在这里被布洛赫视为世界的本质力量,是一种具有本体论意义的东西。他将社会主义的价值也囊括到了对乌托邦本体论的论证里,以此来确立社会主义存在的必要依据,以及未来社会主义理想的可实现性。在马克思主义与乌托邦两者之间,并不是对立的,乌托邦精神也不是从外部强加给马克思主义的东西,而是其内在就具有的价值所在。因为真正具体的乌托邦,所具的本质特征就是指向人,把人视为一切发展的动力和归宿。而社会主义也是越具有科学性,也就越具体地将人作为其理论的核心地位,也就越具体消灭人的自我异化。把人作为社会主义的基本核心,正是任何真正的乌托邦所具有的特点,以此作为理想社会实现的目的。布洛赫从本体论的高度,进一步凸显乌托邦的世界意义。

第五,当代乌托邦形成了从对象化的非人希望到生存论意义上属人希望的演进,从人的存在本身出发,探究在生存论意义上乌托邦存在的必然性。在传统乌托邦的本性之中,就包含着对象化希望与属人希望的对立,不可能有一个固定的关于乌托邦的总体把握,而是要跟随人们对现实土壤理解的步伐前行和变化,以此鲜明地凸显社会和人之间的互动关系。在历史和未来的十字路口上,西方马克思主义者从人本身的角度出发,重新审视乌托邦,在持续的反思中不断推倒重建,从而选择了属人的希望之路,以夯实脚下的理论根基。乌托邦在人的存在之中存在一个坚实的基础,乌托邦存在的合理意义,根源于人这个大写符号。乌托邦是反抗压抑制造的场所,以此寻求真正的自由,尽管这种力量的来源和归途都归于人的内心,但传统社会的乌托邦精神仪式,使得人望而却步;反过来,人内在的社会本质属性,通过当代乌托邦这种思想形式,尽可能在历史中还原出本真的意味,使得人的生命焕然一新。在将乌托邦同属人的希望和自由紧密联系的时候,包涵追求者作为个体的人对生命的反思,含有个别性对整体性和统一性的反抗。"因为即使在现有的生产力水平上,每个人同样具有的自我发展的可能性也可以证明是真实的。"[①]促使人们构建合理社会的推动力,是来自作为具有批判能力的人,而不是由来自属人思想之外的那种单纯外在的对象化力量所造成的。能动生命主体的内在趋向,才能将属人希望朝人类生存的视野迈进,把未来社会真正看作自由人的联合体,而不是一种抽象的乌托邦。

第六,从现实的自由出发,把乌托邦根植于人的存在之上,作为促使人们建立理想社会的取向。乌托邦只是存在于思维中并未成为现实,不必然导致一个抽象的乌托邦出现;相反,能够将乌托邦存在的合理性展现出来。如果将自由作为人的本性所在,人作为有限的自由同时又对自由加了限定,摆脱了普遍人性的抽象概念束缚,那么当代乌托邦的现实意义就是从人自由的本性出发加以发掘出来的。霍克海默认为,实现乌托邦的条件已成熟。这里的乌托邦,所表达的就是一种尚未实现的,而又不是不能实现,反而,是可以实现的自由社会。将乌托邦观念与人对解放的信念结合在一起,这种带有解放意蕴的自由社会,意义变得更为全面,进一步消除了传统乌托邦中虚无缥缈、可望不可求的彼岸性。施密特通过分析人与自然关系,以及自然观与社会主义的关联,把解答人的自由与自然解放的关系问题,作为建构社会理想的关键性环节,而在这一关系中,又将人的自由解放放置在当代乌托邦的核心地带,作为社会主义目标中的根本构成要素之一,并对人与自然两者解放的关系、自由与必然的关系做了处理。控制自然的社会技术使用,虽已在数量与质量上大大超出过往乌托邦主义的观念,但这种由强大现实转化而成的破坏力量,往往达

[①] [德]霍克海姆:《批判理论》,李小兵等译,重庆出版社,1989年,第209页。

到了与之前相背离的目的,人类生存方式的破坏乃至毁灭,取代了人与自然渴望达成的和解。他坚持认为,传统乌托邦或自由王国强调的是彼岸性,而在马克思那里,构建未来共产主义社会,是为了达到自我改造和自我实现的目的,一切都是人自然本性的完全解放。如果试图在人的存在之中,寻找乌托邦存在的必然性,就必须正视生存论意义上自由的重要性。这也就意味着,从人的生存自由角度入手来体现乌托邦存在的合理性,就把乌托邦扎根在了人的存在的基础之上,虽然建立自由社会的乌托邦观念,可能只是被迫存在于思维中,但理论却有现实的社会存在倾向,并不是抽象的乌托邦体现,而是从人自由的本性出发来对这一当代乌托邦的意义加以发掘,关于自由的思想即是实现自由的思想,"创造出一个满足人类需求和力量的世界之历史性努力的根本成分……它的目标在于把人从奴役中解放出来"①,将自由作为了人的本性所在,人作为有限的自由同时又对自由加了限定,摆脱了"普遍人性"的抽象概念束缚。乌托邦的可能性是向无限展开的,具有一定的不确定性,而这恰恰是自由的含义所在,包含着无限可能的存在。走出自我中心的思想意识,将未来视作乌托邦的寄身之所,站在彼此平等的基点上对乌托邦前景加以审视,会明白文明进步带来的将是人类自由的更多实现,而不是自我的丧失。

第七,乌托邦从单一的政治主题朝向多个领域延伸,也是重大转向的显著特点。乌托邦从文本设计走向社会工程,是人类意识能动性的鲜明反映,这本身并不造成乌托邦的蜕变。这种典型的社会工程以实践样态出现的话,给历史毋庸置疑带来的是灾难性的后果,而不是原初所设想的发展逻辑。尽管也许并非是乌托邦实践者的本来想法,但乌托邦为人诟病的砝码,却不同程度地添加。"乌托邦的消失带来事物的静态,在静态中,人本身将变得与物没什么两样。"②乌托邦如果在"围剿"下完全消失,资本主义政治文明也终将丧失自救的能力。西方马克思

---

① 〔德〕霍克海姆:《批判理论》,李小兵等译,重庆出版社,1989年,第232页。
② 〔德〕卡尔·曼海姆:《意识形态与乌托邦》,黎鸣、李书崇译,商务印书馆,2000年,第539页。

主义者把哲学信仰、社会学说同乌托邦思想结合起来的理论尝试,形成了语言乌托邦、虚拟乌托邦、生态乌托邦、建筑乌托邦、符号乌托邦等各式乌托邦新形态。在这样一个思想贫乏的年代,人将在多个领域恢复原来失去的行动能力,从沉沦的"物"重新生成为"人",形成了当代乌托邦必须在其中运作的复合空间。西方马克思主义采取的多种乌托邦进路趋向,就是以防把其视为传统的不同变种。乌托邦保持固定不变的结构不再可能,当代乌托邦内部的多重结构都有其运行的轨迹,这意味着探测资本主义特定的社会制度进行的种种矫正能力。由于当代乌托邦是反应式的,即使彼此之间会有不同,甚至矛盾,也还是将其界定为能够指明实践诉求的批判性理想,在历史地平具有有待喷发的潜在倾向。未来的乌托邦不仅承认属于自己的历史遗产,而且认同在过去和将来都更加清晰地表明多功能和跨文化的交融特性,从整体上加大政治干预的力度。特别是西方马克思主义者雅各比对乌托邦结构的区分,所指认并加以批判的蓝图派乌托邦,采用的一个关键性步骤就是对政治界域的规划,并建构起一整套符合预期的政治体系,形成对社会体制和政治架构的掌控。他通过梳理"反偶像崇拜乌托邦"的这样一种运作模式,作为全新的乌托邦话语方式来替代。乌托邦理论不再拘泥于具体的政治规划,实际上就是从这一界域的内部撤离,对社会政治规划一直拒绝以细致的描绘方式。乌托邦可以在文学、艺术、建筑、生态等其他非政治领域继续生存,因为每个个体都拥有一种想象美好生活图景的能力。乌托邦虽然将不再执着于单一的政治主题,但依旧可以直面残缺的现实生活来展开批判。

第八,现实总体性是西方马克思主义乌托邦思想的鲜明特征,作为与西方马克思主义其他理论支撑的关节点。西方马克思主义试图通过对总体范畴的重新发现,去构筑关注人的解放和人类未来的当代乌托邦。西方马克思主义的总体性,大体上分为两种:一种是价值层面的总体性,立足于人的具体的生存困境,从异化对人存在的遮蔽表面,挖掘理想化生存的主体性维度,继而生成作为总体性存在的人;另一种是事实层面的总体性,以事实性为理论的基础要素,从社会关系结构整体出发,把人视为具有社会性结构整体的组成部分。西方马克思主义对总体性的理解存在差异,但无论是总体对象观照,还是总体社会变革,以及呼唤总体的人等层面上,都是有着鲜明的一致性。他们不能容忍人作为"类"的完整性的消失,对资本主义时代这种人性的严重分裂状态进行了批判,"完美的人应该是在变化的潮流中本身永远保持不变的统一体"①。从总体思想中突出的总体性,具有自觉建立新范式的意向。总体性恰恰是这种封闭性和系统的结合,表现的是自治和自足,最终是他者性或基本差异的源泉。然而,恰恰是这种总体性的范畴主导着乌托邦实现的形式。西方马克思主义者的总体性实践本身,作为一种总体性活动是多重矛盾关系的集结点,由此所创造的现实生活世界,也就是一个由多种矛盾关系构成的总体世界。相对于传统哲学与人分离的实体统一性世界,西方马克思主义期望的理想社会,是由多重矛盾关系构成的否定性功能统一体。总体性思想作为方法论,强调整体优于部分的实践意义所在,这使得西方马克思主义者提出的革命方式和思维方法应当是现实总体性的。一旦思想文化革命成为先导,占领了意识形态阵地,就能树立起普通民众的革命意识,进而展开当代乌托邦重建。西方马克思主义的总体范畴与20世纪科学思维中的整体论观念表面上相似,但实际上,当代乌托邦理论建构中蕴含的现实总体性特征,意味着一种对近代西方哲学思想中隐含冲突的调试,其中包含着对个体与整体、肯定与否定、理性与非理性、社会与结构等一系列复杂关系的探索,既形成了与其他总体性的区分,也形成了与科学思维路线的区分。总体性观念作为方法拓展了乌托邦的研究视野,同时作为目标,又成为了当代乌托邦再兴的理论支点。

无论是来自新自由主义的批评,抑或是当代西方马克思主义乌托邦理论家的辩护,都反映出了乌托邦问题的复杂性。乌托邦作为一种社会事实存在,它的多重意义应客观评价,而不能单纯用"好"与"坏"来做价值判断。无论是对传统乌托邦的道德批判,抑或是从历史层面审视乌托邦终极关切的价值维度,都深深嵌入到对现实社会的实证和科学的考察之中。回归或重建乌托邦,要形成以经济发展为基础包括

---

①〔德〕席勒:《美育书简》,徐恒醇译,中国文联出版公司,1984年,第73页。

各个方面的总体性变革。当前,国际共产主义运动处于低潮,而资本主义现代性文化狂潮席卷全球,任何独立的文化主体都可能惨遭同化。要克服现代性的价值扩张所带来的负面效应,必须真正"回到马克思",恢复洞察、穿透、超越现实的属人乌托邦精神的生命力。在马克思思想中所体现的对人的自由解放和属人历史生成的总体关切,被西方马克思主义者深深体悟到,在此基础上形成对传统社会乌托邦理论的积极扬弃,使当代乌托邦以一种纯粹的总体性形式表现出来,加大改变了对异化现实的批判力度。这尽管偏重于文化价值维度的阐述,但毕竟脱离了庸俗马克思主义者持有的非批判立场,进一步将其理论武器融科学精神与人文精神于一身。

乌托邦当前面临一种时代困境,反倒是当下的世俗生活在乌托邦的消散中被打造成尘世天堂。在相当长的时期,乌托邦总是被各种思潮包括自马克思主义误读,乌托邦概念的内涵在人们眼中模糊不清,人类对乌托邦表现出的文化态度也差异显著,甚至出现了认知上的各种偏差,乌托邦精神在社会价值理念中逐渐衰落。

乌托邦是行动的起步,用对现实状况的批评来作为行动的准则。从这种角度来看,乌托邦是一种永远的现实主义。西方马克思主义思想家,在现时代界定一个精确、开放的乌托邦研究位置,与复杂特殊的现实建立起联系,通过深入挖掘乌托邦思想中的若干新特征变化,以达到知识干预社会、政治的目的。这一方面,可以维持对现实合情合理的存在;另一方面,又彰显对现存社会的批判性和超越性维度,不折不扣地表征出双向度的社会尺度。对解决现实社会的矛盾或危机而言,乌托邦往往不能给出明确方案,也无法给出新型社会建构的具体路径,但却能以更为开阔的视角,转换思维方式来对现实问题做出判断,以寻求新的社会发展方向和道路前景。它既不是脱离现实的纯粹价值设定,也不是抽象意义上的纯粹理性设计,而是根据历史时代阶段或民族国家的具体需要,不断加以改进和完善的动态理论,含有强烈的现实性和立体可操作性特征,其中体现的理论转向,是以实现人的自由而全面发展和全社会发展进步为前提的。

西方马克思主义从多维的乌托邦研究范式出发,辨析乌托邦发生重大转向的历史过程。其中涉及乌托邦由一主多元替代了一元论,专注于时空两个维度的辩证考量:从社会乌托邦到文化哲学范式的审美路向,突出对其本体论的论证;从对象化的非人希望到生存论意义上的属人希望,根植于属人自由和希望的存在之上;从单一的政治主题朝多个领域延伸,具有现实总体性的特质,等等。乌托邦多个角度的理论资源逐步形成,在其中可以清晰地辨析,西方马克思主义乌托邦思想在各类理论困境中的突围和转换情形及其后果,以期对乌托邦的时代内涵予以重新厘定。

　　乌托邦本身始终是发展着的,是一种批判性的向度。当代乌托邦的内涵在于,它是一种属人的价值理想,是一种人自身发展的可能性空间,是一种历史价值诉求。当代乌托邦内蕴的乌托邦精神,以超越当下有限之物的鲜明态度,旨在审视人类的目的合理性,评判社会行动的意义,从而揭示了属于人类自身的无附加条件的真实,向当代人展开了一个充满希望的空间,并提供坚实的价值归宿。

　　乌托邦本身并非完美,它产生于现实社会土壤,在特定的历史时代,得以呈现出特定的面貌,释放出特定的被压抑潜能。西方马克思主义的乌托邦思想,也是在具体历史语境中形成,由此具备坚实的现实基础,成为具有社会价值意义的研究对象。它的价值不在于提供多么完美的社会主义模式,而在于从多大程度上深刻揭示了现实社会的问题和弊病。西方马克思主义的乌托邦思想,从对当代人类整体关怀的现实条件入手,从解决现实问题的可能性出发来考虑问题,对现实的强烈关注和对可能性的深刻洞察,使之凸显与既往乌托邦模式相异的理论特色和思想内涵,而不至于被各种贬斥乌托邦的意识形态话语吞没。

第三章
审美创设下的当代乌托邦营建

一个丧失了乌托邦渴望的世界是绝望的。无论对个体还是社会而言,没有乌托邦理想就像旅行中没有指南针。①

审美乌托邦,旨在在艺术领域内,为人类未来提供非压抑性文明,沿着人的审美和艺术的途径,达到感性、想象力、理性都和谐发展的自由境界这个目标。审美乌托邦并不是孤立的,无法同宗教思想和政治学说完全隔绝,是隶属于乌托邦思想的现代新形态,是为了建构更加接近于本真存在的世界。但与宗教乌托邦相比,它既不许诺来世,也不对天国进行某种虚构,而是对之提出抗议和控诉;同政治乌托邦相比,它关切更多的不是社会经济政治制度的运行,而是人的内在的精神结构,以及审美世界的潜能释放,从中将人类生存的应然状态展现出来。

乌托邦穿过社会政治领域,进入了觉醒的自我意识之中,孕育了无限的超越性美学冲动。审美乌托邦诉诸历史,不是必然将历史推入主体化的旋涡,因为艺术这块土地既能使人获得一种暂时的心灵解放体验,又能让人在异化世界中占有自身的全面本质。"他们的乌托邦幻

---

① 〔美〕拉塞尔·雅各比:《不完美的图像:反乌托邦时代的乌托邦思想》,姚建彬等译,新星出版社,2007年,第234页。

想不是提供行动的计划,而是与当代现实的引力保持距离的批判的源泉。"①西方马克思主义的批判视界,正是由于审美乌托邦想象的作用,才使得社会元批判更具深度与广度。

西方马克思主义的乌托邦,不仅继承了元乌托邦的部分基本特征,还对传统审美乌托邦进行高度扬弃,形成了独具的个性魅力。它是发达工业文明的产物,资本主义社会下的压抑性土壤,是培育这种审美创设的现实环境。个体的存在,通过现实生活的磨砺,无奈地保存在对遥远过去的美好回忆中。而真正自由的空间,则被审美收藏到了对未来世界的无限向往之中。西方马克思主义者为了收复个体原有的自由生存空间,改变非人化的生存状态,突破同一化的精神奴役,从而投向审美乌托邦。"原则和理想总是伴随着我们,并作为我们用以评价现实状况的准则。这便是理想的伟大作用。即使这些理想不能实现,也能使我们了解现实,有助于我们理解真理的内在特征。"②在社会政治领域,他们提供了一些具体改造资本主义的乌托邦理论。目光也同时进入到哲学和艺术领域,以此来达到对异化现实的拯救,在美学武器的指引下重建人类的乌托邦精神。在对马克思主义美学和文艺学进行深刻描绘的基础上,西方马克思主义者怀着一种乌托邦式的冲动,明确文艺的超越和社会批判功能,推崇情感的自由体验,通过艺术的审美形式,使人摆脱压抑和奴役,重建符合人类本性的感觉意识,逃避痛苦和忧患,获得彻底而全面的身心解放,从而起到批判现实的作用,唤醒人的全面而彻底的批判意识。

审美乌托邦试图以精神领域的革命,解放被工业文明压抑的人性,在精神世界发动对现实社会的抗争,实现人性向合乎自身本性的腾跃,积极关注个体存在和人类未来的历史命运。美根植于人性深处,现代社会导致的人性分裂,通过审美才能使其重新统一,"要想感性的人成

---

① [美]马丁·杰伊:《法兰克福学派史(1923—1950)》,单世联译,广东人民出版社,1996年,第317页。

② [美]乔·奥·赫茨勒:《乌托邦思想史》,张兆麟等译,商务印书馆,1990年,第266页。

为理性的人，除了首先使他成为审美的人，没有其他途径"[1]。原本势单力薄的艺术，呈现了一个逼真的影子，承担了一个似乎不可能完成的任务。与社会建构相比，审美同样为了人类拥有更美好的物质精神生活，面对人的现实生存方式，对当下社会的各种弊病和顽症进行诊断。当代审美乌托邦的颠覆性，是靠追求一种现有基础上更本真、更和谐的生活体现的，它不是谋划打破现存秩序的纯暴力机器。审美乌托邦的超越，寻求的是精神世界的全新创造，不是颠覆而是拯救，希望唤醒被遗忘的完整人性，健全人的总体性品格，凸显人和世界完整的本真意义，利用形象手段构筑起自我实现的乌托邦。本章选取卢卡奇、布洛赫、马尔库塞、本雅明、阿多诺与詹姆逊这几个代表人物，阐述西方马克思主义乌托邦思想中的审美逻辑。

一、现实主义的历史乌托邦洞见

审美乌托邦把文艺作品视为现实批判工具，展开对异化社会生活的审美救赎。这种救赎不带宗教意味，而是根植于现实来呼唤能对意识形态展开批判的个体，让他们具有真正的主体性，使大众文化的被动接受者，逐步转变成为当代乌托邦的能动接受主体，并进一步成为社会历史革命中作为总体性的人。

（一）反讽：促成完整人性恢复的隐喻解放

卢卡奇的乌托邦美学建构，是总体性在美学中合乎逻辑的展开，希望以此来超越物化世界的束缚，实现总体性世界理想。

作为反讽叙事结构的文学作品，旨在构建乌托邦这一属于无神时代的上帝，说明叙事能够实现重建统一世界的理想。"在这种不想知道和没有能力知道之中，他遇见了终极，瞥见了真实的实体，抓住了现

---

[1]〔德〕席勒：《美育书简》，徐恒醇译，中国文联出版公司，1984年，第116页。

实中不存在的上帝。"①在这里是用"现实中不存在的上帝"这一称谓。他赞同康德的判断力批判,对席勒的游戏说也持肯定态度,在此基础上又与他们的传统审美乌托邦形式保持距离。德国浪漫主义企图从诗性的浪漫中解决现实中的种种矛盾,无视诗和生活的内在冲突,将诗化的现实与现实之间完全等同起来。而卢卡奇眼中的艺术活动,往往都要追问一个深刻的哲学命题,其突破性的自我意识作用,不仅使人们在一般意义上达到对自身的理解,而且能够表明社会现实与人性价值之间的关联性。"这个世界实际上到多大程度是人的世界,他能够肯定这个世界适合于他自己、他的人性到什么程度。"②卢卡奇认为,在艺术作品里,乌托邦的诗性意味,毫无疑问是一个幸福的整体,表明存在着与异化现实不同的和谐世界,这个世界中的每一事物,都达到与理想中现实相吻合的程度。

卢卡奇的审美乌托邦可以通过对现实的理想化塑造,形成把理想和现实恰到好处相融合的全新世界。审美艺术的自我意识觉醒,与马克思思想中审美活动的属人意义保持了高度的一致性,反映了内在的真正人性价值,这就同人类自身命运的把握深深地联系在一起。③ 这个经由审美创造出的乌托邦世界,是经验现实中产生的乌托邦。类似威廉·迈斯特这样的小说主人公,如同大多数在现实生活中的人们那样,在经历了长期斗争与冒险的复杂过程,通过社会交往的活动关系,从现实的被抛弃状中解脱出去。艺术如果没有乌托邦因素的积极作用,就可能会导致人们安于现状的局面出现,这种使人不思进取消解人们力求改变现状意志的负面功能,被卢卡奇称为艺术的"恶魔般的力量",人们在此中会自然忍受残酷的现实。艺术功能的发挥,要深入考

---

① [匈]卢卡奇:《卢卡奇早期文选》,张亮、吴勇立译,南京大学出版社,2004年,第63页。

② [匈]L. G. 卢卡奇:《审美特性》第1卷,徐恒醇译,中国社会科学出版社,1986年,第194页。

③ 马克思把审美活动当作人的本质力量对象化过程来加以肯定,认为审美对象是对象化了的人的某种本质力量,将人类审美活动的生成与发展和人类的发展进步看成同一历史进程。[德]马克思:《1844年经济学哲学手稿》,中央编译局译,人民出版社,2002年。

察艺术的社会历史现实,将矛头指向阻碍人个性全面发展的一切异化形式。这种反异化功能是由审美反映的特性决定的,在艺术对现实的拟人化超越反映中,既把握住了自身所具有的整体性意义,努力促成自身作为整体的人,形成反观自身的能力,又可以将情感宣泄而出,让精神充分表达不断超越的升华品质。

在审美活动中,接受者与创作者应当形成良性的互动关系,以此体现接受者的乌托邦主体地位。将大众接受者从物化世界中解放,不仅仅作为意识形态的被动接受方,则更加能够体现接受者主体地位的确立,使其脱离无意识状态中的束缚,"同那些追求直接效果的意识形态相反,艺术创作不必唯以引起直接为实践服务的目的论设定是从,这样就为自己开辟了广阔的可能余地"[1]。物化世界中的审美接受者,由于缺乏整体意识,这使得直接对物化意识营造出的假象的清除,变得非常困难。借助于审美活动这个具有反物化功能的特殊中介,帮助人们逐步恢复整体意识,只有使接受者成为完整的自我存在,才能以此改换物化的认识方式,揭示被商品拜物教扭曲的现实世界,从而达到卢卡奇所谓的历史总体性目标。西方社会的物化现象,随着资本主义的发展而越发严重。工业文明带来认识世界方式的后退,广泛的艺术接受者被同化到现存社会结构中,成为意识形态的固定消费群体。在他看来,人只有从物化的劳动状态中摆脱出来,与劳动对象在某种程度上保持一定的距离,在这个意义上才可能具备审美的特性,审美活动在此期间就构成了对物化状态的否定。这就好比农夫在停止劳作的时候,才会有可能去发现周边自然景色的优美一样。审美活动个性解放功能,在阶级意识的逐渐生成之中已经得以展现,审美活动所要求的"距离"本身,就内在地表现出革命的姿态。

卢卡奇在展现审美的超功利色彩的同时,又与社会现实结合起来,使得对现实不满的主观情绪有释放的余地,并为审美改换客观世界的面貌开辟了审美想象新空间。审美不仅是娱乐消遣,而且负载了审美

---

[1] 〔匈〕卢卡奇著,〔德〕本泽勒编:《关于社会存在的本体论》下卷,白锡堃等译,重庆出版社,1993年,第839页。

救世的功能,成为一项巨大的政治使命,从而给以合理化和计算为原则的冷冰冰的异化世界,抹上了温暖的亮色。①

(二)审美反映与审美直觉:总体性建构的个体命运形式

审美反映不只是对现实采取的特殊反映,也不只是对客观实在的纯粹模仿,更多的是作为一种人类自我意识方式的体现,它的根本特征就是具有拟人化的倾向。这种艺术的拟人化方式,就其本质来说,不是指向客观实在的。它与科学精神之间存在着某种矛盾关系,一般是通过呈现主体自身的内省式体验,承担起人类自我意识觉醒的使命,直接指向人类自身,而不是客观实在。衡量艺术的标准,主要也与人的主观性相联系。

伟大的艺术,从审美乌托邦意义的角度看,其实就是人的主体价值的审美体现,它不能同人道主义分割开来的。艺术反映中具有的自我意识,不是依靠类似于科学的非拟人化抽象方式,而是通过一定的抽象性表现形式来获得这种普遍性的,这种特有的意识是对美学主体性的接受与认可。在审美的自我意识反映中,所具有的深刻美学人道主义立场,很大程度上是作为伟大艺术的本体意义来展现的。"审美反映的深刻的生活真理在于,这种反映总是以人类的命运为目标……审美反映是以个体和个体命运的形式来表现人类。"②虽然在日常生活中,人们同样具有某种自我意识与自我体验,但常常只局限在特定的层面上,不能上升到揭示人的真实本性的高度。而审美反映则不然,它不仅出自于人的一般精神活动,把人类自我意识朝更高水平提升,而且赋予了肯定人性力量的普遍性,是对人类发展和人性成熟程度的重要体现。

卢卡奇突出艺术的情感陶冶功能,艺术作品提供的艺术形象,具有激发和传递情感的效应。悲剧产生了陶冶这种确切的艺术作用,但陶

---

① 康德赋予审美"认识—审美—实践"的运行逻辑,以处于用其他方法不可调和的对立之中的中介作用。席勒的游戏说认为,只有作为真正的人,他才会游戏,并且只有当他游戏时,他才是一个完整的人。卢卡奇对此表示赞同,以期将审美的超功利原则与现实更紧密地挂起钩。〔德〕康德:《判断力批判》,邓晓芒译,人民出版社,2002年。
② 〔匈〕L. G. 卢卡奇:《审美特性》第1卷,徐恒醇译,中国社会科学出版社,1986年,第199页。

第三章 审美创设下的当代乌托邦营建

冶作为社会生活的持久动力,涉及的作用范围要比悲剧本身宽泛得多。它并不局限在悲剧艺术领域,不是由艺术进入生活,而是具有普遍性的意义价值,由生活进入艺术的。陶冶超出了伦理教化的范围,不仅满足于人们情绪上的不满与宣泄,而且在于充分指引人们通过改变现存的异化现实,通过艺术感受,体验到人所具的整体性,进而走向整体的人性,达到人超越一般道德之上的心灵净化。每种艺术在思维的强度上,都渴望能在人们生活中起作用,艺术陶冶发生的作用效力,力图达到影响生活内容的核心的效果。

审美乌托邦是对现实的扬弃,是在经过对现存要素的加工改造,通过形象形式反映出来的全新直觉体验。卢卡奇对直觉主义加以认识论批判,不赞成直觉主义对审美直觉的极端崇尚,认为,不经过逻辑的推理或经验的考察,排除这些主客体的中介作用是片面化的。但他没有一味排斥审美直觉的特殊能力。直接把握事物本质与规律的直觉本身,还是有一定的存在价值,是一种有限意义上的存在形式,有直达形象化生活表面的能力。审美直觉能力本身,就是人的进化过程中的一环,要放在现象与本质的统一关系中,对直接性展开评价,也就是主体是否具有直达客体内在的本质与自身规律。艺术创造者的后天生活经验,能够超越表面现象,体现某种先天的自发意义,在具有客观直接性的感受力中,达到对生活辩证理解的审美自觉能力,审美直觉也就反映了对先天潜能的后天显现。

艺术接受者往往采取静观的态度,对待审美展现出来的理想生活世界,并从艺术静观中恢复完整的人性,将所获得的新经验充分纳入到生活的运作之中,尽可能地发挥审美的特殊效应。"使又回到生活中去的整体的人将这里所获得的新的经验用于生活中,作品在他身上所引起的激动主要是改变和加深他个人在生活中的体验。"[1]艺术家不同于一般的消费者,他们不是一味被动和消极地消费,而是把生产自身当成消费行为。艺术实践过程中的尽情享受,其实就是尽情体验生活向

---

[1] [匈]L.G.卢卡奇:《审美特性》第1卷,徐恒醇译,中国社会科学出版社,1986年,第366页。

艺术的转换,而社会现实使得艺术创造劳动的审美意义被剥夺。

审美对总体性的人的建构,起到突破性的作用,一旦审美的陶冶深入人的心灵深处,埋藏在其灵魂内部的革命内向化特质,就会再通过审美乌托邦得以释放。

(三)现实主义:伟大的艺术立场

小说在当今社会中应运而生,是类似史诗的叙事形式,能够在一定程度上从艺术层面把握历史演化的逻辑,但又同后者有本质的区别。总体性在小说中不是对现实世界的指谓,而是现实主义"小说社会学"洞见下的审美乌托邦。

审美乌托邦的构建,要求重新将人与世界的异化分裂接合上,使之综合为具有总体性的辩证整体。卢卡奇赞同黑格尔的观点,在现代社会中,主客体的有机完整性不复存在,人和世界的和谐相生关系遭遇重创。现实世界中的事物,已不再如古代那般,可以通过史诗和谐的呈现。[1] 在现实主义文学作品中,包含着对现实异化现象的反映,从中能够对客观世界相关部分与不同层面的真实关系给予充分的反映,"不是像一幅成功的照片与原物之间那样简单的吻合,而恰恰是一种丰富多彩的现实的体现,是表面掩盖着的现实潮流的反映,这些潮流在以后的发展阶段中才得以发展,才为一切人们所发现"[2],再进一步对分裂性内在根源深入挖掘,将客观世界与能动主体之间形成的有机整体,加以生动地再现。

卢卡奇将现实主义与现代主义、传统现实主义这两种文艺形式做了区分。前者在于能揭露人性完整性的瓦解和世界完整性的分裂,从人道主义伦理的立场上抵抗物化现实,以此维护人的尊严,竭力恢复主

---

[1] 黑格尔认为,古希腊的物质与精神之和谐、生活与本质之和谐,赋予伟大的史诗传达了总体特性,在一种真正的叙事形式——史诗中创造者与他的创造物、自我与世界的关系紧密,主客体处在浑然一体的状态,整个宇宙呈现出一种封闭式的、有着有机内在性的整体性。而荷马史诗的完整性,从柏拉图开始走向分离,心灵生活和现实形式出现对峙。〔德〕黑格尔:《美学》第3卷,朱光潜译,商务印书馆,1981年。

[2] 〔匈〕卢卡契:《卢卡契文学论文集》第2卷,中国社会科学出版社,1981年,第22页。

体的完整性,彰显出人道主义的当代乌托邦精神。而后者的艺术表现在于,消极面向现代世界生活的人,将所面临的物化状况,直接作为变形的表现对象。它虽然试图理解人和现实社会之间的本质联系,但在揭示现实根源上,却显得有些力不从心,一定程度上合乎辩证逻辑的总体性原则。这种表现形式对异化的反击,有时也变相地理解成一种对异化的认同。卢卡奇所言的现实主义,就是要把片断式的人与社会生活打造成完整的实体画像,竭力消除现象与本质的对立关系,转而将个别的特殊性和社会的普遍性融合为不容割裂的整体,在艺术世界中尽情表现辩证的本性。需要注意的是,传统的现实主义是完全遵循生活的本来样子加以刻板的摹写,而卢卡奇所提倡的某些现实主义作品,采取的手法往往是对表面现实的鲜明歪曲,却在实际上对生活的总体性原则充分贯彻,反倒是一部值得称赞的伟大作品。①

卢卡奇所理解的现实主义是对现实整体真实的描写,与一般意义上理解的现实主义创作方法不完全相同,不是作为文艺表现风格,不是对现实生活的照相式复写,不注重个别细节描写的真实程度,也不是日常琐屑的杂乱复制。种种机械式实录的描写手段,往往是表面现象的真实扭曲对社会生活本质的理解。现实主义往往与颓废文学相对应,充满鲜明的现实总体性特色,赋予社会关系立体色彩,同时赋予个体生命以完整性,形成对客观现实本质的动态呈现。一切伟大现实主义作家的优质标志就在于,对自身所在主观世界图景的无情态度,艺术的本质不在于同现实保持绝对的和谐,也不在于把经歪曲过后的虚假世界图景当成是对世界的真实看法。现实主义通过文学艺术深刻地对现实加以剖析,秉持现实人道主义世界观,带有一种强烈的"小说社会学"

---

① 卢卡奇将自然主义、表现主义、意识流等现代主义流派斥为颓废文学破烂货,攻击的矛头直指描写手法。他认为,左拉等人的自然主义描写方法,只注重偶然性和个别细节,却忽视了整个世界的发展和文学自身的有机整体性,将本质上动态的人和人类社会,变成了不真实的静态非人画面。但他所言的现实主义,本身就带有现代主义因素。他的观点与法兰克福学派对现代主义的推崇是有差异的,但要考察两者的批判路径可以发现,前者是以历史总体性的眼光正面对抗异化,而后者准确地领会了他的要旨,只不过是以否定总体性的眼光,反其道而行之与现实抗争,实际上殊途同归,都是在谋划一种审美乌托邦的建构可能性。

性质,作为判定伟大文学艺术形式的根本尺度。伟大的文学艺术品带有现实主义特征,伟大的文艺发展时期也被视为深刻的现实主义阶段,与人道主义乌托邦品格密不可分,现实主义与伟大的艺术被放置在同等程度上对待。

现实主义具有现实的总体性,以此凸显乌托邦的整体视野。文艺是一种自觉映现客观事实的特殊意识形态,依照事物必然性的要求展开表述,从中要能够达到全面性的要求,真正反映出现实的客观整体,动态掌握人与所在世界的联系,突出把握现实生活的本来面貌,不是局限在对直接经历的表面现象,做一番轻描淡写。通过文学艺术实践的传达,社会总体意义上的联系才得以凸显。人们对审美乌托邦的追求,成为一种自由自觉的选择,卢卡奇的当代乌托邦理论将丰富的审美元素吸收,注入实践美学的特点,带有历史的合理性意味。审美乌托邦的主客体,在审美体验中相互融合,审美活动本身,也成了一个自由解放的主体创造过程。"因而真正的艺术总是向深度和广度追求,它竭力从整体的各个方面去掌握生活……从而总是通过塑造这些因素的运动、发展、展开来表述人类生活的整体的。"[1]个体的审美活动,也需要建立在劳动者交往关系过程中的共同理解之上,从他人的立场上审视社会问题。无产阶级的解放是以总体性的阶级意识为基础的,而这种总体性意识的获得,必须得到无产阶级的承认,而像康德所言的具有一种普遍性的审美活动,无疑天然地同承认关系取得了联系。由于人的自我意识是依托审美活动来唤醒的,审美活动便进一步上升到政治解放乃至人类解放的高度上。可以推断,总体性的无产阶级意识,部分借助了审美活动得以实现。

卢卡奇的审美路径主要是将之作为外部世界的镜子来探照社会历史进程中的落后面,这与韦伯审美路径的取向是不同的。[2] 由于外部

---

[1]〔匈〕卢卡契:《卢卡契文学论文集》第1卷,中国社会科学出版社,1980年,第290页。

[2] 韦伯把审美当作表现工具理性来界定,提出审美救赎概念,认为,艺术承担了一种世纪救赎功能,提供了一种从日常生活的千篇一律中解脱出来的救赎,尤其是从理论的和实践的理性主义那不断增长的压力中解脱出来的救赎。Gerth and Millseds, *From Marx Weber: Essays in Sociology*. Oxford: Oxford University Press, 1946, pp. 340-341.

世界的不完美性，人们常常另辟蹊径，展开对内部完美性的追求，但卢卡奇指出，这种内部的完美也是不足取的。在德国虚假的理想化还乡梦中，对德国发展的落后性质的叙述方式，是采取非历史的社会历史幻灭态度，把落后视为是合乎情理的德国化本质来不断进行加工推广，把推动历史进步的社会革命，看作是违背德国民族性东西，用完全拒绝的眼光看待内外部统一的新型审美方式，造成非批判视野中的冲突升级。[①] 审美乌托邦对社会现实的批判性超越，落脚点还是放眼于改造现实上，而这一切又必须落实到对人自身的改造。艺术形象对现实起着间接作用，接受者的审美情操被调动与激发起来，进而走进其心灵深处，人的主观世界就这样自觉地接受了艺术的改造。

现实主义文艺作品，是对现实社会认识的深化，是一个艺术再创造的审美乌托邦建构过程，展现出当代乌托邦的现实总体性特征。

（四）典型：映现艺术作品的世界特性

典型是以反映个体命运的形式，达到以人类整体命运为目标的普遍化效果。在现实主义文学典型中，客观性的个体命运与创作主体倾向两个环节，具有相互作用的统一性，力求达到对普遍历史意义的反映。

典型具有一种增强感性要素的作用，通过补入大量日常生活现象的感性能量，使接受主体在强化状态中，体验到所反映出来的本质构成。把握典型的本质，要从主客体的关系入手。本质和现象的辩证关系，通过典型在艺术中加以落实。在典型生活现象中，现实主义作品将个体生命的本质加以深刻揭示，而不是对典型的本质加以抽象描述。典型形象在文艺创造者的想象中，经过生产加工被加以充分构思，创造主体的世界图景展示，已经能够独立支配理想的生活方式，相伴而来的

[①] 关于德国知识分子"内向化"的民族特征，马尔库塞在他的早期著作中也曾提到，在理性与革命中，他就批判德国自宗教社会改革运动以来，一直存在着这种革命运动向内转的特征。"在德国长时期的安分守己训练，以使人们对自由和理性的要求内向化了。"上海社会科学院哲学所外国哲学研究室编：《法兰克福学派论著选辑》上卷，商务印书馆，1998年。

理想生活行动，是要遵守生活本身内部的辩证法原则。创造者的审美乌托邦建构，也体现在对这一辩证法的肯定上，同时还要把理想化形象的塑造纳入现实生活的改造法则中，逐步使得作品拥有丰满的世界特性。"正因为完整的形式赋予它们一种一再往复的可经历性，伟大的健康的艺术作品才成为人类永远清新的财富。"①从现实主义的视角审视，典型形象的展示，其实是一个回到社会历史的过程，并非在其中对形象做平均化处理，也并非使得个性偏离历史发展的客观趋势。

卢卡奇辩证地把握了内容与形式的关系，认为，内容与形式是相互转化的。在内容和形式的相互作用过程中，艺术品对现实的反映同艺术品的自主性与反映现实的功能两者有机地联系在一起。这一过程可以理解为一种高度抽象过程，通过艺术创造的构形，发挥形式所具有的特殊效应，保证审美不是单纯的再现现实。艺术形式对内容的反映，并不是一种映照的镜像，而是采取虚构的叙述方式来赋予这种现实生活的把握以审美形态。"形式不过是最高的抽象，是简练地表达内容并把它的安排推向最高潮的最高方式。"形式是对现实生活的总体性把握和艺术阐释，那些持久的人物与现实的各种关系，表现出丰富多样性特征的同时，也体现出更为持久的客观现实倾向。② 当审美艺术融入现代文化形态之中，虽然其形式要依附于作为现代文化形态表现的具体事物而存在，但不意味着构成对自身独立性的解构，而且个体意识也在其中渐趋生成。

卢卡奇在席勒重视形式作用的基础上，对正确形式所带来的乌托邦人道主义功能十分重视。他指出，这种人的整体性是把内容和形式的"亲和程度"，作为衡量艺术作品成败的标志。无论从总体上，还是细枝末节上，典型都尽可能传达出形象中自我世界的理想建构，能顺利

---

① 〔匈〕卢卡契：《卢卡契文学论文集》第 1 卷，中国社会科学出版社，1980 年，第 452 页。

② 席勒意在强调艺术家的工作在于通过特殊的形式来消除素材以表达思想。"在真正美的艺术作品中不能依靠内容，而要靠形式完成一切。因为只有形式才能作用到人的整体，而相反地内容只能作用于个别的功能。内容不论崇高和范围广阔，它只是有限地作用于心灵，而只有通过形式才能获得真正的审美自由。"〔德〕席勒：《美育书简》，徐恒醇译，中国文联出版公司，1984 年，第 114—115 页。

完成对日常生活的一般反映形式,特别是歪曲虚假形式的批判性超越。它是通过创造典型形象达到效果的,以塑造一个个鲜明的个性特征,并使之具有整体性上的现实形象内涵,以此来完成现实生活规定性的再现。"艺术形象并非现实,它客观上包含着对超验的、彼岸性的否定,它创造了对现实经过加工反映的特殊形式,这种形式由现实中产生并反作用于现实。"①独立的典型形象,具有内在的完满性,既不是对单纯现象的个别罗列,也不会变成远离现实的纯形式,形成与社会现实的分裂,而是在新型的乌托邦审美形式中,着力描绘人与世界的整体性。

卢卡奇对两种艺术领域中的不同形式,以及艺术典型与科学典型加以了区分。所谓的正确的形式与歪曲的形式区别在于,前者有着较完备的结构与形态,形式与内容之间是有机的统一体,人的完整意义在此得以证明,这种艺术形式,实际上是历史总体性在审美乌托邦领域的生动体现,深刻揭示了社会的本质;而后者各部分之间,不存在完整的结构与形态,常常采取破碎化的艺术手法分裂原先的有机统一体,往往是对社会的本质和发展趋势的歪曲处理,达到取消总体性的目的。卢卡奇还对艺术与科学的典型进行了区分。科学脱离了感官印象的单一思维方式,具有非拟人化的特征,从而在一定程度上超越了日常生活的界限。前者使特殊性通过普遍化的作用,放置于一般的综合联系之中,既表现出多样化的特征,又同个别性所在的实际生活连成一片;后者通过最大限度的普遍化,对各种个别性加以尽可能的抽象,典型被作为丧失个性的普遍东西。

现实主义作品注重塑造典型环境,试图发现典型人物的意义,从中以小见大,形成对人与世界本质的把握。"生活的全部内容只有在成为美学的时候,才能不被扼杀。"②典型从作品直接印象中的整体上,揭示日常生活拜物教的假象,批判日常表层思维假象的虚假性,将被遮蔽的生活本质重新展示出来,还原社会关系的真实面,并寻求超越物化现实的必然性因素。

---

① 〔匈〕L.G.卢卡奇:《审美特性》第1卷,徐恒醇译,中国社会科学出版社,1986年,第197页。

② 〔匈〕卢卡奇:《历史与阶级意识》,杜章智等译,商务印书馆,1992年,第215页。

无论从批判，还是建构的角度，卢卡奇都为大众主体性的恢复，确立了乌托邦的当代范式。他拒斥泛诗化的倾向，用超越异化来作为创造新文化图景的途径，创造出了新的文化生命形式，即当代乌托邦文化。他的审美理论把审美活动作为客服异化的武器，以总体性对抗物化，恢复完整人性以实现人的整体解放，"试图在明显地提供了对异化存在的根本克服和重建真诚人类生活的真实希望的社会伦理范围内，实现他早年的抱负"[①]。卢卡奇的审美理论是对历史美学的解答，具有乌托邦的功能属性，表达了人类社会合目的性、合规律性的追求。

二、文化想象中的乌托邦精神

布洛赫在人类学—存在论构想中，试图抛开理性主义弊端丛生的束缚，在审美和文化层面打开人的想象力，对文化艺术等人类精神形式，以及其作品所蕴含的乌托邦精神加以分析，发展人的内在性特征，反对理性逻辑对人类思想的控制。在布洛赫的立场上，乌托邦并不表征为特定的政治管理制度，也不寻求构建具体的社会组织方式，而是生产与生活领域中人类的具体希望，要将乌托邦精神置于人类生存价值关怀的维度上，归结为人的价值化的存在方式。

（一）我们是谁：对世界审美的超前显现

布洛赫为了摆脱虚无主义的经验话语，用尚未存在的存在论构想来克服历史图式论的揭示。艺术作为对理想社会的充分想象，文艺的本质同幻想，以及对世界审美的超前显现密切相关。

布洛赫眼中审美的道德伦理价值和形而上学的终极关怀紧密相连。他指认了康德哲学为信仰留出地盘，希望找出康德所言的理论理性界限，从自然中寻找到带有乌托邦精神的元素，解开实践理性的暗示

[①] 王鲁湘编译：《西方学者眼中的西方现代美学》，北京大学出版社，1987年，第168页。

形式。但他更强调"应该"的理论地位，借助神话等表现形式来实现艺术拯救和绝对问题的承诺，通过乌托邦因素的发动，将可能的革命性力量内涵呈现出来，推动人类文化朝灵魂和信仰的问题深处迈进。[1] 面向人的希望的行动，也就是人的实践活动，是在乌托邦情绪引导下对前面的新奇东西的追求。现代社会中的人逐渐丧失真正属于自身的东西，而艺术恰恰是一种非生产性活动，不完全受制于社会劳动的分工和商品生产的规则，在生产力日益发展、生产方式更加社会化的条件下成为精神的避难所，依然保存着商品社会所失落和异化的东西，但这种保存知识的幻想和想象，只能以希望形态存在。艺术具有超前显现功能，能在历史—存在层面对人内在完满世界超前显现，对人内心的未来发展可能性预先推测，如同伦理学的至善是对人类完满存在的完满显现。但两者的显现方式不同，伦理学以希望和理想方式显现，而艺术则以象征方式强调对尚未加以确切的想象，隐约暗示人的内在世界在实现自身本质过程中，对非异化未来的渴望。因为它具有一种预先推测力，能揭示被隐匿的、尚未展现的意义，"能展示所处时代尚未显现的未来内容……伟大的作品能表达一种过去时代于其中的新生事物，它尚未察觉，带有不断预示的性质"[2]。布洛赫把艺术作为展示未来本质的预言性幻想和想象的同时，也强调艺术乌托邦的现实基础，乌托邦意识拥有物质世界这个高度现实的客观基础。世俗事物本身是并没有终结和完成的，而是处于一种向理想的开放性状态，自我本质尚未得到完全的展现。现实世界本身是未完成的、向未来开放的，因为本身潜在地具有乌托邦性，艺术的乌托邦本性只是真实地反映了世界乌托邦的尚未本性。正是乌托邦赋予艺术以生命，并能借助于艺术拯救和推动人类文化。乌托邦的作用是把人类的文化从纯粹的、沉思的懒惰中解救，揭示出人类希望的、真正的、没有被意识形态所掩盖的内容。

---

[1] 康德认为，以获取幸福为目的的道德法则是错误的，灵魂不朽、上帝存在乃是纯粹实践理性的公设，对幸福的希望首先只是与宗教一起发轫的，某种程度上道德问题即宗教问题。康德所谈论的至善愿望和布洛赫所要唤醒的内心的信仰和道德力量，在方向上是一致的，但却也有所差异。

[2] Ernst Bloch, *The Principle of Hope*, trans. Neville Plaice, Stephen Plaice & Paul Knight, Cambridge: The MIT Press, 1986, p. 143.

布洛赫吸收了弗洛伊德的白日梦理论，在此基础上指出对白日梦的改造，就是审美想象的实质。他对人类的不再意识与尚未意识两者加以了区分。前者属于夜梦等领域，而后者则属于白日梦，尽管在此间人们尚未意识到自身的存在，但只要处于希望领域中，那么只要活着便享有无限的憧憬。人们在睡梦中，自我是处在无意识的状态，但无意识的本我没有停歇，在躁动下不停地幻化出各式的形象。如果说精神分析是对无意识的分析，那么布洛赫的乌托邦思想的任务就在于，对尚未意识的深入阐释。尚未意识虽然是人摆脱不了的无意识，但在趋向上是可能被人们意识到的，和意识从本质上是不同的。从孩童时代起，希望就在生活领域慢慢发酵，引领内心潜在的尚未观念，提出有关于"我们是谁"这个深刻的谜题。"当然，在最后，在做完了和'我们问题'有关的内在的、具体的垂直运动之后，乌托邦就会发挥其外在的、宇宙的功能，对抗苦难、死亡以及无价值的物理性自然。"[1]希望以弥散状的形式被激发而出，通常却又隐藏在生活当下的黑暗中。在梦想中恰好有一种跃出黑暗、朝向光明的力量，这种刺破黑暗的力量，也是白日梦中的最真实的核心元素，在艺术创造活动中得到集中的体现。"它在躁动与发酵中朝向光明，不是转向背后，而是指向前方，不是退缩到暧昧的月光中去，而是刺破黑暗，冲向光明，不是重复，而是不断开始新生活。"[2]它通过审美直觉的作用，追寻黑暗之外不同的全新光明形式。

布洛赫的乌托邦式美学强调希望，隐喻了艺术可以拯救世界的思想。布洛赫坚决驳斥人们对表现主义风格取向的全盘否定，针对当时的评论家对表现主义艺术的尖锐批评为表现主义辩护，以现代意识观照表现主义艺术所具有的先锋性，即能展现一个陌生的未来世界，从中可以实现未来自我的永恒追求。这种现代艺术手法不认可既定的艺术风格和形式技巧，而是通过破坏性的艺术形式传递，推翻古典创作的形式结构，对现实世界与未来世界都抱有一种积极的热情参与的态度，并

---

[1] Ernst Bloch, *The Spirit of Utopia*, trans. Anthony A. Nassar. California：Stanford University Press, 2000, pp. 247-248.

[2] Ernst Bloch, *The Spirit of Utopia*, trans. Anthony A. Nassar. California：Stanford University Press, 2000, p. 191.

第三章 审美创设下的当代乌托邦营建

开创一种复式变调的表现风格。现代蒙太奇形式,运用全新的艺术规范来展现新奇的东西,以对虚假总体性的否定态度来唤醒新的总体性乌托邦。表现主义运动中大批作家及其作品都是反法西斯主义的,不但没有表现出疏离人民的傲慢,反而通过借鉴民间艺术补偿了自己的不足,体现了人民性的完全回复,并且敢于突破古典主义的陈规,大胆实验新的表现手法、技巧等,破坏了清规戒律和经院主义而自觉吸纳包括现代派艺术在内的一切有价值的东西,因而能跟上时代的步伐。作为破坏旧关系、发现新事物的艺术,有着摧毁资本主义世界图像的大胆尝试。

布洛赫审美乌托邦增添了更多历史性的色彩,其目的是要唤醒人类生活。审美寻找希望的过程,充满形而上学的希望之维,是一个随着历时性发展不断被建构的批判反思性关系。作为乌托邦主体的人,是催生新世界的主体,这个尚未实现的可能性的焦点,正逐步超越自身而寻求人的本质的实现。人的本质规定处于开放性的潜存状态,不只是现有各种社会要素的总和。审美从人的最深刻的希望内容与形式中,发现人类逐步走向完善的趋势与实质。在美学的表征下,无限的希望通达乌托邦主体,即直达"我们",从而脱离了传统哲学的抽象主体困境。这是由人的实践本性决定的。"如何使尚未意识进入意识,使人洞穿当下的自我,并使之把握黑暗的瞬间,从而预感到尚未显形的弥赛亚,就居住在我们心里。一旦回答了这个问题,就解开了开端之谜,解开了原始的秘密,解开了世界和我们的谜。"[1]一种听觉的真理替换了康德的实践理性的公设,如同基督教福音那样能够被清晰地谛听,乌托邦实践通过弥赛亚经验,领悟与启示"共在",乌托邦与"我们"存在着沟通的可能性。人不能不希望,而面向未来的信仰无法用理性来证明,只能在行动中证明。只有把思维问题放在行为中时,才能真正使人自身超越原有的思维领域,在行动中才有拯救。但是行动不可能只通过权衡和慎思达成目的,不一味地等待就必须向审美领域冒险,深入到事

---

[1] Ernst Bloch, *The Spirit of Utopia*, trans. Anthony A. Nassar. California: Stanford University Press, 2000, p. 172.

物的发展过程,而不是只对事先是否计算过影响和效果抱有兴趣。这就是人生存意义上所追求的希望,从这希望中消减掉功利的算计,获得创造未来历史的审美结构发生。

人类心灵的陶冶和形塑的过程,要靠心灵自身的自我超越。布洛赫并未全盘否定本能驱力的能量,人心内部存在着神秘的神性火花,可以带动本能驱力的运转,依照坚韧的毅力而提升能量的强度。文学艺术创造活动,在这里被看作是人类自我创造的同义语。"无论如何,围绕需要展开的动物性驱动力,贪婪而又被利己主义所污染,其中隐含了某种归家的意愿。一种完全不同的驱动力,开始起作用,就像在平常出现的一种先验性希望之梦,如同醒着的梦一般。"[1]在西方哲学史的背景下,本体存在几乎都是封闭与静止的。希望的现实维度,只有抛弃既往的本体存在方式,才能在人类历史上各种乌托邦的建构中真正敞开。

艺术超越了已形成的封闭世界之核,暗示了人与世界均处于向未来敞开且尚未完成的过程中,生动反映了乌托邦意识显现这一尚未主题。布洛赫从审美中透露的乌托邦未来希望,只是在预期一个可能实现而尚未实现的未来方面,不是要对现状做不切实际的说明,也并未提出一个乌托邦的蓝图,而主要是对乌托邦精神在当代世界的可行性做出论证。

(二)碎片:日常生活聚居领域隐含的乌托邦冲动符号

布洛赫批判地描述文学艺术的乌托邦功能,对艺术、文学等文化形式做了审美读解。艺术被视为是尚未被意识到的日常世界知识,其本质就在于,表达人类乌托邦希望的预言形式。

布洛赫为乌托邦提供了一种新的审美文化范式,从日常生活入手展开对乌托邦的文化求索。文化产品创造,即使是包含了某种被歪曲的内容,也具有一部分的创造性想象,以及渴求改变自身的希望动力。看似日常且互不关联的乌托邦碎片,作为文化产物大量涌现。其破坏

---

[1] Ernst Bloch, *The Spirit of Utopia*, trans. Anthony A. Nassar. California: Stanford University Press, 2000, p. 189.

力的多样性释放,能够重新激发惊诧感,凸显推陈出新的解放活力,将乏味枯燥的单调生活变得明晰起来。文化审美领域被布洛赫视为文化建构的基础,以及精神创作生产乃至社会运行的基础。乌托邦碎片指向对存在的内核的疑问,引发通向自我面对的惊奇体验。这种惊奇在重复而琐碎的日常生活领域里起步于平常事物的碎裂处、常规性感知的裂缝处。属人的艺术是一个具有诸种可能性的实验场所,其中布莱希特的戏剧誉为实验室艺术的范例。各种精神性因素所构成的文化总体,通过象征与寓言等手段的运用,才能体会社会个体的经验,甚至延伸至社会活动的多个侧面,成为心灵自我表达的路径,为人的创造力建立起日常生活的批判逻辑。由此,布洛赫希望再度发掘其中的乌托邦要素,找寻希望意识在生活世界根基处潜伏的可能性。

布洛赫揭示了文学艺术形式所表达的乌托邦功能,对日常生活聚居领域隐含的乌托邦冲动加以了细致的描绘。诸种道德形而上学表现的目标,都是具有乌托邦精神的未完全实现的实在。在他看来,本质的真实实在是关乎人类存在的问题,从中能使得尚未存在的事物不断面向未来敞开,每件处在生成之中的日常事物,都有对"我们"问题的明示。在梵·高的油画中就含有丰富的表现主义形式,绘画客体的任一外观构造,都反映了家园的内部空间会出其不意地展示在光明之中。建筑雕塑艺术也表现出奇特的曲线美学形式,在设计表达中突围而出。布洛赫对潘多拉盒子里邪恶礼物做出了新解,以说明这则希腊神话所包藏的尚未希望意蕴。[①] 这些艺术品是人的内在向外扩张的结果。作为预见的表现方式,其中包含了一种未来意义。真实的审美主体,在艺术作品内部和自我相遇,与之交互处就暗藏着乌托邦精神所迫近的真理。

[①] 布洛赫的新解在于,不是潘多拉的嫁妆带来了不幸,那只是畏惧的虚假避难所。只有希望留在了盒子里,支撑着逐渐生长的勇气,面对迷失的善时所能做到坚定不移。最后的礼物并没有以被包装好的和完成的形式出现,而是像半开的门,引导人们走向一个新世界,走向未完成世界自身的黎明。他以对现代艺术风格的解读来体现乌托邦想象的希望所在。"水果不再是水果,也不是画中水果的模型;取而代之的是所有想象的生命都在里面,如果他们堕落了,就会导致宇宙大灾难。"Ernst Bloch, *The Spirit of Utopia*, trans. Anthony A. Nassar. California: Stanford University Press, 2000, p.156.

布洛赫通过分析日常生活中普通事物与现象中蕴含的乌托邦精神，对日常生活存在的乌托邦功能进行文化批判。细腻的笔触下的文艺作品，被当成瓦解传统哲学的符号，一系列指示希望的事物比喻，都带有乌托邦的颠覆性功能，极大颠覆了对生活世界的传统认识。他对旧水壶的反思，最为典型地蕴藏着乌托邦精神的力量。旧水壶通过人的劳动，取得自身的存在形式，人也在水壶参与到他生命活动的过程之中，更趋向他自身存在。① 布洛赫通过新型主客体关系的建构方式，将客体视为非所是的样子，依照人的能动性和主动创造力来塑造其特定的用途，一把水壶隐藏着现存生活中缺失的人的自身记号。这个世界通过质料之核追求自身的实现，但实际上这种尚未完成的过程，是不能依照目的论的解释来获取确实性的保证。艺术本身是一种有限现实性的体现，在审美领域里关于世界的实现，是和客观世界基础所面向的开放意义紧密相关联的。乌托邦以碎片的形式构成开放性世界空间，通过对逻各斯特性的抵制，与已完成的封闭体系空间划清界限。

布洛赫以内在的方式解释现代艺术，展示了乌托邦艺术作为描绘尚未存在之光的崭新风景。他以积极的眼光看待现代艺术，认为，以表现主义为代表的现代艺术有自身独特的个性形式，在陌生化表现手法的作用下，对乌托邦艺术的预先推定起了重要作用，产生了新的可能性。而音乐这门艺术实践，是其中最为典型的表现形式，在其中能够自由地聆听心声，靠艺术的感悟实现对灵魂深处启示的通达。由于尘世的词语对于弥赛亚来说是不足的，通过音乐这种实践的形式，唤起隐藏在生存黑暗中的希望的因素，从而从"我"到"我们"。如果生存时刻受到黑暗的威胁，音乐这种具有总体性品质的艺术形式，既能破除虚假的同一性结构，又能使人们尽享重新呈现的生活空间。只有音乐这种艺

---

① 布洛赫指谓很普通的旧水壶既不贵重，又不美丽，也不珍奇，廉价陶土制作的粗糙模样，像其他手工制品一样是随时可能被打碎、消失的器物客体。但它同时也是人主观性的表达，人出于爱和需要造就，在劳动制造过程中表现出自己的欢乐，水壶表面绘制的图案，也反映了人们生活的内容。他还以百货商店的橱窗打比方，每个活动变化的窗口都带来不同的风景，每当人们停顿注视，就如同通向不同整体的文化之旅。这种超越现实的停顿与注视带来了多种可能，也许有另一种停顿，也许带来另一种看事物的眼光。从这些审美隐喻里，都反映出一种未来的可能性。

术形式达到了一种总体性,能够囊括历史和内在伦理的总体范畴。音乐的乌托邦功能,被布洛赫描述为一个黎明,需要回答事物最初的和最终的问题,这是用尘世语言所不能回答的。它朝向人的内心深处提升,作为一种达到精神共鸣的美学生存路径。音乐作品即使从外部看与死亡有关,也是含有尚未被意识到的乌托邦特性和意义,以一种特别的方式传递着乌托邦冲动,而这个尚未的乌托邦,又在音乐传递的形而上学中将自身唤起。趋向大而全目标的音乐元素充满想象,又能撒播碎片化的乌托邦音符,特别是典型的安魂曲形式,通过安排形而上学一样对灵魂的根基加以隐喻,音乐在黑暗中指向幸福伦理与希望目标相统一的内核。音乐的结尾形成对听者再次相遇自我的预感的声明。音乐是理想人类或理想存在状态的预显,作为内在的乌托邦艺术完全超越任何经验论证,无疑是乌托邦精神赤裸裸的代表。音乐体验作为内在的乌托邦艺术,是打破瞬间黑暗的法门,属于一种绝对直接的、纯粹的召唤和牵引条件。它本身就具有刺破生活瞬间黑暗的乌托邦功能,以此取消面对黑暗时一成不变的视线。音乐属性能发掘歌声内部的最强音,本身就富含种种非语言的形式,这种完成的意义要靠内在的领悟来实现。现代艺术能够体现乌托邦实践,是从无到尚未再到全有的实验流程,同时也作为弥赛亚经验的艺术形式,从中蕴含无限未完结的理念图像。

审美乌托邦从日常生活的文化形式中寻觅希望的踪迹,要达到的目标就是追求尚未达到的新东西,"这些的大量证明和形象,虽然具有不同的价值,但全都是围绕着那些为自身说话的东西,通过保持沉默而建构起来的"[1],在广袤的艺术实验领域,不断突破尚未形成新东西的界限。艺术是对具体乌托邦的追求,艺术创造新事物的过程,绝不是循环式的续写。

(三)文化遗产:创造性孕育辩证的希望

布洛赫的乌托邦,通过人文科学的言述活动来表达内在的历史文

---

[1] Ernst Bloch, *The Principle of Hope*, trans. Neville Plaice, Stephen Plaice & Paul Knight. Cambridge: The MIT Press, 1986, p. 143.

化性本质。内在于历史文化之中的乌托邦维度,不仅反映出生存论结构,也清晰地表现出文化品格的阐释。贯通历史的乌托邦精神意义链条,被表征为一种文化剩余,并以原型意象的形式得以留存。

布洛赫对文化剩余物的界限做了规范,强调文化产品不仅仅由特定时代的经济基础所决定。乌托邦居于存在之中,作为这个世界上的文化剩余物,当代乌托邦乃是文化遗产概念的真正发源地。由于这种开放性文化精神历久弥新,人类文明才能不断传承与创新,历史才会创造性地向前推进。布洛赫认为,要解救欧洲文明和人类的精神危机,唯有唤醒存在于人类文化之中内在的乌托邦精神。变形了的浪漫主义的麻木不仁,是为了阻止关于未来的思想雏形,这种文化图景无视真正的德国民众的农民战争传统,只会带来西方的没落和文明萎缩症。资产阶级也将欧洲文明推向深渊,没有将优秀的文化合理地传承下来。在启蒙运动和宗教改革中的理性主义席卷之后,思想逐渐被理性祛魅。现代西方世界中理性的虚假权威横行,乌托邦冲动被视为经验无法证实的东西。而实际上,作为文化遗产的乌托邦居于日常生活的各个居住地,要用更高级的乌托邦精神填补祛魅后留下的空场,以求达到朝向完满实现的返魅效果。

布洛赫对文化遗产深度挖掘,以主题化的形式对文化遗产的复杂性问题加以阐释,通过击碎法西斯主义的意识形态幻象,挽救尚待复苏的乌托邦内核。他对"金色的 20 年代"的魏玛资产阶级文化暗含嘲讽,还对纳粹现象做了文化、心理和社会学的分析批判。这一对法西斯主义的分析立场,也是对整个资本主义文化的批判,初步揭示了法西斯主义的本质。圣灵的福音传说深埋在德国民众心理底层,法西斯主义通过宣称鼓动,将其中的非理性部分激发出来。这些非理性本身,绝不是一般意义上的意识形态,更多表现出的是一种虚假性的欺骗意识。福音传说、第三帝国的形象被欺骗性的非理性意识形态所掌握,成为包

第三章 审美创设下的当代乌托邦营建

裹在意识形态外衣下的文化剩余物。① 布洛赫本人对启蒙理性持批判立场,他不赞成对法西斯主义进行简单批判,而是将其中的两类因素合理地加以区分,把具有虚假欺骗性的意识形态幻象与乌托邦合理内核,即孕育乌托邦性质的文化剩余物隔离开来。乌托邦冲动在法西斯主义的运行过程中,具有两种可能的发展趋势,既带着赋予救赎的可能性,又带有毁灭的危机可能性。

布洛赫能够辩证地看待文化遗产,并指出接管遗产的唯一主体。他坚信所有的文化遗产都包含着乌托邦救赎的希望,而接管这种对未来美好希望遗产的主体,只能托付给马克思主义者。这种文化的传承立场,体现了人类解放的主旨,是一种新兴的未来考古学,而不是旧式的文化考古学或谱系学。它为社会主义提供了丰富的思想资源,继而通过进步左派政治力量的发扬,再从文化反思中建立起人类解放的合法性基础。乌托邦冲动遍布在人类的历史文化遗产里,指向可能的人类救赎和自由王国。由于传统审美力量在幻想上长期营养不良,而左派又忽略了非理性思想中包藏的理性价值,被纳粹殖民化的乌托邦审美空间被丢至一旁。包含着"辩证的希望"的文化遗产保留乌托邦内核的同时,也要坚决脱去意识形态的外壳。马克思主义对人类解放的憧憬与对文化史的独特理解息息相关,马克思思想中的自由王国理想与康德、托尔斯泰等理论家描绘的道德王国虽有明显不同,但在乌托邦文化继承的意义上是一脉相承的。社会主义者至少从现实中学到了一些东西,社会主义作为尚未实现的梦想,是人类历史文化中乌托邦精神的真正继承人。这些文化遗产的有力继承者,直接朝向未来的乌托邦形象,蕴藏的经久流传的乌托邦精神遗产,也是恢复文化剩余物品质的

---

① 布洛赫通过分析法西斯主义的兴起,得出乌托邦文化遗产的不当继承会引发灾难的结论。希特勒的第三帝国并不等同于约阿希姆的梦想,看似是反资本主义的,实则是维护资本主义秩序的。法西斯主义这一种反资本主义的资本主义,并不要求改变资本主义生产关系本身,纳粹之所以能够得逞,乃是社会主义长期对乌托邦想象的营养不良,毁弃过去的革命记忆的结果。不仅闵采尔等千禧年传统象征被纳粹盗取,浅陋的马克思主义并不理解乌托邦梦想的普遍性和潜能,导致乌托邦遗产被法西斯主义窃取,成为虚假的意识形态内的文化剩余物,"连红旗、五一、镰刀锤子也都被纳粹窃为己有"。Ernst Bloch, *Heritage of Our Times*, trans. Neville and Stephen Plaice. Cambridge:Polity Press,1991,p.157.

生动诠释。文化审美维度中，乌托邦不停面向未来追问本真的存在，并通过具体乌托邦的实践，即通往社会主义的希望道路，不断朝向马克思主义言说的自由王国。马克思主义中纳入审美领域的乌托邦希望，是对人类历史上文化遗产进行的一次创造性文化生产。

布洛赫认为，艺术具有意识形态特征，承认其需要在特定时代的意识形态中生存。不是这种意识形态特性决定了艺术的价值，艺术的本质属性是取决于超越意识形态的乌托邦功能。布洛赫觉察到上层建筑中的文化剩余物，蕴含关于乌托邦因素的前景。文化遗产的继承就在于，寻找文化剩余物。从资本主义文化意识形态里，抽取出其中的乌托邦因素，与物欲横流般的世界格格不入。布洛赫通过乌托邦的不在场来推进新文化的产生。希望意象，从生存意义上来讲，最为基础的还是真实的当下存在。① 真正有传承价值的艺术作品，其中必然带有通向未来的具体乌托邦观念，并靠这种经久不衰的文化剩余作用来超越特定社会存在的局限，摆脱现存意识形态的控制和束缚。

布洛赫对由文化遗产理论引发，并与之相互影响的文化生产，做了深入的研究，以揭示新型乌托邦剩余的生产。首先，他指出了文化产品的社会生产的本质，实际上就是研究文化作为一种上层建筑的发生过程。其中必然要经历一个由经济基础转化的生产过程，而且重点在于研究法艺术、哲学等意识形态的生产过程。总体性批判的重点，是研究包括经济基础和上层建筑在内的特定社会总体的生产和再生产过程。其次，文化生产过程，被归结为人的因素，取决于社会生产与交往形式的共同发展进程。经济基础与上层建筑的关系，之所以在结构上有共通性，是因为两者都内含人的因素所促成。它们之间的转化，比起方程式而言，并不显得有多么复杂。但上层建筑的高级领域更难以察觉，中介环节更微妙广泛，文化艺术对同样虚幻的给定事实陈述，就不能直接用经济基础来解释。再次，文化生产表明了一种创造性的反思意识，文化意识形态的转化具有多个侧面，继而难以感知，所以不能过于简

---

① 涵盖这类意向的文化遗产广泛多元，包括道德、音乐、反抗死亡的意象、宗教想象、关于回归自然的想象和普遍希望的至善。Ernst Bloch, *Heritage of Our Times*, trans. Neville and Stephen Plaice, Cambridge: Polity Press, 1991.

单化地对待艺术领域。上层建筑并不是消极地遵循着经济的运动,像附着于船的桅顶一样外在于经济基础之上。布洛赫批判了苏联早期文学理论中的经济唯物主义图式论,认为,这种粗鄙的"红色市侩"使社会主义丧失了乌托邦剩余物,对文学漫画化的方法论错误就在于缺乏中介物,由此提出一种完全摆脱了意识形态的新乌托邦剩余物。这种尚未生成的乌托邦因素,由于无阶级社会尚未产生,也不能立即在现时代出现,这就是没有物化、没有附加任何意识形态的新时代文化遗产。

充溢着文化剩余的艺术,有着明确未来世界观指向,把真正的东西吸纳为借以立足的文化遗产机体。从表现主义的内部,就能发现乌托邦的蛛丝马迹,尽管其具有某种客观拟古主义的阴影,未能达到完美的艺术形象化,但所表现的永不止息的实验精神,以及其中反映的对新生活与新人的渴念,突破旧的狭隘的市民框架来发现一种健康的民众性,其范围远远超出了迄今所知的表现,从而在扬弃传统惰性的尝试下,与新的人性创造联系起来。

(四)前假象:预先蕴含现实质料的希望

布洛赫构筑了前假象美学,这里的艺术象征了尚未形成的世界,艺术表象带有对象性的中介功能,把经验世界中尚待发酵的希望本质,作为艺术真理形成线索的具体提供者,在尚未语境下将其浓缩成有关于现实质料的预先规定性。

布洛赫解释了前假象概念,认为,它并不是一个先验的静态规定,而是一个客观现实的乌托邦实现过程。前假象不是游离于有限现实的抽象理念,而是人与自然质料之间的互动概念,出于生命界限而指向可实现的具体真理内容。它位于现存世界的运动之中,把自身的痕迹投射于现在和过去之中,又预先澄清未来存在的本质,在现实的东西的视域中指明生活自身。前假象的外在化,清晰反映了质料的完整展开过程,并依靠人的内在性而直接获取。艺术乌托邦的功能,是要通过预先推定的作用完成。艺术所指示的批判反省要与未来指向挂钩,审美对现实的否定要与创新事物挂钩,进而能动地参与世界过程,在历史质料的潜势中,逐渐发现真理的形成。现实的预先推定是随同现实—可能性的客观结构而出现的,艺术创造性行为,尽其所能地展现过程现实的映象。艺术作品临盆前的矛盾状态,就是对尚未创造的新事物进行结构的重构。

艺术前假象的目标,是预先澄清尚未形成的东西,即尚未的本质。审美表象从质料的原型烙印中,将尚未存在的事物,预先推定为尚未到来的趋势结果。这一结果具有能动的塑造功能,所形成的乌托邦图像,既被赋予了意义的客体规定性,也在其中形成了美的形象,赋予内容以现实的可能性。前假象凸显了决定相继事件的现在时间,使现存世界中保存的文化剩余物能位于不断发展的世界过程最前线,在这个世界过程的前线,追求未完成的物与乌托邦艺术的同一。而乌托邦艺术恰恰又能表达事物的总体内容,体现出未被意识与尚未形成的两种情况,并作为中介达到二者在此间的统一,从乌托邦未来图像的存在走向上,对原有的内容形成爆破。前假象的超越与爆破功能,与审美乌托邦的本质一脉相承。

布洛赫对传统美学与前假象美学做了区分,以突出前假象美学对乌托邦显现的加固作用。传统美学假象排除现实洞察,把艺术真理维系在绝对理念的脐带上,充其量只能隐秘显现当下瞬间中的绝对理念图像。① 艺术假象是现实的前假象图像,不是对既定对象的重构,也不是在事件发生之后做出的反应,而是意味着一种笼罩在各种图像中,且在各种图像中方可标明的持续驱动的东西,为预先显示新生事物提供了可操作的方案。由于前假象发现了历史质料过程的潜势和趋势,艺术得以对现存实行定向的爆破,成为敞开的空间和可实现的东西。在

---

① 在席勒、康德那里,所谓审美假象乃是一种美的纯理性概念,凭借先验设定和推断或想象力的自由运作,先验地为艺术设定一个可望而不可即的本质。这与布洛赫的审美乌托邦理念是不同的。更为激进的阿多诺美学理论,极力把艺术与传统形而上学对立起来,拒斥艺术中任何虚假形象,进而把空幻的乌托邦形式归结为背信弃义的假象和自欺欺人的安慰,并通过创造新乌托邦的范式,达到艺术假象与乌托邦的统一。可以说,纯粹的美学幻影,即审美假象,根植于既成事实,追求虚假的完成性和假定的总体性,是在不可企及的彼岸价值中寻求理想生活的形象,而艺术前假象,根植于尚未存在的东西,在现实的此岸世界中寻求生活的本来面貌,通过自我完成来显示不可完结的可能性。

第三章 审美创设下的当代乌托邦营建

人类学—存在论的审美构思中,艺术象征了乌托邦意识的显现,预示尚未完成的现实,艺术前假象对这座未完成世界的实验室进行保存和加固,通过发现前假象的深度和广度来显现寓居当下的未完成的真理。

布洛赫认为,对于前假象而言,乌托邦想象是适当的中介场所。未来存在被点亮的瞬间,艺术体验通过想象的剩余,预先推定质料运动的世界过程,在此之中积累瞬间的希望能量,能够积极参与更美好生活的构想,但这并不表示做到对既存现实弊端的即刻逃离。艺术创造中的想象,强调主客体之间的交互,起到对前假象的中介作用。想象作为世界的过程潜势的器官,是一种尽可能如人所愿的客观意识活动能力,以不断生产的主客中介过程为动力源。艺术作品的创作,需要孵化出充满艺术灵性的构图,预感尚待明确的具体化思想,使其能不断得以酝酿,并渐趋显露出明朗化的态势。艺术本身在与审美乌托邦潜能的相遇中——其中包含特定内涵的美学创造——达到了思想境界的升华,而这并不是源于对神秘高超的力量根源的顿悟。

布洛赫导入暗码,着力阐明艺术创作中比喻和象征中现实暗码的乌托邦功能。比喻性或象征性是不能脱离原型而单独存在的,要在成形的客观事物中起作用。比喻性暗码呈现为图形图像,客观地显露出丰富多彩的润色意义,预先推定的前假象则显示出模糊的、难以解释的特征;象征性暗码则呈现为目标图像,按照象征本质,预先推定的前假象显示出精确的、易辨的、可陈述的特征,在显示出的透明、统一的意义特征中,获得某种重要的约束性。这就要揭示两者各自所蕴含的在开放与遮蔽之间的某种持续物。世界本身尚处于酝酿过程之中,此中潜能的复活形式,几乎都是靠艺术创造中存活的比喻和象征形式来得以表现。作为过程的现实本身,还处于自身真正规定的半路上。"它不再在电闪雷鸣中现身,而是出现在细微简单的事物中,出现在温暖而切近的事物中,以客人的身份,在我们身旁显现。"[1]比喻与象征的意义造型中也暗藏了现实暗码,这种意义取向在于,将全部过去显现为现实的

---

[1]Ernst Bloch, *The Spirit of Utopia*, trans. Anthony A. Nassar. California: Stanford University Press, 2000, p.193.

本真的意义,比喻形式包含了现实世界过程本身的乌托邦功能。这样的现实暗码又不单单以比喻和象征的形式开启,而要借助客观可能的物质,试图把现实批判与未来的预先推定统一起来,在世界过程的积累中,发现尚未被意识到的东西的本质。

布洛赫指出,美学想象力的片断目标,具有向前开放的本质属性。美学想象力达到对世界的完成——只是就片断意义而言的,并非总体完结意义上的完成——仍然要归结为未完成的世界过程,呈现出来是一种尚未形成的总体性现实运动,揭示出新东西的可预测性,艺术在此意义上拥有了未完成的存在真理;否则,就会受困在封闭体系中,不仅不能洞察表面构图下的虚假完满性,还会割裂审美与相关客观事物的联系。当然,作为客观规定的具体乌托邦,必然会扬弃这种片断上的完成意义。预先推定的主体意识,在客观世界的对象性中生成,经过形象化处理的新生事物只是作为前假象存在。为特定社会载体开放的艺术思维空间,达到了对既定现实结构的超越,在艺术片断的意义上,走向了世界完成。乌托邦想象与自身的潜势始终是相联系的,本身属于某种质料性的东西,依托客观的现实可能性而存在。创造性想象试图发现质料的核心事态,关心的是物的存在本身的发展趋势,在理解世界过程的趋势中,避免艺术意识陷入纯粹感性主义理念的世界图式中去。

艺术假象作为乌托邦先期行动的标识,以此衡量自身的实现程度。机械图式论的审美要求,旨在将现存世界正当化。乌托邦艺术不拘泥美自身如何表现,而是形象地再现对象的内部运动走向,作为美的塑造超然于单纯享乐之外;不是单独拼接平滑的僵化表面,而是由艺术假象保证历史质料的生命力与真诚性,注重世界过程的潜势发动,直接描绘未来此在对象运动的生动画面。

(五)生产美学:探索人与自然重新和解与相遇

任何时候艺术都通过自身个别的具体形态,寻求世界理想生活完成的完满性,同时贯穿人类史和自然史展开过程。存在是尚未的存在,存在被理解为尚未,进而世界的现实实验乃是对历史主体的自我把握。人与自然的范畴关系,进入到理论—实践的互动关系视野之中。

第三章 审美创设下的当代乌托邦营建

布洛赫认为,作为世界过程实体概念的质料,与艺术素材密不可分。布洛赫把独创的质料美学与黑格尔的形式美学区分开来。质料离不开艺术预先推定的乌托邦功能,尚未完成的质料本身就是一种预先推定的存在,提供了一把通向艺术前假象的道路,本身趋向于自我的实现。经久不衰的艺术作品,只是在意识形态上属于它所根植于其中的社会时代,但并不随时间的消逝而消逝,通过发挥预先推定意识的创造性作用来实现与世界具有丰富乌托邦意味的相遇。从历史长河里留存下来的艺术作品,内在地具有新时代的意识形态剩余。真正的艺术生活,往往越过了自身所处的时代界限,作为新的东西参与到历史中去,不受所在场所的界限约束。质料内容的充实,就是因为其中容纳了无限尚待完成的希望。

布洛赫从自我相遇中另辟蹊径,揭示想象的预先推定功能,并指明未来的希望图像。他把自我相遇视为对人心深处乌托邦希望的认识过程。艺术是尚在期待的某种成功状态的前假象形态,能激发出潜藏着的希望实践力量,并非是对过去事件既定状态的某种规定,更不是以反假象的真理名义出现。艺术家的灵感是"创造性素质"和"时间素质"两方面条件的出色中介,以自然的固有图像和存在论为前提。"如果突破意味着成功,那么在这个转折点上,人从未到达过的大陆,便已隐现于眼前。"[1]艺术通过假象静态结构的中介,成为世界的获取形式,由此开放式的形象表达,贯穿于认识的场所设定之中,进而成为前概念理解世界总体的方式。黑格尔眼中的美,是作为理念形式的显现。布洛赫眼中关于美的认识,是以艺术的真理命题表现出来的,作为现实客观过程的总体性认识方式。带有客观主义的态度完结现实概念,是把对未来世界的向往,作为早已固结的世界图像加以认定。现实带有总体性的特征,在未完成的未来状态里潜存,体现出具体真理的动态性,而非是片断性的持久存在,不能用同质性尺度来衡量。衡量,要只是通过既定现象和本质来理解现实,就会导致千篇一律的概念。布洛赫把表

---

[1] Thomas H. West, *Utimate Hope Without God: The Atheistic Eschatology of Ernst Bloch*. Bern: Peter Lang Publishing Group, 1991, p. 7.

现主义运动看作是前卫的上层建筑,作为旨在破坏某种世界图像的艺术努力和渴望更美好的理想社会的艺术表达方式。诸如表现主义的一系列美的表现方式,把在岁月中淹没或在意识中消失的事物,显现为尚未意识或出现的一种乌托邦形式。适当的艺术形式在于与世界的相遇,世界过程中的真理,在此中得以发现与收藏。

布洛赫创造性地提出自然主体概念,世界被解释成人与自然的共同实验,是两者彼此相互建立的过程。世界充满着关于某物的趋势和潜势,乌托邦是对意识到的世界过程趋势,给予一种新的再造。艺术存在于尚未完成的世界过程之中,使未完成的真理在当下获得生长的空间,给匮乏的世界带来不同如今的体验,预示一种新事物的降临。艺术不仅促成自身的真理领域,也在这个共同实验中,对世界过程的真理显现起着能动的建设性作用。艺术的生产流程被视为人和自然联合的共同生产力。在生产美学之中,透过总体性越发显露出来的自然经验,探索人与自然重新和解的可能性。布洛赫重新阐释了马克思自然复活的设想,形成了对人的自然化和自然的人化命题的独特理解。乌托邦的世界图像,展示了人与自然目的的高度相映,体现出两者和谐共存的一致性特征。两者的关系以树根与树干的互相共存来形象作比:将自然比为树根,因为人在这里休养生息;又将人比作树干,因为人具有唤醒自然的潜势。他将自然创造主体纳入整个的历史发展进程,自然是一种自然辩证法的发动机,而并非作为被动客体周而复始地运行。自然主体既要撇开外部世界的强制作用,又不盲目抛弃自然,通过形成一种自主的目的趋势,赋予自然本身以自由意义,积极探寻自身图像的可行性。

布洛赫对"真正艺术的技术"与合法性技术的界限做了说明。艺术的技术,应当作为自然的"助产婆",全力帮助自然重获自由的新生。与自然结成同盟的新技术,符合具体乌托邦对人与自然关系的要求,体现出两者之间的友好伙伴关系。人对自然的改造,应以同盟技术手段,作为人与自然同一的普遍条件,形成彼此交互成长的"家乡"。技术载体与资本主义具有结构上的亲缘关系,同资本主义生产分配过程与自然科学的数学计算性也不可分。技术只是对"死"的自然进行操作,表现

第三章 审美创设下的当代乌托邦营建

的物化思维导致危机的蔓延,片面地将自然的丰富内容加以刻板地抽象化,将自然属人的目的性扼杀殆尽。"实际上死了的神奇的世界,再次全部被梦想点燃,或者返回到如同神一般久远的存在,其力量和内容不再决定我们的生命。"[1]处在工具理性运作下的颠覆活动威胁自然主体生命力,从而导致对自然全面统治的后果。艺术领域里的技术,拒斥现代自然科学中自然经验,在审美的语境下将其原有的破碎残缺加以修复。艺术作品要唤起的是总体的自然经验,与纯粹理性存在或无意识的神性灵感拥有者毫无共同之处。在人与自然相互中介的环境中,艺术作品要让全面性的自然经验充分涌现,成为突破尚未意识东西存在的创造性的自然场所。

布洛赫接受文化遗产意义上的原型,将其视为人类历史的积淀。原型作为一种原始想象力的根本形象,对表征对象的状况特性进行美学压缩。在此,其中真正的乌托邦原型对象,也被视为自然的本质形象。与原型密切相关的比喻和象征是存在一定差异的。比喻通过呈现各式的原型形态来体现事物经比喻中介的统一性意义。象征则通过对重要事物意义的内容增补来达到整体效果的出现。原型意味着希望曾有的沉没,它不再是单纯的史前追忆,也不再是压缩的古代经验。原型图像意味着原始的希望指向,不是史前时期残留的前逻辑表象,自古以来的历史进程,都通过梦的形象来得以展示希望。这种文化传承的实现,是与人的使命一脉相承的。原型表象在文化传承中,依照历史的社会显现方式,以丰富多彩的形式具体化。具有创造性想象方式的原型,本质上就是指明未经确定世界的当代乌托邦形态。

具体的乌托邦实践,存在于原型能够适用的希望实践领域。布洛赫对堕落的原型与未清偿的原型加以了区分。前者具有倒退的性质,通过对堆积史料的编织来做出对既有事物的判断,妄图以此重新辨认和追忆历史时代的特征,恢复过时的社会秩序的功能。后者本身就属于未清偿真理的一部分,如一切伟大的著作、神话、宗教等,具有现实中

---

[1] Ernst Bloch, *The Spirit of Utopia*, trans. Anthony A. Nassar, California: Stanford University Press, 2000, p. 188.

乌托邦趋势内容被遮蔽的映象特征。通过原型图像的澄清，有待将这种朦胧晦涩的图像更清晰地加以显现。艺术是蕴含在匮乏世界之中的内在超越性，通过艺术创作贯彻希望原理，在同一视域之中，深度观察这种乌托邦前假象的自我相遇，自然与人类这两个彼此相连的环节合二为一，自然特有的内在图像和人类劳动的生产方式的关系，在其中得以重构。不断突破世界本身的现实实验，希望能发现原型与乌托邦功能的相遇，并让这一过程最直接地显现。

布洛赫通过对理性中心主义的艺术观扬弃，不再把自然视为绝对的压迫对象，同时通过扬弃人为规定的艺术观，不再把人的思维活动变成对人自身存在的放弃，从而得以重新组建人和自然的良性格局。

在布洛赫眼中，艺术的乌托邦功能，具有对艺术一般意义上的解释尺度，不是把新的艺术尝试手段直接放置于既定的艺术现实操作规范里，而是用乌托邦推动艺术，不断探索出一种乌托邦的前假象，形成尚未实现的而又能够预先推定的未来图像。由于乌托邦浸润了发生于开放的空间之中的质料光辉，艺术才可以预先推定尽可能准确的美学架构。艺术的真理问题，由艺术假象本身内含的实在尺度裁决。布洛赫的审美乌托邦，还清晰地展示了人与自然的本质，这是对内在本质的揭示，而不是对外在的直接感性的把握。

三、超越弥赛亚的乌托邦救赎[①]

本雅明思想中的最本质的东西，即现代弥赛亚主义，呈现出其思想中乌托邦预留的文化关联。他那个时代的现代战争，给拯救欧洲文化的观念传送了一种政治符号，因为它自身就被解释为西方文化的倒塌，

---

①弥赛亚源自英译文 Messiah，这是从希伯来文 Masiah（有时写为 mashiach）翻译而来，这一普通的形容词意思是"受膏的"。希腊文把其翻译成 christos（"受膏的"），由此引出基督（Christ）。弥赛亚与基督基本上意义相同，指耶稣为基督，新约作者亦等同于犹太的救世主。本雅明的弥撒亚，实现了弥赛亚与革命实践的结合，使宗教救赎原意发生了改变，被称为现代弥赛亚主义。

以及技术文明的胜利。在救赎与希望之间的关系上,每一代人都被赋予了微弱的弥赛亚主义的力量,作为一种理论——实践,人们的希望在其中找到真实的能够被设想的位置。

(一) 高级的经验:无限在美学表征下的通达

本雅明以乌托邦的想象为武器,与革命左派伦理完整无缺地结合,试图从未来回望过去,开启当下时间被遗忘了的语义潜能,以探寻乌托邦与语言文化之间的亲缘性。[1] 他从现代和世俗出发,以期超越远古之上的弥赛亚,而不再简单回复过去,以此恢复乌托邦的全新救赎功能,进而发现灵魂的避难所。

本雅明认为,乌托邦革命实践总是与真正的弥赛亚主义在一起。本雅明对乌托邦与弥赛亚两者加以了区分。乌托邦作为在历史中有可能实现的想象,而弥赛亚意象虽然屡次显现,但却是在历史中绝不可能实现的想象。"从他在堕落的历史世界所处的低下状态出发,他在过去时代的废墟中披沙拣金地寻找被救赎生活的痕迹,这么做的期待不过是希望这些痕迹能够因为当下而复活,成为连接弥赛亚时代的桥梁。"[2]他正视之前启蒙所留下的经验贫乏,历史不能仅仅看成是合理性进步的展开过程,历史中的每个时刻都与救赎相关联,以此辨识出乌托邦存在的可能性,从某种角度上也是承认在法西斯祛魅的世界中,接受希望或救赎经验的可能性。本雅明将伦理和救赎的问题分开,其中的关键呈现的不是人的自主选择问题,而是事关人自身无法解脱的命运,由此来表达政治行动的困境。他在痛恨德国反动统治的同时,把弥赛亚救赎安置在语言之中,这种形式的救赎,不是在连续的时空中延伸

---

[1] 卢卡奇用"浪漫的反资本主义"来标识一战前后弥漫在中欧思想界的文化思潮,把对工业资本主义造成的无灵魂世界的强烈不满与厌恶,要么寄希望于过去时代的乡愁体验,要么以乌托邦与革命的结合为斗争力量。卢卡奇这里把布洛赫的《乌托邦精神》和《革命神学家托马斯·闵采尔》、本雅明的著作(主要是早期的《德国悲剧的起源》)和阿多诺的一些早期著作都纳入后一个阵营之内。Lukács, *The Theory of Novel*. London:The Merlin Press,1971,pp.18-21.

[2] 〔美〕理查德·沃林:《瓦尔特·本雅明:救赎美学》,吴勇立、张亮译,江苏人民出版社,2008年,第110页。

的。不断将新的废墟叠加到旧的废墟上产生的二战的整场纳粹灾难，预示了这场未来救赎的特点。"每一秒的时间，都是一道弥赛亚可以从中进来的狭窄的门。"①弥赛亚主义实践的多种可能性，以及内在的矛盾暴露出来。内在的矛盾就体现在唯物史观的现实处境中。历史唯物主义借助神学之力可能变得更强大，但神学本身已面目全非。在地域政治规划和超越时空的救赎两者之间，要找到全新的理论形式进行相互的逻辑转换，这种新的神学形式的显现，就是当代乌托邦在对弥赛亚思想困境中体现的意义所在。

本雅明在其中就是想竭力寻求使弥赛亚冲动具体化的路径，这就成为了一种世俗的或神学的哲学。首先，他以新康德主义认识论作为靶子展开批判，以此理解乌托邦救赎的意义。② 本雅明认为，启蒙以来的科学主义拒绝主体体验，它所理解的世界模式，预先框定一套认知图式和模型结构，扫清了世界本来具有的神秘力量和暗示因素。这种认识论热衷于建立永恒的形式框架，呈现出一种窒息了的内在性，贬低转瞬即逝经验的地位与作用。本雅明赞同康德关于理论知识有限性的判断，在康德的实践理性中，发现了包含的弥赛亚无限，进而通达他的乌托邦主体。黑格尔的理论停留在行将终止的世界上，由于赞同理智上的事实，而破坏了自由秩序，把事物带上了预定的运行轨道，新事物不能继续拓展地盘。知识在康德那里在于给予引导行动。康德承认，有限的理论知识之外，还有着无限的实践理性的哲学力量，但这又把世界变成没有岸的海洋，对本体界和现象界的区分，使经验变得贫乏，在理论上受限的自我，仍陷入到实践的自发性中，即使回归伦理也难以自我拯救。本雅明指出，康德是把真理局限在主观构成之中来做严密的先验分析，这种经验只是给定的经验，基本无视宗教、非理性和历史，大大压缩了经验原本流露的丰富性和生产性，这也就是卢卡奇曾批驳的西

---

①〔德〕瓦尔特·本雅明:《德国悲剧的起源》，陈永国译，文化艺术出版社，2001年，第415页。
②马堡学派的认识论思想承续启蒙以来的科学主义立场，否定了康德的物自体观念，严格设置了直接给定的感性直觉的界限，要求在界限内思考知识的可能性。这种启蒙的遗产在第二国际时期，把马克思主义局限于机械论、实证主义化的思维模式中。

方哲学认识论中理论和实践的二律背反。本雅明不在于拓展理论知识的范围,而是通过语言实践,恢复并重建高级的经验,这种经验是与密切启示相关的。虽然他并没有否定康德主义的经验的可能性,但是这种不足的经验应当与超验关联起来,是向超验问题的回归,人的超验的"窗户"是在现实生活中打开的,所有经验都直接通过理念与乌托邦新的实现形式相关,转换成了一种乌托邦的解释学。知识的目标并不是真理,而是概念地"占有"事物,超验给出的一个理念世界不是概念所能把握的世界。

本雅明把语言看成了总体性、人与神沟通的媒介,体现出生活中元语言现象的乌托邦角色。他认为,只有当词语从一切任务中解放出来时,这个中介没有必要保留确切的存在地位,才会出现真正意义上的文学作品。真正的诗性,对艺术作品与宗教经验的直接关联进行了排除,从一个角度透露出救赎的秘密全都隐藏在语言中,这一秘密不是从天国降临到人间的,而是从人类灵魂中开启而出。弥赛亚观念对他来说,是推延中的生活,什么东西也不能保证,但却囊括进了那个最深不可测的自我。在本雅明看来,柏拉图宣告真理是美的,真理被当作美的本质内容的表征,而不是作为知识的对象。以理念出现的真理,属于美学的表征形式,并不需要经过柏拉图的回忆,也不需要从发生学意义去寻找稳固的实体来源保证,而是靠自身显示以体现出美的力量。本雅明批判了单单作为传达事实的资产阶级语言观念,语言不应当成为无价值的手段,或者是一种空洞的图标,而要从听觉上接近启示的真理,揭示内在的希望秘密,发现这种潜在的语言魔力。虽然语言实践没有办法明确革命实践的道路所在,虽然语言在事物中反映了某种纯粹思想,但还是没有全部得以表达,这种无声的语言展现了自身不完美。不完美,可以把不同层次的语言相结合,直至触及到最高的语言,即启示;同时,把考察真理本身所不可或缺的任务交给表征,理念只与词语的象征意义有关。真理属于当代乌托邦启示,理念的秩序越高,其包含的表征就越完善。文化乌托邦蕴含实践理性包藏的无限可能,不单单是为了重新复活一个他者的世界。他没有像布洛赫借助音乐这一中介的奇迹来倾听弥赛亚的声音,也没有像早期卢卡奇从文学形式里赋予生活总体性意义,而是进入到文化语言实践中去。现实世界内含的某种启示,不能仅仅通过认识对象来使其显现,而要靠回望过去的记忆与面向未来的象征性语言共同激发。

本雅明则以天启名义打开了乌托邦的视域,对暴力做了坚定的反抗,决不能够将纯粹暴力导向具体的政治目标。① 他把历史过程中的每个瞬间,都当成乌托邦出现过程中一个绝对的定位,过去没有实现的潜能,希望在某个时刻继续完成自身,现在并非当成是过去全部潜能的完成,而更多的潜能需要在弥赛亚的进入时刻才能激发出来。但弥赛亚何时进入不是绝对的政治实践目标,而是事关秘传的启示;不是宗教的上帝启示,而是一种历史性的未来指标,仍然存在着朝向未来希望的向度。② 纯粹启示的负担会倾向让乌托邦走向毁灭,乌托邦意象和救赎暗示也有可能被大规模文化工业再次吞噬。不过能发挥一种微弱的弥赛亚主义力量,对于未来的人们还是过去的祖辈,同样都是一种极为直接的要求,灾难不再乞灵于救赎的意象,那么就可能产生犬儒主义。这种弥赛亚主义的革命实践,可能会使得弥赛亚主义的经验被挪入到意识形态的谋划中,虽然自身面临困难,但这种实践哲学思路却能从过渡乌托邦阶段的视角观察。语言在政治领域运用经常遭遇工具化处理,可能在和暴力结成的同谋关系里形成自我的戕害。因此,本雅明的文化语言乌托邦带有较为明显的政治背离倾向,拒绝去探寻行动主义与乌托邦可能出现的密切关联,但又希望可以从文化积淀中去反思政治的本质,反映一种类似无政府主义的政治热情。这种复合的情绪和

---

① 对布洛赫来说,过去需要认领,进步不是世界的自我实现,而是人类选择的结果和面对可怕的命运的勇敢行为。每个这样的时刻都存在乌托邦的剩余,本雅明也通过乌托邦革命实践,把人类自主行为与过去、未来相连。"就本雅明而言,他的作为犹太人对个人的和政治的复国主义反映的秘传理智主义,不能与革命时代的政治文化的要求共存。"Anson Rabinbach, Between Enlightenment and Apocalypse: Benjamin, Bloch and Modern German Jewish Messianism, in: *New German Critique*, 1985(34), p.121.

② 哈贝马斯把这种弥赛亚主义看成激进化的效果历史,效果历史使当下时间的救赎的负担过重。其实如果看到本雅明思想内在具有的未来向度,则他对当下时间的困惑就能解开。"它把仅仅面向未来的现代时间意识施加到了现在的头上,使现在充满了问题,似乎已经成为一个解不开的死结。"〔德〕于尔根·哈贝马斯:《现代性的哲学话语》,曹卫东等译,译林出版社,2004年,第18页。

冲动没有任何明确的目标,只是期望在政治的边界,寻求跃入"非政治的弥赛亚主义"的可能性。

弥赛亚的审美乌托邦,不是被阶级利益掩盖的自我意识,也不是社会条件伴生的意识形态幻觉成分。这个从文化生存意义上加以把握的人类想象,处在社会主义的革命意识形态的重要地位。人类想象需要弥撒亚的介入,这个领域是乌托邦意象的栖居地,直指革命实践中马克思的自由王国,是埋藏在现实生活中的未来空间。

(二)寓言:断片和意义的多元化的审美中介

本雅明既破除对现象表面的、简单的搜集,又恢复现象的历史面貌。他通过具有一定的历史寓意的意象加以阐释,选择具有无限多义和复杂的意象,对现象细节形成历史的再现,打破唯名论对本质的界定,排除了权威话语对乌托邦观念的单一片面解读。

他对寓言的使用,就意味着现代意识对历史性质的认识发生了转换。首先,他对寓言与象征两种艺术手法乃至艺术特征做了区分。前者出自于审美直觉的断片式观照,是现代艺术的标志性符号,通过对整体性的消解,呈现出多元化的意义效果。而象征则突出单一性的整体效果,是古典艺术的重要特征之一。他又把希腊艺术视为一种完美的象征艺术,而对现代艺术却是以残破来加以界定。寓言特色的凸显,是从不连贯的零散特征中与前者加以比较得出的。"在象征中,自然被改变了的面貌在救赎之光闪现的瞬间得以揭示出来,而在寓言中,观察者所面对的是历史弥留之际的面容,是僵死的原始的大地景象。"[①]其次,本雅明希望依靠寓言直觉方式来把握世界[②],从实质上被视为人的审美直觉的寓言直觉中发掘出隐喻的功能。寓言批评完成了既为自己,也为寓言本身的拯救,其间也充满本雅明式的跳跃、神秘和隐喻。

[①] 〔德〕瓦尔特·本雅明:《德国悲剧的起源》,陈永国译,文化艺术出版社,2001年,第136页。
[②] 马尔库塞也认为,整个生活遂被分解为事功和闲暇两个部分,以必然性和有用为目的的行为与以美为目的的行为造成分裂,也就造成了必然王国与审美王国的分裂,要依靠审美直觉来建立新感性,从而才能弥合人的分裂,成为一种美好的回忆或向往。〔美〕赫伯特·马尔库塞:《审美之维》,李小兵译,广西师范大学出版社,2001年。

他把隐喻当成一种中介来作为审美直觉的中间层次,通过这种媒介的作用来体验历史的意义,从而达到对断裂世界的把握。再次,未来的寓言与当下的现实,在此被串联在一起。历史是在从连续朝向断裂、从进步朝向停滞的过程中被发现的。现代艺术也被带进奇妙的先锋之旅里,对寓言作为救赎根基的美好前景加以描绘。寓言直觉以一种审美直觉的形式呈现,通达的目的就是认识和把握世界,艺术通过发现寓言的废墟感,达到了对寓言破碎特性的修复,从而将寓言作为新的美学批评原则,甚至作为审美乌托邦理念目的实现的重要文化武器。艺术只能从客体自身,而非从外加其中来寻求真理,某种意义上形象获得了新生,才能使当下存在状态中的事物得到救赎。

本雅明试图通过形而上学的内在超越的转向,达到所指称的审美政治化。他将艺术的感性形式与社会发展的理性逻辑结合起来的一种尝试,是以记忆的力量唤起人自身的精神。现实世界中主客体的同一性,被预先放置在了主体的经验之中,通过寓言式的审美意图得以实现,此间,这种尝试发现了过去没有实现的希望,使未来进入现在的视域。与纳粹的审美政治化相比,这种新型的政治化主张在于,将残留的理性生活元素,通过感性化的手段加以变形,并通过戏剧性的艺术改造,驱逐出了专制的理性主义,预示扬弃传统主体框架的新理性时代降生。本雅明对僵化的理性展开自觉的批判,通过非理性的审美直觉来把握历史寓意中的世界。现象、形象和意象被提升到本体论的意义上加以重新的阐释,现象从直接的堕落状态中分离。现象在往辩证法形象的提升中逐渐展现真理,其所凸显的真理是从事物内部出发的。本雅明不是通过超验的形而上学论断进行思考,而是从历史的具体体验出发,以寓言的方式不断进行历史反思,获取对逝去历史景象的记录权。

本雅明运用超现实主义表现手法创建了拱廊计划。拱廊计划研究就是这一方法的具体文本实践。他试图以断裂静止的意象来达到对历史真理的呈现。在这里,历史意象是对哲学理念的呈现,哲学从体系化朝向碎片化,从逻辑朝向体验的过程中,达到对现存秩序的颠覆目的。哲学理念中包含的各种要素,并非在抽象概念中保持绝对的不变,而是从各类历史意象里表现出来,随着外在形象的变化,显现出所希望的意义表达。"甚至作为意愿意象,乌托邦现象需要通过物质客体被解释,在这些课题中他发现了表达,因为(正如布莱希特所知)乌托邦最终依靠的物质转化媒介:创造仍就未知世界的技术能力。"[1]乌托邦在辩证法的文化解释和反思中,通过物质客体对象的中介途径,让过去的意象重现生机,乌托邦的救赎呼声,不断被宣告出来。

本雅明把审美直觉、解放实践和乌托邦连接在了一起,思考解放的实践态度似乎偏离了原有革命范围,但实际上文化审美的转向,依然贯穿了社会批判精神,革命实践的可能性空间在审美领域大大拓展。审美自由解放的乌托邦价值指向,使他对美的发现更彻底,从而走入审美的乌托邦革命理想里面。本雅明希望借助创造的审美乌托邦,实现对当下的自由超越,而幻想和想象是其主要特质,乌托邦的意识形态取向已不明显。

(三) 光环与震惊:从现代和世俗出发的先锋艺术乌托邦实践

本雅明早已预见暴力与忧郁在发达工业社会可能会发生。艺术表现出来的断裂化和碎片化,带来的必然是震惊,特别是人尤其是文人的异化。本雅明用飘忽不定的线条勾勒文人的轮廓。机械时代的文人面临当前的尴尬境况,因为文人所处的文化工业时代,是不用创作作品来定位的,因为文人本身也变了味,退化为一种会行走的商品,这就导致艺术也被抹平了昔日亮丽的光环。"古老的等级束缚虽然已经松弛,但一种新的限制,即把个人局限于社会机器的某一规定位置的限制,已变得明显了。"[2]文人就是置于边缘化境地的游荡者。他们在理性霸权的都市中,既陶醉又震惊,不停地寻找自身的逃避之所。

本雅明从传统艺术中,发现了现代艺术所失去的光韵。他希望重新在现代艺术的寓言里,找回已丢失的审美经验的普遍性,把艺术中所具有的人性沟通品质重新唤起。光环或氛围因为艺术作品的独一无二

---

[1] Susan Buck-Morss, *The Dialectics of Seeing: Walter Benjamin and the Arcades Project*. Cambridge: The MIT Press, 1989, p. 115.
[2] [德]卡尔·雅斯贝斯:《时代的精神状况》,王德峰译,上海译文出版社,1997年,第22页。

性根植于传统之中。而到了机械复制时代,艺术作品的创作,目的是实现展览价值,而不再是追求仪式性的膜拜价值。在这种机械复制的流传过程中,光环遭受到了破坏,甚至被丢弃。光环这种艺术生存方式的选择,是不能完全脱离礼仪功能而存在的。本雅明在古典艺术领域,发现了乌托邦救赎的可能性。作者在作品中的本真性烙印凝结成了一种氛围或光环,这是永远不可复制的、成为原创性作品必须具备的特质。这个特质把原创性作品与实用器具明确地加以区分,也同凡俗的其他作品区分开来。虽然艺术作品就原则而言是可被复制的,但光环在复制过程中是极为缺乏的。"在艺术作品的可技术复制时代中,枯萎的是艺术作品的氛围。这一过程是病症;其意义已超出艺术范畴。"①本雅明有着对原始艺术、古典艺术、原始仪式、神秘性一种深沉的怀乡病。他的光环是心中理想的艺术形式,作为审美寄托带有些许神秘和不可言说性,甚至是不可复制性,但依然渴望以此实现解放使命。

  本雅明却又并非是保守的,而是对现代先锋艺术持有认同的态度。他清楚地看到了现代社会审美发展的不可逆性,这些也为其后的审美现代性和大众文化批判开辟了道路。虽然现代社会对传统艺术的凝神观照加以抹除,西方现代艺术的氛围由此发生了不同程度的颓败,但也创造了凝视这一新的表现形式。② 他对现代主义艺术不是完全否定的态度,指明达达派借助先进的科技手法,达到如子弹击中接受者般的强烈震惊体验。达达派作为现代主义艺术的一个流派,带来的震惊效果本身就意味着美学政治化尝试的努力,并是从否定意义上面对现实生活的。本雅明对艺术的社会功能,做了美学政治化的概括处理。他极力认同审美乌托邦的现实效应,将艺术视为改造大众的政治工具,把不

---

① 张旭东:《本雅明的意义》,载〔德〕本雅明:《发达资本主义时代的抒情诗人》,张旭东、魏文生译,生活·读书·新知三联书店,2007年,第264页。

② 法国哲学家斯特劳斯倾向于怀旧,通过乞灵卢梭的崇尚自然和怀旧,容易制造出新的寓言形式,对"原始人"的思维结构、社会结构、神话结构等进行考察,集中体现了结构主义文化人类学的哲学方法论,通过系统深入地研究了未开化人类的"具体性"与"整体性"思维的特点,认为,未开化人的具体思维与开化人的抽象思维没有高下之分,而是互相平行发展,各司其职。但这却不是本雅明意义上的怀旧。〔法〕克洛德·列维-斯特劳斯:《野性的思维》,李幼蒸译,中国人民大学出版社,2006年。

安、震惊与断裂等现代主义艺术元素融合到一起。他又将现代审美经验和工业社会现实联系在一起,认为,艺术应当积极参与对社会的改造,从人类文明的碎片中寻找现代性失落的意义和拯救的潜能。本雅明开启了先锋现代性,也用审美完成对现代性的反抗和救赎。

本雅明眼中的现代艺术,以蒙太奇为其构建原则来勾勒出资本主义消费文化景观,为大众寻求新型诗性乌托邦之路。商品文化幻象带有典型的新奇梦幻色彩,其内在属性构筑起消费文化的基本景观,这也是消费文化的生产动机,即在对文化生产的新奇动力追求中,不断获取资本主义文化的梦幻影像。被动的受众们,沉浸在商品梦幻影像的情境中不能自拔。只有对这一商品文化的梦幻图景加以无情地揭露,才会唤醒未来社会的乌托邦构想,"其更深层的意义是一种对体现在其表面上——诸如一个由拱廊所暗示的更舒适、健康、丰裕的社会前景——乌托邦的渴望"[①]。他将蒙太奇手法作为文本的基本建构原则,把历史和现实分解,通过如此巧妙地把各种非融合事实因素重新混合在一起,把相互对峙的矛盾因素加以叠加与融合。他运用蒙太奇的历史层面意义,通过对小的、独立的结构单元的分析,组合成更大的结构单位:一方面,能够发挥表层结构的功能,达到了对现实的消解;另一方面,又能够构建全新的深度结构,断裂的意象被连缀一整套消费社会的文化景观,进而展现出了多维的空间图像。"这个项目的第一步就是把蒙太奇的原则搬进历史,即用小的、精确的结构因素来构造出大的结构。"[②]本雅明当代乌托邦的批判力,直指资本主义消费文化星空图,深刻揭示了梦幻表象背后的消费意识形态虚假性。

艺术从膜拜价值转到了展览价值上去,深刻反映了新的时代状况中复制和光韵之间所形成的强烈反差,艺术形式由此带有更为激进的审美救赎功能,形成乌托邦想象独有的张力空间。

[①] 郭军、曹雷雨编:《论瓦尔特·本雅明:现代性、寓言和语言的种子》,吉林人民出版社,2003年,第122页。

[②] Walter Benjamin, The Arcades Project. Cambridge: Harvard University Press, 1999, p. 461.

(四)辩证意象:唤醒大众的集体意识库

本雅明以现存文本为基础,进一步展开对历史的反思,通过辩证意象将其梦幻历史再现,达到对历史的救赎。他采取微观学的技巧进行微观凝思,将时间直接在当下凝结,打破传统的辩证运动思维模式,使历史瞬间定格停滞在可辨识性的当下,在形象的细微之处加以静止,以此来应对永恒意象可能出现的瞬间消逝,意象随之从历史的连续体中抽离,并在对其加以辩证反思的基础上,真正达到与历史真理时刻诞生的契合。

本雅明通过创建凝固的辩证法来达成意象与历史的相融。这一辩证法又被称为辩证意象,作为一种将意象、凝固和梦幻相结合的新型文化研究方法。辩证意象不是陈旧的,而是真正的,是对瞬间同永恒的连接,也是对过去同当下的结合。"意象即凝固的辩证法。因为虽然现在与过去的关系是一种纯粹时间、延续的关系,但曾经与当下的关系却是辩证的:不是时间连续性质的而是形象比喻性质的,是突然显现的意象。"[①]这种意象不是在过去与当下之间来做某种简单的时间阐释,而是带着闪现特质的形象,作为一种具有当下意义的形象比喻。本雅明要运用辩证法将其定格,使其聚合成星丛,将客体自身形象再现出来,在静止的细微中,探求具有永恒价值的真理,进而将真理从可能的意象里爆破出来,以此事物朝向原初状态的回复。他在可辨识性的时刻将意象和历史结合,具有瞬间与永恒统一的特征,这一时刻会呈现出诸如是死亡或诞生,或是永不重现等多重效果。辩证意象是作为自身觉醒的符号标识,或是作为哲学反思的结果。其中具体的意象带有多重的内涵,既是代表物质外壳的自然形象,体现出了自然神秘性的特点,同时又是世俗启迪的历史隐喻,体现出思辨性和历史性的特点。

本雅明把辩证法、形象和梦结合起来,是探索现实救赎之路所开辟的新方式。他将梦境与辩证法结合在他的历史记忆当中,只有通过清

[①] Walter Benjamin, *The Arcades Project*. Cambridge: Harvard University Press, 1999, p.462.

醒和记忆,才能将人类唤醒,也就是通过对梦的记忆,达到对历史唤醒的目的。"醒来是梦的意识(正题)和清醒的意识(反题)的合题吗?如果是,那么醒来的那一刻将等同于'可辨识性的当下',在这一刻,事物带上了它们真正的超现实主义的面貌。"①将醒来的那一刻,就是觉醒的历史救赎时刻,这一革命时刻被本雅明称作可辨识性的当下。瞬间的时机一旦错过,就等于放弃了任何救赎的可能性。虽然过去的意象蕴含着乌托邦意识,但并非以梦的形式传达社会乌托邦的古代意愿,就能实现凝固的辩证法的希望。梦想使过去意象重新焕发活力,不过对梦的描述,只是传达了人的无意识活动,还不具备像辩证意象那样,具有达成无阶级社会可能性的力量。但这种对梦的叙述和记忆,能够真实反映现实存在,其实是对历史的真实叙述和记忆。梦是把世俗碎片转化成真理的有效工具,它既是超现实主义创作手法的方法论,也是其根本创作原则,实质上就是内在乌托邦精神源泉的一种展现。

  本雅明以乌托邦意象库的建立,逐步形成能在隐喻意义上得以表达的集体意识。他希望以此达到唤醒在黑暗黎明中大众沉睡的意识,看清未来和谐的社会生活潜能,想象一种完全不同质量和完全他类生活的能力。这种对梦的记忆,就是乌托邦意识的一种解放方式,在觉醒的一刻降临过程中,起到了关键性作用。它不是凭空地编织思想,也并不是为了表现梦本身,而是具有一种对梦里意象的辩证反映能力。对当下机械时代的梦想,则会逐渐演变为噩梦的来临。而对梦的记忆行为,就意味着人们在工业文明的昏睡中,还有着重新苏醒过来的机会,梦最终目的就是为了寻求乌托邦的解放。梦具有多重意义,既是自主经验的来源地,又是超越陈旧经验束缚的中介,是凝固的辩证法在黑暗黎明中清醒的乌托邦语境。当代乌托邦被禁止在清醒生活中实现,而作为梦来建构的乌托邦意象库,恰恰是乌托邦在物化时代的一个庇护所,是对现实世界虚假表象的背叛;同时,它也为在物质生活中的人类提供了庇护所,达到对现实世界和自我的双重背叛。

---

① Walter Benjamin, *The Arcades Project*. Cambridge: Harvard University Press, 1999, pp. 463-464.

本雅明对静止与运动的辩证法做了说明,以期在其中把握乌托邦思想的构型。首先,本雅明意义上的时间运动,试图以审美的空间乌托邦形式,从空间形象中得以清晰展现。他试图找到文化艺术维度的空间土壤,在此通过完成时间的转移,得以形成一种短暂动态的美好生存状态来形成对当下空间的界限阻隔。其次,他批判了海德格尔抽象历史性的现象学阐释方式,认为,意象是对当下现实的表征。这一表征性质,形象地反映出意象出自于历史凝结时刻,而不是具有时间性的存在,也不是通过逻辑与秩序铸就的,既和人文科学范畴加以区别,又同传统风格样式加以区分。① 转瞬即逝的意象在瞬间的现在,凝结成永恒的意象,使得这种过去的意象在永恒中得以拯救,这既是对线性历史观的颠覆,又是对统一历史结构的损害。再次,思想是时而运动,又时而凝固的。前者是事物发展的常态表现,后者则是事物危机形态的表现,是满足辩证意象的表征形式,这种停顿和定格是思想本身所固有的,静止在这里成了最高的运动,与思想运动作为认知过程的表征是不同的。

　　这种以哲学和诗学相互交融的审美乌托邦,才能把现代表征成同时既是新颖,也是过时和永远同一的形象,以捕捉瞬间与永恒并举的历史形象。在本雅明辩证法中的静止、凝固更能体现出建构的原则,是西方马克思主义乌托邦思想构型的必需过程,体现出哈维意义上的时空辩证乌托邦的特性。

　　作为这一代犹太知识分子的本雅明,就是在启示、灾难、乌托邦、悲观主义、弥赛亚主义的思想创设背景下成长起来的。② 他把对乌托邦的认识与弥赛亚经验贯穿在一起,演绎出乌托邦美学实践特有的历史感,试图重新发现革命的动员力。"它就表现出与既定东西有相当程度的独立性,表现出在不自由世界中的自由。在对当下一切的超越中,

---

　　①意象与现象学的本质之间的区别,主要在于历史标志的不同。海德格尔寻求抽象地借助"历史性"来为现象学挽救历史,而本雅明则寻求意象和历史在某一"可辨识性"时刻的结合。
　　②〔德〕瓦尔特·本雅明:《德国悲剧的起源》,陈永国译,文化艺术出版社,2001年,第119页。

它就能参与到将来之中。"[1]革命实践一部分来自于弥赛亚冲动,而历史唯物主义应当集结过去的潜能或记忆的碎片,让它们在历史的当下时间重新被点燃,经过反思历史的漫长过程,继而成为革命—救赎的力量。

四、审美之维中的乌托邦运作

马尔库塞的审美之维,作为观念变革的先导,是一种通向自由解放的理论构筑,作为人类意识的可能性永远存在。审美反抗策略,呈现出来的是推动现实不断变革的新型乌托邦,既带着重返美好家园的还乡情结,又具有预设未来构想的前瞻性。马尔库塞美学冲动的努力方向就在于,建构审美乌托邦的存在形态。

(一)真正的艺术:元政治学的审美形式实践

马尔库塞构筑了一幅双维的乌托邦理想图景,"每一个真正的艺术作品,遂都是革命的,即它倾覆着知觉和知性方式,控诉着既存的社会现实,展现着自由解放的图景"[2]。首先,是审美领域的乌托邦建构,这要建立在本能得到解放的非压抑性社会基础之上。他将现实政治斗争过渡为审美领域的革命,认为,当前社会的解放在于爱欲本身的解放,从而使人从压抑性的现实中解放出来。马尔库塞通过革命视角的逻辑转换,将审美作为实现人的解放的有效途径,建立起自己的审美乌托邦理想,读出非压抑性文明所赋予的美学内涵。

马尔库塞把审美乌托邦的实践当作一种政治行为,以审美创造力为武器,对维护与改良现存制度这一既存现实反叛。控制性的技术统治系统,不允许反对派和反对意见的存在。他认为,只有在审美世界中,

---

[1]〔美〕马尔库塞:《现代文明与人的困境——马尔库塞文集》,李小兵等译,三联书店上海分店,1989年,第199页。
[2]〔美〕赫伯特·马尔库塞:《审美之维》,李小兵译,广西师范大学出版社,2001年,第191页。

才能与一体化的现实总体决裂,寻求富有想象空间的审美幻象,并通过这种独特的反抗形式,发现人性中脱离统治之外的潜能。美学化的乌托邦把视角重新投向现实层面,历史实践被视为审美解放的中介,把艺术的功能与意识形态的变革相结合,通过审美秩序,追求全面、自由、幸福的生活,构建起消除本能压抑的新型社会主义社会。

美学自身具有元政治性,力图在对前概念的重新经验过程中,激发出超乎人类史前状态的解放意象,潜在地将其理解为抵御现实世界的异化势能的心理工具。进行审美之维的乌托邦革命,是率先通过全新感性秩序的打造与升级,从美学层面之中,拓展到社会现实领域,完成对深层社会心理的爆破,待到时机成熟、条件具备之时,由想象变成真切的客观实在。审美之维的革命寻找现实的历史实在中的客观物质力量。艺术现实产生于现实,又区别于社会现实,真正的艺术尚未被工具理性过分侵蚀,代表着一种新的现实原则。这种对现实原则的否定,与现实所具的疏离感能够产生出间离效果。

马尔库塞以艺术作为革命的方式,打通人类社会应然状况的桥梁。审美被异化成了现代极权社会机器的附属品,艺术是以货币符号象征者的身份出现,宣告艺术的黄金时代的终结。统治与利益结盟的社会语境中,双方力量的决斗是不均等的。艺术更在于通过反抗而非顺应来实现拯救功能。马尔库塞的艺术不是以绝望或癫狂的姿态来反抗社会;否则,这种反抗方式实际上就会以意识形态现身,自觉地变成救赎的工具。反抗的主张如果不是达成艺术的审美超越,也就会受到质疑,本身变成损伤审美原则的虚假结构。当艺术过分大众化,便抹去了最内在的东西,即所包含的否定性的维度,于是,艺术就变成了商业性的东西,可以被出售,导致其因异化而失去合法地位。发达工业社会对艺术风格的改造,使艺术与现实之间应有的距离逐渐被填补,艺术构想生存的能力这一要旨与合理性丧失殆尽,呈现出统治意识形态的特征,"保留在艺术异在性中的艺术与日常秩序的这种根本裂痕,也逐步地被发达技术社会所弥合"①。发达社会现实对艺术的侵蚀,使之与现存秩序的裂痕,在一定程度上得以弥合。艺术的异化及其否定方式,都将屈从于现实合理性的过程。现代文明对个体压抑的程度空前深入,由于逻辑实证主义及科学哲学在哲学领域处于统治地位,否定性维度的东西几乎无处容身,因而只有依靠美学而非哲学带来批判性的否定力量。艺术具有合理的指导性功能,是与生产劳动具有本质差异的生产力,通过独有的审美形式释放政治潜能,进一步打造否定性的坚固据点,创造人类生存的别样时空维度,也就是看似虚构却比现实更为真实的理想世界。

艺术自律的最终落脚点还是在政治,隐现着艺术的政治潜能。哲学、社会革命、艺术成为三位一体的概念,自律性的法则就是面对社会有用性要求时的相对独立性,这有助于维护审美的自主性和本真性,阻止功利主义观念的侵袭。审美艺术的自律性并不能完全排除他律的存在与渗透,审美法则的合法化或制度化为自律的转化提供了必要途径。艺术法则在传播和再生产特定意识形态观念的过程中逐渐合法化,已成为一种异己的破坏性力量。审美的自律性活动,不影响审美在其自身领域构建主体性,反而有助于实现审美的自救,并与生活实践主体性活动联系起来,在自身封闭领域的批判作用重新启动之后,也就利于审美现代性的完成。自律的作品,保持与政治之间的关联度。只有自律的艺术作品,才能同政治发生间接的关系。艺术所反映的世界,往往比现实世界更为真实,不局限于经济基础的制约中。这就是说,艺术仅仅疏离阶级属性,或反叛现实是不够的,还应成为现实的形式,按照美的法则完成重建世界的构想,承担起孕育与重构现实的任务,现实生活世界由此得到彻底的改换。审美现代性的各种层面都具备了自律性特质,塑造出审美艺术的独特面貌,构成与现代文化的特殊张力关系。

审美乌托邦试图做一种悲剧化的反抗。艺术作为革命的武器,其政治潜能取决于艺术质量的高低,作品的构成要素超越了只反映

①〔美〕赫伯特·马尔库塞:《审美之维》,李小兵译,广西师范大学出版社,2001年,第67页。

题材性质的阶级属性。艺术的对象领域,来自与现实社会相对立的个体,反抗的力量推动他们从压抑的社会性中撤退,转入到自身内心世界去挖掘普遍的自由。艺术作品有着一种变革的广阔视野,打破或超越现存规则,去挣脱神话或僵化了的社会现实,是解放的和革命的。为艺术而艺术发挥革命潜能的表现形式发生了变化:不是通过斗争场景的抒写,或战斗口号的宣告,而是凭借着新感性建立起非压抑性的文明,人们由此勾勒出审美乌托邦的基本轮廓。审美不是一种不能实现的救世主义,而是作为革命的环节和中介,是社会政治行动受挫的迂回战略。

(二)审美形式:反抗现实的功利和非道德的日常生活工具

马尔库塞认为,美学将会成为一门社会的政治科学。这是第一次将审美视为具有强大生命力的革命武器。马尔库塞的审美革命与海德格尔的审美还乡梦殊途同归,都走向了审美乌托邦之路,不同的是,他以解放爱欲为出发点,通过审美形式来体现艺术的革命功能。

审美形式从解放的层面释放压抑,通过艺术的批判功能作用,使个体从商品交换关系网络中解脱出来。马尔库塞把审美看作是生命本能自由的形式,个体生命的本能冲动,在艺术创作与欣赏环节,不会被现实彻底消灭,人在里面能够体验到属己自由的生成,重建个体生存的现实条件也在其中被建构起来,以维持人的心理结构的自由发展,保存现代社会个体的生命完整。"政治斗争变成了一个审美技巧问题,不是艺术被转换成现实,而是现实被转换成新的审美形式。"[1]现代艺术是一种形式政治,借助于这个否定批判现实的革命武器,人们才能反抗并改造现实,与日常的压抑性生活对抗,成为人类解放的诺言并发现元政治学意义上的政治潜能,即否定现存的法则。它对现实生活进行升华创造出的文艺作品,超越了现存秩序的垄断性的固化形式。唯有纯粹审美形式才最脱离现实,革命性最强、最长远,才是发达资本主义工业

---

[1] [美]H.马尔库塞:《工业社会和新左派》,任立编译,商务印书馆,1982年,第168页。

第三章 审美创设下的当代乌托邦营建

社会中超越的历史形式。这种对现存社会关系的超越及对实在的趋向,所赖以实现的方法不停留于当下,既可以构造未来,又可以追溯既往。艺术在客观上起到缓解矛盾、平息欲望、维持压抑的效果,用审美形式的自律性来对抗压抑秩序的无孔不入,审美形式具有超越社会的意识形态性,是独立的自我完满的个体。

艺术内容与形式的融合关系是由形式所决定的。艺术形式使艺术跟现实秩序相疏隔,借助审美形式将被压抑和被扭曲的人和自然的潜能表现,借助诸如语词、形象、音乐等形式超越与否定现存的现实,通过审美形式完成它不同于科学认识的认识功能。倡导以工具崇拜和技术主义为生存目标的发达资本主义时代,人被纳入社会统治秩序中,导致身体和行为受限,想象、欲望和本能不可避免地受到奴役和控制,从而得出了马尔库塞总结出的文明辩证法的等式关系:技术进步＝社会财富的增长＝奴役的加强。艺术的价值基础,存在于形式和内容相结合的审美形式整体之中。[①] 正统的马克思主义美学观以阶级性解释艺术作品的性质和真实性,其中隐含着的绝对律令乃是要将表现社会生产关系放在首位。这种认识框架规范,一定程度上低估了主体性的功能,忽视了作为真实存在的非物质力量,同时也相应弱化了艺术的认识功能。

真诚的艺术表达,由已作为形式的内容来决定。审美形式使艺术成为自律的领域,形成与现实的鲜明对立,不是靠纯粹形式起决定作用,也不是通过如何反映社会现实的内容状况来决定。艺术既是对现实存在的体现,又可以批判超越特定现实,通过审美形式使艺术具有自律性的特征,把这种批判性的超越力量展现出来,给定的内容变形为一个自足整体得到的结果。审美形式与自律作为社会历史现象,是紧密结合在一起的,与现实存在既联系,又相互区别,超越了社会历史的结

[①] 马尔库塞在吸收康德的无目的的目的性和席勒游戏冲动理论的基础上,将艺术自律性的立足点放在审美形式上。内容是与现实相关的,即使描写现实内容的不幸,也是对压抑现实的默认手段。想达到对现实的彻底否定,就必须与现实决裂。以审美形式为中心,内容也只有转化为形式的内容才有意义。〔美〕赫伯特·马尔库塞:《审美之维》,李小兵译,广西师范大学出版社,2001年。

构限制，使得艺术作品产生具有美学价值的真理形式。艺术把现实加以转化，形成一种全新的审美形式，将个体的独特性征向普遍的社会秩序转化，使得大为逊色的操纵原则支配的现实，借助这种转化开启了另一种可能的解放维度。

艺术真实的评价标准，取决于作为作品整体表现出来的审美形式。审美形式是艺术反抗现实的重要手段，这种形式超越既定社会原则，在一定程度上从自我否定性的实现中，包容了所具的现实性内容。审美形式的不断变换，以个体的存在同现实功利原则抗争，作为非道德日常生活的反抗药方，逐步拥有超越现实的自由空间。审美形式此阶段可以担负起历史的重托，因为寻找到更完善的替代工具为人们选择是困难的。这种审美形式存在于艺术语言所构成的新的感性秩序中，是对以题材质量贬斥形式的僵化美学观的有力反驳。当语言分析向理性控制妥协时，一旦形象拒斥既定现实，艺术就会说出自己的语言，僵死的语言规范就会在审美维度里碰壁。在艺术领域里有大量的造反语言被推行，审美意识越发被培养出来，具有独立抗议权利的固有空间正在不停运作，使人在理论理性和实践理性的双重驱使下，保留新感性力量。广义的美学形式具有革命的潜力，是对现实的控诉和对美的渴望，通过对人的本能固守，意在构想一个不受控制和操纵的自由世界。作为感官的感性形式和人类生活具体世界形式的审美，在美育层面起到培养全面新人的作用，规划了技术与艺术的融合，以及工作和游戏的融合，各种心理机能之间和谐反应，技术变成了艺术，工作变成了游戏。艺术间接的政治潜能越得以发挥，自身异在的力量就越行将弱化，甚至会变成对异化社会来说的异化力量，越会迷失超越的变革目标。

艺术异在使艺术形式具有独立自主的性质，异在的艺术建立在超越现世的立场上进行观照，是以超越对抗性的人类实在为目标。马尔库塞将美学视为一个异在者，反对美学脱离既定社会状况，认为，其应具备社会话语阐释功能，担负起一定的道德义务，同时坚守相应的道德边界，给社会以提示和警醒的话语立场，公开地为社会变革承担义不容辞的义务。自足的异在艺术，用人性的良知来审查人类被现存机制围困的社会现状，摆脱现世功利性活动的束缚，不受现代传媒技术手段的干扰,"艺术的异在化是对异化的生存的自觉超越——是一种'高层次'或中介化了的异化"①。审美形式使艺术由现实转到自律领域,这种异在作为绝对命令,保持了与现实政治之间的距离,不对政治忠实地加以描写,而以批判准则和革命向导的魅力否定性地介入现实。审美活动和理性活动都应纳入社会文化的总体中。审美并不只是承担绝对反文化的异在者角色,还作为社会文化总体的组成部分。

艺术界划了可能性的范围,就会不断产生一系列富有成效的改造。但由于艺术和现实之间的关系反向而行,在这样的时代背景下两者间的疏离显得尤为重要。艺术的特性是对现实生活的一种疏离,决定了它不能直接参与革命实践。他曾告诫,艺术不能为革命越俎代庖。当人类的思维方式已经通过审美的作用发生了质的变革,人类生存方式也已经摆脱了异化状态。在人们重新拥有完满的和谐之美时,审美必须从一种片面的深刻中早日觉醒,取得作为独立自足体系的完备性。当一切革命实践失去效用时,具有革命性的审美想象,以超越社会现实的方式,变为一种大拒绝,即对现实事物的抗议,间接地恢复人的批判性力量,担负起了反抗异化现实的重大责任。"社会的不合理越是惨不忍睹,艺术天地中的合理性就越发突出"②,艺术真理充分自由地表达了对不合理社会的控诉,寄托人类美好的愿望。

艺术的本质在于,通过形式达到否定性批判,但艺术也具有否定性和肯定性相依存的二重性。但一种纯粹的否定形式,单单满足于对现实原则的否定,只能是抽象的蹩脚乌托邦形式,而真正艺术领域中的审美乌托邦形象,以一种审美启蒙的形式出现,言说对象指向大众,展现出悲剧性意味的强大威慑力,在对现实的扬弃中超越未来,警醒人们找回日渐消散的否定性意识。历史活动本身的现实原则和实践逻辑也时刻提醒并规范审美乌托邦的运行机制。

马尔库塞通过艺术的审美形式,改变了人的心理结构在社会现实

---

① 〔美〕赫伯特·马尔库塞:《审美之维》,李小兵译,广西师范大学出版社,2001年,第63页。
② 〔美〕赫伯特·马尔库塞:《审美之维》,李小兵译,广西师范大学出版社,2001年,第93页。

领域受到的压抑程度,蕴藏社会改造的无穷生机。[1] 艺术本身并不能成为革命,但却提供一种全新的生活方式,作为改造世界和实现革命的希望。

(三)主体:审美感性塑造的现实存在

美学本身就是一种广义的政治社会学,审美之维可作为一种对自由社会的度量,革命就是呼唤新的感性,人在其中塑造为审美的人,人的自由发展,实际上就意味着审美的自由解放。在新质社会里的新质的人,拯救当代资本主义对人感性之维的压抑与封闭,完成心理革命和意识革命的重任。

马尔库塞赞同马克思《1844 年经济学哲学手稿》中人是感性存在物的观点。马尔库塞把感性主要定义为美感,表现出由政治逐渐向美感演变的逻辑发展,对世界的物质改造,就要在美学的意义上从精神意象和观念符号等方面进行改造。人的爱欲本能和创造才能在其中得以解放,而人的物质精神匮乏和人性异化也将化为历史长河中的陈迹,人类生存的基本需要将上升到对道德和美学的追求。艺术通过塑造具有新感性的主体,使自身具有社会批判的政治功能。"艺术的使命就是让人们去感受一个世界。这使得个体在社会中摆脱他的功能性生存和施行活动。艺术的使命就是在所有主体性和客体性的领域中,去重新解放感性、想象和理性。"[2] 人类可以在审美领域,获得在现实中已失去或尚未得到的设想,唤醒个体对非压抑生活方式的美好记忆。审美乌托邦并不能直接改变世界的物质存在,而是具体化为革命的思维方式,通过改造人的意识结构来突破身体结构的屏障。它的意义不在于美化给定的东西,而在于相信人类可以建立普遍意义上美的感性规律,使人

---

[1] 在弗洛伊德看来,文明社会建立在对性本能和攻击本能有条不紊的压抑基础之上,爱欲本能的解放将导致出现一个性狂热者社会。文明建立在对本能的压抑基础之上是有条件的,由于发达资本主义社会的文明高度化,对性欲本身的压抑反而成了异化的深层根源。〔奥〕西格蒙特·弗洛伊德:《一个幻觉的未来》,杨韶刚译,华夏出版社,1999 年。

[2] 〔美〕赫伯特·马尔库塞:《审美之维》,李小兵译,广西师范大学出版社,2001 年,第 197 页。

第三章 审美创设下的当代乌托邦营建

改造世界的方式发生巨大变化,进而来改变和重建全新的世界面貌。

审美乌托邦沿时间与空间两条轴线滑动,艺术接受的想象与时间体验水乳交融,由此接受者就超越了有限时空,扬弃了此在生存的片面性。[①] 就时间而言,接受者立足当下的艺术体验,当下的瞬间体验能充分被过去和未来填满,而不是从纯粹的回忆或启示中达到时间的丰盈效果,生成本真的属己的时间;就空间而言,接受者与艺术作品及作者本人相互交流,在想象的无限延伸中,将自我完全敞开,进入美学化的新地带。审美乌托邦在人此在的感性存在中生成,而不是在现实对峙的彼岸世界中出现,与宗教中设定的乌托邦拉开了距离,两者通达的目标与路径截然相反。审美乌托邦立足于此岸作品的感性世界与意义世界,不是处于距现实遥遥无期的接受空间,也不预设接受者必须服从的终极之物。艺术作为摧毁和超越技术的技术,对现存经验事实加以排斥,以超越来对抗时间性,使之在空间上与异化社会保持距离,实现人和自然生存方式的合理性。自由社会并不是思辨的产物,而是扎根于人性之中,人性是追求自由、解放的,即追求美的。马尔库塞以艺术理性对抗技术理性,用艺术唤起人们对现存秩序的否定,通过神化的真实与想象的真实还原真实,肯定艺术革命需要既存社会创造的物质条件作为经济基础,欲在此基础上将艺术革命与社会革命勾连。[②]

审美乌托邦具有可操作性,只要用艺术想象的思维活力指导来主导人自身的思维方式,就可以培养具有审美意识的主体,将乌托邦埋藏

[①] 伽达默尔在对体验的本质的理解上和马尔库塞有相近之处。他认为,未来与过去在绝对现在这个艺术体验刹那汇合,构成了生活的深度体验,个人的历史意义在此时此地得以表现,建构指向无限的期待视野,既加深了对作品内在生命的感受与理解,让生命经历由艺术经验转移与渗透,扩大艺术世界的领域,又能使生命经历艺术化。"真正的精神潜沉(深层体验)敢于打破它的现实性,以便在打碎的现实中重建精神的完整。能够这样携带着向将来开放的视野和不可重复的过去而前进,这是我们称之为体验的本质。"〔德〕伽达默尔:《美的现实性》,张志扬等译,生活·读书·新知三联书店,1991年,第13页。

[②] 这就不至于导向贝尔所言的艺术宗教理想国这一错误轨道。"在现代艺术实践中,对'诗性智慧'的希望似乎又逐渐脱变为'审美的统治'……对艺术本身的崇拜成为了新的宗教。"〔美〕丹尼尔·贝尔:《资本主义文化矛盾》,赵一凡等译,生活·读书·新知三联书店,1989年,第158页。

在每个审美主体的内心深处。马尔库塞构想中的审美乌托邦是完全自明的,非常关注个体自身的解放。这种有选择的自主性解放,能在其中恢复接受者的主体性,而并非是服从于审美话语观照的需要。这里的审美主体与福柯所言的主体是不同的。[①] 革命新主体从青年学生转向文学艺术家,马尔库塞寄希望于审美来完成艺术的救赎功能。在法兰克福学派那里,艺术被视为社会批判中的救赎领域。当暴力革命的热情退却,文化言谈本身作为一种典型的自我调整形式,在政治实践层面充当新的工具理性批判主体。在单向意识形态语境下,真正的美学批判主体,是从社会中匿名召唤出来的,而不是所谓的阶级主体和个人主体。

艺术对现实社会人的异化生存,起着特殊的至关重要的作用。现实社会中的人遵循现实原则,而艺术通过想象表现了艺术对现实的直接否定,创造出的意象使人依托艺术载体,不断追求遵循满足需要的快乐原则,摆脱了压抑性的理性原则,并同无意识的心理内容加以整合,在感性直觉与理性的联合机制下意识到变革的必然性,从而获得人的自由发展。当艺术依照快乐原则来抵抗现实原则时,艺术自身的真理才能得以长久保持。审美乌托邦使人们在艺术体验中,寻回无家可归的自我,充实此在受制于现实的生存状态。对过去的回忆包含着对未来的预期,回忆不仅是沉入历史,更是指向未来、展开自己的未来可能性。对待存在的态度发生了根本变化,所追求的纯形式暗示了一种杂多的统一,作为培养新的感受力的唯一途径,是在其自身规律支配下发生作用的各种运动和关系的和谐,甚至通过对集体无意识记忆的唤醒,达成审美对象对美的和谐体验,现代与远古的历史断层得以修复,"它们是

---

① 这更接近于福柯意义上的主体。按照福柯的话语理论,主体只能是被建构的,进入文艺活动的接受者已经由权力话语规定了他的主体性。审美救赎也无法避免权力的渗透,仍然是话语建构的过程。理论家们都试图恢复接受者的主体地位,最终却陷入了话语的悖论,即接受者只能在话语中被赋予主体性,这样产生的只能是抽象的主体,每一个个体却并没有成为真正的主体。表面上接受者的主体性得到张扬,实际上这只是话语本身的虚构,意识形态话语和审美话语都是想以接受者为中介,达到影响社会走向的目的。〔法〕米歇尔·福柯:《疯癫与文明——理性时代的疯癫病史》,刘北成、杨远婴译,生活·读书·新知三联书店,2003年。

生存本身的纯形式。这种审美的'合规律性'把自然与自由、快乐与道德结合起来"[①]。

真正的审美主体,应从知性分析的物理时间抽身出来,打破先前的经验与感觉,通过乌托邦的开阔视野,对有限的生命活动进行反思,在过去、现在、未来三位一体的时间序列中,以审美自足性来对抗审美话语背后可能存在的某种虚构。"乌托邦成分很久以来就成为哲学中的唯一进步成分,它表现在对最好的国家和最大的快乐的构想中,表现在对完美的幸福和永久的和平的构想中。"[②]审美乌托邦存在于每一个人的心灵深处,不是对给定东西的美化,而是用美的艺术唤醒沉睡的灵魂拯救异化的世界,建构出全然不同和对立的现实。

(四)想象:建立新感性的自我解放动力源

乌托邦具体到艺术思维层面,就从想象中的社会物质形态向展示自由和谐生活的艺术思维转化。幻想作为独特经验的真理价值,艺术活动在压抑性社会中,释放受压抑的生命能量,张扬日益饱满的感性,超越带来痛苦经历的现实原则,产生对过去生活情景的无意识回忆。想象是未被工具理性压制的现实异化,不从属于异化现实,不是对照现实的摹本,这种从灵魂深处创造出的未来理想,符合人类本能的审美需要;通过艺术品,提供人类普遍地被压抑着的本能以具体的、瞬间的满足;在艺术理性指引下,具有不甚明晰的总体真实性的特点。有机生命体的内在焦虑,在艺术接受中得到净化与消除,健全了个体灵魂内部尚待完整的心理结构。

想象在心理结构中具有重要地位,其真理价值与未来紧密相关。人们希望从想象中搜寻到历史真实,以此体现追求自由形式的意义。想象是不会被单向度的意识所侵蚀的一种心理过程,是艺术地再现本我无意识的心理内容。马尔库塞的审美乌托邦与保罗·蒂里希类似,

---

[①] 〔美〕马尔库塞:《爱欲与文明:对弗洛伊德思想的哲学探讨》,黄勇、薛明译,上海译文出版社,1987年,第130—131页。
[②] 〔美〕马尔库塞:《现代文明与人的困境——马尔库塞文集》,李小兵等译,三联书店上海分店,1989年,第186页。

同样是具有向前与向后两重维度的构建方式。[1] 艺术和审美活动,通过想象领域的回忆与幻想方式进行,特别是后者在整个心理结构中,地位举足轻重。"它把无意识的最深层次与意识的最高产物(艺术)相联系,把梦想与现实相联系,它保存了这个属的原型。"[2]审美想象的内容,往往来自过去生活积累的经验。回忆是对人类经历过的历史事实的回顾所能留下的愉快体验片段,很大程度上是建立在现实生活中得到的经验上。在充满具有对抗性的世界里,想象具有与过去时代勾连的个体化原则,保证了人们在面对现实时具有的完整个体要求。只有在想象中,才能保持对个体美好过去与集体生活的回忆,从而与这个世界相对抗。

马尔库塞着力修复被混淆的想象和幻象这两个概念,并非要在想象中得到替代性的满足,而是要通过想象实现艺术的本质。想象活动与纯粹无意识的幻想不同。想象是一种独立的心理过程,侧重对活动过程状态的描述,是在对各种概念加工改造基础上,对知觉材料重新组合分离,进一步创造新的表象的心理过程。它不是一种幻象形式,不是以抽象概念表现事物的本质,而是一种动态的心理过程,带有无形的虚构能力,使得直接的艺术泉源中,带有诗一般的真实。"艺术的这种超越,并不在于达到一个虚幻和空幻的王国,而在于抵达一个具体可能的天地。"[3]想象通过无限的虚构图像来提高对真实世界的感受能力。想象自身具有自由性、创造性,指向过去的同时更多地指向未来;幻象是从静态的图像中产生的形象,是从幻象里出现的有形的或可见的图像。

想象活动的时间特性就在于,从审美想象创造的新世界中承载人类的希望。它所反映的是人类尚未经历过的美好内容,通过对现实经验的改造,创造出不受现存束缚的新意象,并将现实经验渗透到过去与

---

[1] 保罗·蒂里希将乌托邦分为"向前看的乌托邦"和"向后看的乌托邦"两种。〔美〕蒂里希:《政治期望》,徐钧尧译,四川人民出版社,1989年,第171页。
[2]〔美〕马尔库塞:《爱欲与文明:对弗洛伊德思想的哲学探讨》,黄勇、薛民译,上海译文出版社,1987年,第101页。
[3]〔美〕赫伯特·马尔库塞:《审美之维》,李小兵译,广西师范大学出版社,2001年,第147页。

第三章 审美创设下的当代乌托邦营建

未来情境里。想象所表现出来的感性力量,使其具有异在的特性,同时引导人们采取科学技术手段,达到对经验世界的重建,形成具有独特经验的真理价值——这些都是源于想象自身的自由性和创造性。处于动态的想象自由运动,将人从心理机能冻结或僵死中拯救出来,使之获取心灵与肉体的双重超越。想象的自由运行,不受技术理性思维的束缚,这种全新的心理,便理所当然作为发动新感性的途径。想象异于其他心理过程,在意识领域内尚未遭到异化,不受现实的检验,因而只从属于快乐原则。

现代社会往往把对快乐原则的追求,拼命压缩到无意识心理过程之中,而不是深入无意识内部去探求非压抑的现实。想象包含了回忆的成分。这一成分在时间上,带有不可重复的性征。它通过人的无意识本能的满足,以想象力为基础的文学艺术,作为实现自我解放的现实动力,唤醒个体对自由的渴求,并连接起回忆成分与既定现实,在人清醒警觉自身的现实处境中,释放解放的潜能,创造出和谐的非压抑性文明,形成异于现实的美好世界。关于非压抑性现实原则,实际上就是一个回归的问题。马尔库塞寄希望于前技术时代文化的复兴,以确认人们的文化身份,追忆民族的漫长历史,以实现破坏快乐原则与现实原则之间的前历史的统一。社会规则的控制力越弱,人对快乐原则的追求就越充分。艺术通过前技术时代的文化显示了现实的可能性,这种回忆能够保存人对个体解放的希望和人实现自我的潜能,一旦在发达工业社会里生命意识渐趋消弱,就需要超出回忆面向未来的乌托邦来重新塑造人的主体性。

马尔库塞通过审美乌托邦想象,建立一种对世界的新的感受方式,摆脱存在于单向度社会的强迫性的感觉同化,用新感性来挣脱理性的束缚。新感性的建立,形成了对待客体的全新感受方式,目的就是要消除资本主义社会中个体机械化、单向性的感受方式,"要与攻击性和剥削的连续体决裂,也就同时要与被这个世界定向的感性决裂"[①]。"定

[①] 〔美〕赫伯特·马尔库塞:《审美之维》,李小兵译,广西师范大学出版社,2001年,第138页。

向的感性"麻木保守，缺乏超越和批判精神。当代理性和感性的矛盾，已达到了不可调和的地步。新感性具有革命的意味，拒斥工具理性对人的控制，是对人生命形式的高度崇尚，是对人个体生存本能的充分激发，是对人追求爱欲满足的极大关注，让人对更高目标的生活方式充满希望，构织生活标准向更高水平进化。超现实的审美形式形成新感性，在审美活动里生成感性人，产生改造与重建意义上的社会生产力，达到人类本性所向往的艺术化现实这一理想状态。"想象可以提供完整人性的画面和解放的形象，把爱欲保存在一个与现实完全不同的王国，它沟通了感性与理性，当其成为实践的东西后，就是'生产性'的东西，成为重构现实的指导力量。"[①]审美活动是理性和感性相统一的活动，用以弥合感性与理性、道德与本能的分裂与对抗。爱欲解放的载体，不可能寄希望于哲学与宗教。它们一部分已堕落成发达工业社会的意识形态：哲学的精神性批判力被消弱，承认当下生活的合理效力；宗教则撇开人的真实当下，将幸福生活交给无法预知的彼岸未来。这样，审美就代替二者，成了爱欲解放的新载体，在此中渐趋生成乌托邦理想。靠新的感性力量改造现实是不可能完全脱离理性而独立存在的。因为艺术在本质上就是与革命联系在一起的，是现实社会的相对异在者，所以绝不屈服于论证合法性的现实法则。这使得艺术不可能成为任何东西的附属物，而本身就成为一种摧毁、反抗和解放的力量。

审美能勾连两者并使之有机结合，艺术是想象的产物，把想象视为感性与现存秩序中理性强制的沟通渠道，并由此获得了生产想象能力的空间，具有显著的创造力，使得新感性在改造现实的过程中，同新的理论理性与实践理性形成合力。

（五）美的法则：按照人的美学规律为世界塑形

马尔库塞美的法则和马克思的美的规律之间，在对改造自然的认识上具有相通性。马尔库塞由探讨人的生命本能入手，通过艺术理性

[①] [美]赫伯特·马尔库塞：《审美之维》，李小兵译，广西师范大学出版社，2001年，第109页。

的指引作用,形成与本能需求结构相吻合的世界理解方式。

马尔库塞的美的法则,凭借审美力量抗拒现代工业社会中人与自我的间离和疏远,重回自然的母体并恢复对历史的记忆。"对于人,整个大自然是性欲的第二对象,自然的美大部分都是出于此种情况。"① 马尔库塞的审美憧憬也同样是马克思的憧憬,能够成为革命的组成部分,用美的艺术唤醒沉睡的灵魂。"审美憧憬是革命的组成部分,它是马克思的憧憬:'动物仍按需求建构自己,而人能够按照美的规律塑形。'"②艺术理性的乌托邦精神,是在人与自然统一的爱欲中表现,也是在感性与理性统一的美的法则中表现,并将两者结合在一起。美学恢复人的感官的同时,也按照美的规律改造现实世界,而对世界以合理的美学化方式加以改造,将个体的潜能与自然潜能共同激发出来,也将所孕育的新感性实际地呈现出来,使审美原则成为支配人类生存的功能性要求。

艺术革命需要全新匿名的历史主体,创造涵盖人类社会与自然的新秩序。人的爱欲在其中获得解放形成了美,人与自然自由和谐地一体相处。美学需要考虑两种历史权利如何共存的问题,也就是社会现实原则与个人自由幸福的问题,凸显了"是"与"应该"两者之间的二律背反。马尔库塞用前技术时代的文化与技术统治文化抗衡,希望生成匿名的新时代主体。而在技术时代的工业意识形态,正逼迫高层文化,即前技术文化,改变其固有的特征,一步步将其世俗化。匿名主体散发的人道美学气质,具有鲜明的历史现实意义。"马尔库塞把'乌托邦'定义为随着历史发展不断扩大的人的希望的地平线。当时代幻想的梦境,在物质上(即在经济上和技术上)切实可行,就会转变为一种历史的可能性。"③怀旧的乌托邦是在审美领域反映的前技术时代,而当代审美乌托邦诉求,又是一种后技术文化,是在这一前时代基础上的深化

---

① 〔美〕桑塔耶纳:《美感》,缪灵珠译,中国社会科学出版社,1982年,第41页。
② 〔美〕赫伯特·马尔库塞:《审美之维》,李小兵译,广西师范大学出版社,2001年,第153页。
③ Peter Clecak, *Radical Paradoxes: Dilemmas of the American Left: 1945-1970*. New York: Harper & Row, 1973, p. 184.

与升华，把自由和谐的理念置于历史前端进而获得一种希望。

艺术憧憬的想象力能产生更为真实的世界，即康德所言的第二自然。[①] 未来社会的人与人之间，应该是一种友爱与和谐的新型人际关系，人与自然之间也应保持类似的平衡的关系，若人为满足私欲而无限度地向自然索取，必然招致大自然的报复。资本主义社会自然往往被迫对人类屈从，在被工具理性改造后向资本俯首称臣，人的本性被歪曲，所处的生存环境也逐渐被破坏，导致人与自然处于紧张的对立之中，艺术想象需要通过非压抑的自然来加以表征。

马尔库塞从马克思的《1844年经济学哲学手稿》中汲取灵感，把解放自然作为人的解放的重要内容。在对未来审美憧憬的美好世界里，按照自然美的规律来构建社会，才能实现外在和属人自然的双重解放，人摆脱了理性思维的束缚，能够在感性的想象力推动中，实现人和自然潜能的释放。这与向前工业技术时代的回归不是一回事，也不等同于技术文明成果在现时代的破坏性滥用。"感性、娱乐、安宁和美，在这个天地中成为生存的诸种形式，因而也成为社会本身的形式。"[②] 人的生命力量的发挥，取决于人与自然的关系是否和谐。自然潜能遭受压抑，人对自然的支配意识就越强烈，实际上也就是人的本能压抑的反映；反之，只有自然得到解放，人的自我幸福才能实现，赋予人改造世界活动以更大的主动性与创造力。自由人按照美的法则来重塑外部对象性世界，这种实践形式，发挥了人健康审美意识的特有属性，要对自然界进行美的还原，帮助自然界摆脱偶然性束缚，从种种外界附加的征服形式中转到生命发挥的新征服形式里，重新恢复自然界本身具有的自由的形式和特性，达到和现实社会所培养出来的感受力相反的感受模式。"自然一旦摆脱了暴力的统治和开发，受消遣冲动的规定，也就会摆脱其自身的残忍性，并自由地表现其丰富的无目的的形式，这些形式

[①] 康德把想象力看作是受制于感性和理性的一种创造性的认识能力，能根据真正自然提供的材料和更高的理性原则创造出一个新世界。〔德〕康德：《判断力批判》，邓晓芒译，人民出版社，2002年。

[②] 〔美〕赫伯特·马尔库塞：《审美之维》，李小兵译，广西师范大学出版社，2001年，第100页。

表现了其对象的'内在生命'。"[1]这种新的感受模式,使人的感官接受直接朝向潜在的理想空间。在对自然的审美解放中,建立的非压迫的生活秩序,为人类创造才能的发挥展示广阔的自由前景。马尔库塞主张建立人与自然的新型关系,自然不再被视为征服的对象化存在,而是真正类存在物的生命共同体。

审美憧憬中的解放自然目标,就是要达到人与自然的和谐,将其视为关注劳动者自身生命潜能的价值尺度,这也就是解放不断追求生命完善的人类自身。作为一个人所经验到的客观自然界,是进入审美维度的自由对象,不再是受制于人的随意掠夺对象,也不是对人进行残暴统治的外在力量。

马尔库塞自比为一个"乌托邦人",其美学被视为广义的政治学,希望建立审美王国来实现人类的解放。全面异化的社会的可能性出路在于,唤醒人的意识,重构审美化生存与社会制度变革相结合的乌托邦理想图景,通过这种重构实现新感性的本质要求,为人类解放注入当代乌托邦的元素,倾其毕生的精力寻求通往非压抑性文明的乌托邦途径。

五、反讽否定中的乌托邦艺术气质

法兰克福学派由直接的社会革命转向审美,在病态的资本主义社会中奉行先救人后救世的革命策略,把从异化状态解救人类的重任交给了审美,企图以一种艺术思维或审美的态度进行。马尔库塞和阿多诺这两大理论家,分别用《审美之维》和《美学理论》为自己的学术事业画上句号,将理论跋涉的归宿地放在了广阔的美学空间。更为激进的阿多诺,试图通过否定性的辩证法建构一种具有审美意象的星丛来摆脱现实社会的全面操控。在操控性的文化妄图抹杀知识分子最后的

---

[1] 〔美〕马尔库塞:《爱欲与文明:对弗洛伊德思想的哲学探讨》,黄勇、薛民译,上海译文出版社,1987年,第139页。

想象力之时,审美的乌托邦星丛拒绝变成韦伯所言的"铁笼",也力主唤醒知识分子乃至大众,使其避免变成"铁笼"中的附件。

(一)绝望的拯救:人类心灵对于自我和世界拯救的可能性

阿多诺出于对工具理性批判中另一种可能性的向往,寻求对一种不可能的可能性的憧憬。这种寻求另一种文明模式的希望带有激进的批判逻辑,没有将多维度的社会生活简单化,真正地进入到对社会历史生活的具体分析之中。

后现代主义时代视觉形式逐渐形成与语言符号的合谋,以不同以往的多重样式呈现。原本是一个感性时代,随着读图时代的来临,感性特征变得越发强烈,感官形象也越发显露出来,文化消费中视觉形式占据了绝对的优势,引发了新时期审美艺术的发展潜力。公共文化霸权更为顺畅地建立起来,统治阶级在思想文化领域的支配力量更强大。符号暴力将行为者取而代之,不断地制造出各种审美替代品,以符号与形象之间的断裂来满足日常生活中的欲望实现,放弃了真正意义上的美学生产操作原则。在借助符号手段所表征的可能世界里,文化消费者在开阔虚拟空间中,得到了某种象征性的满足。在这种符号化的趋势下,真实和虚构的界限被打破,审美艺术与生活的距离缩短。能指与所指的裂缝,开辟了更为开阔的虚拟空间。但是,这又使得消费者掉进了情境预设的陷阱里。基于虚假需要的满足,大众的想象力和创造力持续下降,不仅无法满足真实的审美欲望表达,也不可能实现当代乌托邦的审美救赎。

阿多诺以否定的哲学观全面批判现代资本主义,深刻揭露资本主义条件下新文化的本质。资本主义工业文明伴随着统治手段的加强,社会的阶级构成发生了改变,底层阶级的革命特性被解除,甚至将同化机制渗透到各阶层的心理意识之中。通过这种同化手段操纵活动的个体意识,将不同类型的审美主体都一起同化到现存制度里,文化生产与消费发生了急剧垄断。文艺生产者通过文化的形式,又以消费控制的方式在这种垄断之下应运而生。大众传播通过各种现代化工具,为巩固物化成果这一统治意志服务,通过电影等大众传媒手段,为人们提供一种美好生活的幻影,从而为现实辩护,加剧了工业社会对个人意识各个领域的控制。这种文艺意识形态,忽视了现世存在主体的人的存在,不需要发挥人的艺术灵性与创造力,实际上成了统治阶级权力意志的传声筒,垄断阶级的意识形态话语无阻挡地传播开来,借助媒介渗透到社会生活的各个方面,进而达到维护现有制度的目的。阿多诺有力批判了资本主义审美方式所暴露出的双重迷惑性,艺术在无意象的世界里,已经堕落为政治利用工具。

阿多诺认为,资本主义的文化形式扼杀了人的个体的积极性,工业化是艺术走向消亡的终点,文化产业化运作是按交换原则运行的,商品交换已成为一种必然存在,交换逻辑成为一种控制思想、行为和生活的潜在逻辑。作为资本拜物教附庸的艺术发展本身,又强化了文化享乐主义,主动宣扬现存制度的文化产业运行逻辑,由于其标准化和流行的特征又引发强烈文化的消费,使艺术不可能真正独立存在。文化系统作为一种诺言,所渲染的是一种虚假的情感,以剥夺人们抵抗现实的欲望,虚假的外在幻觉让人渐渐忘却了真实的存在,无形中就把真实的现实困境尽情吞噬。这是一种物所造成的后果,而少有人为的因素。资本主义垄断性质的文化模式,以表面形式的多变参与到泯灭个体性的过程中。对艺术丧失灵性的事实加以遮盖,这已经成了控制大众意识形态的一贯手法。所谓的大众文化对同一事物的不断复制,与工厂生产无区别可言,只是用重复的手法、相同的细节与结构。这种强迫一律的程序化方式,遗忘了自我的存在,窒息了个体的艺术独创性,特殊的审美主体变成了价值的抽象物,丧失了独立批判性思考的空间,人丰富的内在性也渐渐被抛弃,审美留下的只剩机械式的反应,哪怕是由于审美情趣的差异,而选择不尽相同的文化形式,也一样找不回审美追求的本来意义,逃避不了文化工业装置已经设定好了的标准化圈套。"如果不显现出精神,或者说没有精神,艺术作品也就不复存在。"[①]发达的技术文化手段模式化生产,使得人们在标准化的审美框架内,面临各种艺术形式的选择,做出的是无本质区别的非选择性接受。文化接

---

① [德]阿多诺:《美学理论》,王柯平译,四川人民出版社,1998年,第157页。

受作为一种标准化的产物，隐含了表面感觉不到的不可选择性。这种文化生产方式与文化接受者之间，构成了一种特殊的施虐—受虐关系。

文化工业表面上以审美接受者的需求为导向，随着生产方式的地位巩固，就会刻意控制和应付人们的需求，而实际上体系化生产也就越会加剧。意识形态通过升华作用成为虚假意识的代言人。披上文艺外衣的意识形态，通过提供新的舒适生活方式，掩饰现存社会的冲突分裂，本能都是为了建立某种社会同一性，以达到对自由审美意识的钳制。虚假渴望背后的社会同一性质，不是通过原先主要的宣传灌输手段，而是通过满足大众生活向往和审美消费的欲望来实现行使欺骗的手法更新颖，实际上是形成于个人之间的极不同一的基础之上。工具理性与极权统治的合并，使个体完全地整合到被同化的社会中。"文化工业不断在向消费者许诺，又不断在欺骗消费者。它许诺说，要用情节和表演使人们快乐，而这个承诺却从没有兑现；实际上，所有的诺言都不过是一种幻觉。"[1]表面声称具有个性化的审美需求，实际上是以统治阶级意识形态的巩固来掩盖人们真正的需求，形成的是一种只限于传播表面的平均化倾向，以公共的平均意识取消审美主体的个体意识。现代社会对私人领域的蚕食大大超过以往，文化技术垄断成为束缚人类精神世界的奴役工具，不再是人类解放的自然力量。大众只是作为文化技术的被动接受者，在意识形态的控制中被慢慢驯服，丧失了现代人原本具有的文学想象力和艺术创造性，对意识形态的质疑能力和揭露意识也在慢慢忘却。

阿多诺认为，知识分子也被纳入统治文化意识形态的灵光圈。在资本主义当代革命现实中，马克思期望的生产力水平早已达到，却并未对社会发展进一步憧憬，生产关系的变革还是处于滞留状态。资本主义的审美图画，作为文化工业标准化的成果体现，又强制艺术家们也要不断适应标准化社会，不知不觉中被统治标准序列操纵，并认同所进行

---

[1]〔德〕马克斯·霍克海默、〔德〕西奥多·阿道尔诺：《启蒙辩证法——哲学断片》，渠敬东、曹卫东译，上海人民出版社，2003年，第156页。

的全面文化控制。在对精神实施了全方位控制后,人们不再追问艺术所具的真正价值,习惯于顺从大众审美通道宣传的审美旨趣,在社会意志传达出的意义后面随波逐流,最具反抗精神的知识分子阶层也要保持沉默。

在后现代社会中,阿多诺不再将阶级对抗视为关键要素,社会整体的内在对抗才是要害。以沉思默想和和平安宁代替积极有为和不断运动,不同于以一般的当下审美生活来代替单纯生产力的发展,在某种程度上这可以看作是后现代性对马克思有关思想的批评性回应。要克服这种内在的对抗,就要否定对进步的抽象崇拜,改变人类自我毁灭的暴力形态,以期建立一种正当的社会。艺术的审美乌托邦性质,隐含了否定现实和超越世俗的癫狂情绪的同时,也更大程度上寄托了人类心灵对于自我和世界的"绝望的拯救"。

(二) 自主自律:拒斥标准化文化生产的否定性功用

阿多诺从呼唤人性复归的高度进行考察,期望艺术能矫正被现实社会扭曲的人性。由于大众文化不但没有营造共同的精神家园,相反却成了人们精神在现实中受困的帮凶,为此,阿多诺极力营造审美的乌托邦,希望以此抗拒现实、恢复人性,并认为,艺术既应反叛现实,同时又应保持自主自律的本性。[①]

阿多诺期望通过审美乌托邦的否定与反叛功能,救赎人类的艺术灵性。阿多诺在审美主体的定位上,具有强烈的批判意识。在新的社会历史条件下,人们要从科学理性的专制主义统治中解脱出来,就要通过审美乌托邦的运用,消除人的本质异化和扭曲人性的状况,直指人类精神理性的嬗变。人类好不容易从第一自然的压迫下解放,又由于自身因素而受制于人为的第二自然。现代人的审美活动,应从趋于同一的现实世界逐步走向与现代生活的非同一,通过非同一原则的有效运用,从科学理性的专制地盘中恢复人类的审美本能。在阿多诺看来,现

[①] 和阿多诺持相似立场的霍克海默看来,最能体现这种自主性的是艺术,它能够与工具理性世界构成一种紧张的对立关系,不断强调自我发展逻辑,并拒斥现实。〔德〕霍克海姆:《批判理论》,李小兵等译,重庆出版社,1989年。

代社会导致对人性的压抑,人类本性中的合理东西甚至被切割成仅具有抽象属性的机械化碎片,使人陷入了绝望与空虚的境地,有时只是作为非人化的幻想意识形态而存在,因而迫切需要承担起拯救灵魂重任的精神武器,恢复失去的历史记忆,把非人化的东西回归人性的自然本色之中。

接受者在阿多诺的大众文化批判视野内,承担了破除虚假总体性的任务。艺术如果表现出的是一种肯定性的总体性,则是对难以解决矛盾的表面调和。而真正的艺术在形式领域实际上与现实世界相对立,表现出的当代乌托邦包含的否定总体性是在于对个性的包容和尊重。单一总体性的现实世界,对无法一致的个性进行统一化的管理和控制,这是从根本上违背当代乌托邦的审美旨趣的。人的个性应当是丰富多彩的,而并非呈现出铁板一块。人审美意义上的解放,不只是物质条件的量变满足,而是达到对物化否定的质变效果。"精神将艺术作品(物中之物)转化为某种不仅仅是物质性的东西,同时凭借保持其物性的方式,使艺术作品成为精神产品。"[①]只有接受者处在审美的评判地位,揭示出统治阶级虚假的总体性,用个体的不可比拟性来对抗社会整体性,才能使文艺接受者从现代文化阴影中转开。

阿多诺呼唤艺术的自主自律,并通过艺术的自主自律来影响现实。在他眼中的艺术本就是自主自律的,应作为对现实世界的背离与否定认知。在阿多诺眼中,正是审美让人们对现实产生了陌生感,在此基础上形成对现实的怀疑,才促发到对现存社会的深入思考。只有成为自律性的东西时,艺术具有的对立性才能一览无余地展现出来。真正的艺术通过自律构成对文化产业的对抗,尽量摆脱商业交换价值的干扰,和商品生产的拜物教逻辑划清界限。"必须从两个方面来考虑艺术的社会本质:一方面是艺术的自为存在,另一方面是艺术与社会的联系。艺术的这一双重本质显现于所有艺术现象中;这些现象是变化的和自相矛盾的。"[②]把未来的文化形式作为一种自主自律的艺术,可以在当

[①] 〔德〕阿多诺:《美学理论》,王柯平译,四川人民出版社,1998年,第155页。
[②] 〔德〕阿多诺:《美学理论》,王柯平译,四川人民出版社,1998年,第388页。

第三章 审美创设下的当代乌托邦营建

代乌托邦的审美领域,尽情开展弘扬个体灵性的文艺活动。康德也使用自律范畴来指认审美的特殊性质,阿多诺更进一步把审美具有的合目的性展示了出来,认为,这种合目的性带有超然于功利之外无目的意味。由于艺术的自律品质内在地具有自由维度,蕴含着强大异在超越性的精神元素,自律的审美形式,已经不仅是单纯对现实世界的反映,否则就会朝纯粹意识形态的方向转化,就会降低个体本身的意识和下意识,使之下滑到阶级意识的包围圈,会导致整个审美主体领域鉴赏和批判力消弱,因此,势必要正确评估审美自律性前提下的艺术所主张的批判现存秩序立场。在这里,批判理性被合乎逻辑地赋予了美学合法性。当今不是政治艺术化的时代,但政治已向自律艺术领域转移,审美由此具有既与社会现实相关联,又是自律的双重品格。

阿多诺指明了审美与社会现实之间的关系,认为,真正的艺术理应变成一种趋向精英化的乌托邦主张和行动。艺术的发展与社会有关,艺术的社会性就在于,它能处于社会的对立面位置,是对既成现实的否定与抵制。这种对立的艺术,只有经同自身的存在达到自律,才会出现在实现社会批判的任务中。但与此同时,艺术也是按照自身规律来演绎的,具有自主独立性,可以通过生产力的方式而产生,再到广阔社会领域汲取所需的素材内容。艺术继续成为具备抵抗社会的力量,呈现给社会的是某种非常间接的抵抗或抵制,而不是某种直接可沟通的内容。只有保持对现实的批判精神,追求那种现实世界中尚不存在的东西,做到先期把握这种尚未存在状态,才能在艺术自律品质的凸显中,逐步拉开与社会现实的距离(其中含有乌托邦要素),才能指向未来社会政治的转变,实现艺术的真正意义所在。艺术既是对现实的否定,同时又是自主自律的,看似与阿多诺审美功能主张矛盾,其实符合他思想内在逻辑的观点。法兰克福学派一般把自律视为一种现实的对立关系,在这种对立中形成一种拒绝物化现实的革命性意识,以反对现实干涉审美领域。① 阿多诺反对束之高阁的唯美主义，否定那种为了艺术而艺术的纯粹美学。与此同时，艺术应与现实保持距离，不应受外界的纷扰，应保持艺术自律性，遵循美学自身的发展规律，真正做到为艺术而艺术，大力提倡生活模仿艺术，同时也反对媚俗的民粹主义艺术。

阿多诺指出了艺术的价值，以实现乌托邦拯救功能。在他看来，可以在艺术的期望中发现理性的内容，因为艺术本身也具有一种理性目的，虽然可能不能完全实现想要达到的理想，却能尽力隔断与自身联系在一起的那部分异化现实。在其蕴含的排比逻辑里，把理性的解释效力与偶然性内容相结合，组合成一种开放式的乌托邦未来想象，以对抗来自某种非理性的理性，通过强大的精神补偿作用，呼唤真实的人类精神理性。② 由于艺术源于生活并高于现实，所以艺术生命是以对乌托邦精神的追求为蓝本，艺术品所能展示的也是尚未变成现实的精神性存在，更多的是在于追求尚未存在的东西。艺术的自律价值，就体现在艺术能够抗拒现存，并超越既定的社会关系。

关于乌托邦的拯救功能，阿多诺在个别特定表述中持保留意见，但仍高度重视其间接性的特殊拯救功能。正是由于拯救与批判两者功能的紧密关联性，他将乌托邦的功能发挥，作为艺术的第一功能加以强

---

①利奥塔将犹太人与其他西方人的文化差异称为他律与自律。犹太人是不愿遗忘过去的群体，声称自己扎根于一本书，始终相信只有上帝才能解放，这决定了犹太人与其他西方人的根本分歧，而欧洲总是认为自己才拥有自主性，这就是本质上具有的反犹太主义。"'犹太人'这种说法指的是所有那些人，他们不管在何方，都试图记住或证明某样不但在个人的头脑里，而且在整个西方思想里，从本质上被遗忘的东西。它指的是所有那些把这种回忆和这种证明，不但作为对思想而且作为对正义的义务、责任或债务承担起来的人。"〔美〕利奥塔：《后现代性与公正游戏》，谈瀛洲译，上海人民出版社，1997年，第195页。

②伊格尔顿在分析阿多诺的美学理论时，将阿多诺对于艺术的期望准确地表达，认为，艺术并不是单纯的感性形式，自身就包含着理性的内容，而且可以通过感性形式来表达理性。通过这种表达将理性的真正内涵得以完整地呈现出来，工具理性的非理性本质也将通过艺术的感性形式得以揭示，理性社会所隐匿于其中的非理性因素，在艺术中被呈现出来。"如果艺术含蓄地驳斥了工具理性，那么不仅是起到抽象的否定作用，相反，通过把理性从目前的经验性限制中解放出来而废除暴力的打击，并且通过理性的自我批评而呈现为过程，但不会压倒它自己。"〔英〕特里·伊格尔顿：《审美意识形态》，王杰等译，广西师范大学出版社，1997年，第356页。

调。拯救功能在批判功能基础上加以拓展,批判所要达到的结果就是拯救,两者是一个事物的两个方面。当代乌托邦体现出的审美特质,是艺术之为艺术的本质化结构的构成要素。阿多诺对文化工业时代的艺术加以批判,这是因为审美已经反映出传统审美乌托邦中,明显虚幻性意味的消极取向。"艺术为了避免担负那种提供慰藉与幻象的罪责,而又不能成为乌托邦似的东西。"①阿多诺对艺术否定性品质的首肯,暗示了艺术的当代乌托邦性质并没有遭到拒斥,只是由于社会现实的意识形态误解,才压抑了乌托邦的新生。

真正的审美,以否定的辩证法为武器,彰显人类乌托邦精神的理性本色。它应努力达到对现实世界的反叛与超越,以此来深入批判工具理性和异化社会。真正的艺术,拥有否定与批判的双重功能,应当是一种具体化的审美活动工具,带有乌托邦浓烈的批判和拯救意识,要将未来审美工具中所能起到的代偿性质,淋漓尽致地发挥出来,承担起拯救异化心灵的历史重任。

(三)反艺术:独立批判价值对异化现实的精神反拨

阿多诺的反艺术是对社会的反题,呈现在现实社会面前的是一种典型的社会性逆反现象。"艺术是对社会的一种社会的反题,并且是不能直接从社会演绎出来的。"②他希望在艺术中能拥有独立的批判功能,发挥出从灵魂上对人的拯救价值来获得对艺术的救赎力量。

阿多诺竭力批判现世艺术的同时,认为,审美不再以具有本真性的独立形态出现,而呈现为一种泛化的现代文化形式。人们在现代审美方式下是去消费艺术作品,敏锐的艺术感官能力渐趋钝化,不是以一种欣赏的眼光来面对充满商业气息的艺术作品。本雅明关于韵味的消失,在阿多诺那里,实际上已被当作经验的标准化形式加以读解。③ 标

---

① 〔德〕阿多诺:《美学理论》,王柯平译,四川人民出版社,1998年,第57—58页。
② 阿多诺:《论艺术》,载刘小枫主编:《现代中的审美精神:经典美学文选》,学林出版社,1997年,第1011页。
③ 在本雅明看来,大量艺术作品的机械复制使作品既有的韵味消散,传统叙事中心在此间逐渐坍塌,或是被深度抹平,审美传统不再作为核心而起作用。〔德〕瓦尔特·本雅明:《机械复制时代的艺术作品》,王才勇译,中国城市出版社,2002年。

准化形式的扩展,意味着作品的艺术的特质已不再,文化现象中反映出的所谓的特性,是以某种虚假观念来促进经验的标准化,这反倒形成了关于所谓特性的千篇一律。泛化的大众艺术,就有一种伪个人主义的虚假状况表现。审美所具有的特质,在文化工业的冲击下濒临溃散。现代社会里的文化,不再是少数人的奢侈品,也不再固定为少数人的行为,即便文学样式再繁复、内容再难以理解,在科技推动背景下的现代主义文化,也不会造成和大众的绝对相疏。文化作为思想的产物,在现时代往往不具备独立存在的价值,被迫沦落到一种产业的地位。审美更多在其作为娱乐手段的功能上大加发挥,不仅艺术被迫沦为非艺术,以崇拜矫揉造作的明星为乐,这种媚俗获得社会的普遍欢迎,把没有意义可言的感官快乐当成一种艺术欣赏,不再怀念把文艺风格作为坚强武器的艺术家。文艺应当具有的战斗风格,堕落成为盲目的文化消费观念。欣赏音乐等文艺作品,不再是以反对杂乱无章的现存社会为目的,而是发生了欣赏力的退化,作为恢复工作能力的手段。"艺术方获得另一重要特征:一种内在的发展逻辑。艺术不应该因其与巫术符箓、人类劳役与娱乐有过不光彩的关系而受到指责,因为艺术终究消除摆脱了这些连同其不光彩的记忆在内的从属物。"[①]真正的艺术应该对抗规范化的文化生产,对现代工业的入侵持拒绝态度,修复给大众所造成的人性分裂,消除标准化对文化消费群体的侵蚀,把人从异化生存状态中拯救出来。

现代主义艺术更多是从形式上达到了对现实背离的效果,在阿多诺这里成为脱离现实异化性影响的艺术。形式是理解社会的钥匙,通过这一审美形式在语言使用和文艺创作上的革新,不再用廉价的形式默认现实,而是以外观所显现的不完美结构和破碎外观来映照原本现实所具有的本真性。个性化的现代艺术,在形式与内容的双重意义上同现存社会保持了一定距离,对社会总体的统治构成了否定性色差。这种具有否定性和批判功能的审美乌托邦,既形成了现存体制的反抗,又给人以未来的希望:一方面,揭示了大众文化面临严重危机的、不断

[①] [德]阿多诺:《美学理论》,王柯平译,四川人民出版社,1998年,第5页。

生成颠覆统治文化架构的力量;另一方面,又给大众被压抑的灵魂提供了审美革命的精神锐器,维护了审美自身的独立价值,试图以主体性力量的张扬来实现艺术价值的当代复活。阿多诺尝试以一种非总体化的眼光去审视当代艺术作品,现代主义艺术也可能成为工业的复制品,但在这种现象的影响下,却成了自觉追求的文化时尚[1],从而打破虚假意识形态的传播,使文艺消费者们摆脱虚假需要的作用,唤醒对这种需要的不真实回应,达到人与人之间的和谐自由,实现当代乌托邦引领下的人性解放。

阿多诺对现代艺术与其他艺术形式做了区分,以此认定前者才能完成审美乌托邦建构的任务。他排斥摹写现实的传统艺术,反对传统的现实主义与浪漫主义。他把传统浪漫主义看作对虚假之美的幻想,追求的是一种伪浪漫主义情调。文化群体成规模地增长,现实的文化群体已呈现为一种多元化,人们的思想进路不断向纵深发展。阿多诺也反对艺术模仿现实,照搬现实来进行创造,而传统现实主义恰恰是对物化形式的照相式读写,追求的是一种伪现实主义模式。艺术作品都似乎呈现一个风格,形成了统一的标准化格式,不断向现实妥协和趋同,丧失了原有的审美特质,自由的个体审美趣味被消解。两者都不能完成审美乌托邦建构的任务,而只有真正的现代主义,作为同外在异化不懈抗争的内在异化形式,才能排斥社会的同一化带来的冲击。当今艺术本身的悲剧在于,它在现代资本主义条件下迅速发展,却又成为可用于进行交换的艺术产品,导致纯粹的艺术作品拜物化,自足意义上的启蒙功能不复存在。虽然事实上人们对现代主义艺术有一定的认识局限,但并不妨碍他们借这一艺术形式抬高审美身价。阿多诺不是针对某一种文化形式能否被接受,也不是微观地检验某一种文化产品是否具有美的品质,而是通过建立审美的乌托邦形式来与现实抗衡。只有在这一类型的异化艺术方式表达里,才能获得现实压抑性统治的否定性力量。艺术成为批判现实

---

[1]阿多诺特别推崇勋伯格、卡夫卡、乔伊斯、毕加索等文学艺术大师的作品,因为他们的作品打破了均衡与和谐状况,以突然的断裂和片断化来中断观众或听者的惯性思维,彰显了当代乌托邦审美的批判和否定特质。〔德〕阿多诺:《美学理论》,王柯平译,四川人民出版社,1998年。

的重要手段,只有置身其外对现实世界进行透视,才会取得合适的观察视角,进而得以全景式地展现事物的全貌。

阿多诺提倡现代艺术变形的形式所具有的颠覆功能。他通过对先锋文艺作品的理解,认为,精英主义的荒诞形式是能反映出来某种异化的艺术形式,并指出,各种文艺形式在面临社会现实的实质状态和特征表现。[1] 现代派对丑的认识就具有先锋特质,支持丑这一类型跨入审美行列。因为丑从某种意义上,就是在对社会的偏离效果中,实现反拨异化现实的艺术方式。现代派通过将丑带入审美领域,可以把当今人类生存处境的焦虑挖掘出来,让丑这种反拨现实的批判形式,反观自身逼近绝望的非人化现状。"艺术品中所潜藏的意识是从社会中分离出来的意识,因此被迫采取怪诞、不和谐的形式。"[2]现代主义艺术的基本特征,就是从审美乌托邦中所显现出来的不和谐气质,从直观的形式上凸显了其作为社会的对立面的存在。艺术作品的不完美性,就表现为现代艺术对美好感性外观的否定,使伪艺术自身走向衰亡。

阿多诺强调现代艺术的否定性功用,主动寻求能够完全否定现世意义的艺术来达到对既存体制的否定性认识。从表现形式看,艺术反映出虚构幻象的特征;而从本质上看,艺术不是对现实的刻意模仿,呈现出的是与现实世界相反的广阔领域,是对既成异化现实的顽强斗争。他把艺术当作是现象学意义上的非实存幻象,这种所谓的幻象,是一种对现实世界的否定性认知形式,而不是一般意义上所言的现实意识形态欺骗。阿多诺从否定的辩证法出发,认为,否定性才是现代艺术的本质特征。艺术在此时独具反艺术的性征,由对艺术外观的消解,进而否定滋生伪艺术的外在现实世界,但这并不意味着对艺术的消灭。这种

---

[1] 阿多诺认为,卡夫卡的《变形记》等先锋艺术作品,表面看来十分荒诞不合常理没有意义,但是主人公的非人化这种表面的无意义,却蕴含着非常深刻的对资本主义现实的理解。卡夫卡小说真实地表现了现实压迫下人类心灵受到扭曲的内在真实,通过对欲望的弃绝拯救了欲望,通过对理性的抛弃唤起读者的深思。"只有脱离经验实在,艺术才能按其需要塑造整体与部分的关系,艺术作品也才能高于实在。"〔德〕阿多诺:《论艺术》,刘小枫主编:《现代中的审美精神:经典美学文选》,学林出版社,1997年,第1006页。

[2]〔德〕霍克海默:《霍克海默集:文明批判》,曹卫东编译,上海远东出版社,2004年,第217页。

乍看上去的艺术解体,又重新在这种解体中赋予了审美新的生命,与现实间保持必要的间距,追求审美意义上的乌托邦存在。

阿多诺看到了现代艺术作品的不可替代性质,预言了艺术的生命价值,在现代社会和后现代社会中,都同样在于非人的旧有艺术消失。审美救赎异化与暴力滋生的社会被宣告终结,只有审美乌托邦能唤醒沉睡于尘俗之中的灵魂。人类逐渐退化成了技术工具化的动物,已经无力拯救审美自身,知识和技术的阴影遮蔽了他们的语言与思维、行为与准则。审美必须以提问的方式,开启人类被知识和技术蒙蔽了的智慧,履行其审美乌托邦的责任,将审美作为与异化现实相抗衡的手段,成为人类复归人性的重要途径,引导芸芸众生接近审美的乌托邦世界,以审美路径带来乌托邦的希望之光的来临。现代主义艺术成为在可替代和可交换的物化社会中,独特的不被物化的存在,为了保持这种不可替代特性,就需要唤起对可替代世界景象的批判意识。艺术之所以具备不可替代的特性就在于,艺术作品的形象化处理不是艺术作品对现实的机械模仿,反而在某种程度上是现实在对文艺作品进行模仿。这种形象通过幻象或表象而非摹品的手段呈现,清晰地对艺术与现实两者给与了关系上的界定。"艺术作品如果是幻象或表象,而非摹品,那么也就是形象。"[①]哪怕是独特的事物,在现实中也是可替代的。艺术要具备与现实世界完全不同的不可替代性,就要通过对未来想象的形象展示,摆脱现实所强加的同一性模式,同现实世界事物的可替代性相抗衡。传统艺术已逐渐被现行体制同化,而阿多诺希望艺术凭借其存在本身对社会展开批判。这种审美乌托邦的社会性偏离,乃是艺术存在的缘由,即对特定社会的特定否定和坚决批判。这种偏离的审美形式,明确被指认为一种批判者的角色,蕴含否定现实完满并试图超越物化现实的可能性。

现代主义艺术施用破碎的形态来实现自己,而不是靠完全整一的形态,甚至必须通过否定自身,成为其所不是来折射和抗议异化的现

[①] [德]阿多诺:《美学理论》,王柯平译,四川人民出版社,1998年,第150页。

实,具有更为强烈的造反和颠覆功能。① 艺术不可能是全面的,也不可能完全代替现实世界,但它对社会批判性反思的辩证态度,体现了乌托邦不断创造新希望的生命内涵。

(四)写诗:反思奥斯维辛中对更切近合理性的追逐

集权政治一般总是带着偏见的眼光去看待批判,认为,一味只知道进行社会批判,虽然暴露出了种种社会弊端,但解除弊端的良方却未开出来。阿多诺的美学批判是从复杂的社会境况里提炼而出的,它本身和社会结构的变迁形成了一种相互交织的关系。而集权政治对批判所持的德国式偏见,其实只是权力认同的一种表现形式。阿多诺的审美乌托邦对现存事物采取否定性的批判态度,就是为了去追求值得肯定的东西,这种肯定的东西不在于是否能立即创造出来,也不在于是否能立即得以言说或描绘。

阿多诺深入分析了在批判的解构性与建构性之间,通过怎样的中介或连接手段来对二者间关系进行处理。由于分工在现代社会的推开,从事建构性方案的人与社会批判者彼此是相对分离开来的。否定性的批判,往往具有解构的特征,但这并不意味着要等到建构性方案产生之后再去发挥批判的功能。要避免过于轻率地进行批判的话,就要高度关注从事批判的规范性前提所起到的必要的限定作用。批判为自身确定的规范性标准:第一就是消灭社会弊端,并对社会整体做出改变的愿望;第二就是对之加以自我反思。在思维的批判活动中,把两者规范性标准加以联系,并以合法方式在批判行为中确定实践的目标,判定自身的客观要求中的社会构想与现实社会能达到多少相合度。通过文化来从事的社会判定活动,无法脱离社会本身之外展开。文化对它所属时代展开的社会批判,不可避免带有这个时代的痕迹,有这个社会本

---

① 阿多诺与卢卡奇在这一点上认识相异:前者将文学分为现实主义文学和反现实主义文学两种,浪漫主义与颓废派都属于后一种,认为,资本主义仍具有总体性特征,对于现代主义艺术中普遍存在的那种支离破碎的艺术形式表示担忧,主张艺术模仿现实,反对现代主义艺术而看重的是现实主义文学;而阿多诺则肯定现代主义艺术所施展的破碎形态。

身所附着的东西。处于过去文化搭建的平台上,现代艺术才有生存的余地,才有达到未来社会的眼光。

阿多诺指出了克服文化乃至社会整体的内在对抗的方法。他意识到要从审美维度杜绝抽象进步观的盲目崇拜,建立一种安宁静默的生活方式,逐步过渡到一个摆脱资本主义价值规律的社会,用和平正当的生活理念,取代那种出于利润导向的不合理商品生产法则,进而用具有审美特性的田园诗般生活实现自由,形成一种非革命暴力的正当社会和解。这种和解既力图将理性从史前时期拯救出来,又希望把人类从精神困顿里解脱出来。这实际上是以特定形式来对抗现存社会结构,作为一种当代乌托邦无形的希望表达,展现由真正人类史延伸出的理想审美图景。知识分子要以社会的良知代言人的身份出现,使得真正的艺术教化功能得以发挥,把所掌握在手的文化资源,运用到实现自由人的共同体的理想中去。作为整体出现的市民社会,不断以人类自我毁灭这一暴力形态出现。

阿多诺从美学层面上破解民族主义牢困局面,这意味着要求全人类共同反思奥斯维辛。灭绝犹太的极端种族主义思想,对整个欧洲造成了巨大伤害。奥斯维辛作为全人类的苦难记忆,将实然存在和应然存在的对立面深刻而残酷地加以揭示,在现实性与合理性的同一之间,撕开了一个裂口。必须要在这一裂口撕开后去蔽,因为合理存在作为事物本应达到的状态,不应在现实性的裹挟中生存,而事物的现实存在已不具有原来的完满性。奥斯维辛层出不穷的杀人手段被认为是源于科技的进步,这种对启蒙理性的误解继续盛行,使得起始点上对合理性的追逐,带有对现实性的不满与批判。科学进步无法圆满回答人类生存的意义这一司芬克斯之谜,绝不可能等同或者决定人类的前途,本应早该被抛弃的科技至上的工具理性主义,却被这一事实用突发的观念中止。本来被看成是人类进步重要标志的祛魅,却在抹去科学和理性之间差异的背景下发展,造成了科学和理性在本质上被认为是无法区别的误解。

阿多诺力求改变并打破原先的理性神话,坚信艺术否定现实的同时,也提供了一种反映不存在事物可能性的审美现实。他坚定地走在反黑格尔体系这条路上。审美实体本身具有非概念的性质,往往需要通过哲学话语来加以合适的阐释。哲学以美学的姿态出现,作为艺术的忠实解释者,第一次真正地获得了自身的声誉。这种现实可表达出对可能性东西实现的关切,间接揭示出现实的合理未来趋向。纳粹主义等极权统治形式,与启蒙理性之间不存在必然联系。理性对于人来说,其形成的不同结果,其实出于人类主体的自身选择,换言之,人类灾难的降临很大程度上是由于理性的匮乏所致,启蒙观念的理性反思在人们面对各种灾难之时往往是缺失的。人们面对歪曲利用理性的行为,警惕性和识别力也远远不够;相反,这并不是导致理性泛滥的理由。一般反奥斯维辛的祛魅,很容易危险地导向虚无主义。而阿多诺这种祛魅的先知祛魅者认为,写诗几乎是全人类共有的,提倡用审美武器开启另一条对合理性的追逐之路,在概念中自我超越的否定性思维方式,表达了人们对精神生活的思索,不仅不会忽视对社会历史的关注,而且往往会形成对现实更切近的合理性追求。以此来进行启蒙运动的批判式扬弃,并不是彻底的否定,而是通过反省其局限性,更好弘扬其中所具有的积极观念。"对启蒙的批判,目的是准备好一种实证的启蒙概念,以便把它从与盲目统治的纠结之中解脱出来。"[1]审美将其矛盾对准被误用的理性,试图通过反省恢复新的启蒙希望。

阿多诺指出,回忆这一审美要素,连接了乌托邦与他律性的写诗文化。当代乌托邦承诺的救赎功能,不同于人类主体的宗教救赎。阿多诺审美乌托邦的建造,否定了完满现实的可能性,那种几乎是不可调和的深刻对立,给了人们审美追求的契机。阿多诺与其他不愿遗忘的犹太人是奥斯维辛同时代见证人,通过否定写诗这种手段来直白地要求人类绝不应该忘记奥斯维辛,意图否定人类现有的一切和谐,即现实的合理性、完满性,通过回忆奥斯维辛这一幕带给犹太人深重灾难的过去,继而达到对现实的否定,并勾连起了历史过去与社会现实,给了两

---

[1] [德]马克斯·霍克海默、[德]西奥多·阿道尔诺:《启蒙辩证法——哲学断片》,梁敬东、曹卫东译,上海人民出版社,2003年,第5页。

者以对话的平台。于是审美乌托邦与1955年的名言即"在奥斯维辛之后,写诗是野蛮的"这一对立消失了,两者在深层本源上一以贯之。那段沉重的历史,以隐秘的方式,在经验生活中继续存在,文明进程中才会由此形成对历史惊人的模仿。实际上,这种模仿行为方式以感性的方式加以表达,实则是对艺术表现真理的一种具体说明。真理内在的强大内驱力,依照艺术独特的感性表达手段,达到对历史反省的理性生成效果。精神产品在回忆这种审美作用下,完好无损地得以保存。这种达到历史回忆模仿功效的艺术,受理性的加工与改造。艺术与理性之间,具有不能回避的亲和关系。仅凭审美思维方式,是无法改变客观存在的。在现时代写诗面临的悲剧情形下,进一步认清人受到同化的现实境遇,从而认识到具有否定性向度的健全革命主体,才可能获得真正意义上的革命成功。

阿多诺对现实性的批判在审美乌托邦之路上得到了缓解,深入资产阶级秩序本身做内在批判,部分归因于"'浪漫主义—反资本主义'驱动力的驱动结果,更重要的是回忆这种艺术特质,赋予经历惨痛历史的人们,以乌托邦观念具有的批判与洞察能力"。阿多诺的审美乌托邦,是与人的自由解放分不开的。他进行社会批判的规范,很大程度上是通过审美观念的启蒙来实现的。

阿多诺的审美乌托邦不在于能描绘出活灵活现的形式,也不在于能唤起看得见的乌托邦明确形态,而在于对资本主义社会现实提出具有深刻的历史背景和强烈的现实针对性是一种指向明确的功能性美学,有着积极的建设性意义。不能因为整个法兰克福学派的审美乌托邦是基于人道主义而提出的美学主张,就把它从整个社会历史背景、哲学文化语境中分离割裂开来,粗暴地否定它所蕴含的进步可能性和现实性。阿多诺关于审美乌托邦重建,不再是选择直接的拯救形式,而是旨在开发其内在存有的提问和反抗功能。审美乌托邦救赎功能,就是以现代艺术方式作为中介,在审美乌托邦建构中达到对异化现实的反叛。这类全新的艺术形式,是一种对异化精神不折不扣的反拨。

六、文化逻辑中的乌托邦美学政治

詹姆逊针对西方思想界现代性话语的盛行,直指当代世界现代和现代性等概念的病症,认为,现代性话语的扩张,在一定程度上揭示了一些左派思想家为超越既定现实,探讨了各种社会改革观点,但并没有与现实切实地拉大距离。"系统的转变在'现代'这个词统辖的领域是无法理论地把握的,甚至是无法想象的……我们真正需要的是以乌托邦的欲望来完全取代现代性论题。"[1]他认为,要走出时代的文化困境,就要从走出现代性话语转到新的乌托邦话语形式上来。这里的当代乌托邦,从本体论上将乌托邦作为生命形式与文化领域内在的未来因素,又从政治上将其界定成欲望满足的社会想象形式。这与其他关于社会改革的主张不能混同,是一种批判地与现实保持距离的思想形式。

(一)文化:通向真理本源和民族历史道路的未来种子

詹姆逊强调,置于宏大历史语境里的后现代主义,作为该历史阶段的文化主导,实质上乃是资本主义新阶段的文化逻辑,为这个新阶段表达了不同以往的意识形态范式。它既表现出向后现代文化过渡的一次历史断裂,突出了断裂性特征;又与以前的文化形式相连,作为资本主义发展的一个文化阶段,突出了残存与新质共在的连续性特征。

詹姆逊对现代主义与后现代主义做了区分,以查找乌托邦衰退的真正原因。一般认为,后现代主义是中产阶级或新小资产阶级的文化,但这并不说明他们的文化实践演化成为主导地位的价值符号。后现代主义的大部分主张,在现代主义中都有章可循,然而这种新的风格样式,却跃出了社会现实法则的边界。后现代主义的文化既是这一过程的动力,也是这一过程的本质,而这也是特殊性融合到普遍性之中的过

---

[1] Fredric Jameson, *A Singular Modernity: Essay on the Ontology of the Present*. London: Verso, 2002, p. 215.

程。文化在晚期资本主义的条件下,向社会现实全面地扩张和渗透,后现代主义无非是现代主义向现实主义的回归。不同于法兰克福学派所言的文化工业,这种新的商品化形式出产文化商品,或将商品加以美学化的改造,进入消费主义的平台,甚至转化为新的文化帝国主义,导致艺术与商品、文化与生活的界限日益模糊。后现代主义随着资本主义经济基础的持久运行,而逐步累积而成。它乃是一个商品化的更高级、更纯粹的阶段。它通过对任一中心、界限和价值的消解,将晚期资本主义所建立起来的文化秩序打乱,颠覆以往的文化危机由此产生。后现代主义文艺作品几乎一致把乌托邦看成一种近代现象,不是试图构建一个完整的世界,而是使之断裂,甚至破坏原有的完整性,"在目前环境下,人类生活业已被急剧地压缩为理性化、技术和市场这类事物,因而重新伸张改变这个世界的乌托邦要求就变得越发刻不容缓了"[1]。后现代的理论场域内,乌托邦空缺特征明显。乌托邦构想具有对异化世界的强大批判作用。

詹姆逊揭示了后现代文化的空间特性。其机械性的拼贴大规模流行,各式的拼凑和类像也频繁出现,貌似文化盛宴中的狂欢。这种文化形式内部所反映出来的纯粹话语游戏,实质上意味着深度历史感的世界正在消失,也没有任何现实感可言。艺术的文化化,将其抵达真理和民族历史之路自行封闭,进而表征了艺术的政治化,文化试图以更为人道的非暴力手段,以极端表现手法,达到对世界的全方位控制,当代资本主义社会的文化矛盾表露无遗。[2] 拼贴只剩下能指在无限滑动,而所谓的所指已不知去向,差异的彻底表露,不可能再有风格创造的彰

---

[1] 〔美〕詹明信:《晚期资本主义的文化逻辑》,张旭东编,陈清侨等译,生活·读书·新知三联书店、牛津大学出版社,1997年,第34—35页。

[2] 对于共时呈现现实主义、现代主义与后现代主义的文化语境而言,后现代主义的最基本的特征就是平面而无深度,也就是空间深度、时间深度、解释深度这三种深度的消失。空间深度主要是指一种视觉深度,时间深度主要是指一种历史深度,解释深度主要指深度的解释模式或观念。其次,是作为一种中性模仿的拼贴,"这样的艺术手法,从世界文化中取材,向偌大的、充满想象生命的博物馆吸收养料,把里面所藏的历史大杂烩,七拼八凑地炮制成为今天的文化产品"。〔美〕詹明信:《晚期资本主义的文化逻辑》,张旭东编,陈清侨等译,生活·读书·新知三联书店、牛津大学出版社,1997年,第454页。

显，只是上演着互文的游戏。其次，是与主体之死、情感消失相通的零散化。这是一个具有多重含义的概念，零散化也是主体之死的表征。在他人引导的社会里，主体已经死亡，个人、个性的不在场是确定无疑的。最后，就是距离的消失。其根源是文化本源的丧失，主体退隐才会出现文化与经济重叠的现象，所出现时间的空间化现象，只留下能指的平面。

詹姆逊说明了文化扩张对乌托邦建构造成的危害性。后现代社会的文化扩张，遵循资本主义商品生产原则，沿着资本扩张的市场运行逻辑，商品化生产模式不断渗入文化生产领域，文化的内涵随之发生了明显改变，表现出文化和经济间的相互渗透，"正是在这一意义上我们处在一个新的历史阶段，而且文化也就有了不同的含义"[①]。文化开始渐渐资本化和经济化，文化消费在后现代社会的市场领域普及，乃至向日常生活里渗透。各种文化形式都吸纳了经济和资本因素，文艺产品，甚至理论生产，都遵循的是商品生产的规则，商品化的思维形式都在理论范围内横行，商品意识迅速地蔓延到各种社会思想领域。这种文化扩张，使得后现代文化形式逐步变为消费产品，从过去特定的文化圈层中朝日常生活领域进军，文化扩张是对后现代文化进行的描述，艺术化的商品或商品化的艺术比比皆是。

詹姆逊剖析了资本主义文化模式具有的特点导致美学产生的两种形式的分裂。它将具有系统性连接的社会群体结构摧毁，产生了对来自群体组织的语言能力的破坏，并对社会生活内部的美学产品进行质疑，美学表现辩证地分裂成了两类脱离群体实践的形式：一类是现代主义；另一类是大众文化。现代传媒技术不断普及，新兴媒介大量地涌现，商品化生产模式通过信息化传播手段，把那些最深层的欲望通过形象引入到消费中，文化成为了一种消费符号，商品文化被大批量生产出来，真正的革命不能在"想象界"里进行。商品文化导致物本身朝向物的形象转变，形象的产生冲击了传统认知事物的方式，演化成了商品拜

---

① 〔美〕弗·杰姆逊：《后现代主义与文化理论》，唐小兵译，陕西师范大学出版社，1987年，第145页。

物教的最后形态。事物本身似乎不是存在的,反倒是成为形象的过程更为重要。这一形象化的改变,意识中感受到更多的是商品的观念形态,以及事物所呈现的观念形态和内容,却逐渐丧失对物质性内容本身的感受。文化已经演化为商品的价值代码,和主体的内在需要无关。即使曾经活跃的通俗文化,也逐渐因商品化或市场运作机制殖民化而灭绝。商品化的文学艺术形式,不能再用纯艺术的价值判断标准衡量。通过烘托和包装后的明星影像,作为商品化演变的产物,以一种变体的形式示众,成为在传媒技术的包装下被塑造出来的形象。"各个社会层面成了'文化移入',在这个充满奇观、形象,或者蜃景的社会里,一切都终于成了文化的——上至上层建筑的各个平面,下至经济基础的各种机制。"[1]这类被渲染出来的商品形象和影像符号,被塑造出的明星,无法处理自身与形象的关系。形象是文化美学系统被符号化的最终表现形式。生活在现实中缺失了坚实的物质基础,导致体验现实感的进一步消失。各种艺术创作在具有特殊社会的商品意识后,不再试图向世界表达希望的声音,而只是展现商品拜物教的状况,突出的是作为一个物的世界的商品外在形态。资本主义社会的各种文化形式脱离了群体实践的物质基础,此种文化取得的艺术成就,无法提供具有当代乌托邦意义的未来东西。它是一种不完善的文化类型,只是片面重视形式方面,对内容更新却不够关注。詹姆逊通过对文化存在的消失可能性,以及消失后的文化形态的思考,暗示了对社会制度或生产方式本身命运一种更普遍的焦虑。

　　詹姆逊界定了后现代主义的本质,由此得出乌托邦文化美学建构的必要性。他认为,后现代社会的文化的疆界大大拓展,标志着资本主义发展到了一个更高、更纯粹的阶段。过去狭义的文化常被当作某种精神性的存在,诸如音乐、绘画或纯文学之类审美高地与日常生活是相对立的,独立性的文化圈层由此出现。而文化圈层中带有的自律性,在后现代社会境遇下落入尘世,这一时期的语言学、经济、政治的行动方

---

[1] 〔美〕詹明信:《晚期资本主义的文化逻辑》,张旭东编,陈清侨等译,生活·读书·新知三联书店、牛津大学出版社,1997年,第381页。

式,同文化的联系越来越紧密,不同于传统文化观念的精神气质,造成对各种事物的普遍侵入,文化扩散到了深刻的程度,渐趋与全部社会生活共享边界。全球化阶段,资本的扩张达到前所未有的程度,就连无意识领域也被逐步地加以资本化。资本征服一切领域的殖民地化色彩,正宣告一个新的文化时代的到来。商品资本与市场原则的全方位渗透,使社会生活的总体化程度逐步减弱。全球化这种西方的主导叙事,让现代主义的现实批评基础尽失,向此前从未占领过的领域蔓延,形成文化领域活动功能的支配地位。全球化实质上就是美国化,这种美国化的文化胜利,比起早前任何时期的帝国主义文化入侵,危害性都更深刻,是全方位殖民化统治的结果。对霸权的批判,并非是对美国模式的简单否定,而是站在中心之外进行总体的分析,人类应该具备想象另外一种与当下不同的生活的能力。

由此可见,现代主义文化力求从非资本主义中汲取力量,通过其中的乌托邦因素从现实突围,靠创造者来重新获取美好时代的回忆和现代主义的梦想。新文化的活跃因素,就深埋在旧有社会关系的内部,从中制造出的某种分离和断裂,就意味着新的社会形式的产生。

(二)叙事伦理:文学审美获取的世界最佳建构方式

詹姆逊眼中的乌托邦,其发生作用的形式,是有赖于否定和失败的意义显现,很大程度上又通过文本叙事来完成。詹姆逊将文本阐释活动,作为乌托邦的一种投射形式,这种方法机制的运用,成为了祛魅必不可少的一个部分,成为在此阐释活动过程中探求真理的路径。

叙事乌托邦建构,带着历史性的功能特征,以及要求在结构上呈现的完整性。各类叙事文体在不同的历史时期,功能也会随之发生变化。詹姆逊着力辨析马尔库塞的乌托邦否定性功能,形成一套系统的辩证批评形式,达到对内外部空间的调和,以及对过去、现在、将来三维时间阶段的调和。"在原先的社会中,乌托邦思想代表着革命能量转入闲散的事事如愿和想象的满足,而在我们自己的时代,乌托邦概念的性质则经历了一个辩证的颠倒。"[1]詹姆逊通过对形式主义批评的扬弃,消除与其他批评形式的静态对立关系,使得文本的形式可以同内容保持一定的距离,认定标准带有很大程度上的当代乌托邦特征。它从本质上而言,虽然是政治性的,但这种小说叙事是将讽喻结构存放在乌托邦希望之中,通过针对他物的某种形象指向来达到呈现乌托邦的目的,与其他表达方式相比,对乌托邦的展现更为有效。讽喻形式也就是反讽,分为叙事语体反讽和叙事整体反讽。詹姆逊接受了卢卡奇小说叙事理论中的叙事整体反讽,认为,小说叙事通过反讽结构达到了对无神时代的否定,把反讽上升到了小说叙事的结构高度,对小说构建伦理的乌托邦元素加以空前的伦理意义发挥。意义与生活的再次不可分割,才可能让人类生活的最终伦理目的指向未来。

叙事文本反映了乌托邦文化观念的无意识表现机制。依据詹姆逊的阐释方法,文本与以某种方式投射出的伦理代码映照,伦理批评构成支配性的代码。马克思在特定生产方式的框架内,对道德的内涵进行探讨,认定一系列道德规范是不断由人类实践产生和破坏的。[2]詹姆逊断言,他的研究伦理受现代主义和后期资本主义个人范畴的启发,马克思所指的那些论道德的话语条件不是他所用的,这种集体生活的前提,并不一定能变更伦理的批判基础,而个人范畴恰恰是当代马克思主义的最终战场。伦理是对个人范畴的自我承诺,这一范畴在成为一种解释视域的同时,也是一种遏制的策略。叙事中的伦理要求,处于同政治生活和集体任务直接相对的位置。虽然后结构主义对中心概念的批判用对异质性的强调来对抗中心主体性,但詹姆逊却对主体和文本采取非中心化,认为,这乃是一种反解释的新阐释形式,依赖于文本

---

[1] 〔美〕弗雷德里克·詹姆逊:《语言的牢笼:马克思主义与形式》,钱佼汝、李自修译,百花洲文艺出版社,1995年,第92页。

[2] 马克思认为,道德必须被理解为处于特定生产方式的框架之内,这些生产方式不依赖于意志和外来的实践力量,不仅独立于孤立的个人,而且独立于他们的整体,总是居于人们之上。由现存的生产方式和生产关系产生的外来的实践力量,提供了改变物质生活条件、消除私人与普遍利益冲突的基础,消除可能存在的有理性意志的主体,由此,整体利益成为关于道德话语的基础。〔德〕马克思、〔德〕恩格斯:《德意志意识形态》(节选本),中央编译局译,人民出版社,2003年。

结构及其不在场这二者之间的作用，这本身就变成了结构的限制。这是因为过去如果在作为中心的主体内部重新汇合，有意识和无意识在自我之中就会有统一的可能性，由此重新确认了总体性概念的地位。文本与暗示意识连续性的伦理代码具有对应关系，从而反映乌托邦文化观念的无意识表现机制，致力于将所表达的文本意义提到更高的层次上去。

詹姆逊对叙事伦理乌托邦与伦理言说两者的不同建构方式加以了区分。传统乌托邦思想家提供的是虚幻的愿望满足感，做的是一场苍白而抽象的梦。当代乌托邦则追求重建伦理意义上的整体世界，与抽象言说不同之处在于，它是通过叙事文体与叙事情节组织起来的，这种独特的形式，呈现出乌托邦世界的可能性，并使得具体的叙事本身，成为未来世界颇为有效的建构方式，文学审美获取成为乌托邦活动的检验场，以达成人与世界实际上的相一致，而不是简单作为一种伦理语言，不是以抽象的思维观念来体现，因为这种文学艺术仅被视为一种体验的对象，"一切皆体验。但也许体验却是艺术终结于其中的因素"[①]。随着现代性面临后现代主义的挑战，艺术也开始变成一种理智的客体变种。

叙事作为有效的动力资源，标示出伦理乌托邦建构的基本路径。詹姆逊从卢卡奇那里获得启发，针对现有叙事反映出来的伦理诉求倾向，在对诸方面相加以总结归纳的基础上，希望能够达到对伦理的启悟，以期通过叙事建构统一的伦理世界，希望达成对社会整体伦理的重造。这种重造的期望，往往在一定条件下是与时代政治的重造紧密勾连着的，在社会现实复杂情状的交织下引入理想的人生模式。正因为系统意识形态形成的封闭作用，进行乌托邦的想象是难以获得成功的，但在遭遇各种挫折之后，乌托邦的欲望又依然可以重新恢复生命力。乌托邦本身并没有让人们发生焦虑，而当前的文化对乌托邦形成了不同程度的抵制，不仅抵制乌托邦文本本身，而且更加有意识地对具体

[①]〔德〕马丁·海德格尔：《海德格尔选集》，孙周兴选编，上海三联书店，1996年，第300页。

文本分析加以抵制,抵制的规模更加厉害,自由表达乌托邦的种种当下语境被清除,这让人们不得不陷入焦虑之中。

由现实原则统治的晚期资本主义文化时代,乌托邦是无法加以辨认的,而且也无法辨认其未来合理存在的必要性。但这种乌托邦投射出的一整套方法机制,正着力引导人类未来以明晰方向,帮助人们继续想象未来理想社会的可能性。这种力量本身就包含了某种肯定在里面,以至于否定与肯定因素在文本阐释中实现了统一与交互。

(三) 辩证批评:内部意识与后现代文化外部危机的连接工具

詹姆逊根据经济基础与上层建筑之间不平衡关系的规律,试图发挥文化乌托邦建构的社会实践作用。他试图从诸种文化要素中发现乌托邦精神,以这种精神动力推进社会文化向前发展,不像盲目要超越现实生活的乌托邦主义,在现实这种废墟上涂满梦幻般的王国梦,其实并不具有文化审美的现实基础,"我们似乎更容易想象土地和自然的彻底破坏,而不那么容易想象后期资本主义的瓦解,也许那是因为我们的想象力有某些弱点"[1]。

詹姆逊依照历史发展自身的内部逻辑,指出辩证批评的内涵。詹姆逊通过对阿多诺的音乐理论的评述,从历史发展自身的内部逻辑入手,实现主观意图与小说材料之间的协调,这种辩证的典型协调,是由音乐转向文学的过程中形成的。[2] 它是由每一部作品自身产生出来的,单一的阐释范畴或模式是辩证批评所极力反对的。虽然它仍作为多元中的一元而继续存在,旨在探索同一结构,或规定单一类型的释义技巧,或发现解释模式的单一价值,却丧失了先前的霸权地位。作品内容的逻辑决定形式的发展要求,对其阐释的形式用语起决定作用,在性质上体现出了社会历史性,但与此同时,就会出现辩证批评的另一极端,即多少作品就对应多少不同的批评范畴,因为作品的性质和内容,

---

[1] [美]弗雷德里克·詹姆逊:《时间的种子》,王逢振译,漓江出版社,1997年,第61页。

[2] 对于阿多诺来说,贝多芬的作品在特定的历史机遇中,使得旋律处于形式与内容的两极之间,达成一种不稳定的平衡和和谐,表现出一种功能性与表现性的短暂综合。

会有各式不同的表现形态,内容的逻辑即使具备共同特性,也不能推断就一定有共同的表现形式。詹姆逊意义上的艺术作品,是形式体现的结果,是内容内在自然逻辑的结晶。而内容要恪守文艺法则,是需经艺术家中介作用的,以此来寻求自身所适合的形式。文本作为形式的中介构成,作为作家及读者的内在思想意识与外部世界的连接工具,以其中介所起作用的高低来认定主客体之间是否会导致压制,以其揭示历史状况的程度大小作为判定主体优秀与否的标准。

詹姆逊通过讨论形式与内容的关系来揭示乌托邦的否定性特质,探讨了黑格尔哲学与马克思主义之间关于形式与内容关系的差异。[1] 在黑格尔哲学体系中,艺术只是作为起点与中介来表现的;而马克思主义与黑格尔不同之处就在于,不是艺术在内容超出形式的界限之后,就取消自身而变成哲学等形式向绝对观念靠近,而是在思维的内容变得越发具体的时候,哲学就取消自身而被艺术这一形式所取代。詹姆逊指出,卢卡奇针对艺术作品,是就在对成功为人所把握的形式进行探讨,但失败的形式同样应当受到马克思主义的关注,深入地探究在特定历史语境中再现某种内容的方式会变得越发困难,往往还会反映出不可能性。"我们如今完全可以强大表现的不可能性,有时正是这种不可能性给我们提供了认识世界和组织经验的线索。"[2] 这种失败的形式,是针对以个性终结为标志的后现代语境而言的,实际上是对当代乌托邦否定性特征的唤起。

詹姆逊将生产方式和文化的关系建构,创造性地作为当代文化审美乌托邦建构的理论基础。他运用马克思主义深入剖析晚期资本主义文化,又不拘泥于传统经济基础和上层建筑关系的表述。"乌托邦突

---

[1] 黑格尔认为,艺术力图通过变为宗教与哲学从而靠近绝对精神,才是更崇高的目标,而在这一靠近的过程中艺术渐渐取消自身。在黑格尔的艺术类型系谱中,当精神内容超出物质形式后就造成了内容与形式的分裂,如果再往前发展,艺术就通过自我否定,寻求比自身更为高级的形式对真实进行把握。艺术本身有着与生俱来的局限性,但是作为理念的感性显现,预示了从感性到达理念乃至相互融合的可能,理念的主体方面是无限的、绝对内在的,"事实上在这种融合里,心灵是不能按照它的真正概念达到表现的"。〔德〕黑格尔:《美学》第 1 卷,朱光潜译,商务印书馆,1979 年,第 99 页。

[2] 〔美〕F. R. 詹姆逊:《詹姆逊文集》第 1 卷,王逢振译,中国人民大学出版社,2004 年,第 146 页。

出表现一个总体规划,全面描绘社会生活和社会组织。对比之下,坚持局部的理想或从不将它们纳入理想社会的理论家决不是乌托邦的。"[1]他认为,任何理论所具的意义都在于,新问题能够被发现并积极地提出,而不仅仅是给出可供不同利用的现行方案。詹姆逊并未倒向声讨阵营,而是由对立转向对话,试图在后现代主义与马克思主义这两者间,找到理论问题解决的关节点,因为它们并不是缺乏稳固基础的悖论结合。他并未要求对生产方式进行变革,因为生产方式起主导和决定作用,但又不是文化发展的唯一因素,由此,暂时悬置生产方式而进行的文化建构,要对现实社会中的不合理因素进行否定性批判,去建构一种与现实不同的文化乌托邦理想形态,这是一种理想性质的精神建构,旨在建构一个消除了异化结构且可供选择的社会。[2] 詹姆逊认识到,文化不可能超越经济基础的限制范围,在某种程度上发挥的是有限的作用,不是完全的自行活动,而是在生产方式许可的条件下,达到加速或延缓的效应,没有像传统乌托邦的空想主义那样试图超越经济的决定作用。

詹姆逊说明了辩证批评的任务在于,想象的可能性形式的出现。经典现代主义的美学实践经验经历了历史的演变之后,逐渐变得衰弱,文体的独特创新伴随着个性的消失而越发艰难,艺术家只能在对先前的拼贴中重复自己的模式与风格。后现代文化遭遇到了一种两难的处境:一方面,在拼凑和粘贴中开展文化艺术活动;而另一方面,这种复制出来的东西,面临着一定会失败的结果。利奥塔、鲍曼过分看重了这一时代文化的断裂意义,不过后现代艺术也包含有一种新形式的可能性。詹姆逊则与之相反,强调文化的修复功能,明确文化批判的时代性任务。"因而那种形式的实现,以及形式的缺陷,便被当成了某种深层

---

[1] 王逢振:《道德、政治欲望和〈政治无意识〉里的乌托邦主义》,载《外国文学评论》,1999年第3期,第130页。

[2] 美国学者古德文指出,詹姆逊并不是一个纯粹的乌托邦主义者和完全意义上的乌托邦思想家,而是属于局部的理想主义,因为他没有从社会的整体出发去建构未来社会蓝图,而只是着眼于文化的改造,从而与传统乌托邦对现实社会的极力否定、批判和颠覆相异。〔加〕谢少波:《抵抗的文化政治学》,陈永国、汪民安译,中国社会科学出版社,1999年。

的、相应的社会和历史结构的标记,而探索这种结构就是批评的任务。"①形式的失败,可能会发生变异,或将成为导向某种社会意义与社会真实的线索,成为社会历史结构的真实标识。

詹姆逊指出了乌托邦建构与现实之间的辩证关系。他对黑格尔的艺术终结论观点进行了阐释,指出,未来的种子是根植在现实之中的,赋予知识分子的历史使命,就是栽培能预示未来萌芽的社会文化种子。②现代主义是在现实的废墟上对未来理想形式的浪漫涂抹,而新型的乌托邦文化建构不是完全与现实生活脱节,也不是对客观世界的一种幻觉性改变,而是标示出一个可能的乌托邦空间,从某种意义上具有社会实践的作用。但乌托邦必须与现实保持适当的距离,只有这样才能不因与现实的联系过于紧密,而被它变异的激进和炽烈所吞没,也不会深深陷入对现实的无动于衷。

詹姆逊没有试图超越经济的决定作用,也没有从整体出发来展开对社会蓝图的描绘,而是从局部的文化改造入手,以辩证的批评眼光来进行理想主义涂层,提供一种可供选择的理想图式,从而超越现阶段文化自身难解的矛盾,直面经济基础与上层建筑之间的不平衡关系这一思想根源,着眼于为后现代文化建构一种未来形式的远景乌托邦。

(四)文化分期:混杂身份和复杂结构的刻意美学策略

詹姆逊基于历史的传承性特征,借用历史的文本资源,试图开辟出富有集体意识的未来空间。他认为,任何文化模式都不会一直处于孤立的静止状态。

詹姆逊将文化视为传统、现实与未来的三位一体。传统的文化积淀会深深影响到现存的文化生产,将传统积淀融入后现代文化的未来

---

① 〔美〕弗雷德里克·詹姆逊:《语言的牢笼:马克思主义与形式》,钱佼汝、李自修译,百花洲文艺出版社,1995年,第280页。
② 詹姆逊认为,在艺术本身的象征、古典、浪漫三个阶段终结之后,会产生两种不同的结局:一种是通过美学自身与它的内部运动来达到美学的废除,美学只留下历史的痕迹,而在生活领域里消失;另一种结局是美学通过超越自我变更为比自身更美好的东西,进入一种黑格尔哲学本身预想的乌托邦境界。〔美〕F.R.詹姆逊:《詹姆逊文集》第1卷,王逢振译,中国人民大学出版社,2004年。

第三章 审美创设下的当代乌托邦营建

理想图景之中,"生产方式并不是那种令人生畏的'总体系统',它包括种种对立的力量和在自身生产的一些新趋势"[①]。而同时,他又重视发挥传统文化的现实意义。因为现实的文化活动包孕了过去的精华,也预示未来前景,应当吸收历史上有价值的文化,不能隔断文化鲜明的历史发展轨迹,不能脱离文化的历史藩篱。接受传统文化要杜绝全盘接受或抛弃这两个错误极端,用乌托邦的文化资源同工业文明的异化景象对抗。詹姆逊还以此批判了美国的新一代知识分子文化研究。他将美国文化的特殊性作为世界文化的普遍性看待,认为,对大众文化范围内关于音乐、电视、性别、权力形式、族裔等诸多现象的探讨还显欠缺,研究的问题也不能直接切入现实层面来深刻体验社会文化的深层内容。

詹姆逊从经济视角来解读文化,对后现代文化景观加以整体性的把握。他对其中文化观念的深刻变化进行了分析,把技术、资本、生产方式等因素,作为文化变迁的重要环节加以考察,并将现代文化的变化过程同这些变化要素一起纳入到一个整体背景下看待。他还深受比利时经济学家曼德尔的影响,对文化进行了历史分期,这一思想对文化概念的表述起到重要影响。整个文化领域出现了一种区别于古典时期的全新体验风格,这种文化描绘的是在资本主义上升时期发生的现象。詹姆逊明确将文化发展时期与资本运行阶段一一对应,将资本的分期化系统地应用到了文化的分期化上。在他看来,资本主义形成了三个发展阶段,与之相对应的文化分期,也途经三个发展阶段。[②] 按照分期方式对文化的发展进程进行梳理,资本主义的文化发展,虽然看上去被放置到类似黑格尔哲学的三元叙事图式里,但又蕴含马克思思想的积淀,不会对历

[①] 〔美〕弗雷德里克·詹姆逊:《文化转向》,胡亚敏等译,中国社会科学出版社,2000年,第42页。

[②] 曼德尔在《晚期资本主义》中根据马克思的生产方式概念,根据生产工具的变革以技术发展为标准对资本主义历史阶段进行划分,把资本主义发展分成市场资本主义、垄断资本主义和后工业三个阶段。现实主义文化与市场资本主义阶段相对应,现代主义文化与垄断资本主义阶段相对应,后现代主义文化与跨国资本主义阶段相对应。〔美〕詹明信:《晚期资本主义的文化逻辑》,张旭东编,陈清侨等译,生活·读书·新知三联书店、牛津大学出版社,1997年。

史本身的复杂性构成剪裁,也不会滑向某种形式主义的话语暴力。

詹姆逊借用德勒兹的分析模式,把现代主义视为乌托邦价值再度重建的时代。不同的文化文本,都可以体现出现代主义者再符码化的行为努力,文学艺术大家们从各类的文艺形式中,都能创造出适合乌托邦精神的栖居地。现实主义在这里被看作一种指涉外部世界的行动,是以理性为中心的大写主体文化。现代主义的指涉则由外而内,与对人精神境界的视域开辟是联系在一起的,"好像是纯粹主观的'内心转变'实际上从来不是纯心理的,它总是包含了世界本身的转变和即将来临的乌托邦的感觉"[①]。由于资本和市场体系这种物化的力量继续扩张,驱逐了那个古老象征的前资本主义世界后,又开始腐蚀先前产生的那个现实主义模式,人们在建立起来的物化环境里,日益感到孤独和焦虑。在詹姆逊看来,现代主义的主题与前资本主义时代的象征式体验不同,与大写主体的现实主义也有所不同。它达到对资本体系物化力量的反抗,是对连连败逃的大写主体进行重写。艺术的更高使命不仅在于给人提供一个逃避现实的去处,而且还要表达一种对未来理想社会的憧憬,现代主义的一切伟大作品,都以不同的方式表现物化,充满了一种超越救世的乌托邦愿望。他以梵·高的油画为例,认为,其作品中的色彩就是乌托邦式的,这样一种艺术集中反映出对现实客观世界的乌托邦式的改造,基本特征就是一种乌托邦的设想。

詹姆逊推崇文化比较的方法,试图找到未来文化乌托邦形式出现的土壤,以此展开美学政治的探讨。他用超越文化界限的方式,对不同生产方式背景下的文化形式进行针对性差异比较,从第一世界意识形态的牢笼中挣脱,把目光转向资本主义之外非中心的边缘文化,要通过建造第二、第三世界的文化工程来将资产阶级的文化工程取而代之,保护这个广阔文化视野中的有价值的文化领域。真实的文化作品,应当是一种集体经验产品。这种文化处于世界体系范围中的社会生活边缘地区,已成为文化革命中最有活力的积极因素。它们对集体性生活或

[①] [美]詹明信:《晚期资本主义的文化逻辑》,张旭东编,陈清侨等译,生活·读书·新知三联书店、牛津大学出版社,1997年,第295页。

团结形式依旧是加以保护,使得文化能够从这种集体模式里培育生长。由于这种文化现象还没有遭到市场体系的完全入侵,不断衍生出真实文化的必要条件依然存在,新型文化的独立建构空间没有被破坏。这种真实的文化虽是一种强势文化,但不存在于后现代文化之中,这些文化的特征是形成真正文化的必要条件。设想中出现的未来社会形式,更应从第二世界的文学和文化生产里诞生。在第二世界出现的乌托邦形式,提供了一种资本主义文化逻辑所没有的可能形式,这些乌托邦文本里吸纳了彻底破坏的力量,蕴藏了现存社会中所需要的文化价值,对社会现实的正面效果比起对艺术作品的徒劳渴求要强大很多。旧文化的清除,本身就是其他事物重建的前提条件。

詹姆逊把后现代社会中隐藏的乌托邦元素,视为文化建构的美学实践策略,对后现代社会中的乌托邦重建仍然抱有信心。"一切文学,不管多么虚弱,都必定渗透着我们称之为的政治无意识,一切文学都可以称作对群体命运的象征性思考。"[1]与个性紧密相连的主体,在后现代社会已经消散,但后现代文化依旧表征了某种歪曲的畸形主体。这并不意味无主体时代的降临。后现代主体的死亡,是对主体自主性行为效果的破坏。如果要调和其与马克思主义理论的张力关系,就要采取新的美学策略,并使之带有结构性分离因素,在特定结构的作用下,文本话语类型的内容与形式可以保持一定距离。而潜藏于内的乌托邦元素,又成为文化建构的一种实践策略,能够从中获取文本不同版本的具体内容。他一方面指出,文化所具有的颠覆作用和革命功能;一方面认为,这种后现代的文化霸权,没有深入分析晚期资本主义时代的特殊境况,也并未完全解决文化霸权所折射出的社会矛盾和文化侵略。后现代文化主导地位的形成,是一定的历史必然性体现,但并不是文化发展的终点站。他中肯地表明了自己的文化立场,认为,这一类文化的矛盾,在资本主义制度内部无法自行解决。詹姆逊通过文化分期,力求说明后现代主义并不是终结,也不是一种解释,而是有待于被解释的东西。

---

[1] [美]弗雷德里克·詹姆逊:《政治无意识》,王逢振、陈永国译,中国社会科学出版社,1999年,第59页。

由于后现代审美路径本身还不够完善,人类所需要的文化,应当超越这种局限性达到更符合审美本身要求的形式,从而指向未来的文化逻辑形式。他试图用一种更理想的文化逻辑形式来代替现阶段的文化,以一种不断更新的形式前行,做到与社会同步。

詹姆逊的文化研究主张用对话式语调来对独白式话语加以取代。整个文化领域不是一种单色调的展示,而是不同的新的复杂结构的组合,是混杂身份的协力关系作用而成。在这种新型文化乌托邦的建构中,社会首先建立起的是这样一个阶段,具有绝对空白的内在性,从中把面向未来的图式建构出来。透过文化分期中新旧文化思维方式的差异,便可能洞察新型社会主义文化萌芽所具的价值,并用来填补晚期资本主义文化所缺少的重要部分,构成未来具有社会主义特色的文化类型。

(五)认知测绘:时间性文化未来图像的生成视域

詹姆逊突破本质主义的思维模式,从关系的角度来看待文化,重新树立了文化政治的信心,通过以空间概念为平台的文化模式图,对文化实践的关系模式进行了独特思考。认知测绘在文化政治的意义上,作为一种隐喻式认知模式,从后现代空间出发,提供连接个人生存体验与特殊生产方式的渠道。

詹姆逊认为,后现代文化对传统认知模式的转变施加了重要影响。新的空间模式的建构,完成了从听觉文化向视觉文化的转换,"我们的心理经验及文化语言都已经让空间的范畴、而非时间的范畴支配着"[1]。身处于此的人们对周遭充满迷失感。后现代的空间结构已经发生了质变,单个身体不知如何为自己定位,致使空间里人的身体和周遭环境之间会出现惊人的断裂。政治无意识作为文学作品的元叙事,能对文本进行深度的社会历史阐释。集体和同一性,相较于个体性而言,是对人类命运的选择,而不是对历史的无情解构。在以全球化资本主义和消费资本主义为背景的后现代超空间里,主体是已失去了深度,

---

[1] 〔美〕詹明信:《晚期资本主义的文化逻辑》,张旭东编,陈清侨等译,生活·读书·新知三联书店、牛津大学出版社,1997年,第450页。

没有批判性的主体。对这样的主体而言,任何乌托邦都是难以想象或没有意义的。如果将后现代文本放到地区或全球的框架视野中去观测,就能标示出文本与社会不同层面的复杂关系,进而描绘出一张关系认知图,对文本在叙事中被压制的政治无意识进行深入考察。

詹姆逊借鉴地图学的意义,进一步提出一种具有深远意蕴的认知测绘美学。后现代空间具备跨国性的空间性质,是由晚期资本主义的全球化扩张造成的。建筑学家林奇试图以现象学的问题框架来测绘城市空间的精神地图,而詹姆逊则在此基础上,把测绘范围从单个的城市空间延伸到了社会结构中,以绘制出个体所在地与国家的社会关系,测绘规模乃至拓展到了全球总体阶级关系领域,试图将单个个体的情境表象这一最个人的局部,与宏大叙事结构的非表象性总体性这一最全球性的整体,加以勾连。这种认知测绘能够在解构之后的破碎化和零散化形势面前,为置身于后现代社会中的人们提供一种把握世界整体性的能力。他以认知测绘为工具,力求改变后现代造成的视野局限,扭转由此衍生的全球化盲目状态。将民族或地域文化放到全球语境中,从总体上考察社会整体的文化特征,使得视野局限导致的想象退化能缓解,避免集体行动的停滞,从而使得西方马克思主义乌托邦思想在文化领域更具包容性,克服后现代超空间所致的乌托邦精神衰退。

詹姆逊从文化批判和研究实践中坚持他者视域,试图通过认知测绘这一手段为乌托邦主体定位。他试图确定在后现代混乱的现实状态中,有着不同层次的主体所处的位置,并可以阐明不同层面的主体境遇,个体在此会更清醒地意识到其所属群体在社会整体结构中的位置,进一步明确全球范围的阶级关系,或是在全球体系内达到确认自我的共识,界定清楚不同类型社会关系的位置。他将文化作为历史积淀下来的群体共同遵循或认可的行为模式来看待,同时以辩证的态度和发展的眼光来对待各不相同的文化个体,以开阔胸怀包容性地接纳不同对象,因为群体的文化对于群体中的个体而言是共同的,而他者视角存在一定的特殊性或差异性。他强调,对于个体存在而言,文化的群体共同性具有某种先在给定性,以此从整体上对复杂的文化现象进行剖析,以此把握全球范围内不同文化之间存在的关联性。"对文化或者说任何事物的理解只有通过交叉考察,或学科间互相涉指、渗透才能获得,才能完整全面。"①这通过对文化的群体关系的阐释,指出文化的深刻意蕴存在于群体关系之中,文化源自至少两个群体以上的关系,不同的群体接触之间,实际上就是一种不同文化的碰撞,群体之间的文化碰撞会出现一定形式的对抗,但双方又会存在互相制约,借助于在对方陌生差异中形成的感受来更好地限定和识别自身,从而在这种相互参照中,不会陷入到完全排斥的状态中去。"任何一个群体都不可能独自拥有一种文化:文化是一个群体接触并观察另一群体时所发现的氛围。"②这要求在不同文化参照系的互相观照下,清晰把握各自所处的位置。这并不是将不同群体所代表的意识形态消解为统一的意义,不是从清一色的身份入手来展开文化批判。与文化分裂主义那样追求某种独白式的话语不同,这种文化群体被设想为表现各社会群体的联盟,以此对文本中斑驳的意识形态色彩进行揭露;反之,文化交流的彼此不平等,会产生相互之间的集体性冲撞,这就不利于获得更为开阔的乌托邦视野,会对文化主体的身份建构造成不良后果。社会测绘帮助人们认清文化个体所处的历史方位,加深集体和个人的政治经验,凸显以宏观意识看待文化传承与借鉴的重要性。

詹姆逊说明了认知测绘的乌托邦美学政治功能。他认为,这种认知测绘,从某种角度看就是审美认知图,是对后现代文化的审美诠释。文化是社会的意义体系,现代主义文化突出了所具有的结构性深度。深度即便失去空间感后显得边缘化和功能化,难以确定无论就其身体,还是就其心理而言的个人位置,但不能否认后现代状态的超空间,既是地理意义上的,也是社会意义上的,更是这两种意义上的空间的互相包含,这一出现是资本主义在全球的第三次扩张的结果,意味着深度性质的消失,对主体的深刻影响是不言而喻。深度的消失意味着一切的表面化和不确定,意味着很难保持批判性距离,这就要求从对后现代主义

---

① 〔美〕弗·杰姆逊:《后现代主义与文化理论》,唐小兵译,陕西师范大学出版社,1987年,第7页。
② 〔美〕詹姆逊:《文化研究和政治意识》,王逢振译,中国人民大学出版社,2004年,第24页。

的读解里，发展出合乎时宜的美学政治文化，凸显文艺作品与社会现实的对应关系。后现代超空间不仅仅是文化上的意识形态或梦幻泡影，还是具有真正的历史及社会经济的内容。真正的文化创造，取决于真正集体生活中有文化的存在。在非市场环境中生长的新文化人，具有一种新型思维方式，即依靠有机社会群体的不同类型，以及不同思维方式作用的发挥。这种再现的乌托邦看似平静的形象本身也是强烈的断裂，是旨在把主体同阶级联合起来的阶级意识的代名词，是对把未来与现在趋同化观念的重新定位，干预并中断习惯性对制度的复制，打开了一条固化意识形态认同的裂缝，致力于生成另一种制度的时间性的未来图像。

詹姆逊把认知测绘作为任何社会主义政治规划的必要组成部分，成为后现代时代更新社会主义政治的本质的先决条件，以重新发挥空间的政治作用。文化通过内外部矛盾的双重运作，将兼容并包的原则贯彻到理想文化的描绘之中，里面的内外部各种因素彼此交叉。解决文化的问题，就要打开现代与后现代双重结构的锁链，展望一种可以构建未来的文化形态。

詹姆逊关注如何在后现代主义中，使乌托邦作为希望之源存活下来。后现代主义的意识形态功能，体现了晚期资本主义的文化逻辑，而他的文化乌托邦是一种新型乌托邦。这种乌托邦思想建构的具体框架，就是建基在对晚期资本主义的文化危机的洞察中的。他从历史终结论的群攻中，探索当代乌托邦深刻的审美逻辑和规划路径。詹姆逊所建立的抵抗的文化政治学，并不能直接产生马克思主义的政治，但内在的乌托邦精神不仅能对某些作品能够产生吸引力的原因进行分析，而且也提供了评价这些作品的批评尺度。这种当代乌托邦话语是对理想的拯救与维护，将是对想象变化的能力的一个重要检验。

"过去的乌托邦"，这个以伽达默尔指代的前现代的精神原型，在现代社会的洗礼中逐渐被消解。而具有超越情怀的人，依托审美体验或艺术作品来重现审美乌托邦澄明之境。西方马克思主义的美学思想，作为一种功能指向明确的美学观，无论是对艺术自律性的强调，对爱欲本能的呼唤，还是对新感性的热切期盼，都是为特定的社会政治目的服务，将资本主义中生活的人们从生存困境中解救出来，从而达到灵魂自由的当代乌托邦境界。即使是法兰克福学派的社会批判理论，也在对既存社会的特殊文化批判中，建立起了审美乌托邦理论。

审美创设的注意力，不再集中到乌托邦的具体的结构操作与细节设计等之上，而是将其视为一种象征与精神符号，是面向未来的当代历史文化载体。由于实际政治操作的困难，迫使一些知识分子转而将塑造某种形式的审美兼具政治主体作为艺术革新的主要任务，体现了西方马克思主义者表达人生理想与实现精神价值的一种手段。审美本来作为一种描述个体感官的个性化话语，合乎逻辑地为人们指明了解放性质的一种替代选择。这种乌托邦的呈现，是通过精神解放的政治文化方向替代之前实体制度设计的政治操作而起作用的。政治的美学化实践，构建了知识分子所追求的自由王国，通过艺术的想象和象征手段，培育起革命主体的成长环境。就西方马克思主义超越性的审美活动而言，实际上就是在精神层面自觉进行的政治微观操作方式。

审美乌托邦，作为一种富有灵性的乌托邦思想，与现实的无情法则抗衡。美学中那些具有乌托邦色彩的构想意义并不在于它的可操作性乃至实际效用，重要的是审美教化以"养成健全之人格"为手段，从而在心理意识层面上为知识分子参与宏大的现代社会政治运动开辟了一条可能的途径。西方马克思主义中人本主义路向的审美建构，是对工具理性牢笼的历史美学突围。[1] 在道德黑夜与理性黄昏的悲剧化时代，"美"作为精神工具担负起了人类拯救的责任，从而被历史地推举为重建乌托邦的强大精神利器。这在一定程度上隐喻了一种诗性和审美的社会期待。在强势的审美突围中，艺术家或接受者打破了三维的时空界限，超越了现实的生命状态，转而达到生命超时空的人性圆满。"伟大艺术中的乌托邦从来不是现实原则的简单否定，而是它的超越的持存，在

---

[1] 在海德格尔那里，现代艺术没有指出通向存在的道路，意味着现代艺术的虚无主义，把此在忘得精光，只和在者打交道，他暗示只有艺术才能救赎现代技术。"莫非有一种更原初地被允诺的解蔽，也许能在那种危险中间把救赎带向最初的闪现，而此危险在技术时代里更多地遮蔽自身，而不是显示自身？"〔德〕马丁·海德格尔：《海德格尔选集》，孙周兴选编，上海三联书店，1996年，第952页。

这持存中,过去和现在都把它们的影子投射到满足之中:真正的乌托邦建立在回忆往事的基础上。"①当乌托邦获得了超越自身的时空限制而进入了广阔的无限的性质时,就成为了一个特殊寄寓一般审美的幻象。这个"自我实现"的超越过程,本质上是利用审美活动手段,达到人的情感的自我占有,人的价值的自我还原。拥有想象时空的审美主体,不再作为晦暗的抽象符号。在这个意义上,所构建世界的合理性、可证性或可操作性,都嵌印在当代乌托邦所呈现的审美世界里。

西方马克思主义的审美批判,承担了人们世俗拯救的重任,达到对生命存在根基的意义追求,绝不同于一般的文化现象批判。当代的"想象的白日梦",不能以真假逻辑来要求,而应当在感性与理性的平衡中,找到适合的位置。宝贵的精神遗产,被技术消费的暴力统治所控制。人类的历史感遭到欲望链条的击打,驱逐了洞察现实世界的乌托邦视野。审美乌托邦力求找回历史感,改变由其引发的美之不存状况,使得人们重新看清自己的历史身份。当代审美乌托邦的构建,原则上就是关涉民族性的历史身份和文化记忆的确认。无论是审美意境的形成,还是审美结构与美学意境的接受,都显现了思想者的家园意识,对于仍然处于链条之内的人来说,他们要在严密的社会结构与政治秩序之外开辟一个相对独立的天地,营构一个寄托未来理想的审美空间,在公共的政治生活和私人的审美生活之间维持恰当平衡。审美乌托邦有着批判的不竭冲动,致力于从美学意义上,进行社会异化现象的清理与分析,从对现实的否定性的批判中获得对无限可能性的当代乌托邦激情。西方马克思主义关于艺术和美的乌托邦蕴含着人的具有超越本质的审美活动,是人性光芒的闪烁,充满了通向真理的不在场的真实。

---

① 〔美〕赫伯特·马尔库塞:《审美之维》,李小兵译,广西师范大学出版社,2001年,第79页。

第四章
社会展望下的当代乌托邦构筑

每个时代不仅梦想着下一代,而且还在梦想时推动了它的觉醒。[1]

西方马克思主义选择人的生存突围方式,不是走向昔日诗意的田园牧歌,而是在对社会主义道路的探索中,构建未来可能的乌托邦社会远景。

乌托邦对真正意义的政治必不可少。西方马克思主义者在这个距离社会主义越来越远的时代,如萨特那般提出的则是"反—反共产主义主义"的口号。人们可以憧憬甚至期待一种更加美好的社会,但是人类的本性还不能适应从不完善的社会走向一种理想的未来。人类的悲哀恰恰在于,人类无法在自己之上树立自己,然而偏偏不断地试图在自己之上树立自己,"知识论从某一时期(以及当时的某一社会)的具体知识条件,所接受的不只是事实知识应为如何的理想,而是还有普遍真理的乌托邦概念,例如'如此这般的真理范围',就是乌托邦的建构形式"[2]。社会主义作为人类热爱科学和追求社会进步的社会形态和现实运动,一

---

[1]〔德〕瓦尔特·本雅明:《本雅明文选》,陈永国、马海良译,中国社会科学出版社,1999年,第248页。
[2]〔德〕卡尔·曼海姆:《知识社会学导论》,张明贵译,风云论坛出版社,1997年,第66页。

开始是受到一种道德义愤和主观幻想支配而被称之为乌托邦。

西方马克思主义对乌托邦理论做了审美营建外的第二种转换,把新的时代范畴下的社会建构,进行了不同以往方式的处理,作为社会大众为摆脱现实苦难而经常选择的一种精神表达方式。西方马克思主义作为一种实践的马克思主义,根本就不会满足于任何的理论思辨与承诺;相反,首先要对乌托邦本身进行彻底的批判,尤其是当乌托邦已经历史地与社会主义思潮和运动联系在一起,并产生重要影响与作用,以至于牢固地在人们真诚的心灵中占据了主导地位时,那么它的社会价值的合理性就更加需要澄清和辨明。历史证明,当人们还不可能真正摆脱关于社会主义乌托邦的主观幻想支配时,社会主义的实践运动充其量只能引导人们去破坏旧的社会结构,而在这一过程中乌托邦的虚幻性是难以显现的。而当西方马克思主义重新调整当代乌托邦的社会建构之时,这种主观幻想会自动匿迹,新的社会理想型会受到社会和心理两个方面因素的影响而扩张,从而带来对现实社会制度本身的破坏。"它是想象能力的政治表现。它更接近于诗,而不是更接近于计算。要推进任何一种社会变化,人们都必须首先想象别的可能选择;乌托邦主义想象什么东西或许可作为批判现实的手段。"[1]乌托邦思想,意味着对社会建构的批判性想象能力,本身并非会导致危险的传统乌托邦政治行动。这不是一个仅按某种理论标准来说明其价值合理性的自我辩护,而首先是一个通过人们的工具理性作用,在实践中去不断完善和创新的过程。未来社会理想的建构理论作为人类活动方式的结果,是一种历史性的存在,并不具有永恒的中立性,即使是科学也是可以被证伪的。"在乌托邦主义者设想的种种制度中所固有的主要矛盾,是把社会的改组依赖于这样一个阶级,这个阶级恰恰是以现存制度的永恒不变为它的最大利益的。"[2]乌托邦如果企图依靠现存政治制度的最大获利阶级来改善被统治和被剥削阶级的艰难困境,是根本不可能的,这种幻想的现实可能性只能存在于统治阶级具有完美高尚的道

---

[1] E. P. Thompson, Liberal Complacence, in: *Dissent*, 1991, summer, p. 427.
[2] 〔德〕威廉·魏特林:《和谐与自由的保证》,孙则明译,商务印书馆,2009年,第27页。

德境界。西方马克思主义者和马克思、恩格斯的看法一致,被压迫阶级的解放只能依靠自身的力量。

任何一种注重实践的理论立场和实际主张,都是同自觉地发扬乌托邦精神分不开的。它们是依据前人从实践经验中总结出来的科学理论去选择社会制度的,又是根据当代人的价值要求去改革社会制度的。西方马克思主义把传统社会主义理论与现实利益结合起来,就是一种以乌托邦精神为显著特征的非精致规划,从根本上是一种人类历史发展的基本形式。西方马克思主义者在对待制度选择的方法问题上,对社会主义的多向度、多层次建构,不仅是社会历史规律的客观要求,而且更主要地是包含了以人为中心的全新价值观念。一切关于社会主义的原始乌托邦幻想都必须抛弃,既不需要幻想中的处境,也不需要处境中的幻想。任何一种社会建构的合理性,都必须在是否能真正解放人的问题上经受审判之后方可运行,而这种运行只能恰到好处地游走在现实与理想之间,西方马克思主义乌托邦思想中有关社会建构的路径,就是在两难之中找到最优化的方案。本章选取卢卡奇、弗洛姆、布洛赫、马尔库塞、哈贝马斯、列斐伏尔、哈维、生态学马克思主义者等,以阐述乌托邦社会主义的建构逻辑。

一、异化发生学的人本图景

现代社会中的人们,必然要遭遇到与人性相悖的异化现实。为了与资本主义经济基础相适应,资本主义不断进行国家干预,对生产关系和上层建筑做适度的调整,随之而来的是国家形式及法律制度的物化,异化现象形成了从自由资本主义向垄断资本主义过渡,有了全新的表现形式。工具理性的不断推进,剥夺了人的权利,人被视为机器的奴隶。如果说异化是人性的泯灭和扭曲,那么卢卡奇和弗洛姆以人性的复归和主体的救赎为社会建构的目标和归宿,乃题中之义。

(一)物化批判:化为理论与实践的统一当代乌托邦

卢卡奇对西方马克思主义对资本主义社会批判的理论传统,具有奠基性的意义。卢卡奇的异化发生学有两个层次的意义:一方面,他对物化现象和现代形而上学做了双重维度的批判;另一方面,他又发起了对现代知识论路向的批判。他第一步就是对在资本主义社会中生活的人们,尤其是无产阶级的物化处境和根源,进行了深入的剖析。

卢卡奇从马克思的社会批判特别是对商品拜物教的批判中,获取了物化理论直接的思想资源。[1] 他对资本主义物化现象进行了深入的现代性诊断,由商品形式的普遍化作为批判的起始点。现代化生产方式给人类带来巨大的生产力,但在现代社会这个商品统治的时代,造成了不可估量的后果。在这里,商品形式处于一种支配的位置,对几乎全部的社会生活,都起了重要乃至决定性的作用。商品拜物教问题,被视为现代资本主义发展过程中的特有现象。随着自动化机器体系的不断形成,资本主义社会商品形式已经向社会生活的各个方向蔓延,按照自身的形象表现,并对这些具体领域加以改造。肇始于泰勒制的现代管理体系,也开始形成并逐步进入推广和运用中。

首先,形成了一种合理化生产体系,由此产生商品形式的普遍化的后果。其次,这又直接导致了劳动的抽象化局面的产生,劳动的全部有机过程被分解成了某种看似合理的抽象劳动。再次,这种抽象化的局面,形成了对物化合理性原则的认可,使之作为抽象劳动普遍化的产物出现。物化结构越来越深入地渗透进人的意识之中,对进入各个劳动环节中的人进行全面的控制。这种劳动过程中虚假的社会形式,以一种机械化分割的方式,把人变成机器运转中的原子附件。最后,这又导

---

[1] 在马克思看来,商品根本不是人们所认为的是一种简单而平凡的东西,商品拜物教所具有的那种充满形而上学的微妙和神学的怪诞,就其性质而言,深刻地揭示了资本作为商品之完成形态的抽象统治的秘密,商品形式的抽象摧毁了存在的原始的丰富性,从而建立了一种抽象的普遍联系和全面关系。在商品普遍抽象占统治地位的社会条件下,存在变成了可计算的存在,一切现实的东西都变成了可计量的东西,抽象成为普遍的存在原则。〔德〕卡尔·马克思:《资本论》第1卷,郭大力、王亚南译,人民出版社,2004年。

致了劳动过程的合理化,抽象劳动开始被随意分割,被局部操作的抽象劳动加以碎片化处理,任何创造性、任何个体差异的活动都被加以排除,导致劳动过程与人格开始对立起来,他们与自身的活动构成了一种对立关系。"这种合理的机械化一直推行到工人的'灵魂'里,甚至他的心理特性也同他的整个人格相分离,同这种人格相对立地被客体化。"①此外,这还导致了劳动时间的空间化现象。抽象劳动的合理化,使得人对时间的体验丧失,直观的态度物化到了人的心理结构中,人们只能通过直观的方法,对直接性经验进行感受,用一种直观的态度来面对现实的劳动过程,以保证与合理化过程的一致性,从而停留在对眼前事物的认识状态里。人在此被下降成为毫无差别的物,人的存在被下降为可计算的物的存在。劳动不再作为通过创造性的生命活动来表达和确证人自身的存在方式。

卢卡奇出于物化批判的立场,对自然和社会关系实质也有了全新的解读,对卢梭的"回归自然"的浪漫主义追求欣然神往,但又与之不同。他反对科学理性和工业文明造成的异化,但"自然"在他那里,已经不再是原始的自然意义,而是表现一种真正人性的表达方式,把真正的属人的本质,从资本主义生产方式中解放出来,进而洞察到人与世界之间的相互生成,使得真正的世界得到现实的确证,同时消除存在着的纯粹的人与物世界之间那种无限膨胀开来的对立状态。劳动时间的缩短,休闲的增加,无疑预示了作为无功利的、作为生命乐趣的活动空间的日益扩大的可能性,但不能乐观的是,消费社会里连休闲这样的闲散的事情,也早已被纳入了资本社会的商业轨道,制作出一种产品来服务于资本和经济。社会对休闲的再造,戏仿性地表达了一种事态,所谓真正的劳动同时就是一种消费,劳动者不是在劳动结束之后通过购买成为消费者,而是在他自身的劳动过程中嬉戏、创造,感受着情感的表达,并且表述着自身的感受。正如恶也是历史前进的杠杆一样,异化乃是人的全面发展不得不付出的沉重代价,"个性的比较高度的发展,只有

---

① [匈]卢卡奇:《历史与阶级意识》,杜章智等译,商务印书馆,1992年,第149页。

第四章 社会展望下的当代乌托邦构筑

以牺牲个人的历史进程为代价"[1]。现代社会人与人之间的社会关系,实质上已经是一种物化的关系,甚至标志了一种带有物化意识的社会存在正在形成,直接导致作为主体的人,形成了一种碎片化的状态,包括使得人的心灵出现了一种奴役化的状态。因此,只有一种新的劳动生产关系和社会关系的形成,才能摆脱物化意识造成的危害,人本应具有的乌托邦精神才会重新生成。

卢卡奇当代乌托邦的重建,成为奠基之笔的关键就在于,无产阶级何以真正获得对物化意识的自觉,进而将这种物化结构摧毁。只有对主体分裂和客体僵硬形成致命性的打击,才能产生体现主体性意识活动的实践原则,使之自觉用主体统摄客体。

(二)阶级意识:从抽象的可能性变为具体的现实的实践

卢卡奇批判物化现实的同时,也深入分析了其产生的思想根源,继而提出总体性的渴望,用无产阶级意识唤醒当代乌托邦来克服物化的统治,使无产阶级摆脱受压迫、受剥削的命运。

卢卡奇分析了物化意识出现的知识论根源。近代思想的二律背反乃是物化意识的思想根源,推波助澜了物化现象的形成。这种带有理性主义局限视野的现代形而上学,肇始于笛卡尔以降的理性思维方法,其中的主—客体的同一,只是带有一种纯粹形式的同一,凸显出了理性主义体系化原则的扩张。它与非理性界限之间的矛盾性特征,就是现代形而上学理论上的根本缺陷。理性主义要求建立起体系来,这种体系化原则是由主体构造出来的,而且以既定性的非理性遗忘为逻辑前提,这样就把人的认识活动仅仅看成是一种纯粹形式上的直观联系,"这种理性主义意义上的体系,只能是各种各样形式的部分性体系的一种并列、凌驾或屈从的结合"[2]。实际上,这也就把既定性的事实,只看成是一个偶然性的神话。这种理性主义方法所导致的直接结果,简单混同思维形式和既定的事实两者之间的差异,直接构造出以绝对精

[1]《马克思恩格斯全集》第26卷,人民出版社,1979年,第124页。
[2][匈]卢卡奇:《历史与阶级意识》,杜章智等译,商务印书馆,1992年,第185页。

神体系为代表的种种理论假说，在实质上，就是在为资产阶级统治的合法性寻求哲学领域中的辩护。因此，理性主义要求建立体系是不可能实现的，非理性在其体系化的过程中，充当某种阻力的角色，并为乌托邦划了真正的理性界限。

同时，卢卡奇指出了知识论批判的途径，就是要用无产阶级的实践原则对其进行批判。历史进程中的主—客体，能够自觉创造出一种具体的总体的过程，获得一种总体形式，客体不仅以实体的形式出现，而且同时成为能够活动的主体，这个主体同时又作为辩证过程的创造者出现。无产阶级应当通过实践的阶级意识，取代现代社会造成的物化意识。由于在物化状态中，造成对人的碎片化，物化意识危害到人的心灵，人的心理意识结构也已慢慢消融，物化的社会结构中都蔓延着一种奴役化状态，无产阶级似乎也不可能产生自己的阶级意识。但这种革命的阶级意识，是作为超越直观的客观认识态度，可以看作凝结在社会实践中的理论成果，通过一种革命的当代乌托邦理论而存在。这种成果所遵循的实践原则，就是主—客体辩证法。卢卡奇力图求助于此来揭示这种阶级意识得以产生的社会物质基础。这个新的辩证法结构，不同于黑格尔意义上的绝对观念，带有黑格尔主—客体辩证法的痕迹的同时也超越了黑格尔的哲学框架。它完成了从抽象的可能性向实践的无产阶级意识转变，具有现实性和具体性的特征，这一转变也构成了现实的具体的辩证过程的环节。

卢卡奇重视发挥组织中介在批判路径中的作用。他引入了实践范畴，反复强调无产阶级意识一定要成为行动。这种行动，必须促使无产阶级意识付诸革命实践，寻找理论真正转化为无产阶级革命实践具体形式的中介。理论与实践之间如果能保持其辩证关系的基础，就要和其他辩证关系那样找到一种中介，而这一中介就是组织。只有通过这一组织形式的中介作用，才能取得无产阶级革命所具有的具体性和现实性。这种当代乌托邦的理论证明，并不理解成理论与实践的统一要以某种中介来做划界工作，也不是要取代革命实践的地位，而是要在行动中化为理论与实践的统一。这一行动又不固定某种政治结论和革命空间，而是都只有在其历史总体中才能被理解，在个人行为和集团行为的共生关系中体现。无产阶级革命行动在历史过程中,其具体性和现实性的体现,表现出一种对过去和未来的连接功能。如果这种社会实践运动形式在对行动的组织和领导中做出准确的判断,就能够保证可以在理论中获取最适合于该行动的具体条件,进而寻找到那些在组织的中介中能够把理论和实践的辩证联系发挥到最佳的具体条件。"使无产阶级意识具有某种要求性质、某种'潜在和理论'性质的那种历史过程状况,必然作为相应的现实形成,并作为这样一种现实能动地影响这种过程的总体。"[①]在这一意义上,卢卡奇赋予了当代乌托邦以具体承担者,即无产阶级。

由此,卢卡奇揭示了无产阶级应当具有的总体性当代乌托邦立场。无产阶级所处的社会地位,决定了其只能是一种单纯的存在,是以社会事件的纯粹客体形式得到展示的。其所处的社会地位,将竭力杜绝他们渴望确立为主体的幻想。无产阶级不能满足于对一种纯粹客体的存在上,还要抛弃普遍合理化意识的抽象化特点,从而上升到对社会历史的一种总体性认识。"通过认识到这些矛盾对于全部发展所具有的固有意义,从实践上打破存在的物化结构。"[②]无产阶级只有作为历史的真正主体而存在,才可能真正形成实践的阶级意识,使之达到变革现实的效果。

卢卡奇深刻关注人的自由与解放,沿着马克思思想的发展来力图重建当代乌托邦,秉持了马克思现代性批判所具有的真正的原则高度,历史过程不总是表现为二律背反和矛盾冲突,也同样能摆脱现代形而上学思维范式。就其理论实质而言,他希望通过达到主—客体辩证法的同一来形成对物化的克服力量,实现无产阶级意识的觉醒,使这种阶级意识具有革命性和历史性的维度。他后来反思过自己关于异化问题的理解方式有缺陷,但不能因其在特定条件下的自我批评,而忽视异化发生学体现的"历史的具体的主—客体辩证法"。异化发生学所具的乌托邦精神,是在关于人的存在论根基上,显现出的对现代性的深刻批判。

---

①〔匈〕卢卡奇:《历史与阶级意识》,杜章智等译,商务印书馆,1992年,第93页。
②〔匈〕卢卡奇:《历史与阶级意识》,杜章智等译,商务印书馆,1992年,第290页。

(三)人类天性:当代社会中"完整的人"具体而真实的存在

弗洛姆试图恢复的不仅仅是劳动者,而是所有大写的"人"在整个价值体系中的地位与尊严,为创立理想的人道主义伦理而设计一条实现健全的社会路线,作为展现其人道主义伦理无可替代的社会平台。人道主义乌托邦基于人的本性,从人的发展与完善为出发点来探讨人性的根源与基础。

弗洛姆的人道主义乌托邦,从社会批判中入手提出现代人的危机,并试图发现人道主义伦理学的历史逻辑起点。以往的任何社会制度都奉行的是权威主义伦理学,他致力要创建一种与之相对立的人道主义伦理学,引领人类进入健全的社会这个人道主义乌托邦赖以生存的场所。关于人的存在的非真实性和关于资本主义社会制度人道化的可能性,是建立乌托邦社会主义时亟待解决的一个现实步骤。社会意识观念通过这个步骤,朝人道文化价值挺进的趋势越来越明显。现代社会中的人们,通过理性的力量,创造了前所未有的物质条件,但却成为所创造机器的奴隶。虽然在此之中,人类收获生产性生存所带来的尊严,但却忽视了对人自身的理解,对人应该怎样生活一无所知,也不知道如何发挥好创造人自身所释放出来的能量。"解决现代社会危机的唯一途径就是改变道德价值观念。"[①]

弗洛姆的社会政治观念建基于人的本质及其特征之上。弗洛姆说的"人",一定程度上遵循了当代乌托邦理论逻辑。这个"人",不是恩格斯曾经在《反杜林论》中批判过的"两个人",而是指在人类具体社会中生活的"人"这个类。弗洛姆仍然把"人"看成是处于一定社会环境中的人,对资本主义中人们生活处境的分析,就能看出他并没有离开特定的社会制度谈论人性。人的首要任务,不是把对外在世界的改造作为解决自身欲望需求的工具,而是在改造世界的过程中,追求自身价值的实现。人的动机要反映人所独具的与自然建立联系的要求,并在这一联系中得到自我的确证,远远超出功利主义的界限。不能穷尽人的

[①] [美]弗洛姆:《健全的社会》,欧阳谦译,中国文联出版公司,1988年,第220页。

第四章 社会展望下的当代乌托邦构筑

本质的含义,这不单单是思辨解决,对人的存在意义也不可能加以清晰不变的解答,而是要在不同的选择可能性,以及其导致原因产生的诸种条件中得到探明。

弗洛姆从法兰克福学派批判理论的立场出发,使用了社会内在的伦理学的新概念,并阐释了其向权威主义伦理学转化的机制成因。[1]在弗洛姆看来,要观察人性,只有在符合的人的情境里才能实现。对人性的研究,要从具有一定生理心理特征的人出发,并且这些人都要是真实的具体的人。同时,对人的一般本性的研究,还要从社会关系上来加以规定,从社会历史发展的角度上来加以审视。每个人本来都是普遍完整的人,除了健全的社会以外,其他社会生活中存在的人,都属于不完整的人,不是真实而具体的存在,任何社会都用具有自身社会特点的"社会过滤器",对个人的思想与情感进行清筛。这些社会中生存的人,都不可能在一定社会境遇下,找寻到符合自身需要的人的存在。生活在这些社会中的人,都附带上了该社会所赋予的某些局限性。首先,从无意识领域入手,可以寻求到一种真实而具体的人,也就是普遍的人和完整的人,通过了解他们的生理心理特征,进而了解普遍的一般的人性。其次,弗洛姆还得出了伦理道德的价值尺度,由此给出乌托邦伦理转化机制的成因。他认为,伦理道德根本的价值尺度判断,取决于它们是否从人性出发,并且是否能够认识和符合人性的要求。人在生物学意义上的软弱性,又使人独具了理性与情感等新特性来突破生理上的软弱,但这又构成了对人与自然和谐关系的威胁,由此,又要发现更多的生存特性来满足人性的要求,比如逃避孤独、追求自由、超越与创造性,等等。人依照人的完整本性展现人的本质力量,人道主义伦理价值的判断标准就在于,人真正的自由和幸福,这也是鉴别各种伦理道

---

[1] 社会内在的伦理学,是指为特定社会及生活在该社会之人发挥作用和得以生存所必需的规范,其作用在于维持该社会的生存。由于一个社会中特权集团的利益与大多数人的利益是冲突的,特权集团会把强加在全社会成员身上的规范,作为每个人生存所必需的规范,自然地形成一种伦理价值判断。凡是社会成员的行为与生存其中的具体社会的那些约束性规范一致,就是道德的;反之,就是不道德。此时,就会发生向权威主义伦理学的自然外化。〔美〕弗洛姆:《健全的社会》,欧阳谦译,中国文联出版公司,1988年。

德思想的标准。再次,他指出,这种机制转换的实际上是在特定社会中的"社会过滤器"作用的结果。这种仍为非人道化价值的伦理学,通过"社会过滤器"的清筛,人就会逐渐成为没有头脑和个性的机器人,导致人变成听话的奴隶,同时又当成自身的奴隶来看待。普遍的伦理学,即人道主义伦理学,应将其取而代之。它的行为规范,是建立在批判社会内在伦理学的基础上的。这种伦理学以人的成长与发展为目标,人既是规范的建立者,同时也作为规范制定后所约束的对象。

在转向人道主义乌托邦的过程中,弗洛姆有原则地、有分析地区别实有与存在的途径。人类天性包含了实有和存在这两个基本原则,是反映人类生存的两种基本形式,共同呈现为人与人类文化之间的连接元素。这两种因素在人身上是相互补充,同时又互相矛盾的,这两种因素的力量对比,决定了个性和集体性所表现出的张力,而且这两者都能找到其生物学根据。它们在人类文化领域,反映了两者不同的趋向。前者趋向于自卫的本能和对永生的理想,而后者则趋向于团结的本能和对孤独感的害怕。他指出,资本主义的社会政治制度和文化意识形态,只能从实有或存在二者中择其一,而真实的状况却是只能被迫选择实有这一种原则,反而可能造成存在的本质恰恰在于实有的状况。人的生命的这两种表现形式,不仅作为关于人的一般哲学认识和看法的基础,还作为分析资本主义文化走向的理论工具。资产阶级社会体系的实有因素极度膨胀,结果造成文化发展的停滞,这是一种无法实现进步的文化表现。上帝之城的理想被进步之城所取代。社会行为的主导文化原则,变成了利己享乐主义原则,极端的享乐主义思想得以大规模地付诸实践。整个欧美历史虽然在形式上和制度上基督教化,但还是变成了一种异化的思想体系。随着私有制和资本主义关系的发展和巩固,实有的目的不断增长的倾向,席卷西方文化的整个领域。

第四章 社会展望下的当代乌托邦构筑

弗洛姆用马克思的理论来对弗洛伊德理论的不足,做出必要的修补。[①]他没有把人性研究的高峰,即弗洛伊德的心理分析理论,直接拿来使用,而是在马克思理论补充的基础上,创建一门人的应用科学。他认为,马克思将人作为研究的基本出发点,人的根本就是成为完善存在物的人本身。在马克思理论阐释下的人,都是在一定社会关系中生存的个人。人的各种需求和行动,都是在一定社会关系中实现的。这些层出不穷的社会关系确立和调整的制定标准,是在物质生活方式和行为冲突的作用下,取决于各个时代本身所具有的现成因素之间的关系,从而能构建起统一而复杂的社会系统,并对人们需求和行动的合理性构成一定的规制作用。这些社会关系不是为一切时代所设置的,也不是依照概念来进行设置的。从心理分析的角度上,他又进一步对马克思观点的缺憾进行了批判。马克思关于人和人性的论断中,没有意识到人自身独具的能力,这些源自于人的本性的东西,包括理性、情欲、爱、对生存环境的追求,以及生产性的工作,等等。在他看来,马克思没有提出过完整的关于人的性格的概念,这是由于对心理学知识的欠缺所致。

弗洛姆试图借助于人道主义心理分析这一理论工具,改变当今社会性格的不健康处境。他使得人们得以意识到无意识机制的逃避自由功能,并表达出人类对真实而具体的人性渴望,从而获得真正的人的存在。"没有任何事物比人的存在更高,没有任何事情比人的存在更具尊严。"[②]他逐渐培养起认清人道主义人性原则获胜的信心,以取代资本主义道德心理的实有原则,进而摧毁其社会经济制度的基础。社会性格是一种具有社会因素的功能机制,建立起来的一个新的社会模式

[①] 在弗洛姆看来,弗洛伊德学派因揭露了非理性价值判断,对伦理思想的进步做出了巨大贡献。他也运用了弗洛伊德性格特性的意动性理论。弗洛伊德认为,性格特性是行为的基础,行为是从性格特性推断而来的,性格特性所构成的力量虽然强大,人对它却可能是无意识的。但弗洛伊德学派对价值问题所持的相对主义立场有消极的影响。弗洛姆认为,弗洛伊德在后期的理论中,把社会与人性从根本上对立起来,对人性产生了悲观主义情绪,是片面的、消极的,因而必须要克服。〔美〕弗洛姆:《在幻想锁链的彼岸》,张燕译,湖南人民出版社,1986年。

[②] 〔美〕弗洛姆:《为自己的人》,孙依依译,生活·读书·新知三联书店,1988年,第33页。

应当随社会性格所发生的变化,而不断进行调整和变化;否则,就要发生向旧有模式的倒退。一旦人类天性的要求同社会的整体要求间发生剧烈的摩擦,整个社会就会反映出病态的特征。

弗洛姆试图通过揭示人性的基本要素,进而把握文化的本质及其运行机制,以便准确地对社会政治进程做出定位。他从人—文化—政治这一路径进行分析,因为文化本身带有人的本性固有的象征意义和历史印迹。他把人类天性的观念作为社会批判的标准,涉及人的真实存在和非真实存在问题,揭示了人的本性与人的现实社会存在之间所存在的断裂。历史上阐释的种种关于人类天性的东西,旨在达到为社会做辩护的目的。而弗洛姆提出的人类天性,既不同于人的本质的实体论,也不同于相对主义,也与生物实体论观念无涉。弗洛姆对人类天性是完全可塑的观点进行了驳斥,认为,这是一种典型的资本主义人本学观念。社会文化一旦同人的本性产生冲突,人就会产生内在的对抗情绪,进而产生恢复社会文化与自我需要之间平衡的诉求。人通过改变外在生存条件,保持这一本性完整的平衡诉求,以推动社会文化的变革与发展。

人道乌托邦是人类普遍伦理精神的体现。这种人道主义伦理学,遵循人性的法则,是建立在最普遍的人性立场上的,而不是为某个特殊社会说话的。以上,就形成了弗洛姆构建人道主义伦理学规范的基础。这些规范基础,也是健全的社会的必要条件。

(四)健全的社会:实现人道主义乌托邦的希望所在

弗洛姆把人作为出发点,贯穿以人为本的人道主义原则,把人的全面解放和自由发展作为历史发展的目标,指明了实现人道主义乌托邦所必需的条件。弗洛姆表明了对人类命运的关心和激进的政治立场,指认了人类要对未来的出路进行不断探索。这种不同于苏联模式的社会主义,作为新型的社会组织,彰显了人性的力量,表明建立人道主义的公有社会制是必然的选择。而人在公有社会制中,就脱离了非人化的命运的束缚。

弗洛姆区分了幻想的乌托邦和积极的乌托邦,在此基础上提出了

第四章 社会展望下的当代乌托邦构筑

人道主义乌托邦,具有"反形而上学性"这一特性。积极的乌托邦比幻想的乌托邦更为实际,人的需求动机和行动力,主导了乌托邦功能的发挥。"十九世纪的问题是上帝死了,二十世纪的问题是人死了。"[①]这里的"人死了",也就是人的自我本性丧失,自我意识和自我认识越来越病态化,人越来越成为物。盛行的国家主义的意识形态强制扼制了人的思想自由,文化日益机械化,人道主义目标逐渐被遗忘,不断保存那些能取得最大实用效果的思维模式并培植相应的行动方式,资产阶级的文化土壤,基本上找不到对人类存在及艺术再现深入关注的印迹。社会文化的动力机制,使得实有和存在因素由生物人本学向社会文化现象转变。资产阶级保存并培植那些能取得最大实用效果的思维模式和行动模式,而任何有关于人之存在及艺术再现的痕迹,都难以在其固有文化里搜寻。人道关系的存在取向,应将占主导地位的追求实有的取向取代。(存在原则在当代文化发展进程中仍保留一席之地。它仅仅被排挤到了次要的位置,就暗示了恢复追求其占主导地位的可能性。)

对于如何实现人道主义的社会主义,弗洛姆交代了两种动力源:一个是爱的力量。他将爱视作解决人类生存问题的奥秘所在,"全面的答案在于实现人与人之间的融合,在于实现与另一个人的融合,在于爱"[②]。资本主义人的活动服从经济目标,从而忽视了人的最基本感情基础,这种被遗忘的最高诉求即爱的需求,它让人与社会的命脉得以维系。另一个是思想家播种的思想力量。他充分发挥人性中的巨大想象力,把心中对美好社会的向往寄托在思想家的传播和呼吁行动中,而思想家就要不断延续这种人性的光辉,传达良心呼唤的最强音。"只有这种呼唤始终存在、毫不中断,荒野就会变成良田。社会内在的伦理和普遍的伦理之间的冲突将会缩小,并趋于消失。"[③]人性中的巨大力量可以摧毁旧制度,调节社会生产中的种种冲突,使未来健全的社会在根

[①] [美]弗洛姆:《健全的社会》,欧阳谦译,中国文联出版公司,1988年,第370页。
[②] [美]弗洛姆:《为自己的人》,孙依依译,生活·读书·新知三联书店,1988年,第244页。
[③] [美]弗洛姆:《为自己的人》,孙依依译,生活·读书·新知三联书店,1988年,第220页。

本矛盾的解决中得以建构。

弗洛姆关于人道主义社会主义的乌托邦设计，是一场总体革新，是以人的充分发展为中心的。弗洛姆寄希望于一种总体改革，从总体上来消除资本主义社会病根，治疗现代西方的人性病症。他强调，社会主义社会的建立就是要使人成为全面发展的人，主要目标是人的发展，释放人自身的潜能，而不是物质生产，也不是单单注重实现福利化的社会模式。社会主义出台的社会举措，要对人的异化和人性问题加以关注和帮助，创造条件使人的个性和创造力得到全面自由的发展。"马克思主义的目的在于建立一个超越资本主义社会的人道主义社会，一个以全面发展人的个性为宗旨的社会。"[1]

在经济上，要求创造者组织起健全的新经济，以此来满足人们自身的需求，而不是满足于资产阶级统治的需要。财富创造者要通过对权力的持有来制定生产目的，要共同参与经济决策的制定，而不在于是否对资本占有本身对垄断组织实行监督。由具备民主眼光和责任心强的人参与制定决策，企业各类参与者对所有经济活动，实行平等基础上的民主共同管理。社会生产的衡量，应以是否丰富人类物质精神生活为标准。面临社会化生产规模与人的发展空间二者的抉择，就应当选择与物质发展条件相对的人自身的发展。只要大多数人同意并且在民意的压力下，即使不改变西方国家的结构，也可以超越党派政治斗争的局限，才能通过一系列的立法措施和手段，逐渐达到对垄断组织权力的制约。生产不应遵循物质利益第一的原则，要将满足所有人的自由发展作为前提条件；每个人都要成为共同体的共同利益的参与者和受益人。只有技术进步和生产的人道化，才能减少现代性的负面效应。

弗洛姆特别还揭示了当代消费社会的个性特征，阐明了消费社会革新的途径。资本主义消费者的需要，是由统治者通过对生产的控制制造出来的虚假需要，因此，要对垄断组织特别是跨国公司的权力进行必要的规范和限制。而劳动者应当参与到经济管理活动中

---

[1] [美]弗洛姆：《在幻想锁链的彼岸》，张燕译，湖南人民出版社，1986年，第149页。

去,这就能形成对资本所有权的制衡,使得消费模式朝向健康的轨道,以自主决定产品的属性。在消费领域,人要从无理智和无节制的高消费中挣脱开来。生产和消费要服从于人的发展的需要,以实现生产和消费人道化,摆脱对资本主义消费模式的心理认同,而不能反过来将消费变成目的。

在政治民主上,推进社会主义民主运动就是要对非理性的社会力量形成必要的限制,用掌握的经济政治权力,建立参与民主制。只有在非集中制的民主的条件下,改变国家集权和人受制于官僚政治的状态,并且充分联系当代社会具有的精神基础,政治自由民主的激进化所采取政治行动才能成为可能的东西,关注民主本身所具的政治属性,使真正非异化的存在目标取代实有目标。政治领域中广泛负面政治一致性的倾向,已威胁到了社会民主制度的根基。积极的乌托邦的希望,需要发挥西方社会各个阶层的力量,超越意识形态的差异,以及政治观点上的区别。在当代西方社会的政治和法律组织范围内存在的新民主,应该同霸权主义和极权统治做斗争,以达到政治活动的广泛民主联合。人道主义乌托邦要摆脱建立积极的民主任务中出现的一种兜圈子状态。当代民主的任务在于分散权力,最大限度地用人道主义管理取代官僚主义管理,遏止管理工作的集中化和官僚化。要建立传播真实信息的机构,监督地方民主机构的运行,并关注科学成果的实际应用,避免成果滥用造成的社会危害。通过这些措施,才能更好地开展民主运动。

在社会道路上,人道主义的社会主义的建立,需要寻求第三条道路的建立。这既不同于当代资产阶级社会,也区别于现实的社会主义。那些最民主、最稳定和最繁荣的国家都表现出严重的病理症候,存在着严重的人的危机。名义上的社会主义,抛弃了人的一切价值。实有原则在这种社会机制中的膨胀,导致了暴力灾难和军事侵略等因素的生长,这些不符合人性的趋势蔓延,造成了对西方生活的剧烈冲击。"要讲人道主义,我们保护最大多数人的安全,这就是最大的人道主义!"[1]社会主义正在变成"国家资本主义",苏联式的社会主义已丧失了战胜

---

[1]《邓小平文选》第3卷,人民出版社,1989年,第34页。

追求占有目的的伦理学前景。社会主义就是对丧失爱的抵抗和斗争，反对毁灭爱的革命运动，消除社会群体间的冲突对立，确立新型的人道主义关系，消除相互倾轧的人际模式。

在文化教育上，要不断提高人自身的生产力，而不只是单单发展物质生产力。在弗洛姆看来，当代乌托邦之所以必要，还因为其他诸种资本主义意识形态都施行统治力量所强制交付的政治经济任务。文化的主要目标就是实行文化的政治和教育改造，修正现实社会的价值文化基础，以扭转不符合人本性的社会心理，重塑一种追求存在的价值观，使之面向人道主义的社会价值目标。教育旨在培养人的能力，主要目标是培养完整的自由个体，创造性地发挥人的各种能力。

人道主义乌托邦的社会主义，要把人作为自身的目的，是真理、理性和正义的象征。"人道主义的社会主义坚决反对任何形式的战争和暴力，它认为任何以武力或暴力解决政治问题和社会问题的企图不仅仅是徒劳的，也是不道德的、残忍的。"[①]社会主义政党应放弃通过武力夺取政权，要根植于人道主义传统，通过反对专政和和平手段，拒绝一切革命的形式和暴力行动，确立无产阶级统治来达到社会主义目标，但又决不能将全部希望寄托于和平方式。

弗洛姆的乌托邦属于未来社会的政治伦理学，在以往和现今的任何社会都不适宜，而是只能在未来社会才能实现，但他也相信有可能会真正实现。他希望这种人道主义在健全的社会里适用，同时他的人性紧紧和现时代的根本矛盾联系在一起，而不是任意空谈一般社会的普遍人性。就这一点而言，他同马克思观点里批判的费尔巴哈是有所区别的。[②]

[①]〔美〕弗洛姆：《人的呼唤》，王泽应等译，生活·读书·新知三联书店，1991年，第115页。

[②]在马克思看来，费尔巴哈在批判了基督教的本质之后，不是要废除宗教，而是要建立一个新的宗教。新宗教就是以人与人之间的情感即以爱为基础。因为费尔巴哈所认定的人的本质就是爱，爱能够把一切人都联合起来。"简单扼要地说，费尔巴哈的道德论和他的一切前驱者是一样的。它适用于一切时代、一切民族、一切情况；正因为如此，它在任何时候和任何地方都是不适用的。"《马克思恩格斯选集》第4卷，人民出版社，1995年，第236页。

卢卡奇与弗洛姆乌托邦中的人道主义希望,是改变社会制度尝试中,一个起决定作用的力量。这种乌托邦希望,既是一种人的性格本质结构的内在因素,也是人的存在的基本条件,如布洛赫所言的尚未那样作为精神的动力源。实现人道主义乌托邦的未来理想,在当前的条件下是由文化选择所激发的,但更多的应当是在人类自身的发展中做出选择。

二、冷流印象的嬗变

布洛赫的希望哲学实际上是乌托邦阐释学,思想的转轨是由自我遭遇向具体人性过渡的,把宗教弥赛亚视域转向革命时期的同一性的政治活动,政治倾向的明朗程度也反映在他对马克思主义的态度上,对社会主义未来给予马克思主义的理解,才能够真正实现具体的乌托邦,社会主义就是这种具体的乌托邦表现形式。马克思主义是对现实的分析的赌注,表达了将来是过去东西实现的深意,而不是仅仅对将来的启示。

(一)向前看:存在论与人类学基础的连接

布洛赫赞成以面向世界的方式来超越具体的乌托邦,并不看重各种乌托邦设想的内容,而看重其功能。乌托邦概念在社会建构的意义上,往往被不恰当地限制,传统乌托邦重视抽象性特征,概念表达流于抽象的游戏形式。这就导致了负面的后果,将社会主义由乌托邦到科学的发展过程排除在表达的范围之外,甚至加以抹杀。他超越对乌托邦的传统定义,把乌托邦概念扩展成一种表述行为的解释。从乌托邦的情感特征入手,揭示其所具有的具体性和意义。布洛赫由此提出了具体乌托邦的概念,作为一种被理解的物质趋向,它是由马克思主义加以阐释而由此唤起的世界目标。它源于现实与可能性的实践构想,超越了内容或形式的表现规范性质的概念解释。这种乌托邦的功能,是当下的人们憧憬未来社会的依据,使现实变成更好社会发展阶段的可能状态。

布洛赫通过对自然科学"无人"视野的批判,指出,自然科学无主体性的基础上,寄予社会建构更多的思考空间。自然科学领域只是从一种纯物质的角度观察世界,限制和取消了乌托邦精神所具的超越性与创造性。科学仅仅对过去的存在给予关注,恰恰是在给无生命的事物立法,是以静止的定在为对象的。经历着某种发生的东西,只有在不成为现在的东西时,才会展现出来。这些东西脱离了流变,在空间上被加以组装,以直观的形式呈现了出来,具有了同时性的特征。在这里的时间,只是扮演了一种空间维度。任何存在形式,都表现成了两个部分:一个部分是刚刚发生的经验真实;而另一个部分则是与某种不活动的内容关联起来。在科学的概念化模式里,客体就是这个过去的世界,在一个超历史领域中被加以整合,是已独立于经验和精神性主体的形式而存在的。科学就在一定意义上,做了"上帝死了"之后的另一个自动化的上帝角色扮演。科学的逻辑不断丧失掉其中对客体和规律的认知功能,忽略掉了本应存在的主体动机,更多的是用一种可计算的经济模式来进行推演的,这就使得自我相遇的可能性大大地减少。当真实的世界需要某种还原、纠正,科学理性就慢慢朝一种控制程序的方向堕落下去。马克思主义关注的是内在一贯的本质性东西,它不是单纯幻想,同时也不是和人的希望无关的纯粹科学。唯物辩证法不崇拜事实,反而总是批判既成事实,一切社会存在都是历史性存在。"辩证法对每一种既成的形式都是从不断的运动中,因而也是从它的暂时性方面去理解。"①而布洛赫的乌托邦思想,正用对事物本身的呈现来取代思想家的内省。

布洛赫由此走向了实在可能性的视域。布洛赫提出了两种现实的概念:一种是强调过程和趋势的事实概念;一种是实证主义坚持的与过程无关的事实概念。这两类概念的区分,实际上是关于马克思主义与经验论社会主义这两类不同社会主义性质的区分。实证主义的现实概念,不能作为乌托邦想象的判定依据。马克思主义由于受到了这种僵硬的现实概念侵害,造成了将现实公式化和简单化的倾向。布洛赫反对那种仅关注事实的经验论的社会主义,它抛弃了未来无限的可能性,

---

① 《马克思恩格斯选集》第2卷,人民出版社,1995年,第112页。

缺乏实践远景和革命理想,不具备乌托邦精神包含着的超越维度。只有在基于未来的可能实现领域中,才能保持乌托邦创造性的力量,当它基于现状,以一种经验实在被宣告彻底完成,那这种超越的意义就不复存在。

布洛赫在此基础上,提出"无—尚未—有"的社会发展模式。存在的本体生存方式就在于,不断地创造,使现在进入未来的状态中。存在使尚未存在,具有了朝存在转化的可能性。主体不断地进行有意识的对象化创造活动,同步创造着世界与人自己。这种充溢于每一生命个体的心理认识,实质上是一种人类集体性的心理活动,这种社会存在的思想表达和青年卢卡奇相当接近。① 而社会分工使得社会开始理性化,人的劳动本质也逐渐碎片化,从而造成了人的总体性维度的丧失。宏大又有力的叙事,都被原子式的祛魅细节所取代。现实的人所具有的发展,应当是一种未来与过去决裂的过程,人在通向未来的进程中,不断地抛弃其现实存在,通过否定分化与过去的连续性,用一种追求存在与本质相统一的"总体的人"的存在来取代原先未获得本质的不完满存在。否定是人的存在的根本形式,人通过对既定环境给予坚实的否定,对其既存形式不断加以批判。在这种否定的声音里,布洛赫发现人自身存在的可能性,同时将初始阶段当中模糊的可能性,不断加以具体化和现实化。② 布洛赫的当代乌托邦,是未来目标计划的构想,富含关于人道生存方式和社会生活关系的诸种可能因素,而不单单是一种远景的预先推定。在现实规定中,乌托邦的潜在性也是进行了预先构

---

① 布洛赫不仅从类本质的意义上去描述人的历史性生存,还从个人的经验去描述当下直接的生存状态,把人定义为以未完成为特质的动物、新生的动物,或直接指认为制造工具的动物、会迂回的动物,人的类本质被看成迂回、计划,实际上就是劳动的哲学说辞。他把社会碎片化看成是资本主义社会下异化体验的来源,这和青年卢卡奇对可计算性、异化劳动和物化意识的批判,有密切的互文关系。〔匈〕卢卡奇:《历史与阶级意识》,杜章智等译,商务印书馆,1992年。
② 这与法兰克福学派社会批判理论核心"否定"和"可能性"范畴异曲同工。这一理论认为,当人努力实现自己的本质时,也必须帮助自然和社会完善起来,并借助于自然和社会去充分展示自己的潜能。也就是说,"总体的人"的实现并不是抽象的自我的实现,而是把自然和社会总体化到人的存在之中,成为人的总体性的内容和本质。如此这般总体的人,才是布洛赫所谓的"具体的人"。

思的。乌托邦规范的前提条件,也是先在局部实现,被视为一种乌托邦剩余,然后又超越部分的限制。乌托邦过程具有中断、超越的性质,意味着美好或更美好新东西的不断涌现,而且在此之中,对已完成或固定的东西形成某种中断,在不断的中断过程中,更美好的东西尚未形成。布洛赫从未提出过一幅乌托邦蓝图,而是揭示出那些乌托邦过程的中断性和超越性。由于受到一种规范的总体性希望的鼓舞,使得他忽略掉乌托邦进程的终点图景,而把历史进程的性质具体化。他认为,美好图景的单一想象必然会失败,乌托邦过程被尚未所超越,因而不可能变成一种固定物。"那样被完全地纳入到已经实现的现实中,因为这种向前和向上决不可能被转变成为已知之物和已形成之物,因而它在根本上有一种无穷的潜能。"[1]包含无穷潜能的乌托走向那种去实体化的冲动,在积极的进程中才会形成,重新出现且丰富自身,这也反映出对历史进程连贯性的信心。

布洛赫不仅从方法论上把尚未存在的存在论与人类学基础连接,而且在结构上把主客观两类的具体乌托邦实践因素相连接。通过在具体乌托邦领域的预先推定,他创造性地开创了马克思主义和社会主义理论的人类学—乌托邦这一结构可能性向度,为社会主义社会发展进程提供了一种实践向度,从而形成了社会主义的实践观,得以对社会历史的过程,即现实,加以真正地理解。这是对现实分析与对未来的可能构想,以具体的形式加以中介,完成了对其具体的预先推定的乌托邦功能。现实的可能视域,在预先推定的乌托邦意识中,是从类似解释学的意义上被揭开来的。现实世界纷繁的虚假意识形态,让人的乌托邦精神丢之不存,让人下降为动物。他心目中的乌托邦,是超越自然活动的世界进程,是人与自然、人与人和谐统一的人道主义乐园,这种社会化的人类与人类化的自然结成的世界联盟,"在终极上是明显的自然,和在终极上是明显的历史,都同样处于未来的地平线上"[2]。人在实现自

---

[1] Ernst Bloch, *The Principle of Hope*, trans. Neville Plaice, Stephen Plaice & Paul Knight, Cambridge: The MIT Press, 1986, pp.194-195.

[2] Ernst Bloch, *The Principle of Hope*, trans. Neville Plaice, Stephen Plaice & Paul Knight, Cambridge: The MIT Press, 1986, p.164.

然的人化的历程中,造成了人自身的异化,人在征服自然的同时却又被人征服自然的手段所控制,仍然是自然的奴隶。只有通过人的真正的人化,才能同时实现自然的人化,达到社会化的人类与人类化的自然和谐统一的乌托邦,对资本主义异化现实的否定正是当代乌托邦的现实出发点。

布洛赫重新救赎回创造性元素,特别是对向前看思维方式的说明,是对马克思那里已萌芽观点一种有意义的提升。乌托邦哲学思维方式是向前看的思维方式,为共产主义理论和实践建立了暂时性层面的革命意义,提供关于希望的属人的乌托邦哲学,发掘人内在的乌托邦精神之光,找到它在形而上学和伦理学共同体中的位置,即不能从离人们最近的"我思"出发,而应该从存在本身出发。"我思'我思'"的悖论只是在和客观世界打交道的过程中才能被打破,"我"或"我思"本身也会逐渐形成,我对"我"的认识才成为可能。资本主义危机的加深与社会主义之间关于人类社会未来的思想争论,或社会危机的程度和乌托邦观念的提升程度间,形成了某种内在的关联。乌托邦趋势和潜势的一致,不意味着静观,不意味着应消极地等待某种东西,而是不仅有对危机的判断,还包含着一种解决办法,以应对利用它的那些意识形态企图。

布洛赫的哲学乌托邦视域不仅指向社会政治视角,更在于对乌托邦意义的表达,旨在摆脱人与自然的对立,扬弃人自身的异化,达到世界过程的自由的统一。布洛赫用真实可能性来代替了必然性范畴,以此作为乌托邦哲学与共产主义理论的连接点。实在世界不是被视为僵死不变的东西,而是作为一个他者,对当代乌托邦有着重要作用。马克思主义促使乌托邦哲学由主观转向客观,把宇宙法则接近于自然辩证法的东西表述出来。[1] 从布洛赫的乌托邦哲学建构来说,这种理论视角的重大转移,直接影响到概念乃至整个社会建构的视野,避免了出现理论地基不稳的状况。

---

[1] 恩格斯认为,在旧自然观中"自然界绝对不变",而在新自然观中一切被当作永恒存在的特殊的东西变成了转瞬即逝的东西,整个自然界被证明是在永恒的流动和循环中运动。布洛赫自造使用的诸如生成、变易、尚未形成、客观趋向等概念,非常接近于恩格斯的这一表述。

（二）最高的现实主义：马克思主义性质的具体乌托邦

布洛赫的思想是马克思思想的解释刀，或对传统马克思主义的批判，反映了他的哲学同马克思主义的张力关系。[①] 在布洛赫那里，马克思主义是一种具体的乌托邦，作为布洛赫所言的最高的现实主义，用主客观因素来描述历史辩证法的内涵以争取实在可能性的实现。马克思主义并非不是乌托邦，而且是具体乌托邦的新生。

布洛赫明确了具体乌托邦的含义。它就是指实在可能性的实现，有着与过程—现实相符的元素，不能用实际的现实来绝对地反对乌托邦。具体的乌托邦处于每一个现实的视域里，现实的可能性都具有辩证的特点，有一种开放的趋势—潜势。实在可能性，就是现实的一部分。它与乌托邦主义，以及随意描绘或抽象臆想相关的纯粹抽象乌托邦相对立，涉及其同当代乌托邦哲学前途、目标和作用的一种可能性之间的关系。具体乌托邦是用马克思主义武装起来的白日梦，要用具体乌托邦范畴，恢复马克思主义理论和实践的乌托邦功能。后者是一种贬义乌托邦，而前者则是一种有知识的希望，人的存在状态在那里发生了质变，不是表现为单纯的现象，而是能达及人性完全露面的本质。布洛赫指出，莫尔意义上的乌托邦，只是一个词汇，还不能作为哲学上的广义乌托邦概念。对于这种纯粹的幻想或纯粹的期盼性思维，作为一个有特权的名词加以使用，乌托邦的功能只不过是不成熟的当下而已，要放在马克思主义的视域下加以检验，正当地理解和表达乌托邦所指示的内容，作为马克思主义的自由王国，即"家园"。具体的乌托邦在哲学结构的层面，证明了社会条件与乌托邦预测前景之间所存在的可能也是必然的内在联系，致力于社会主义理论和实践的乌托邦的可能远景，因而与抽象的乌托邦的乌托邦主义有着本质区别，同那种凭空臆想的社会主义规律认识也有着本质区别。它在多重尺度上，内在于一种

[①] 马尔库塞针对布洛赫的思想矛盾指出，马克思主义不太妨碍马克思主义者布洛赫；他干脆把他讨厌的东西作为庸俗马克思主义排除掉，长期以来这方面人们的做法是睁一只眼闭一只眼。而内格特则认为，在争取新的无阶级的社会主义的斗争中，布洛赫的唯物主义哲学是一种可靠且具有确定方向的工具刀。

第四章 社会展望下的当代乌托邦构筑

有生命的具体文化之中,既把乌托邦范畴从社会乌托邦扩展到技术、建筑、艺术等领域,又从空想社会主义走向了科学社会主义。真实存在的最终发问,就是乌托邦所理解的真正内容,表达了一种完满的生活境界,而且超越了劳动维度之上的闲暇期待。这一文化形式的表达,是建立在消除剥削终结所有异化的自由劳动基础上的。

马克思主义作为具体的乌托邦,受到两大敌对阵营的挑战:一是反动意识形态的威胁;二是同一阵营内部的非难。资产阶级意识形态在外部、修正主义则在内部联手窒息了马克思主义的希望内质,使其无法发挥乌托邦的功能性作用。群众的小白日梦,没有正确的理论指引,就无法得到有效的校正,也无法实现具体化,希望也就无法转化成现实的革命行动。这样,不仅仅社会主义实现会出现重重障碍,还会把法西斯主义推上历史的舞台。

一方面,伦理道德和乌托邦力量,还没有取得应有的自治程度。具体乌托邦是主客观因素相结合的产物:一是有坚定主体的推动,特别是要具有无产阶级阶级意识;二是主观因素还要同实在的可能性相结合,使得现实的趋势与坚定主体一起发挥作用。反击恶的存在,既要靠社会主义解决这种主观动因正在形成之中发生的问题,还要靠主客观因素同时做中介。出于经济因素的考量,布洛赫坚信无产阶级和自由解放的概念联盟是存在着的。[①] 布洛赫与卢卡奇总体性的理性主义认识论不同,他更注重反映非理性的精神层面上的内容,更注重其中的主观因素。无产阶级由于受到资本主义制度的摧残,日益代表着这种社会制度的消亡,同时也预示了它作为可能辩证获得的最后社会形式的代表。为了反对资本的不正义,必须纯经济学地思考资本,虽然马克思预言了经济制度可能在未来出现的变革,但这种潜在的社会结构中,却只有经济层面的考量。"人只是再次承受了经济的压迫;压迫只是缩短了,而没有被举起移开。生产最终再次拿掉了主体的手,一个幻影般的

[①] 拉宾巴赫坦言,布洛赫政治的救赎和此岸世界的正义者同盟,都不过是乌托邦渴望的一部分。Anson Rabinbach, Between Enlightenment and Apocalypse, Benjamin, Bloch and Modern German Jewish Messianism, in: *New German Critique*, 1985(34).

总过程、经济发展的过程走着它自己的路。"①如果只是持有一种按需分配状态的理性立场,社会主义就仅仅是对资产阶级经济方式的接管,社会主义的意义就将缺少更多的理由支撑。资本主义社会中的恶,迫使无产阶级将自身看成是现存社会中能动地对抗恶的力量,作为与对恶的世界相对应的一种强大的对抗性矛盾。马克思主义被解释成一种制度伦理的抗议,布洛赫做出了对马克思主义内在变量的替换。这种替换是由资本主义制度对人造成的压制而引发。

另一方面,布洛赫矛头直指"和平长入社会主义"的机会主义路线。他看到了经济决定论所具有的非历史性特点,反对将马克思主义定义为庸俗的经济决定论。主观主义过头,会竭力希望撇开规律的作用,从而引发暴露革命实力的暴动论。与此同时,自动进入社会主义的论调具有更大的危害性。期盼和实在可能性是现实的一部分,经验论社会主义不是将实在可能性看作现实的一部分,而是取消了对期待的现实理解,导致了对社会主义必然正在实现这种错误论调的出现,进而丧失了社会主义的革命性质。他不仅批判了社会主义运动中的经济决定论倾向,而且还在其发展过程中建立起一种超越和批判的维度。布洛赫批判了第二国际的经济还原论主张。修正路线的主要代表伯恩斯坦认为,资本主义完全能够依靠自身的发展,连续性地逐步转变为社会主义,并不需要真正关心社会主义在实践中能否作为目标实现,使之变成一种为信仰空出地盘的物自体。第二国际和德国社会民主党基于伦理社会主义的立场,经济决定论和机械决定论倾向非常严重。他们由于受到了新康德主义、社会达尔文主义的影响,把马克思主义做黑格尔式的颠倒,由生产力因素所制约的自然过程就被错误地解读为历史。他认为,马克思对资本主义制度的历史性批判,更多反映了在经济方面对人的控制。人类历史不存在超历史的预先决定,要是世界过程全都被预先决定的话,那么就只会有当下的特殊社会历史形态出现,不会有任何革新的历史出现,也不会有超越的事情发生;否则,人类只能是遵循历史必然性铁一般的逻辑

---

① Ernst Bloch, *The Spirit of Utopia*, trans Anthony A. Nassar, California: Stanford University Press, 2000, p. 242.

第四章 社会展望下的当代乌托邦构筑

行动,或者人类只能待在原地不动,不是随着历史无主体自行地走完规定的行程。[1]"阶级斗争愈发展和愈具有确定的形式,这种超乎阶级斗争的幻想,这种反对阶级斗争的幻想,就愈失去任何实践意义和任何理论根据。"[2]修正主义的要害在于,只看重事实的意义,而不看重趋势的意义。这种理论导致从内部让革命运动堕入精神的贫困化,对社会发展的历史前景,缺乏明晰的想象和判断能力。正统马克思主义者对必然性的绝对推崇,既丧失了未来社会发展的多元性和创新性,也严重损害了马克思主义对未来社会建构的批判功能。

布洛赫对恩格斯社会主义从空想到科学的发展的观点,表达了自己的原则立场。他在原则上,对其持一定的保留态度,认为,社会主义由乌托邦到科学这一过程,是对抽象性的扬弃与对传统乌托邦主义保持距离,而不是将具体的乌托邦原则置之不理。但是,他还是通过各种方式提醒世人注意,社会主义从空想到科学的进步过火,有时步子迈得太大,导致革命想象慢慢变得枯萎,以致发生了营养不良,这并非是想退回空想社会主义的领域,其实正是对修正主义的批判。他区分开抽象乌托邦与具体乌托邦,已经划开了空想与科学的界线,揭示了社会实践对于梦想的重要作用,说明乌托邦想象功能的发挥,是通过希望蕴含的现实元素来校正的。他并不是认为,这个步子根本不该迈。

马克思主义不是纯粹的理论,而是一种革命的乌托邦。坚持乌托邦的立场,就表明了对理论局限的不回避态度,不能在对资本主义政治经济学的批判视野中,下降为一种纯粹的理论批判,而是通过不断地自我批判,体现具体的乌托邦的价值意义,克服自身的意识形态局限。正因为乌托邦具有的未来超越性,对现实世界的批判和自我的自觉批判不会停步,透过布洛赫的阐释,不能把马克思所说的人类社会简单地理解为资本主义社会之后的又一种社会形态,而应看到它的终极的意义,即超越了社会生命体"死亡"的意义。

---

[1] 布洛赫举了一个比喻来说明这一问题。假使人类历史是这样一个服从决定论的进程,人类就没有必要进行创造和革命,每个人都到共产党的售票所买上一张通往共产主义的车票,一切就万事大吉。

[2]《马克思恩格斯选集》第 1 卷,人民出版社,1995 年,第 283 页。

(三)热流:当代乌托邦的远景研究

如何在马克思主义传统中为梦想辩护,不意味着进入相对比较排斥梦想的现实主义传统,而是不断强调梦想与客观性相联系、希望与理性相联系,不至于把乌托邦哲学引入一扇窄门,这是布洛赫的乌托邦思想所面临的问题。"只有在我们之中还燃烧着这一心灵之光,幻想列车由它开动,清醒之梦由它开启,乌托邦的原理概念由它操纵。"[1]他不是把科学与乌托邦之间视为一种对立关系,因为马克思主义就兼具二者的特点,既不精确预测未来,又以社会革命改造的实践过程来对抗过时的人间幻象。

布洛赫认为,马克思主义是冷流和暖流交汇的产物,并对冷流和暖流的含义进行了阐释。暖流是未来的希望所在,是对人的存在的深刻洞察;冷流则是对黑暗现实世界的观测,是对当下社会制度的反思和批判。布洛赫的整个兴趣正好在这种"热流"上,借助于马克思主义使乌托邦的理论操作更加具体现实。一种是作为唯物史观背景下的科学经济分析"寒流",这是在经验—社会分析层面分析的,属于历史社会科学题材范围,并且是作为社会客观实践研究条件出现的;另一种是作为规范哲学远景下的具体乌托邦"热流",这是在哲学和乌托邦规范层面分析的,具有精神和道德倾向,而且包含着方法论系统的差异性,并作为社会实践关系和人类解放本身研究出现的。马克思主义是冷流和暖流的结合,即理论—实践。传统哲学都是追求存在和事实,不是一种尚未哲学和具体的实践,是过去对现在和未来的统治,而新哲学把未来纳入到了现在的视域中,共产主义社会是现在统治过去。马克思主义的科学性在于,它是未来走向的哲学负载物,不仅以未来的关系为前提,而且以现实的可能性及其实现为前提条件,在现存与希望的潜力的张力之中,努力体现尚未的历史价值,一步一步地实现马克思意义上的"人的自然化和自然的人化"的现实人道主义。

---

[1] Ernst Bloch, *The Spirit of Utopia*, trans. Anthony A. Nassar. California: Stanford University Press, 2000, p. 248.

第四章 社会展望下的当代乌托邦构筑

布洛赫拒斥马克思主义理论中的去乌托邦化倾向,指出了社会主义意识形态的主题。他提出了世俗和理想的对立,认为,马克思主义共和国不能没有音乐。它的人不仅依靠面包来生存,还应当具备灵魂和信仰。布洛赫用"冷冰冰的共产主义"一词来对应将面包和小提琴隔离开来的行为表现。这种正统马克思主义对此的区分,只体现出马克思思想中的社会革命的一方面,"使得马克思主义接近于一种纯粹理性批判,而相对应的实践理性批判还没有写出来。这里经济被否定了,但应占据一席之地的灵魂、信仰缺席了"[1]。然而,理想并不止步于社会的公正与平等,除了社会革命之外的灵魂的提升,这还是一种社会建构内在的灵魂革命。这个社会不仅让每个人拥有工作,也拥有工作以外的闲暇时间,要赋予每个人一种并不只是靠面包活着,还得有小提琴的生活。马克思是用第三个概念来统一这两者,把经济和伦理、意志和理念两方面缝合起来。这种"热"的马克思主义,与这种"冷"的马克思主义是不同的。前者从根本而言,不会阻碍梦想的产生,马克思主义的要义是形成和转变:一方面,它让做梦的人变得清醒;另一方面,又不会驱除清醒的想象,因为它们能够同客观趋势并肩而站,客观的想象本身也应当被作为客观形式的一部分。正确的社会主义立场要求两种思潮进行高度的综合。

布洛赫是在十月革命后走向马克思主义的,在其后来的整个思想发展过程中,一直把马克思主义理解为革命的乌托邦。这是一条内在的乌托邦道路,但这并不仅仅局限于人的内心世界,停留在与上帝的对话状态,而是让这条内在的道路转换形式,强调实践观点与革命性特征,通过这种外在强化来重建世界的原则。马克思主义就是其中的一个关键性环节,即使内在的东西成为外在环节的具体实现,也不仅仅作为一种理论而存在。它绝不仅仅关心外部世界,不是把其仅当作已然的现实,而是在对人自身的存在的体悟下,把客观现实改造成为通往灵魂世界的手段,是孕育于灵魂深处的当代乌托邦精神。

布洛赫在思想史上对马克思主义冷流与暖流交汇的障碍做了深入

---

[1] Ernst Bloch, *The Spirit of Utopia*, trans. Anthony A. Nassar. California: Stanford University Press, 2000, p.243.

217

分析，并给出了相遇的路径。对革命的工具性使用直面人的异化危机，是一种实现从黑格尔走向康德的相遇实践尝试。在他看来，马克思虽然曾深受青年黑格尔运动的影响，但从一开始就是关注全人类物质与精神的时代病症。在物质的层面上，人沦为异化劳动者；而在精神层面上，只是把理论当成一种解释世界的语言工具，而无视这个世界中的虚假与罪恶。在这种情况下，人似乎无法走出当下的状态，也就是说，历史似乎终结了。马克思应对这一危机的方式，是彻底推翻现实世界的革命，而布洛赫等人对此有了更明确的认识，历史的终结的性质随着资本主义社会的发展更明确展现出来，人通过屈从于这个世界而与它彻底和解，现代人都在物质利益和统治意识形态的驱使和奴役下生存，从而把真正属于人的东西放在了一边。他由此转向对近代多个哲学家的批评，对基础性的形而上学进行思考。布洛赫认为，他们的理论有同一个错误的原因在于，只限于一种内在自由的表达，从而忽视对这种廉价自由的外在化渴求。解决的路径就在于，应当在保证内在性的同时，对辩证法进行关注，以此寻求让黑格尔与康德自我相遇的内在性，希望促成主观的意志和客观的理念的结合。布洛赫所言的马克思主义，从康德方面上看，是要按照自由意志行动并改变世界来对积极经济变量进行考察，不断促使人们创造社会斗争的准备条件；而从黑格尔方面上看，则是从生产领域中驱除拜物教特征和历史中的一切非理性成分。辩证法要满足对内在性的把握，就应当回到对政治行动的轨道上，回到对待社会主义革命的思维方式上，不能把其只是当作经济、政治革命来理解，而是要视为精神革命的先决条件。"哲学不消灭无产阶级，就不能成为现实。"[①]马克思主义塑造出一条通向未来的道路，这条道路从内在的自我相遇中，缓解了对外部世界的憧憬。它不仅是一种达到目标的工具，也是通向绝对的应该王国的前进方向。

马克思主义不是对未来社会做任何精确的预言，而是积极地参与社会改造的历史过程。布洛赫悲情地描绘了满怀激情的艺术家，在正统马克思主义的洗礼后，不得不为革命事业而抛弃想象与告别崇高，才

---

① 《马克思恩格斯选集》第1卷，人民出版社，1995年，第16页。

能迈入所谓的革命大门;与之相反,唯有唤醒乌托邦精神,才能达成对人类拯救的目的。这种呼唤包括两个方面:一是内在的乌托邦的意识;二是作为世界变革的外在实现。"劳动是按照外在方面使世界完美化,祈祷则是把这个世界置于另一个世界之中,并使之向天堂上升。"[1]从总体上看,这是内部自我向外部世界的反转,灵魂深处的希望能够向外转化,并释放出强大的变革能量。社会主义关于人的自由解放,要依托于灵魂革命与社会革命构成的整体性的关系战略,由此形成以希望精神来对抗世界的乌托邦地理学。

(四)直路:关系框架中的社会主义方法论重建

社会主义理念重建,要彻底批判关于社会主义的教条主义理论,从同化和获取的层面上,再现全部社会主义理论史,根除极权主义实践,与现行各种社会理论形成一种批判讨论的关系,恢复其内在的历史结构特征,重建历史结构的目标规范和理论基础,保障这一制度未来的新生方向。

布洛赫对社会主义的直路给予了说明。在布洛赫眼中的社会主义,被视为一种"直路的矫形外科术",现行设置了关于社会主义理论重建的方法论框架。社会主义是作为一种解放理念来进行理解的,以自律的人的社会形式作为存在依据。人道的社会主义中,包蕴了作为最高人权的直路。在布洛赫看来,西方社会造反运动恰恰体现了一种反独裁的、乌托邦的革命精神,也就是马克思思想中的"人的社会形式"的社会。

布洛赫基于方法论层面的有机整合,深化了对直路的条件和趋势研究,通过厘清各种关系框架,做出不拘泥于特殊疑难问题的强有力判断。他认为,未来社会主义中,人与自然、人与社会互相促进,不是限于某一因素的所谓科学认识,而是主客观因素达到和谐的统一,发展了一种全面的、富有启发性的时代分析方法。从规范—乌托邦、结构构造、

---

[1] Ernst Bloch, *The Spirit of Utopia*, trans. Anthony A. Nassar. California: Stanford University Press, 2000, p. 278.

经验社会三个不同角度,他把社会主义的乌托邦定位、长远目标、伦理规范和实践基础等,联系到一起来考虑重建问题,区分和整合了社会主义的重建任务。他把重心放在了解放实践的旨趣上,对社会主义理念的复杂状况做了理性判断。这种理论重建,基于对认识旨趣的整合,同时基于对不同题材和方法论进行有意义的区分。

布洛赫提出了对社会主义进行重建的方法论要求。首先,要从社会主义理念的调整出发,预设一系列可靠的方法论前提。社会主义理论框架要进行重建,就必须对社会主义理论发展进程中的关键性假说进行鉴定,对迄今为止所做的理论设计假定进行批判性分析,对其进行重构或中止,清除里面不合时宜的因素;根据具体历史条件对这些不同的理论来源做出评断,从中发现符合政治实践变化特点和要求的理论要素,而并非是从马克思主义的理论的优先地位或基础地位出发,这类似于一种现象学意义上"方法论的悬置或中止"的原则。这一分析层面上的马克思主义理论,中止了对未来无限想象的极端性。布洛赫重申,自马克思以来,资本主义的本质特征并没有发生变化,但出现了制度内部新的调整策略,某些现象有了一些改观。在资本主义结构中,推动社会主义突变的矛盾并没有改变,仍然能够从总体异化和自我异化的角度被解释。马克思主义基本原理中的个别结论业已过失或失效,但辩证法与异化理论,却是里面存活着的理论精华。

布洛赫阐明了"马克思主义的社会主义"形态的规范向度,在规范—乌托邦层面上展开对社会主义理论重建。在这一向度上,社会主义变革和规范—乌托邦向度被联系起来,超越了理论有限的阐释空间,通过乌托邦剩余的大量释放来保证其能产生实现的实践方式。规范—乌托邦层面,对于社会主义理念具有方法论体系的优先性,将当代乌托邦的社会主义向度同唯物史观的科学论证融合在一起,将社会主义置于历史批判性的规范效果关系之中。这种规范向度是真正的社会主义因素,能使理论的规范基础重新发挥作用,在反对个性压抑和平均化的斗争中,已发挥出积极的影响。人们不能轻易给这种当代乌托邦扣上伦理社会主义的帽子,把它当作总体上过时的东西弃之不问。

在马克思主义—社会主义的框架内,变革伦理学与马克思主义理论之间形成了相互参照关系。布洛赫通过批判地区别、理解和把握历史上的各种社会主义思潮,希望能还原社会主义的本真意义,正确评估当代各种社会主义运动的立场,对科学社会主义意义上僵化的所谓科学规律进行批判,扫清意识形态化概念的生存土壤,破除整体论的教条主义立场。这不意味着马克思主义在政治意识形态角度,就一定会出现道德的工具化。社会主义理念不能和现实的抽象同一性同流合污,不能丧失乌托邦的行动调节的先行功能发挥,不能将社会主义与列宁主义画上等号来看待。制造出来的苏联科学社会主义,消解了其中的具体的乌托邦规范,将生动活泼的思想观念,改造成了沉闷枯燥的教义文本。这种社会主义以科学的名义,实则强化了集权统治的合法性,自行取消了社会主义的批判与自我批判功能。社会主义理论中的科学因素,要放到具体乌托邦视域中来加以审视。它不是僵化的教条,应当被具体地运用到解放人类的社会历史实践中去;反过来,在社会主义规律科学的地盘,要空出足够的空间,用来放置乌托邦规范的种子。

社会主义是关于社会关系的调节性实践理念。在社会主义建构过程中,应充分发挥其历史政治建构功能,不应只满足于单纯的调节要求,还要展现出乌托邦规范与历史实践两者之间的中介状态。在社会结构构造层面上,关于人类学—存在论条件和未来实践结构具备充分的主客观因素;在实践层面上,这一范例规定和实践结构作为社会实践关系的本质结构规定。从两个层面上,共同体现出可能性与现实性的具体统一。

(五)左翼天赋人权:开放视域中的社会实践规范

社会主义的直路,作为一种现实的人道主义,直指其中作为人权传统形式的天赋人权问题。天赋人权向度与社会乌托邦的目标定位之间,形成了一种规范的交互关系。它与社会乌托邦同属社会主义的主题,应当被社会主义所继承。天赋人权遗产,是同人的尊严和社会秩序联系在一起的,其政治意义在于,追求真正的人性。这意味着它对社会主义民主建设的重要意义,甚至反映出未来共产主义是否具备民主自由的面孔。社会主义先驱者卢森堡的民主社会主义遗产,没有得到后继者的重视。共产主义的这一面孔很大程度上取决于这笔遗产在哪种途径的解放中得到继承,是市民社会的路径,还是社会主义社会的路径。"直路的矫形外科手术",成为天赋人权问题的一个中心任务。

布洛赫指出了天赋人权对当代乌托邦社会建构的现实意义。天赋人权作为一种先进的意识形态表现形式,有重构人真正的存在之路的能力,以人的社会形式作为存在方式的直路由此成为可能。由于其历史渊源的复杂性,经典马克思主义理论家并未将其纳入社会主义的主题。尊严是人权的核心,理性的解放意志成为天赋人权的呼声,而这一直路的矫形术,恰恰可以排除违法的暴力,重建人与自然、社会的和谐关系。马克思主义对天赋人权遗产,应当批判的继承,使之具有与异化的非人道关系进行斗争的能力。

布洛赫指出了天赋人权与社会乌托邦的区别和存在的关联。虽然两者在解放实践旨趣上有所差异,但又彼此影响。没有人权和道德等规范向度,社会主义乌托邦的远景就残缺不全,失去承诺的独立意义。天赋人权首先是一种进行斗争的正义,是战斗的意识形态,是历史的革命动因。社会乌托邦的目的在于,把人从痛苦的生活中解救出来;而天赋人权与社会乌托邦不同,其目的在于,废止种种贬低人自身价值的情况。天赋人权所体现出的自由道义原则,是从规范—乌托邦的角度引申出来的。基本的民主权利,是为潜在的合法主体享有的,包藏了巨大的解放动力,为社会革命实践的潜能发挥打下坚实的地基。规范—天赋人权向度的优先地位,应当被视为实践、政治效应领域里的方法论差异,而不是某种对象意向领域里的等级差异。所以,还是要继承天赋人权,反对把这一普遍要求的实现,以意识形态的视角加以掩饰,或曲解这种形式上的自由和平等,或仅仅局限在资本主义社会和私有制秩序之内。社会规范、现实批判和社会变革是一个总体,缺一不可。

布洛赫提出了社会主义能够得到公认的人权保障模式,即左翼天赋人权。他通过审视各种社会主义理论对社会主义与民主关系的态度,关注开放视域中的社会实践概念,焦点在于,阐明社会主义与民主的特殊的体验关系和必然联系。民主与社会主义的必然逻辑,是两者作为一枚硬币的两面,循环地交叠在一起的。"没有无社会主义的民主,没有无民主的社会主义。"[1]民主原理与总体社会乌托邦的总和,即左翼天赋人权原则,是社会主义和民主的天赋人权基础和目标预定。布洛赫重视社会主义的规范因素,认为,对于社会政治领域而言,人权和民主体现了人的主体权利和解放要求,是社会主义思想体系中必不可少的组成部分,号召在社会主义事业中,不断强化规范因素所表征出的建构意义。这种假定性的规范性,作为一种初生的革命力量,不可避免带有一些错觉片段,或某种意识形态特征,但不能将其消融在臆想的科学社会主义必然性里,也不能把市民天赋人权和公民人权看作是社会主义的对立面,划入到资产阶级的意识形态范畴里。如果将规范遗产全部清理,就可能扫除社会主义的人性规范内容,进而将规范的社会主义前提消解,出现正统马克思主义理论中的实质性缺陷。

布洛赫指出了天赋人权与社会主义人权的内在联系。布洛赫对社会主义的规范题材范围试图加以整合,对这种自由道义遗产进行了全方位的扩展,既有对政治社会解放理想的理解,也有对市民社会的自由道义的理解。他指出了天赋人权在历史上的进步作用,社会主义没有必要从白纸上重新制定新的规范原则,启蒙运动和法国大革命等规范题材要加以借鉴。社会主义对公民的权利主张进行参与,已在对资产阶级革命的人权合法要求批判性重组中体现了出来,并纳入到其内在人权和解放要求之中。对市民天赋人权进行内在批判,并不是对它的理念本身和行为规范的批判,而是对这种抽象理想主义中所含有的虚幻性因素进行批判。关于自由道义与团结一致的内容,在对遗产内容的深化中,建立起了一种普遍联系,通过可期望的社会团结来找到自由的价值,调节或缓和社会不平等。这种道德和自由的联系,意味着人的自身存在的同一性。变革伦理的价值取向,对于社会主义主体的实践

---

[1] 参见金寿铁:《罗莎·卢森堡论民主与社会主义》,载《哲学动态》,2008年,第10期。

价值,起到了直接推动作用。① 布洛赫对康德的道德律令加以重新评价,在伦理领域推行预先推定的伦理规范,使得绝对命令具有可操作性。美德和超阶级界限的主体动因,宣称了道德与社会实践结果的一致性,被引导进一种有尊严的人的生活方式中,体现了未来人类史应当包含的规范—乌托邦向度。

图式化的系统方法论方式,通过抽象地构造社会现实中的所谓的人权来实现与道德的同一性。由此,解决天赋人权问题,要建立在具体乌托邦的实践基础之上,坚持规范希望原理的历史中介,要重构规范标准和理论假定,重新健全社会主义规范要求和解放目标,使之与现实批判功能紧密结合。由此可见,天赋人权、人道主义和社会主义的关系,是密不可分的。

按照马克思提示的这一历史趋势的指向,马克思主义远离所有抽象的乌托邦思维,但并非就不是乌托邦,在其所观测的历史视域内,在具体敞开的历史和可能的潜势中也起作用,甚至在自然物质中起作用,给乌托邦的东西打下基础,反对每一个长远目标的缺席。布洛赫看到走出资本主义危机的唯一道路,就是重现人与世界间的张力——革命。革命的社会建构道路,必须唤醒沉睡于内心深处的乌托邦的精神。社会主义从乌托邦到科学,实际上也是具体乌托邦的发展过程。任何现实都具有自身的地平线,站在现实的前方,都能看到历史的破晓。

三、本能结构的革命策略

马尔库塞的乌托邦革命论,将乌托邦与革命斗争结合起来,强调主体革命意识的作用,即在其中承担起一种集体性意识的重建。这种本

---

① 布洛赫在反法西斯战争中提出过一套变革伦理学,指出,道德和伦理的本质规定就是自身规范内容的结构及其权利区分,还包括道德评价与要求的规范实践功能,以及相应的现实批判判断。这为当时反纳粹的人民阵线组织提供了主体动因和批判力量。这种判断超出通常的价值判断和价值表态内容,能够激活主体本身的动机,关涉到主体相应的现实态度和行为层面。Ernst Bloch, *Natural Law and Human Dignity*, trans. D. J. Schmidt. Cambridge: The MIT Press, 1986.

能的革命行动,并不是完全在纯粹精神领域内进行的。马尔库塞通过考察资本主义生产方式中的全面异化,追踪社会结构出现的新变化,以实现人性解放作为重要革命目标。他的乌托邦革命理论,强调本能革命和革命者的自我改造;乌托邦革命实践,体现出总体性和民主自由的特征,旨在恢复社会主义作为乌托邦的合法性。当代乌托邦的可能性,是对现存东西给予社会历史的批判和否定。

(一)大拒绝:作为第三条道路的非暴力政治战略

马尔库塞的乌托邦社会主义,不仅是一种反抗社会现实的理论策略,对资本主义后工业社会的分析具有非常明确的指向性,而且列出了一套前瞻性预测性质的实践方案。他提倡主动挑衅和大拒绝的政治战略来作为当代乌托邦的一种爆发形式,以非暴力的反抗来同现行体制对抗。

马尔库塞说明了采取非暴力的大拒绝的原因。由于暴力革命给民众带来的损失与统治阶级相比更为严重,因此他更多地主张进行非暴力的反抗,主张进行第三条道路,即议会外的非暴力斗争。新的革命道路抨击改良主义和议会政治对社会现实秩序的妥协,既不盲从于流行的改良主义路线,不走资本主义社会内的议会斗争路线,也不奉行苏联模式,而是走非暴力的文化革命道路。对可以预见的未来而言,发达工业社会理应能够遏制质变,但是不能等待超越技术统治的力量到来。第三条道路通过议会外斗争对资本主义给予揭露,进行主动挑衅推其右转,主动进攻统治政权,逼迫其动用武力来摧毁道德价值体系,撕下自由民主的伪面具,以暴露其法西斯主义的原形和本质,进而以此唤起民众的反抗意识,意识到遏制技术统治的力量,认清现存社会制度在未来的发展趋势。

马尔库塞给出了对大拒绝的内涵解释。所谓大拒绝,就是把一切造反者联合起来,与现存体制作对,对现存制度采取不合作的态度,同其进行彻底的决裂。首先,是文化的拒绝,拒绝资本主义制度提供的一切让人感到舒服轻松的异化绳索。"'大拒绝'的虚无主义,可能是当前社会中唯一能存在的真正的人道主义。"①大拒绝让资本主义制度难以维系,并从拒绝与推动社会运动的两股势力中,找到一个平衡点,建立广泛而且必要的联合。虽然在非暴力大拒绝的静坐等表达形式中,反抗力量会付出昂贵的代价,但仍必须向这个政治封闭的极权社会发起挑战。其次,大拒绝中联系整个社会的纽带被看成是一种爱的力量,它在革命的拒绝行动中得到充分的满足,体现出了最基本的人性色彩。这种爱欲的力量,是对现存制度的人道主义反证。再次,否定就是在表达一种对现实的大拒绝,要游离于现存社会文化之外,从整体上对这个社会加以否定,人才能从不自由的状态转而向自由的状态挺进。

马尔库塞进而指出了"穿越机构的长征"的目标,就是建立一个反机构,但建立又有很多阻力因素。在反机构中,大多数人的直接民主是最适当的管理形式,但这种直接民主,是循序渐进地从下层的民主扩展到整个社会的民主,并非是从资产阶级民主直接过渡来的,"做反对这些机构的工作,但并不是简单地'从内部来钻孔',而是'跟着事情前进'"②。但目前,这些机构数量极缺,同时缺乏必要的资金来源,因此民主形式的质量也难以保证。

马尔库塞特别注重大学和教育这个反机构的重要性。在现阶段为了制度本身的需要,也由于生产和控制对科技的需求逐渐扩大和大学本身具有的特殊性,大学日渐被视为培养反机构干部的场所,并向多个机构领域扩充。统治阶级控制了话语领域,通过对教育体制的掌控,把单向度的思维意识反复向受教育者进行灌输。当然,这并非意味着在现行体制下,就不能有反对者被教育出来,知识分子在运动中占的主要地位不可忽视,但关键在于,承担教育功能的主体,能否开展一种新型的教育,并真正以教育者的身份出现,为未来社会主义革命做准备。这类教育者不具体提倡什么,而只是把事实摆在面前供世人判断,论证在既定现实下哪一种是可能的替代性,所有的事实受教育者支配,也受所有想看到事实又不置身事外的每个人支配。的确,会有部分群体在这

---

① [美]马丁·杰伊:《法兰克福学派史(1923—1950)》,单世联译,广东人民出版社,1996年,第131页。

② Herbert Marcuse, *Counterrevolution and Revolt*. Boston: Beacon Press, 1972, p. 55.

种教育下起来造反,但数量相当有限,而且一旦威胁到了现存统治活动的开展,教育者的身份就会解除。

制度内的长征,带有鲜明的无政府主义特点、无政府主义因素。在马尔库塞看来,这也是以一种进步力量的形式出现的。特别是参加运动的青年知识分子,对传统政党组织的顽固僵化,带有不屑的感情色彩。但是,他们只能做到在这些组织之外自发而非自觉地造反,虽然他们也组建起来一批松散的组织机构,但仍然缺乏强有力的领导。马尔库塞反对旧式政治组织或社会团体,但也不认可完全自发的革命,而是同样需要建立有弹性的新型政治团体组织,团体成员不受强力组织规范的制约,具有一定的自主性原则。

马尔库塞进一步指出,激进自由的媒体的发展对反机构尤为重要,然而激进左派没有通向主要新闻机构和教育部门的同等渠道。资产阶级民主管理装置,实际上是一种工具理性统治下的意识形态运作手段。西方社会虽然从制度上确立了结社等民主自由形式,但是这种民主自由终归是以不对资本主义统治造成威胁为前提条件的。一旦现存体制遭到制度内的长征的威胁,就预示着它绝对不会再继续容忍下去,而这种希望在体制外抗争的形式,也就肯定无法达到所希望的高度。他认为,资本主义性质的民主形式,是一种镇压式的宽容,无论是言论自由也好,还是集会等民主形式也好,都是一种假自由、假民主。它们不断分化人的革命意志,同时不断制造假象迷惑大众,是对人们有限度地发泄对现行统治挑衅言行的宽容。

马尔库塞认识到乌托邦在大拒绝中的价值,这种对历史质的飞跃,即历史的终结。通过游行示威寻求正义,通过反战运动反抗霸权,通过性解放反对压抑寻求自由,通过嬉皮士的言行摆脱消费异化,尽管统治者似乎也容忍一系列所谓制度内的长征,但其内部存在着一些难以克服的矛盾,致使它并未最终成功。

(二)自由本能:总体人的新需要和新感性

当代乌托邦革命以总体人作为终极关怀,贯穿着对人的特别关注,以人为中心的分析模式来考察社会历史发展的进程。它强调人的精神潜能和自主性的发挥,同时高度关注人的价值尊严,推崇个性的解放,并对感性经验和理性思维做到了双重关注。

马尔库塞首先指出了当代乌托邦社会主义革命的本能动因。从人的角度而言,这就是一种本能革命,并把受压抑的爱欲作为革命的动因。其特征主要有:

第一,解放本能意识,培育出新感性与新需要。"所谓'感性'就是它包含有对人的感性经验和接受性的激进化改造;就是将其从自发进行的、赢利的、歪曲性的生产力中解放出来。"[1]人是社会革命的主体性力量,革命目标就是要拯救理性,把人们从多余的压抑中解放出来,推翻不合理的压抑性社会,最终实现人的全面自由和解放,使新社会的人具有新感性,消除人的异化生存状态,恢复作为人的本来面目。资本主义制度对人的统治,已触及到了人的本能,深入到人的意识深处。只有以人为核心动力的革命,才能洞察人类普遍的文化焦虑。革命必须从最深处入手寻求人的解放,发现一种新型的"感性人",以变革人的思想意识、感性心理、工作方式和闲暇状态为具体内容。这些"感性人"就是由和传统意识加以决裂的新人组成,他们构成了新型社会主义的个人基础。

第二,本能需要的变革是由历史决定的,首要任务是恢复人的自由需要,使得真正的自由基础,不是基于匮乏,也不是基于异化劳动。发达资本主义条件下的这种自由需要,对于大多数人来说,已变成了遭受压制的工具,而不再作为人类必需的真实需要。发达工业社会生产造成的压抑性背后,被隐藏着的虚假需要蔓延开来,将自由的真实需要吞噬殆尽。由于了解到人性和谐的乐观假设,统治者一直打着自由的旗号行骗,自由成为虚假的幻觉,被作为强有力的统治工具使用。在这种虚假的需要满足过程中,个人不停复制所遭受到的压抑。"思想自由将意味着恢复现在被大众传播和灌输手段所同化的个人思想,清除'舆论',连同它的制造者。"[2]真实的需要,不是强加在人的本性之上的,而是基于人内在要求的满足。它不仅会以个人的形式出现,也会以

---

[1] Herbert Marcuse, *Counterrevolution and Revolt*. Boston: Beacon Press, 1972, p.146.
[2] 〔美〕赫伯特·马尔库塞:《单向度的人:发达工业社会意识形态研究》,刘继译,上海译文出版社,1987年,第5页。

社会生产力的形式得以体现,从而对发展目标进行根本性的变革,促使其朝着真正有利于人类自由的目标推进。

第三,马尔库塞给出了自由的理解,提倡一种否定性的自由,着力追求人的自由本性。自由是一种人的本质规定,含有维持生存和自我实现两个层次的自由需要,两者共同对自由的发展空间做出限制。这种自由的绝对律令,是以人类存在的最高形式得到表达的。人的本性应当是自由的,而现实中人处于不自由的异化生存状态,人的本性没有得到自由的发挥。"在发达工业文明中盛行着一种舒适的、平滑的、合情合理的、民主的不自由。"[1]消费导向的发达工业社会经济模式,通过不断地扩大再生产,大量地制造虚假理性的满足,并内化到人们的日常意识中,以此来塑造人的第二天性。这种发展模式常常借助于主体理性的名义,用微观经济活动来对宏观经济中大量的非理性进行隐藏。由于人们的欲望是无止境的,当人们的物质需要得到满足时,又需要更高层次的需求对其加以替代或补充。如何超越资本主义式的理性人,改变人受虚假理性奴役的命运,这是现存制度的日常功课所无法解决的。"在大量的商品和服务设施中所进行的自由选择并不意味着自由。"[2]所以,否定性的自由,才是真正的自由。

第四,马尔库塞把本能爱欲确定为文明社会人的本质,同时认为,当今的文明社会对爱欲有双重的功能作用。现存发达工业社会是一个被攻击,同时也是被操纵的社会,违背了人的本能和人性需求,造成了压抑了的自由出现,从而必须进行社会革命。从根本上看,这与人类社会的应然状况完全是背道而驰的。[3] 发达工业社会的技术理性,异化为一种特殊的意识形态形式,变成阶级压迫的工具,对人们的生活方式造成巨

---

[1] Herbert Marcuse, *One Dimensional Man*, *Studies in the Ideology of Advanced Industrial Society*. Boston: Beacon Press, 1966, p.19.

[2] 〔美〕赫伯特·马尔库塞:《单向度的人:发达工业社会意识形态研究》,刘继译,上海译文出版社,1987年,第8—9页。

[3] 正如福柯在《规训与惩罚》中所指出的那样,现代社会成了一个"全景监狱",不仅仅是通过显性的法庭、警察、监狱来控制人,而且还用隐性的文化、宣传等来控制人。资本主义社会将这一统治合理化,在这个"非合理化的合理性"社会中,人们已找寻不到攻击的目标。〔法〕米歇尔·福柯:《规训与惩罚》,刘北成、杨远婴译,生活·读书·新知三联书店,2004年。

大损害。发达工业社会虽然为人的解放做了物质准备,提供了丰富的物质条件,但却使人不能够自主创造出解放的精神条件;反过来,还在通过生产机器和意识形态工具,频繁制造虚假的需要来替代对自由人性的真正需求,人的解放意识在这里被大幅度地铲除。随着工具理性的规模化运用和技术手段的规模化施行,个人遭受前所未有的压抑,这种个人压抑又转化成服从技术理性的一种秩序,个体职能就是服从这种压抑,作为人本质的爱欲被纳入社会操作的客观轨道。"个体由此付出的代价是,牺牲了他的时间、意识和愿望;而文明付出的代价则是,牺牲了它向大家许诺的自由、正义和和平。"[1]文明社会的建立,是由于保证有秩序的生存质量的需要,但它的发展进程,通过有意识活动对无意识加以操纵,又要求对爱欲进行限制,使之植入必要的规定状态。

第五,马尔库塞认为,爱欲解放的实现,不仅是从个体角度上,更重要是从总体上对待。这种解放的希望在于,使得在非压抑性生活方式中生存的人,清除掉物质和精神上的双重压抑,同时建立健康有序的社会活动关系,达成社会关系的爱欲化,使人真正成为自由的主体,建立符合人自身自由解放诉求的社会发展空间。技术化的工具理性,带来了非合理的合理性后果。这种合理性社会,只是接受性的,形成了对批判理想的扼制,严重缺乏创造性,自由的人在这里遭到了致命性的颠覆。如果理性缺乏感性的力量,那么在一定程度上就会失去否定性的特征,从而形成与工具理性和技术理性的合谋,或是被虚假的消费理性取代。从革命的动力源上,马尔库塞更多从人的本能结构的角度,考虑革命的动力源问题,而不是只把生产力因素作为革命的条件。没有人的心理和意识的相应变化,哪怕是经济或政治革命在一定时期取得了胜利,也只是短暂的,因为没有清除干净的旧东西会死灰复燃。未来社会中的人,具有感性与理性统一的总体性特征。

马尔库塞赞成带有过程性质的乌托邦形式,不关注理想社会的结构设计,而是关注人的解放道路的探索。人的爱欲发挥和本质实现的

---

[1]〔美〕马尔库塞:《爱欲与文明:对弗洛伊德思想的哲学探讨》,黄勇、薛民译,上海译文出版社,1987年,第71页。

社会解读，取代了乌托邦传统理论对未来社会细致的制度设计。以本能解放为核心的新型人类文明，是建立在新感性之上的，成为富含新质的生活方式，由此取代旧式的现代资本主义文明。

（三）自由社会主义：总体社会主义大纲的设计

马尔库塞设计了总体社会主义的大纲，按其与马克思设想不同的乌托邦社会建构理想，探索一条自由社会主义的前进道路。

马尔库塞指出了自由社会主义的内涵。作为自由人的联合体，这是一个工艺和艺术相结合的自由王国，体现了物质生产同人的自由解放的统一，这里既没有奴役剥削，也没有残酷的暴行，同时人的精神世界得到解放，创造才华得以施展，对道德的和美学的精神追求成为人基本的需要表达，并与单向度社会完全对立起来。① 这也与以苏联为代表的现实社会主义不同，因为后者并不是马克思意义上的真正社会主义，而仅仅是作为论证政策合理性进行传播的意识形态。

马尔库塞对社会主义革命性质的认识发生了移位。这不同于以往的革命主战场发生的移位，而是由政治和经济转向意识本能。本能需要和本能意识的根本性改变，追求人本质的全面实现，是消灭旧制度的社会基础。革命的首要任务在于，进入资本主义意识形态内部，掀起人们的革命动机与革命意识。这个革命不是传统意义上的经济革命，更多是一种从深层次摆脱资产阶级文化意识禁锢的精神革命。马尔库塞重视革命者的自我改造，制定出一整套心理革命的纲领，唤醒了革命者的主体意识，激发了人们进行革命的创造性和积极性，提示了完整意义

---

① 马尔库塞对单向度社会形成的原因进行过分析。第一，无产阶级在不断实现工艺合理性的生产过程中的地位变化，逐渐融入了与社会同呼共命运的社会一体化中，和管理阶级共同依存于他们所组织和管理的机器，因而强行削弱了工人阶级的否定地位，似乎不再与已确立的社会相矛盾。第二，社会控制出现新形式。社会不断制造"虚假的需求"强加给个人，通过产品需求的满足操纵人们的思想，从而起到了削弱人们反对现状的内心向度。第三，合理的实证主义化的虚假意识的影响，包括实证主义化的文化、语言、逻辑思维、哲学等，都丧失了否定性的向度，成为维护现状的统治工具。正是在这种"合理的"意识形态的全面控制下，单向度的有序社会结构得以形成。〔美〕赫伯特·马尔库塞：《单向度的人：发达工业社会意识形态研究》，刘继译，上海译文出版社，1987年。

上的革命不局限在社会制度和权力统治的这个范围,体现了思想意识形态领域中的变革在一定程度上促进了社会主义革命的深入发展。马尔库塞的当代乌托邦,意味着革命和行动,标识了美好社会主义制度的生成,在其所理解的严格意义上讲,乌托邦的终结也就是历史的终结。

马尔库塞强调,本能革命这种反抗与颠覆,是基于总体性的考量。他把矛头对准资本主义社会这个总体,对准丰富物质财富背后——这种社会人文价值缺失严重的现状。对革命的总体性的要求,逐渐越出单纯的经济变革和政治变革的范围,把关注点转到人自身的层面。革命主体从政治经济的范畴,转到寻求文化意义上的主体范畴。"这种见识在一开头,就宣告任何单纯的经济的或政治的改革都是要失败的,并无条件地要求通过总体革命,而大灾变地超越实际情境。"[①]革命不能单从经济方面,而主要是从精神文化方面着手,实现同现存需要彻底决裂的总体革命,从单纯的武装暴力革命,转向一种更为多元化形式的革命路径。

马尔库塞从资本主义生产条件下论证社会主义,也具有一种实现的新可能性。社会主义具有可以实现的可能性,是人之希望的地平线,而资本主义制度将这种可能性扼杀。当今现存社会向社会主义的过渡,已经不具有绝对的必然性。如果不具备社会革命的意识和动机,即使革命的客观条件出现,也不会爆发现实的革命。当今西方社会就表现出了主观意识渐趋褪化,虽然革命的客观条件日趋成熟,但也无法取得革命果实的特征。西方当代社会的发展趋势,就反映了革命的客观条件越来越充分,而革命的主体意识却逐渐弱化。科学到乌托邦的转变,形成了一种实践的社会批判思维方式。"文化革命远远超出了对艺术的重新评介,它直接波及到资本主义的个人根基"[②],将人的解放和社会问题,从单纯的审美领域突破,超越审美层面探讨艺术政治学的可能性。

马尔库塞认为,社会主义作为一种当代乌托邦,有把可能性变成现实性的能力。面对技术合理化的世界,包括当今人类生活的世界、技

[①] Herbert Marcuse, *Studies in Critical Philosophy*. Boston:Beacon Press,1973,pp. 29-30.
[②] Herbert Marcuse, *Counterrevolution and Revolt*. Boston:Beacon Press,1972,p. 146.

术、自然环境，发生任何形式的改变都有可能。乌托邦作为空想代名词的时代，在马尔库塞看来已经终结。如果有一种可预见的将来，那么它就不应当停留在抽象的可能性上。"一个自由社会得以实现的所有物质和精神力量已经具备，但是它们并没有被用于这个目的，原因在于现存（资本主义和社会主义）社会的总动员，反对它自身的解放潜能。"①社会生产力的发展，使资本主义社会从量变到新的自由社会的质变成为可能。科技的规模运用，也预示着异化劳动消除的可能性，资本统治对技术的采用，反而破坏了统治的基础。如果在全球范围内，能够有效采集这些力量，并对其理性地运用，贫穷和匮乏就将得以消灭。这种可能性目前仅仅作为一种趋向表现出来，一旦资本主义社会的自我修复功能停滞，自我调节意识萎缩，就会促成其从现实物质和精神力量的量变到新的自由社会的质变。

与卢梭的浪漫技术观不同，马尔库塞在未来社会主义的构建中，提出了对技术的价值评断。由于异化劳动的消除，社会主义生产方式成为新的劳动组织形式。科技成果将被合理加以利用来为人类谋福祉，而不是为少数统治者谋利润。技术手段在新的社会生产方式中，应当加以改造，通过变更技术科学的现有性质，进行人道化而非资本主义性质的使用，以此构建起全新的社会关系。现代人的自由和幸福的可能性和实现性，对马尔库塞来说是在现实的社会里、在每一个人的感受中，这种拯救方案要直接改造技术体系的性质和结构，不是对技术的功能简单加以摈弃，而是力求保护科技合理性的历史依据，合理利用技术科学的成果，并从社会物质生产力的不断发展中，找到技术的革命潜能，以此破解科技理性的自身悖论。资本主义的快速发展没有消灭异化，而只是使得异化的存在形式发生了不同以往的变化。马尔库塞虽然景仰浪漫主义盛行的那个时代，但更关注工具理性的异化对人与自然和谐的侵蚀，表现出对超越前技术时代的自由世界向往。

当代乌托邦革命丰富了国际共产主义运动的可借鉴资源，对社会

---

①Herbert Marcuse, *The End of Utopia in Five Lectures*. Boston: Beacon Press, 1970, p.64.

主义制度的巩固和完善也有积极的影响。苏联革命模式的历史经验，也证明了其具有合理性的一面。"社会主义应是一个更美好的社会，人类在其中可以享受到更多的自由和更大的幸福——这个目标今天仍然是抽象的。"[①]社会主义不是传统的经济社会主义，不在于形成对物质生产力的经济崇拜。物质生产力也不是局限在公平合理的分配领域，而在充分调动全体社会成员的积极性和创造性，实行分散管理和直接民主，彻底消灭人的异化状态，进而达到社会化和人的个性化的统一。

（四）新人：本能结构质变的革命主体

人们激进的社会理想及其实现的可能性，被发达工业社会降格到虚无缥缈的地步。而一旦历史主体的革命意识被唤醒，乌托邦就将由潜在的可能性变成现实的革命，解放的乌托邦重新具有了实现的可能性。资本主义创造的物质精神财富，就会冲破制度统治的牢笼禁锢，社会发展的屏障也就得以打碎。

马尔库塞认为，当代西方资本主义国家的无产阶级，已被统治制度和意识形态所同化，呈现出一体化的倾向。从这个角度看，他们已不具有成为革命主体的能力。在现阶段的发达工业社会中，资本主义社会结构的变化造就了繁荣，这种繁荣发展的表象，直接阻碍着质的变化。发达资本主义社会虽存在剥削，但机械化程度的提高，不断地降低劳动者耗费的体力数量和劳动强度。工人阶级的内部结构发生了根本变化，同时受职业分化的影响，技术白领的地位与力量大大提升。由于受资本主义社会生产机制这只看不见的手掌控，工人阶级已不再是社会主义革命的主要力量。

马尔库塞分析了工人阶级革命主体意识消解的原因。首先，依靠科技法术召唤出的社会生产力，被纳入到了技术共同体之中。劳动过程中的自动化的广泛运用，制造出了大量的消费品，使得工人的物质生活需要得到了满足，他们竭力享受技术进步带来的好处，并且使得其生

[①]〔德〕赫伯特·马尔库塞：《审美之维》，李小兵译，广西师范大学出版社，2001年，第263页。

活状况大为改观。工人享有的这种虚假自由,在舒适外表下被掩藏起来。其次,由于经济收入的提高,工人在心理上产生了对现行体制的认同,革命意识渐渐消解。有的已经意识不到这一阶级仍然处在被压迫、被奴役的地位,对制度引发的种种不合理性见怪不怪、习以为常;反而,将自己视为是中产阶级或白领阶层的一员,大多数工人阶级的身上,不再表现为你死我活的矛盾斗争。不革命的乃至反革命的意识上升,反过来具有了主导的地位。再次,他们在当今社会中的一般阶级地位与其革命意识几乎是反比例的关系。资产阶级通过利益和需求一体化的手段,把对工人的控制力转化到技术管理的层面,进一步放到资产阶级体系中加以整合。工人阶级的否定立场日渐衰竭,逐渐失去否定性的能力,对资本主义机器的怨恨逐步简化,原有的尖锐阶级矛盾逐渐被稀释掉,阶级界限已变得模糊不清,从而丢掉了老一代工人阶级骨子里的革命冲动,最终变成一个单向度的原子。最后,基于对工人运动的历史考察,马尔库塞从制度上做出了判定。他认为,发达工业文明的奴隶是受到抬举的,但奴隶的地位没有任何实质改变。发达工业社会环境中,经济步入了快车道发展,虽然工人阶级也举行罢工和示威游行,但斗争的主要动因发生了变化,"受到摧残的人,安于自己受到的压制,在潜在的个人自由与社会自由的压制中,消散掉其攻击性"[1]。工人阶级革命意识的消减,只是基于改善自身经济状况的角度,才向现存秩序提出政治诉求,而且这也是在制度框架内的要求,没有触及到制度深层,所以,工人阶级在思想深处缺少了社会变革的意图。

马尔库塞关于社会主义变革的主体问题,处于辩证的分析状态。首先,他将希望寄托在现代工业社会出现的革命新星新左派肩上,赋予他们对发达工业社会的工人进行政治教育的任务。新左派身上具有一种现时代的批判精神,采取拒斥的眼光来看待传统左翼政党和传统革命理论。他们都是发达资本主义社会里的一些不可思议的人物,位于现行社会金字塔的两端。一类是幸运者群体。在这个群体中间,也包括

---

[1] Herbert Marcuse, *Negations*: *Essays in Critical Theory*. Boston: Beacon Press, 1969, p. 254.

两类人群：一类是被称之为新工人阶级的高级技术人员和管理人员，在社会生产环节中处于决定性的位置，具备成为客观革命力量核心的可能性；还有一种青年知识分子群体，是革命希望的动力源，而且学生运动要与群众运动密切团结起来，才能成为强有力的革命力量，"只要没有能够并且愿意紧跟其后的群众，学生运动就不是一种革命力量，也许甚至不是一支先锋队，但在极其强大的和令人窒息的资本主义宗主国，它是希望的酵母"[①]。而另一大类是不幸者群体。他们也分成两类人群：既有与资本主义社会联系不紧密，从而也能够相对游离在社会体制之外，形成对社会操纵的对抗的群体，比如嬉皮士；又有社会处境悲惨，社会地位低下，作为世界体系真正威胁的群类，比如少数民族和黑人。他们日益表现出挣脱体系束缚的愿望。

在马尔库塞看来，学生和青年知识分子的革命主体地位，经常处于摇摆的状态。这些社会群体中间，青年知识分子和大学生阶层在现代化生产中占有重要位置，把不幸者和幸运者的革命属性集于一身。他们对现存社会的抗争，能够揭穿资本主义意识形态的虚假外衣，以及包裹着的科学技术面纱，成为社会变革中的决定性因素。学生的造反运动，表现出未来革命的希望所在，但他也清醒意识到了学生运动存在着的局限性。马尔库塞把革命主体的功能托付给青年造反学生之时，就在理论上做出了不可行的判定，因为这是一支年轻的革命队伍，缺乏长期的斗争准备和丰富的斗争经验，同时不具有组织基础和群众基础，是不可能轻松完成革命的历史重任的。而且青年知识分子，在面对巨大的统治机器的运转时，往往显得无能为力，在经过短暂的运动阶段后，也被资产阶级体系加以整合，成为统治机器的牺牲品。从感性和情感的角度上，单向度的社会又需要有一个历史主体承担起拯救人类的责任。

当五月风暴带来遍及全球的革命浪潮失败之后，马尔库塞认为，边

[①]〔美〕H.马尔库塞：《工业社会与新左派》，任立编译，商务印书馆，1982年，第60页。

第四章 社会展望下的当代乌托邦构筑

缘人群和第三世界的无产者,才能担当革命的主体地位。[①] 因为这些人不置身于民主进程的范围,也不能忍受社会体制的奴役,带着无限的革命冲动。"拒绝那种增加社会财富的需要和价值,同时强化特权市民的'自愿性的奴役',并使其殖民地——第三世界里的强迫奴役制度现代化。"[②]社会主义革命最重要的主体只能在发达工业社会以外去寻找,在那些不发达国家内部,资本主义的比较优势已经不复存在,使得第三世界解放运动具有胜利的可能性。第三世界外在的受压迫者,遭受着本地统治阶级和外部宗主国的双重压迫,肩负反抗内外压迫的双重解放使命。他们除了对付本国统治阶级外,还必须从外部宗主国的剥削中挣脱。靠在国际分工体系中所处的有利地位,发达工业国家不断地向全世界倾销消费品,既使发达工业国家的工人阶级可以从超额利润中分得一定好处,从而逐渐瓦解该国内部反抗人群的阶级意识,同时又将危机转嫁到第三世界,使第三世界国家的境遇越发艰难,也不断生产出无产者的仇恨。受压迫者不可能无限制忍受下去,必将起来反抗。他们从发达资本主义外部入手,在第三世界的历史舞台上,发动对资本主义的游击战。

马尔库塞还指出,未来真正的社会主义革命主体力量本应当作为本能结构质变的新人,尚未完全历史的形成。造反学生被视为实现社会主义的社会主义新人的雏形,这种现代乌托邦革命,在学生造反运动中得以强势推行,而一旦这种群体单一的本能革命,被历史验证失败,随即就变成了无政府主义的本能放纵行动。大拒绝的策略,退化为革命激情尽丧的嬉皮士游戏。中产阶级化的年轻革命主体,已然作为合法统治的守护人角色。只要被剥削阶级越是屈从于现实的权力,就连艺术都越与人民疏远。因此,马尔库塞不再把革命的重任,寄托在任何可能的现实主

[①] 相当部分左翼学者都关注到了这一领域,比如萨义德关注着第三世界尤其是巴勒斯坦地区人们的精神状况,对当权者的话语霸权进行批判,这种久而久之的公共实践,改变了美国人和其他一些民族看待巴勒斯坦人的方式,甚至改变了他们看待整个阿拉伯和以色列冲突的方式。但不同的是,马尔库塞关注的不仅仅是文化层面,而是赋予了第三世界人群以革命主体和文化传播主体等多种身份。

[②] 〔美〕H.马尔库塞:《自由和历史的绝对律令》,高恒译,载《哲学译丛》,1982年第1期。

体身上,在他看来,真正的革命所诉求的主体,在社会中尚未露面,如此才完整地保留着乌托邦的想象能力,没有被单一的现存秩序彻底同化。他没有冲向海德格尔个人的乌托邦幻想之路,而是选择了从发达工业社会的现实突围,其内部潜隐着浓厚的当代乌托邦主体渴望。

乌托邦可以提供历史真正实现的许诺,而且在革命的主体中共享,但这样的乌托邦,在历史进程当中也不会表现出如传统乌托邦那样的完美性,而是在特定的历史时空方位,将人性的弱点和所处时代的种种负面东西,一并吸收进去。革命主体变化,揭示了乌托邦对现实历史的介入。马尔库塞的乌托邦革命主体论断,对传统无产阶级理论中的革命主体地位,做出了一定的合理修正。他最后回到将第三世界国家的工人阶级作为世界社会主义革命的主力军,并没有否定无产阶级的革命地位。

马尔库塞为了打破同一化的社会体制,试图激发人们内心中的乌托邦潜能,重现现实世界的张力。社会主义从科学到乌托邦,与传统意义上的消极乌托邦,不可同日而语。它是对现存制度的挑战与否定,这种否定是人类必须直面的时代话语。它对现实社会的激烈批判,具有现实的可能性基础。这种革命行动,并非陷入了一种对美好社会制度的构想,本身就意味着社会制度的构建。不能否认当代乌托邦革命所具有的历史意义,"没有幻想,所有哲学知识都只能抓住现在或过去,而脱离了与未来的联系。但未来才是哲学和人类的真正历史之间的唯一纽带"[①]。这既要避免导致将其视为纯粹空想的因素,也要避免从中错误地发现乌托邦目标的终极意义,导致将其做实体化的解读。

四、公共力量穷竭的消解

哈贝马斯的理论出现了一定的语言学转向,试图构建新型的"生活世界的交往结构",并对社会的规范系统做出严格、合理的解释。他

[①] Herbert Marcuse, *Negation: Essays in Critical Theory*. Boston: Beacon Press, 1969, p.155.

第四章 社会展望下的当代乌托邦构筑

从日常生活世界这个微观视角入手,将生活世界从认识论引入交往理论并进行全面解释,他把生活世界的理性结构和行为规范当成出发点。在交往乌托邦中,他对从事的社会交往行为进行了分析,给出了生活世界的规范性问题解决的路径。

(一)生活世界:主体间相互理解的理想平台

哈贝马斯对胡塞尔的生活世界概念加以改造,使之从一种先验世界的角色转变到了经验性的世界,在共同的、可通约的理性基础之上,经由交往理性建构起来一个交往乌托邦。[①] 由于现代性困境的实质在于生活世界的殖民化,交往行为的发生就必须要有宏大的生活世界背景,这使得交往实践中的主体间性,具有可相互理解的背景知识。

在对劳动与交往活动领域区分的基础上,哈贝马斯提出了理解社会的生活世界——体制框架。他对所生存的社会从体系和生活世界两个层面来理解,并明确做出了区分。[②] 制度由生活世界的理性结构中分化而出,日渐成为独立的行为调节机制。而处于另一层面的生

[①] 胡塞尔理论视野中的生活世界,是人类一切知识和意义有效性和可理解性的基础,具有非课题性和前科学性特征,但却成为人们能为之共享的直观世界。"这是属于我们经验可能性所具有的视阈性的、非课题的储备。"〔德〕埃德蒙德·胡塞尔著,〔德〕克劳斯·黑尔德编:《生活世界现象学》,倪梁康、张廷国译,上海译文出版社,2002年。

[②] 生活世界是从价值方面规范人际活动,通过对社会目标和自我意识的认同,达到社会一体化,在一定程度上是共同拥有的一组庞大的背景资料和知识,为人们的交往互动提供价值观、约定俗成的符号及其他的要素,促进个人的人格建构与整个社会的归属感;体系与生活世界相对应,是一种制度化的社会物质再生产领域,由物质层面特别是经济活动构成和催生各种功能性的社会存在,作为社会的制度组织来影响人类的生活。生活世界要素的意义和功能,与系统中所理解的意义和功能是不同的。生活世界的知识储备和系统中的知识系统有所不同。系统中的知识更多的是处理内在和外在自然的知识,而生活世界的角度上所说的知识,还包括更广泛的文化知识。生活世界的社会与系统中的社会也有所不同。生活世界中所包括的社会是把人的目的活动排除在外的社会,主要是接受了一定文化传统和背景的社会群体通过相互沟通而结合起来,而不是系统中通过组织、制度和法律整合起来的政治和管理系统,不是功能专门化的组织。生活世界的个人是通过一定的文化而被社会化了的个体,不是争取自己利益最大化的经济人。〔德〕哈贝马斯:《交往行为理论》,曹卫东译,上海人民出版社,2004年。

239

活世界,则是由人类长期的历史进化而形成的交往结构,这一结构是生产关系与交往关系的积淀。生活世界由文化、社会和个性三个要素构成,交往行动者的经验、知识、能力及社会的文化系统,都作为运行在生活世界情境中的产物。体系和生活世界具有不同的发展过程,体系侧重于目的本身,关注的是行为具有的影响,以及行为的结果,从而为生活世界提供物质保证;生活世界这一文化传统的共聚者,侧重于交往行为本身的合理性,对交往行为起重要的影响,乃是体系的意义承担者。对于其成员来讲,即使没有意识到它的存在,也是自然而然无须论证的。交往行为的参与者,依照文化传统传递的背景和精神财富来展开其先验和综合性活动,在一定程度上,能够超越参与者本身和现有社会文化环境的制约。生活世界从不同的功能和层次发挥作用,调节人类各式的生活方式和目标取向。

哈贝马斯指出了体系与生活世界二者从平衡到分化的演进脉络。体系与生活世界二者,由于保持了某种平衡,才能在各自领域中发挥作用。在传统意义上的文化共同体中,体系是一种尚未分化出来的职能,体系的意义是归属生活世界的。然而,由于工具理性的急剧膨胀,体系运用工具理性的标准,逐渐获取了对生活世界的支配地位,体系严重侵蚀了生活世界的良性运行。体系和生活世界的严重脱节,成为现代西方社会的基本特征。社会体系的日益合理化,造成了二分局面的出现,两者的关系从原先的包容,变成了并列和等同的关系。"生活世界的合理化促成了一种体系复杂性的上升,这种体系复杂性的上升是这样的迅猛,以至自由的体系命令阻碍了被它们工具化了的生活世界的控制力。"[1]在现代性日益复杂的运动过程中,自主化的工具理性行为子系统,渐渐形成一套独立的发展运行逻辑,体系之中主体的行动,按照与工具合理性对应的原则来展开的。

哈贝马斯还分析了体系与生活世界之间的平衡状态被打破的原因。金钱与权力这两种控制媒介,分别在市场机制与科层制度中,依据

---

[1] [德]哈贝马斯:《交往行动理论》第2卷,洪佩郁、蔺青译,重庆出版社,1994年,第208页。

自身的逻辑原则进行运作,越来越脱离生活世界的视野。金钱与权力的原则与逻辑僭越了各自所属的领域,成为交往对话的主要媒介后,主体间的交往缺少了对话沟通的基础。这使得个人的自由空间不断被蚕食,造成了人的自由发展受到束缚,也丧失了文化意义存在的可能性。随着劳动这一社会子系统的扩展,市场机制通过金钱、国家官僚机关透过行政框架,以功能的、技术的态度操纵整个社会领域,把整个社会结构功能化,按照系统对自身稳定的要求调节社会,社会职能机构表现出法律化和官僚化的倾向,不断对人与人的关系进行干预,进一步操纵原本属于私人领域和公共空间的公共活动领域,使人长期处于目的性行为的强制作用之下。体系的越来越强大、越来越复杂,导致交往理性要求的规范性在体系面前苍白无助,非强制性的话语交往被忘却,体系反倒成了一种缺乏总体性视野的文化共同体的准则。在文化再生产、社会统一和社会化领域中,由于语言交往的合理生活基础被破坏,语言调节机制不能使行动协调的理解机制发生作用。现代科技的发展为人类的解放提供了新的可能,但通过对公共领域的交往活动的侵袭,压抑和扭曲了社会意识和生活观念的产生及更新,现存社会中的特权结构进一步扩张和不合理加剧。

在此基础上,哈贝马斯把生活世界作为主体间交往理解信念的储蓄库,主要是一种社会建构的产物来体现。话语成为在这个主体间性结构里的媒介连接,生活世界的交往要符合语言本身具有的约束力,在非强制性的力量下开展起来。生活世界提供了系统环境的解释模式,人们依据所提供的模式来对可能遭遇的外部环境进行解释。当外部环境中的相关组成部分,被放置到了现实的行动状况中,就可能被讨论,或者受到质疑。语言和文化既要继承传统解释模式,保持生活世界的原初统一性,又要在交往行动中获得一定的更新,使得生活世界具有维持再生产的能力,使社会得以整合和一体化,并完成个人的社会化。人们在现实生活中,一般是在某种非语言交往方式伴随下,开展语言交往活动的,很少是纯粹在其中使用语言手段。真正有效的语言交往活动,也是与整个社会实践的交往背景保持相对一致的,通过建立合理的语义交往结构,借助于社会建构来完成恢复主体间的共同视界。参与者所属的生活世界,就一定意义而言,保持着始终在场,构成了实际情况的背景。而对交往的参与者来说,行动状况就是他们复杂生活世界的中心,构成人们生活中需要思考和讨论的领域。

　　生活世界虽是一种理想性的理论设定,与世俗的生活世界之间,不具有直接的对应关系,但仍要建立在社会化劳动方式和社会交往实践的基础上。"语言是一种实践的、既为别人存在因而也为我自身而存在的、现实的意识。"①生活世界中的思想讨论和语言交流活动,应当是历史地产生的。生活世界是一个理想性的范畴,交往行为合理化所憧憬的生活世界模式,是一种在现实根基上的当代乌托邦,而并非仅仅是语言乌托邦。

(二) 交往行为合理化:当代普遍话语伦理的重构

　　哈贝马斯以生活世界为基础和背景,对交往结构进行规范性分析,展开了对资本主义社会合理性的批判和重构。他提出了交往行为的真实性、正确性和真诚性,使之真正符合理性的诉求。在此基础上,他寻求人际关系的基本原则,进一步获得社会组织的实践价值取向,把生活世界作为交往行为理论的背景和基础。由于生活世界的合理结构不断遭到目的理性的破坏,哈贝马斯致力于找到合理性的行动规范基础来认定现代性尚未衰竭,且仍具有解放的潜能和弹性。

　　在哈贝马斯看来,生活世界和体制也都有一个理性化的过程。体制合理化是工具理性的扩展,劳动这一社会子系统的发达,体现着人类对自然控制力的提高,但把人类从不公正的社会关系中解放出来,要通过交往领域的发展,而体制并不能决定生活世界的逻辑。生活世界的理性化,是交往理性的不断扩展,表现为主体能够参与到自由对话的交往形式本身。通过一种非压抑性的自由交往活动,人们逐渐形成对社会意识和自我人格观念的认同,为其提供新的社会意识和自我意识,并使之从生活世界中贯彻到劳动子系统中,释放出科技作为真正的解放力量,一种新的、合理的生活方式成为可能。

---

① 《马克思恩格斯选集》第 1 卷,人民出版社,1995 年,第 81 页。

第四章 社会展望下的当代乌托邦构筑

哈贝马斯指出了交往行为理论向话语伦理学的扩展。它以重建交往理性为核心,进一步规范社会行为和认识活动,以期达到交往理性化诉求的价值取向。这既避免主体中心理性的西方思想传统,也对后现代主义的非理性冲动进行干涉。通过生活世界的构建,处于现代社会的人们获得不同以往的行动规范,进而使得人们在公共生活中,能够遵循适应于交往理性要求的价值规范和话语意志,建立相互认同的伦理道德规范,进而达到对客观事物的共同理解。这就要重建当代乌托邦对日常生活世界的理性化再造功能,以此维护生活世界的合理结构,给社会成员创造超越现存的发展条件,使交往行为关系达到新的高度,具有理解协调一致的可能性,最终实现社会的合理化。

哈贝马斯对交往合理性的媒介进行了深入分析。他认为,其他行为模式,都只在局部发挥了以语言为传播媒介的功用,只有在交往行为中,语言才满足真理宣称、正当宣称和真诚宣称这三个有效宣称,体现出合理性的全部要求。"交往行为与策略行为之间的区别就在于,有效的行为协调不是建立在个体行为计划的目的理性基础之上,而是建立在交往行为的理性力量基础之上。"[1]理性统一于相互理解达成的共识中,以共识真理为基础的交往理性才有可能实现。

同时,哈贝马斯指出了交往理性的核心,就是有效性认定的可批判性。这一范式转换抛弃了笛卡尔主义时代对于内在的个人意识状态的关注。交往理性是通过参与者彼此进行对话和沟通达成的共识,它的有效性不是因为强制性作用,而是因为主体间性为基础的对话共识。"不同的参与者克服了自己最初仅仅是主观的见解,并且借助合理地鼓动起来的信念的共同性,同时也借助客观世界的统一性,以及他们自己生活联系的内在主观性而得到确立。"[2]主体被置于一种平等对话与理解操作的背景之中,摆脱了逻各斯中心主义理性观的困境,清除了主客二分的单向思维的弊病,奴役异化和对自然控制的问题也将得到改

---

[1] [德]于尔根·哈贝马斯:《后形而上学思想》,曹卫东、付德根译,译林出版社,2001年,第60页。
[2] [德]哈贝马斯:《交往行动理论》第1卷,洪佩郁、蔺春译,重庆出版社,1994年,第25页。

观。这既要区分说话者与话语对象,同时还要区分相应的对象领域。在完成分化工作之后,第二步还要对话语有效性的认定加以反思,同时不排斥他人的质疑。

哈贝马斯还给出了交往合理性中普遍伦理的解困手段。传统先验理性向交往理性的过渡本身,孕育了某种普遍主义的元素,蕴含对多重声音中的理性统一。普遍伦理的传统宗教论证在现时代缺乏说服力,形而上学论证也在现代伦理规范中失去话语权。他对普遍主义道德进行捍卫,把其作为存在着旧的乌托邦的终结和新的乌托邦的诞生的根据。作为一种普遍主义的话语伦理学,普遍伦理面临传统道德困境与后现代主义的双重围困,正开始显出普遍客观有效的道德判断可能性,试图寻求一个替代物的出现,以期给普遍伦理带来一种全新的面貌。从资本主义的现实结果来看,统一的理性反而被片面化、形式化地当作一种工具使用,后现代主义对理性基础的动摇,冲击了价值规范和民主权利观念,往往会导致社会的一种无序化状态。"意识哲学的范式已经凋谢,凋谢的症候应通过相互理解的范式转向来消解。"[1]只有把生活世界建立在交往理性的基础上,把双向理解的交往合理性视为社会伦理的根本原则,才能提升到话语伦理学的高度来约束人的行为、人与人的关系,乃至整个社会实践。在理想化的语境中,哈贝马斯借助语言这一沟通平台,把伦理纳入共在的主体互动脉络中去。在日常交往的有效区间内,他对参与者的观点给予回应和论证,不附加任何强迫性的条件来验证对话的合理性。道德的约束力,是建立在互认的社会实践和道德规范基础上的,而不是道德主体先验的某种自律性。伦理规范普遍有效性,在主体际性的标志下才能得到解读。在这种主体际性的实践话语中,具有普遍有效性的伦理规范达到了一种可加以辩护的效果,不仅提供了生产方式和交往方式的标准,同时对行动者的责任与义务加以了认定和规范。

另外,在伦理诉求和解决多元社会冲突的旨趣上,哈贝马斯自觉对自律道德行为者与普遍原则之间的张力进行调和。他通过现实和伦理

---

[1] Habermas, *The Philosophical Discourse of Modernity*. Cambridge: Polity Press, 1992, p. 296.

第四章 社会展望下的当代乌托邦构筑

原则相结合的方式进行调处和缓和,既是对传统论证方式的突破,又赋予其道德规范本应具有的伦理价值。这种对于人类社会交往的乌托邦建构,既是对多元道德中的普遍伦理的渴求,又表现出对未来交往共同体的渴求。后现代以多元化遭受到了现代思维压制的名义,对同一性凌驾于多元性的形而上学进行抗争。哈贝马斯意识到尽管那种伦理价值不具有某种实质性的共识,但在多元性优于同一性的后现代语境中,并不排除理性的同一性,能够在多元差异的背景下得到承认和理解。同时,三种有效性宣称,常难以在同一个交往行为中出现,即使出现了理想对话的条件,也不易达成最后的共识,理性的同一性只有在多元性的声音中,才可以被理解。合理的话语规则和理解程序,能够赋予行为规范以某种理性和正当性基础,以批判脱离交往理性的抽象道德价值观,摆脱外在强制与内在强制,而绝不会忽视差异和多元性。"各种道德规范和道德原理都或者被人们看作是充满了价值的、合理的'事物秩序'所具有的成分,或者被人们看作是一种堪为典范、能够导致拯救的生活方式的组成部分。"[1]这种交往乌托邦,保证了话语交往既在同一类别个体之间展开,也向话语共同体中的他者开放,摆脱同一性与差异的两难困境,不断塑造话语共同体的弹性边界。它是在一定的规则下进行的,尽管它是对个性和多元性的承认,但普遍伦理也只有在话语互动实践中,才有实现的可能,而不是使异质的话语体系,可以任意超越语言交往的有效性要求。在现实的话语交往中,话语论证的形式规则应体现合理性,体现并符合主体际认知的要求,这样才能反映出多元价值和多重话语声音。

在合理化的交往行动中,交往主体通过主体间的理解和沟通,从而实现了对社会的认识,这也是对自我意识的一种全新的认识。这是一种实践方式的转变,即追求人的解放的领域,"这些规范结构的发展乃是社会进步的领路者,因为新的社会组织原则意味着新的一体化形式,而新的社会一体化首先使可利用的生产力的实施或新的生产力的创造

---

[1] 〔德〕J. 哈贝马斯:《"通情达理方面"对"真实方面",或者世界观的道德》,逸飞译,载《世界哲学》,2002年第2期,第52页。

245

成为可能,并使社会复杂性的增加成为可能"①。从交往理性的崭新视角出发,现代社会虽然导致了工具理性在生活领域中的滥用和破坏,以及对人与自然的控制,但也同时暗示了人自身解放的可能性。

(三)理想言谈情境:孕育双向理解的交往架构

话语交往世界要阻止金钱与权力的蔓延,就要建立一种理想的言谈情境,通过交往理性的发展来重建被扭曲的交往领域,建立和组织根据交往原则构成的公共生活领域能力。语言以交往规范的形式出现,被视为构建交往乌托邦的潜在力量。人们通过交往对话,走向一种具有普遍有效的真理,或者达成共识的规范。其前提条件是对话必须在一种理想的言谈情境中展开,为真正的理解和话语民主提供一种制度性的语用学预设,并营造出一种平等互动的社会关系。

首先,应当从总体上来把握社会,并从人类沟通的交互性中探寻道德规范的基础。理想言语情境是一种想象,完全是形式和程序上的,只是想精心呵护一种可能性。哈贝马斯对社会整合和系统整合进行了区分。社会化的个人通过相互交往,在一定文化背景的基础上,达成彼此的相互协作和理解沟通,构建起一种协作体系来达到社会的整合,各种社会行为实现各自的合理化综合,就是社会整体的合理化。由于社会都是由社会主体相互构成的,又是一种社会成员相互作用的关系总和,所以主体间的日常交往,是以一种总体化的力量展开建构的。社会依靠生产劳动和技术手段,使自身从外部的自然力中解放了出来,然而把它从体系中自我解放,破除制度体系的暴力基础,取决于生活世界合理性的重建。社会由此作为一种在生活世界再生产与系统维持之间,不断形成并运行着的长期融合过程,"涉及的是一个自我调节的系统所具有的特殊的控制能力。这里的社会系统表现为它们克服复杂的周围环境而维持住其界限和实际存在的能力"②。它是以话语为媒介的交往,以达成理解的共识为目标来作

---

① 〔德〕哈贝马斯:《交往和社会进化》,张博树译,重庆出版社,1989 年,第 123 页。
② 〔德〕尤尔根·哈贝马斯:《合法化危机》,刘北成、曹卫东译,上海人民出版社,2000 年,第 6—7 页。

为重建路径的。

其次,对构建理想的交往情境来说,还要具备一系列的主客观条件,以做到无暴力的话语情境设置。相互理解是否能激发合理的共识,取决于能否满足交往行为者之间角色结构的对称性,生活世界的意义背景是否相同或相似。此外,交往行为者还要不断反思自己的交往动机,因为现实生活与这一高度理论化条件下的交往理想相比,总归是不完善的。在完成了对动机的纯化后,交往主体就要把超越现实生活的交往理想作为出发点来解读现代性,注重相互理解在人类行为协调中的作用。交往理想成了一种新型的乌托邦体现。纯粹的互为主体关系,不仅是存在于理论建构中一种抽象的逻辑关系,也是一种假设的想象中的现实关系。可以说,一种无压制的纯粹主体间性,使得主体相互之间处于平等的对话关系,既不受外界的压力,也没有内在的强制,完全处于一种没有外部的强制力量下的交往。话语交往的规范,应当遵循合理性的论证,才是普遍有效的。假定话语交往的内在规范,从一开始就能被对话参与者所普遍遵守,对话参与者就能够在一种预期性的理想状态下,参与实践的讨论,并能够说明真实的行为后果。虽然无强制压迫的话语情境,与现实的话语情境存在一定的间距,但只有话语的潜在有效性要求,才能成为讨论的对象,以达到应然性条件向本体性承诺的转变。

另一个重点,是对个体参与构建的交往关系,从单纯的审美维度中突破,达到向社会整体言谈环境的转化。这就要避免这种话语交往的扭曲,就要建构起新的公共领域和言谈环境。哈贝马斯希望能赋予交往行动中的主体间性以更重要的位置,对传统理性中主体概念的孤立倾向进行解围,把交往实践看作一种交互性的主体际交往实践活动,将交往实践与言语行为勾连起来。他把席勒审美国家中创作的独立性,看作一种交往理性形式,使之在为艺术而艺术中达到顶点,而又超越席

247

勒，将此看成是一种社会建构的手段。① 现实中的交往伦理，受到现代社会交往行为关系的打压。但哈贝马斯还是将其视为乌托邦社会观念的支柱，认清道德和艺术的本质是超越资产阶级且往往是反资产阶级的，文化发展的进步趋势具有把人们加以联合的纽带作用。"它结束了社会的等级制度，依据无私的博爱的形象来重建个体之间的关系。"② 受内在发展逻辑的文化现象的影响，许多生活领域中的人本主义的并发症自行消失，由此而来的是规范的规模化普及，文化成分并不承担再生产一种制度的职能，进步的理想观念将超脱官僚行政制度所提出的任务。一旦使统治合法化的制度准则暴露出无用的本性，就会确立起一种人类自由交往的崭新关系形式，并在这种社会经济制度框架中，充当构成自由的动因和推动力。

哈贝马斯希望在理想的言谈情境中，实现交往主体间无强制的对话，将公共领域看作实现无强制交往的现实文化空间。"一个人不仅仅生活在一个虚无之地的乌托邦希望中，他的希望只有在可能的王国里才变成现实。"③ 当代乌托邦依托交往合理性建构起来，试图以此建立起理想化的语言使用规范，构造出理想言谈情境，使人们在其中自由地讨论和商谈，进而达成符合人类自身理性的共识，推动社会进化和社会病态根源的克服。哈贝马斯承认理想的言谈情境是一种反事实的存在，但却是必要的乌托邦。

---

① 席勒强调艺术的"公共特征"，倡导一种超功利的自由的审美交往原则。他认为，美才能赋予人合群的性格，唯独美的沟通能够使社会统一，强调艺术应发挥交往、建立同感和团结的力量。不管是在强力国家中，还是在伦理国家中，人与人之间都不可能拥有自由和谐的关系，前者由于自然强力的限制，后者由于道德力量的束缚，人类的交往行为都不是符合人性本真意愿的自由选择。"在美的交往范围之内，即在审美国家中，人与人只能作为形象彼此相见，人与人只能作为自由游戏的对象相互对立。通过自由给予自由是这个国家的基本法则。"〔德〕席勒：《审美教育书简》，徐恒醇译，北京大学出版社，1985年，第151页。

② 〔英〕特里·伊格尔顿：《美学意识形态》，王杰等译，广西师范大学出版社，1997年，第96页。

③ Lowenthal, *An Unmastered Past: The Autobiographical Reflections of Leo Lowenthal*. Berkeley: University of California Press, 1987, p. 245.

(四)反乌托邦的穷竭:"最低量的"乌托邦观念

哈贝马斯的乌托邦观念,是一种"最低量的"乌托邦。主体性哲学内部,乌托邦的观念面临着瓦解与崩溃,而乌托邦本身的潜力并未枯竭。时代精神正是由历史思想与乌托邦思想这两方面交互而成的。他致力于重建交往理性,通过提供交往的程序性手段,制定一整套符合交往价值的话语规则,使制度与生活世界获得平衡的可能性。

哈贝马斯描绘了乌托邦力量穷竭的含义。主体的高扬并未催生出新的个体,而是出现了价值取向上的迷惘和精神建构上的消极,人们无法自我定位自己的角色,放弃对完美的追求的同时,失去了生存的支点。"近代曾经从中获得自己的自我意识和自己乌托邦期望的那些增强影响力的力量事实上却可以使自由性变成依从性,使解放转为压迫,使合理性转为非理性。"[①]统治系统出现的非政治化观念,实际上意味着对现存社会体制盲目不加批判地接受,对其中所产生的社会意识盲目认同,对不合理的制度体系进行包装和粉饰。这就从根本上使得在公共领域的讨论诉求瓦解,对社会发展目标,以及新生活方式的自由交流变得不可能,可能的美好社会建构愿望也被迫取消。公共生活领域被国家与市场体制所蚕食殆尽,体系对生活世界侵入,所致的生活世界殖民化的实质,是一种合理化的危机。它导致社会生存环境严重恶化,平等沟通协商达成共识的局面越发艰难,生活世界的人文内涵也渐趋匮乏。语言和符号也丧去了合法性地位,不再具有整合媒介的功能。其所诊断的当代社会的核心问题,即系统对于生活世界的殖民化,类似把哈耶克和波兰尼分别关注的国家和市场归入到系统。

同时,哈贝马斯对乌托邦穷竭的观点进行了批判。他认为,反理性主义倾向,仅仅是对理性的一部分做了批判,将工具理性和技术理性扩大到了整个理性范畴,并未发现作为整体理性所具的积极意义。现代性绝不限于工具理性领域,也反映在现代社会整体观念与实践之中,通

[①]〔德〕哈贝马斯:《新的非了然性——福利国家的危机与乌托邦力量的穷竭》,薛华译,转引自《哲学译丛》,1986年第4期。

过交往理性的作用,构建起新的话语伦理,试图恢复与整合生活世界的合理结构,推行民主体制和公正原则,在生活世界与体制之间形成良性的互动,在自我意识与现代性的异化控制面前,找到对话的可能性。当今出现了对乌托邦的怀疑情绪,它被当作负面的东西而招致人们的厌恶与仇视,关注的点仅仅放在了具体的行为活动上,而对形而上学意义的否定趋势在加速蔓延。哈贝马斯希望人们通过重建交往理性和话语伦理规范,形成没有暴力统治的社会秩序。

哈贝马斯将马克思批判的劳动异化和韦伯对社会官僚化的批判相结合,对马克思的思想进行补充。他对西方理性化过程的分析,基本上持一种辩证的态度。在他眼中的资本主义经济系统,以金钱为媒介对生活世界殖民化,这一阐释强调了易遭人们疏漏的权力异化。他从符号和文化的微观视角,把交往作为构架合理化生活世界的基石,无疑是对马克思宏观视角的补充。唯物史观理应成为一种推动社会进步的社会进化论,而不应作为一种启示学的面目出现。人类特有的生产是以语言为基础的符号意义的生产,以语言符号为媒介的交往方式,与社会生产方式形成有益的补充。劳动范式不是理解资本主义的唯一途径,尽管从某种程度上看,其内含了一定的交往因素。人们要以交往理性为手段,进入传统民主政治体制中,最大程度释放出乌托邦的解放潜力,使得同理性关联的乌托邦,仍能展开自由自主的意识活动,"一个种的全部特性、种的类特性就在于生命活动的性质,而人的类特性恰恰就是自由的有意识的活动"[1]——这才是关键所在。工具—目的系统沿其固有逻辑同主体性范式相对应,向生活的各个领域挺进,然而这只是一种局部的合理性,是更广泛合理性中的片面的环节,以交往理性作为基本的合理性模式,用一种程序性的合理性模式来置换实质性的合理性模式。一个交往行动的内在要求,不管是依靠落后的传统方式,还是依靠权力的维持,都是不合理的。

哈贝马斯特别指出了交往乌托邦关注点的切换,这反映出思考人本身的思维方式发生了变化。在主体性朝主体间性的哲学范式转化

---

[1]《马克思恩格斯全集》第4卷,人民出版社,1979年,第46页。

后,交往乌托邦的关注点也随即发生了由从劳动向交往的转换。劳动是人的本质力量的外化,技术性的使用和占有,是人与自然这个劳动中最基本关系的表现形式。劳动不是只受工具理性支配的纯粹工具性活动,人的生产是全面的,当劳动扬弃了其异化形式,成为人的自主活动后,还带有工具理性的色彩,但已超越了技术性的限制。如果技术合理化成为劳动唯一向度的话,带来的只有改造自然能力的增强,而不是人的全面自由发展,劳动将失去人类学意蕴。"交往共同体的乌托邦内容缩减到一种不受毁坏的主体间性的形式的方面……来实现一种更好受危害更少的生活,只是一种让参与者根据其自己的需要来实现的具体可能性。"[1]未来社会在很大程度上,是以交往的共同体的形式出现的,这不是由于它与某种具体生活方式的关联性,而取决于共同体成员能够在此找到生活源泉的方式。回归生活世界,就是回归现实的人。

虽然交往行为只是一种理想境界,但决不能把乌托邦与幻想等同起来,"乌托邦的核心精神是批判,批判经验现实中不合理、反理性的东西,并提供一种可供选择的方案。许多曾经被认为是乌托邦的东西,通过人们的努力,或迟或早是会实现的,这已经被历史所证实"[2]。现代化进程中,对于理性坚守的淡漠,不意味着所谓乌托邦的终结,不意味着人类解放理想的失效。从理想的言谈情境到现实层面上公共领域的设立和谋划,是对现代性以来的生活世界殖民化现象的有力回击,也是对现代性进程中工具理性片面施用的有力回击。这一当代乌托邦性质的社会建构路径,揭露了现实生活中交往对话异化的现象,力图恢复人的本真状态。

(五)公共舆论:社会共鸣试验的公共场域

哈贝马斯提倡开展公共领域内的民主政治,把它当成是一场思想批判活动。在福利国家的公共领域中,政治批判功能渐趋收缩,但他仍然对当代乌托邦的解放道路抱有乐观态度,将公共舆论视为一种文化

---

[1] Habermas, The New Obscurity: The Crisis of the Welfare State and the Exhaustion of Utopian Energies, in: *Philosoply and Kial Criticism*, 1986(2), p.17.

[2] 章国锋:《哈贝马斯访谈录》,载《外国文学评论》,2000年第1期,第28页。

革命的形式。

哈贝马斯指出了资产阶级的形式民主,与资本主义全部历史记载之间的实际不相适应的原因,由此提出发挥社会领域功能的必要性。他把不适应的原因归结为资产阶级舆论的进步要求在意识形态上的逐渐变形。阶级调和是现代资本主义社会的社会结构基础,而在晚期资本主义条件下,危机的趋势集中于社会领域,合法性危机趋势被许可,已不具制度危机的属性。国家具有了平衡社会力量的功能,能调整社会冲突中不断暴露的危机表现。由于资本主义的生产组织方式不会为生产力的增长划定界限,整个政治法律制度与标准价值系统同样保有进一步发展的可能。资本主义制度的本性,虽然可能再度集中到政治领域,但已不再带有阶级斗争的政治性质,也不会完全阻碍民主化,除非动用国家权力控制社会精神文化生活的运行。正是由于制度缺乏动因,社会成员才与制度合作。特别是文化系统,不能产生出必要的动因,同时这些动因无法规定和执行,文化再生产反而受到了行政权力的操纵,才造成晚期资本主义的困境。资本主义为了避免合法化的危机,既不追求日益生产的盲目扩大,又要限制权力的扩张,遵守与群众达成的和解要则,使之在形式民主的范围内活动,在价值系统中评估进行自由交往的可能性,不受外在的压力所干扰,也不被虚假的人为观念所禁锢。现代文化诸如艺术和交往伦理学这些组成部分,在现代资本主义世界的作用是极其紊乱的,能表现出反资产阶级的性质,但在官方许可的需求系统中又没有本应达到要求的地位。哈贝马斯希望能在构建人际审美关系中,完成使分裂的现代性统一的使命。

哈贝马斯强调自主的公共领域,认为,它可以和经济机制和政治机关相抗衡。它旨在发展以交往理性为基础的民主思想和公民社会力量,培育一种成为社会总体性的反思主体。哈贝马斯的交往行为分析模式,避免陷入语言游戏的困境,发现工具理性所导致的人对自然的强制,可以发挥生活世界和体制间的隔离带作用,以此保证生活世界免遭体制的侵蚀。公共领域由非国家和非经济组织在自愿基础上组成,介于国家与社会之间,调和了对立的社会力量,缓和了两者之间的紧张。说到底,它就是原则上向所有公众开放的公众舆论领域,超越了政治权力的限制,避免了政治统治合理化,直接与公共权力抗衡。它处于政治结构之外,从而不受或很少受其干扰,形成开放式的交往网络。这种独特文化空间,具有松散性和弹性。在这种公共空间中,通过无强制的交往对话,所形成的公共意见和普遍意志,指向非私人空间的公共性。以求同存异的方式取得的公共意见,消除了普遍交流思想的障碍,同时,不再作为个人意见来呈现。公共领域的普遍意志,能制衡公共机关的权力运作。当代乌托邦价值理念和理想言谈情境,在其中具有了内在的一致性。在后现代主义的背景下,对资本主义的超越不能局限在民族—国家范围内的阶级分野,而应侧重于世界体系内的革命,革命的形式和主体也发生了重大变化,主体由无产阶级变为"多众",即各种被剥夺、边缘化的人群,形式由暴力革命变为拒斥和抵抗。①

在公共领域中,哈贝马斯特别重视发挥文化舆论的力量。任何一种政治积极性都发端于社会文化舆论,实行的这种文学试验场也作为社会共鸣的试验领域。哈贝马斯用被理想化的历史材料,对已经过改造的社会政治一致性特点进行了模型试验,为未来制定当代乌托邦的缩影。"当他们在非强制的情况下处理普遍利益问题时,公民们作为一个群体来行动;因此,这种行动具有这样的保障,即他们可以自由地集合和组合,可以自由地表达和公开他们的意见。"②起初资产阶级政治舆论的客观职能,与借助于文化舆论形成的自我意识吻合,私有者的利益能使自身与人们争取自由的斗争相一致。资本主义的干涉主义意图致使舆论的自由主义模式起不到作用,国家与社会之间出现了非政治性的社会领域,法律规范也失去了固有的普遍性。在现代资本主义的冲突地带,舆论的作用和性质一旦受到误解和歪曲,一定程度上将造

---

① 比岱认为,当代历史唯物主义者必须拒绝接受仅通过市场来界定资本主义经济、社会和政治的经典马克思主义论断,而应强调市场之外组织的强大作用。市场与组织所构成的两极,被确定为资本主义社会阶级结构的核心因素。随着新自由主义的兴起,跨国公司及国际性垄断组织的建立,民族—国家在市场和组织的两极间被撕裂为片断,民族—国家在民众心目中的地位不再作为现代社会的主要组织形式,不断衰落甚至崩溃。〔法〕雅克·比岱:《总体理论》,陈原译,东方出版社,2001年。
② 〔德〕哈贝马斯:《公共领域》,载江晖、陈燕谷主编:《文化与公共性》,生活·读书·新知三联书店,1998年,第125—126页。

成社会模式与社会现实的离异。为缓解发展道路上这种不可逆转的冲突,批判虽处于启蒙活动的边缘,但已着眼于超越社会经济形态的理想化公共模式,即使在被限制的条件下,也能抑制政治上的保守主义。

与此相关,哈贝马斯试图把技术纳入到话语民主的框架中,建立一种互动的民主对话机制。技术意识逐步消退,转化为生活世界的实践意识,使技术进步和社会生活实践保持了必要的平衡。他把科学技术看作一种特殊的意识形态,明确了科学技术中价值因素的存在,也揭示了科技对社会伦理的挪移。他从政治与技术交往中克服现代技术,把技术作为社会内容的一部分,并同社会的整体紧密联系起来。他在批判韦伯合理化伦理观的基础上,阐释了交往关系的伦理框架,希望通过社会体制结构的调整来诉诸合理行为交往的开展,以此作为分析科学技术意识形态化的背景,形成新的社会活动机制和生活方式。

在法兰克福学派采用的范畴结构的总体性布局中,哈贝马斯关于解放理想乌托邦模式对合法化危机下政治和经济上的改良主义进行文明的修正。①交往乌托邦逐渐创造出一种新的标准结构,作为社会化过程动因的力量基础。未被歪曲的交往进步倾向属于非纲领化的范围,纲领化则意味着社会发展到极高阶段,现时代的政治经济情况并未超出为实现自由关系形式所具备的社会历史条件。哈贝马斯把社会建构中的自由关系形式,作为部分实现交往理想化状态的可能。主体间交往关系的改造活动,是通过社会文化系统本身的调整起作用的。哈贝马斯将生活世界理想、资产阶级思想批判同乌托邦交织在一起,架设了一条通往当代乌托邦的交往桥梁。

---

① 福柯将哈贝马斯所建构的批判理论斥之为一个被应该的乐观主义召唤出来的幻影,指出,以无强制的话语交往原则为内核的公共领域具有某种乌托邦性;同时,哈贝马斯也遭到布迪厄的批评,"促使哈贝马斯将一切现实交往的尺度和规范作为一种理想来表述的前提,只有在极其有限的条件下才能实现。这一前提使他无视那种作为潜在因素内在于一切交往的权力结构和统治形式,而这种统治形式正如迄今为止对人际交往所作的分析,恰恰是通过交往活动并在交往中确立起来的"。章国锋:《关于一个公正世界的"乌托邦"构想》,山东人民出版社,2001年,"序言",第18—19页。

五、乌托邦终结论的反叛

詹姆逊的当代乌托邦社会建构,既基于政治的立场,又进入到一定的后现代文化转向上。乌托邦思想的核心,是一种被压抑的政治无意识。这种集体无意识的功能,就是将无意识政治化、历史化。在阐释的具体操作过程中,对文本中乌托邦欲望的揭示成了当务之急。在他看来,后现代社会中的当代乌托邦,充当一种与现实保持距离的批判工具,有着把人从对现实满足下解放的功能,激励人们恢复对未来理想的把握能力,从历史的总体中定位现在,并展开对未来社会的想象。而对当代乌托邦进行深入的探究,是展开有意义的社会变革的前提,乌托邦在詹姆逊眼中,就成为了一种激进的政治实践形式。

(一)乌托邦冲动:一种时间化的政治无意识实践

詹姆逊的当代乌托邦指向现实,是对当前的现实保持清醒的政治批判,对布洛赫希望哲学起到一种跃升。"(传统)乌托邦思想最重要的特点是提供一个可替代社会的'蓝图',而乌托邦主义则包含一切带有乌托邦因素的思想形式。"[①]文化文本被其看作乌托邦运作的空间、一个与现实对抗的场所,通过对潜在文本话语的阐释,探求文本深层的病理症结。这种阐释可以说是一种乌托邦的投射,最终指向政治并做出某种政治判断,寻找达到真理的路径。文本透过表面的意识形态,找到乌托邦的政治无意识本质,转而恢复原来的乌托邦功能,使得原本扼制住的想象欲望得以释放,冲破在意识形态中受到的压抑。在反政治霸权的斗争中,文本阐释要做出某种政治的判断,阐释活动则成了祛魅过程的一个部分。詹姆逊的乌托邦直指当下的政治,意味着彻底改变社会系统的愿望,而不光是对未来政治生活的想象,这意味着文本的阐

---

① Barbara Goodwin and Keith Taylor, *The Politics of Utopia: A Study of Theory and Practice*. London: Hutchinson, 1982, p. 15.

释,取决于政治无意识的程度。

詹姆逊指出了后现代社会中,乌托邦理想衰微的原因。詹姆逊将后现代主义文化,纳入晚期资本主义社会中考察,从整体历史框架中揭示时代困境。后现代主义已同过去彻底决裂,乌托邦的想象由于具有某种历史的深度,还能够在纸质书写中得以传承。而以媒体技术为引擎,以刺激与享受为目的的感官文化,则表现出平面化特征,在这里人们是无法获得对社会意义的追问。现代主义还可以保有乌托邦想象,甚至将其作为社会文化的重要标志,而晚期资本主义时代的到来,资本已渗透到社会生活的各个领域,文化的自律性消失,乌托邦在文化与经济的合谋下不断被排挤。[①] 其具体表现如下:

第一,表现为主体死亡的特征。在后现代社会中,主体在全球性的社会经济网络中死亡,主体的疏离和异化,已由主体的分裂和瓦解所取代,直接引发了情感的丧失。人的死亡作为独立个体的结束,意味着自我作为单元体的灭亡。社会的客体在经过演化后,变成一种没有深度内容的文本。以主体性为依托的乌托邦理想,随着情感强度的减弱,也难以在后现代土壤中存活。第二,表现在那些没有原本意义上的摹本,也就是类象的普及上,还包括视觉文化的盛行上。当前的世界,是一个没有历史和乌托邦冲动的形象世界,形象已经成为商品物化的终极形式,这种制造出的超真实的体验,是由类象加以组合而成的。依托空间感知的形象文化逻辑,导致传统历史时间的经验感逐渐消退。类象的普及使这个世界变成了一个超越文字的世界,只能通过历史所感应到的类象来对虚幻的历史进行理解。第三,还包括后现代社会里时空观转变。詹姆逊将时间范畴作为现代主义的主导因素,现代主义是具有时间性的深度历史经验,而后现代主义则受制于空间性的平面模式,是由空间范畴支配的。时间或空间的变化,呈现出了二律背反的特征,它们服务于新时代传媒技术的变化,而实际上又没有什么再发生变化的

---

① 按照苏贾的说法,詹姆逊将福柯有关等级空间和封闭的监狱城市思想移植,既为现代文化谱写了技术、资本、生产方式等经济内容,也为现代文化续写了独特的符码化形式。〔美〕爱德华·W. 苏贾:《后现代地理学——重申批判社会理论中的空间》,王文斌译,商务印书馆,2004年。

可能性，后现代主义的特征，只是一种空间经验的反映，空间具有对时间的优势地位。而这种空间性的悖论，被压缩在全球地方化中，和时间性在一起。时间性本质上已褪化为空间性，后现代空间性交迭到了它的对立面。后现代从时间向空间的变化是后现代主义兴起后西方政治遭遇失败的结果。时间的概念与以往的时代大不相同，后现代的时间是零散化的、失去了向度的时间碎片，现在与当下成为时间存在的唯一标识，从而被空间化所主宰。后现代不存在想象另一种生活方式的可能性，历史感在其中逐渐消退，现实批判和未来憧憬的元素，都被永远的当下代替。

由此可见，全球化时代的形象，通过制造的虚假需求，使得集体无意识难以生存，甚至在意识深层被摧毁，开展大型集体方案困难重重。具有现在与未来时间维度的乌托邦带来了想象的危机，幻觉与现实发生混淆，重新倡导一种针对后现代文化的乌托邦势在必行。它的意义不是出自对未来社会形式的再现，而是一种带有激励和希望性质的想象本身。"一切文学，不管多么虚弱，都必定渗透着我们称之为的政治无意识，一切文学都可以解作对群体命运的象征性思考。"[1]后现代主义时代，更加需要一种完全不同的未来想象，乌托邦仍然在以不同的形式发生作用。

一是乌托邦必将重新发生时间化的转向，从无法企及的空间朝向无限绵延的时间转变。乌托邦成了一种具有历史性质的实践方式，这意味着把时间和空间统一起来的结构模式，而不是作为空间性的对象模式存在。乌托邦在解放政治学语境中，意味着时间对空间的扬弃，而时间化转向之后的乌托邦，作为未来社会解放政治的想象形式出现，这意味着它与时间的联系，远超过了与空间的联系。詹姆逊赞同哈贝马斯将未来看作当前的断裂，指出乌托邦是这种断裂所采取的形式，从这个意义上强调未来的断裂，说明完全不同于当前的未来的可能性，是应

---

[1] [美]弗雷德里克·詹姆逊：《政治无意识》，王逢振、陈永国译，中国社会科学出版社，1999年，第59页。

对当前普遍的意识形态封闭采取的必要选择。① 当下的乌托邦,强调断裂的本身,对当前情势下未来的不可实现性进行反思。"詹姆逊的历史理想中,包含着一个超越资本主义的乌托邦远景。它对现有体制的态度,是承认它的现实性而质疑它的合理性。在马克思主义意识形态评判下面,是一种海德格尔式的去蔽而致存在之澄明的努力。"②然而,詹姆逊笔下的乌托邦并未像传统乌托邦主义那样,提供一个断裂之后确切的未来蓝图,而只是提醒人们注意,对未来并不是别无选择,不同于当前的选择是可能的。

二是乌托邦受到了异质想象的影响,迈向多样化阐释空间。詹姆逊肯定技术创新在全球化进程中的动力作用。由于信息技术的革命性影响,已经涵盖了社会生产的各个环节,因此,用纯技术的语言去谈论全球化是无可厚非的。他曾用技术革新带来的文化转型来解释赛伯朋克这种未来想象的表达形式,认为,它通过对后现代超空间的再现,以想象世界结束的绝对情形来想象当下社会状态的完结。这并不是对未来或者时间的投射,而是对当前生活的一种隐喻的表现方式。赛伯朋克是一种具有价值的叙事策略,它在空间的界限内,又称为一种超空间的表达,对当下社会现实的文化回应,给乌托邦的想象予以启发。这种意识形态建构是对现实问题的想象性解决,再现了一种不可想象的复杂性。尽管乌托邦的功能已变得越来越有限、破碎、分散,但仍具备继续建构的可能性。"在(后)现代性的语境背景不断增强的当代,社会思想家们对古典乌托邦的追求已经被多样性和异质性的社会存在消磨殆尽,真理早已变成了非唯一的、有待生成的、不确定的和多样化的。"③同质化的乌托邦,逐渐裂变成了由无数个难以通约的要素组成的异质空间。乌托邦的诉求,将在现实的社会空间底下被消解掉。乌

---

① 哈贝马斯曾对本雅明所做的有关进步的批评进行过分析,认为,进步不仅打开了未来期望的乌托邦远景,同时它也将未来作为某种断裂而终结了它。现代性的时间意识面向未来开放,而本雅明的批评,指向的正是现代性的堕落,对社会进化表现为过度的反对。

② 张旭东:《批评的踪迹:文化理论与文化批评(1985—2002)》,生活·读书·新知三联书店,2003年,第191页。

③ 俞吾金:《意识形态论》,上海人民出版社,1993年,第245页。

托邦在这种异质想象的影响中,变成朝着多样化阐释的敞开。异质的未来想象,在某种程度上作为一种空间架构,延续着乌托邦想象的生命力。在后现代延续生机的乌托邦中,多元文化和多重视角的碰撞将不可避免。

在詹姆逊看来,乌托邦不再是一个范畴,而几乎等同为一种社会群体的思想形式。由于符合传统伦理的词汇,不断被现代原则重写,也被现代主义话语方式所置换,这对他的乌托邦观念产生了深刻影响,导致乌托邦被有效地推到人们政治无意识的下面。政治无意识是文学作品的元叙事,而文本阐释的任务就是寻求这个阐释的基点,即这种最初的被压抑的乌托邦欲望。[①]

(二)乌托邦政治叙事:否定性特质的批判机制

詹姆逊不停留于对乌托邦的一般性或中性化的论述,而是把乌托邦与政治相挂钩。詹姆逊把事物的发展变化,看成是一个既连续又间断的过程,而资本主义恰恰同时制造出了这两种属性。为了克服资本主义的制度性危机,统治者不断推进科技向现实生产力的转化,这些技术既有能力生产新型商品,又是开拓世界空间的工具,但这两大策略并没有也不可能消除危机的根源。至于当今出现的消费主义全球化等新型特征,使其内在矛盾更加明显,甚至出现剧烈的社会动荡。

詹姆逊寄希望于社会主义乌托邦,主张用激进的革命方式。因为他看到左翼力量的逐渐强大,解放的要求也日益强烈,受制于统治权力的民众也会进行更深层的反抗,客观上要求采取广泛的激进手段,进而对殖民权力构成颠覆。詹姆逊的新型否定辩证法,隐约洞察到乌托邦与政治叙事的关联性,这不仅是对乌托邦问题而言的,还是对晚期资本主义现实及其制度本质进行的分析,同时带有对历史进步观的反思。

政治叙事策略,具有一种建构乌托邦的功能。詹姆逊的乌托邦计划是为了争取实现某种社会建构事业,是整个国家甚至世界范围的社会革

[①] 这种被压抑的乌托邦的欲望,正如本雅明所言的"历史的梦魇",因为任何一部记录文明的史册无不同时又是一部记录残暴的史册。可以说,乌托邦欲望,具有双重的驱动性。

命。乌托邦以某种方式面对封闭的或飞地的结构对现实本身的改革。乌托邦冲动,需要对其在现实中的无意识投入进行阐释,不管投入本身是否与之产生疏离,即使疏离过程中产生了最不利的后果,也可以作为乌托邦满足的储藏室。这种乌托邦冲动不是象征式的体现,而是在无意识力量投入的空间中进行。这种空间是整体性的,作为实际的计划而言,一定程度上又是寓言式的,和传统乌托邦设计无关,也与传统的乌托邦运动无关。由于乌托邦作为一种实践性的集体空间,这样辩证法就成了乌托邦思想本身的形式,紧紧依靠乌托邦思想自身的欲望、力量与习惯。在意志论和宿命论之间的张力中,乌托邦找到了平衡点。

乌托邦政治叙事,通过建立一种全新的政治来实现对资本主义制度的抵抗。政治叙事的批评,不是其文化批判的归宿,而是要以批评为手段,对社会文化状况深入剖析,并对未来社会生活展开建构。詹姆逊暂时悬置生产方式转到文化建构的路上,清醒地认识到文化的作用在某种程度上是有限的,不可能脱离自身运行的轨道,不可能超越经济基础的限制,不可能在资本主义经济现实之外去思考语言和理论的多样性,只有在对社会发展一般规律的遵循中,才可能产生一定的效果。在文化领域里进行抵抗性的政治斗争,是可能的,也是合理的。乌托邦虽不能立即改变世界的面貌,但没有乌托邦对未来的预示与召唤,有的可能只是一个颓废而沉沦的现在。詹姆逊认为,想象一种否定的关系,比想象一种肯定的关系要容易得多,乌托邦被作为否定性特质的批判机制,作为对资本主义社会文化的抵抗,由于消除异化的社会的欲求如此强烈,才更鲜明地表现出当代乌托邦的批判性特征。在尚未找到积极的生活方式与习惯之时,也许只有反抗先行。

詹姆逊还把乌托邦政治叙事的着力点,放在将乌托邦作为革命概念的理解上。他将革命称为一种体制的代替,它不是一个瞬间,而是一个过程。"革命不仅仅是一种社会的重新安排,而且是一种对异化在其中展开的历史中的线性时间末世论的解构。"[1]历史的发展进程是波

---

[1] Richard Gunn, Ernst Bloch's the Principle of Hope, in: *New Edinburgh Review*, 1987 (76), p.76.

浪式的,乌托邦揭示了阻碍历史进步的各种因素,并由此得出了政治革命并非永远可能的结论。与资本主义不同的道路选择是存在的,选择的可能性也有很多种,应当从中找到当前最佳的社会形式。苏联模式的社会主义,是资本主义体系进入到帝国主义阶段的特定产物,本质上是资本主义制度异化了的变种,仅仅是在资本主义内部出现的一种伪结构,它打着马克思主义的旗帜行骗。符合马克思主义主张的社会主义,应当成为整个旧有制度的替代物。"这里指不同于苏联共产主义的一种历史发展,我们必须尊重它作为一种政治的、社会的和理想的目标的必然性;作为一种未来规划,它也是一种乌托邦式的观点和替代现存社会体制的体制选择。"[1]乌托邦虽然认识到了当前的局限性,但这种局限又都被搁置在了资本主义意识形态系统中,乌托邦想象的主体,需要受制于一定的社会历史条件。在詹姆逊看来,受到制约的乌托邦,能够继续努力想象未来命运的可能性,本身就值得赞许。即便乌托邦想象的命运,在未来都归于失败,也不能否认,未来社会的乌托邦建构,包含了丰富的肯定力量。乌托邦也由此成为了革命的概念。乌托邦这一革命的概念拒绝再现、叙述和任何具体想象,更多作为批判和否定性的词语,甚至通过失败而获得成功,或与死亡等词语相联系。

詹姆逊的乌托邦,是对政治回归到当前时刻的渴望,而不是对一种未来政治的渴望。未来在结构上固存于现在,乌托邦更多地作为政治词汇,偏向于政治的和意识形态的建构,而不是实证主义的历史叙事范式。它作为批判性思考行为的主要推动力,意义并不在于能否对美好社会展开想象,而在于能够对当前社会展开这种想象的无能为力有一个清醒的判断。

(三)第三世界:全球化反霸权文化政治的他者

詹姆逊把第三世界视为一个他者的形象,作为对晚期资本主义制度进行总体反击的想象飞地。物化和商品化的连续逻辑,体现出了全球化的不可逆转性,使无意识渐趋殖民化。在全球化浪潮的冲击下,作

---

[1] 俞可平主编:《全球化时代的"马克思主义"》,中央编译出版社,1998年,第75页。

为最后的抵抗地区,第三世界的最后一块飞地也已缺席。由此,詹姆逊赋予第三世界以更多的未来历史使命。

遍布全球的传媒网络,既可以看成是各种技术交流的成果,又是以更大规模的现代化为基础展开的,这导致了传媒全球化的出现,因此,全球化被看成传媒概念。晚期资本主义全球化时代,成为经济推动力的新技术,反过来又被经济本身操纵,成为强化地缘性政治利益的经济手段。在后现代社会中,为了形象获得这一出发点而发展的经济,使得经济生产变成了一种文化现象。这种全球化性的经济维度成为文化现象的同时,又对文化本身加以消解。消费文化变成生活方式,逐渐侵入社会多样文化的日常结构中,既变成了社会结构本身的组成部分,又日益成为被同化的社会日常生活的重要一部分。"在文化层面上,全球化使地方性的文化面临灭绝的危险,只有成为迪斯尼式的,只有被构成为人造赝品,只有在传统与信仰被幻化为单纯的图像,这些地方性文化才可能获得再生。"[①]全球化就是世界文化的标准化,是帝国主义的第三个阶段新一轮殖民化的扩张过程。文化帝国主义的暴力,既反映了对前资本主义或准宗教传统的摧毁,又更多反映出资本主义运行机制对现代技术的进一步吸纳,与此同时,又进一步影响着他国的社会日常生活。

詹姆逊将乌托邦同后现代政治相联系,希望通过建立一种反霸权的文化政治来反抗晚期资本主义制度对第三世界各个层面的侵袭。乌托邦在第一世界在不同层面上,表现出一种确定的政治立场,能够被激发为强大的内驱力。乌托邦在本质上是政治性的,对这种激进的政治实践形式的思考,是现时代社会变革的前提。一种至关重要的政治,是对更为合理的社会制度的想象,而乌托邦思想正是对当下的政治介入,帮助人们形成正确的认知测绘。通过对文学和文化现象的剖析,可以得知,乌托邦并非是对世界的现行描述,属于本体论而非实体论的范畴。"真正的本体论不仅要在此刻中把握过去和未来的力量,而且要

[①]《当代国外马克思主义评论》第二辑,复旦大学出版社,2002年,第279页。

第四章 社会展望下的当代乌托邦构筑

诊断这些力量在目前时代里的贫弱化和视觉遮蔽。"[1]人们应当培养出失去未来的焦虑感,这是一种真正的乌托邦焦虑,就如同对失去往昔童真产生的焦虑那样深刻。

詹姆逊明示了全球化浪潮中第三世界的幽灵存在。第三世界是以二律背反方式出场的,既是殖民的存在,又是乌托邦的存在。晚期资本主义的前提条件,就是把第三世界纳入全球化的困局之中,但又同时为对抗其自身统治培育了一个抵抗的场所。第三世界正是这个乌托邦空间,它在全球化的版图中既处于没有地位非存在局面,又提供了抵抗价值的不同社会组织形式和广阔的抵抗场所。第三世界的乌托邦,又具有了在场的意味。以第三世界为核心的集体抵抗力量,其实在本质上,就是作为总体性的全球化本身。"这些新的集体绝不听凭新技术摆布:通过电子传播信息已经成为反抗全球化。目前,我们可以把这样的一些计划与抗议称作乌托邦。"[2]詹姆逊发现,乌托邦作为一种文化现代性,在抗拒全球化危机的过程中体现出了威力,具有整合各种社会力量的功能,形成反抗并超越自由市场的力量。[3] 所谓普遍认同的晚期资本主义价值观,也只是一定社会历史时期的文化现象,是诸种价值系统的一种表现形式。作为世俗化进程中民族国家的第三世界,在全球体系中的当下历史处境之中既缺席又在场,带有了统一性与多元性的对立在里面。[4]

詹姆逊强调,乌托邦在后现代中的意义,特别关注第三世界中的文

---

[1] 〔美〕弗雷德里克·詹姆逊:《现代性的神话:当前时代的反动》,张旭东译,载《上海文学》,2002年第4期,第78页。

[2] 〔美〕詹明信:《晚期资本主义的文化逻辑》,张旭东编,陈清侨等译,生活·读书·新知三联书店、牛津大学出版社,1997年,第509页。

[3] 詹姆逊这里受到格雷观点的启发。格雷反对一味地自由放纵市场,认为,任何一种放任的市场建立,都包含着大规模的政府干预,自由市场绝非自然生长,它的产生必然包含中央集权政府的权力扩张,需要明确加以立法,以及其他干预主义政策。欧陆传统并不总是倾向于这种绝对自由市场价值,而是倾向于"社会市场",即福利国家与社会民主。〔英〕约翰·格雷:《自由主义的两张面孔》,顾爱彬、李瑞华译,江苏人民出版社,2002年。

[4] 詹姆逊这里受到了亨廷顿的影响。亨廷顿认为,不仅应当反对美国式的普遍主义,尤其反对美国在全球范围里进行宪兵式的军事干预的现行政策。〔美〕萨缪尔·P.亨廷顿:《变化社会中的政治秩序》,王冠华、刘为译,上海人民出版社,2008年。

化的发展,并对新的无产阶级在晚期资本主义社会中形成抱有期待。后现代主义热衷差异,进而放弃整体性乌托邦,特别是在社会领域,政治储备的革命内容被捞干,也不再坚持总体性批判的维度,政治只是出于发泄不满的任性表达。"这种欣快症我个人认为只是在真正的(或总体化的)政治不再可能情况下的一种补偿形式。"[1]于是,他希望国际无产阶级联合,全球进步的思想家们和知识分子形成统一战线联盟,将歌德所创造的"世界文学"变成现实,打造思想理论交互的坚固知识网络。[2]一种新的"世界文学"的意义,基于乌托邦的他者视域,透过第三世界的眼光,进而关注各种群体关系及其文化,以期形成全球化与乌托邦的相互关联着的和谐发展——这始终是历史进程暗含的动力逻辑。

(四)社会总体性:诗性和意识形态性的共聚

由于历史挖掘出了被掩盖的现实,从而显现出的一个总体的历史只能通过文本去接近和识别其真相。文本被视为投射意识形态愿望或幻想的场所,依靠一定的社会集团或阶级集体,利用不同的遏制策略达成的结果。詹姆逊通过总体化的策略,进行文本的意识形态除幻,使之真正成为一种辩证的文化批评。对于社会现象的判断,要建立起历史的和辩证的考察方法,通过政治无意识的手段,阐释文本中的历史现实,就可以使得文本的功能发生变化,成为对社会现实病症诊断的场所。这既能够将文本的意识形态封闭状态解除,又能够明晰文本内部的乌托邦特质。

詹姆逊坚持社会总体性概念,认为,乌托邦与社会总体性之间,是有着密切关联的。对社会总体性的抛弃,必然会对激进思想的意识形态批判功能造成创伤,也会影响其乌托邦功能的发挥,这样就不能获得社会改造的可能性;同样,从资本的总体性入手,才能对资本主义制度有更为清醒的认识。总体化和解构实际上是一种共生关系中的实践,

---

[1] Fredric Jameson, *Postmodernism, or the Cultural Logic of Late Capitalism*. Durham: Duke University Press, 1991, p. 330.

[2] [美]詹明信:《晚期资本主义的文化逻辑》,张旭东编,陈清侨等译,生活·读书·新知三联书店、牛津大学出版社,1997年,第48页。

第四章 社会展望下的当代乌托邦构筑

只有通过辩证的矛盾，两者之间才可能产生张力。社会主义革命，也应当是一种总体化的形式，既包含革命主体的总体化，革命将向世界范围扩散，具有全球性的特征，又包含了革命对象的总体化，要求逐渐摆脱循序渐进的改良模式，使得制度从根本上发生变化。由于在场的一方明显处于特权的位置，而不在场的一方则被边缘化，这就形成了彼此间的二元对立。这种对立所体现出来的，其实是一种没有内容的形式。渴求集体性的乌托邦的政治欲望，只有超越个人，才可能通过个人与他者立场之间的差异发生作用。辩证法是一种面向未来思考的方法，不仅能超越个人思想的局限，而且能分析尚未形成的社会结构，或对集体性的表达方式做出说明。"只有辩证法可以提供一种方式，使主体具体地'非中心化'，并沿着政治和集体的方向超越'伦理'。"[1]通过总体化的展开，辩证法发挥出意识形态批判与乌托邦之间的中介作用。

在詹姆逊眼中，文本不仅带着意识形态属性，而且具有乌托邦功能。将意识形态与乌托邦作为理解文化文本的两个基本视角，形成了三位一体的同构关系。通过对弗洛伊德的个体无意识，与拉康的语言无意识不同程度的改换，他将政治分析和文化分析加以联系，指出，任何社会生活中的文本书写方式，都有政治无意识的因素，社会生活提供的应当是一个多元状态；对文化的意识形态分析，要深入观察其中内在的复杂性，认清意识形态所处的社会历史语境，明确其所要表达的主体立场，避免出现简单和绝对化的认识。意识形态有建构主体的功能，并将指导主体的行动实践，以期在任何社会中为主体安排位置。它无法自行显现，而是主要通过存在于叙事文本中的意识形态体现出来的。这种体现的方式，实际是一种基本处于互相冲突的社会集体话语间最小的意义单位，它要借助文本的叙事来描述叙事对象。文化的意识形态性，带着内在的结构性冲突：一方面，它作为思想观念系统，同时也体现为实践行动；另一方面，意识形态作为阶级对话的产物，具备了双重属性。意识形态内部具有复杂的阶级矛盾，作为阶级斗争的"战场"，

---

[1] Fredric Jameson, *The Political Unconscious*. Ithaca: Cornell University Press, 1981, p.60.

从积极性的角度看,带来的是群体确认,由此表现出鲜明的群体性特征;而从消极性的角度看,表现为对真理、对事物的判断和把握,会受阶级地位的影响,由此导致偏见的产生。

在詹姆逊的视野中,乌托邦被视为人类集体目的信念来追求,作为一种否定性力量的体现。当代乌托邦包含了政治理想、阶级话语方式、集体行动、文化诉求、社会革命等各种层次,成为多元社会时空的代言人,同时,也成为与现存秩序对抗的实践活动方式;而作为主导话语结构的意识形态,则是以肯定性力量出现的,是一种论证统治秩序合法地位的话语霸权。"乌托邦突出表现一个总体社会规划,全面描绘社会生活和社会组织。对比之下,坚持局部时尚理想或从不将它们纳入理想社会的理论家决不是乌托邦的。"[1]广义的意识形态,兼具肯定性与否定性的特征,其中的否定性力量,用来指谓乌托邦。在当今这样一个现实系统,意识形态操纵者希望达到的是彻底制度化的结果。而当代乌托邦则认为,通过何种方式解放自身,革命的手段,抑或改良的方式,是要根据实际情形加以判断的。

詹姆逊还从马克思主义的视域出发,强调要将马克思主义与某种乌托邦冲动关联起来,把马克思主义对历史变化的看法与这些乌托邦思想的形式统一在一起。詹姆逊试图用马克思主义的元批判精神来分析全球化,得出后现代主义就是全球化文化模式的判断。他眼中的马克思主义的政治目的,是改变世界的一种乌托邦计划,也是一种历史动力观的体现,是要以根本不同的生产方式代替资本主义的生产方式。他将马克思主义本身,看作是最为理想的未来视角,力图使之同晚期资本主义的社会现实相结合。可以说,西方马克思主义乌托邦思想,无疑又是这一视角的代表。他认为,马克思主义是多元的,不存在唯一的正统的马克思主义。同时,他又不认可后现代主义对差异化的崇尚。对非马克思主义理论观点的吸收,不能放弃唯物史观的基本观点和原则。詹姆逊始终坚持实践的优先地位,坚持理论同实际和实践的有机结合,反对那种庸俗

---

[1] Barbara Goodwin, *Social Science and Utopia: Nineteenth Century Models of Social Harmony*. Sussex: Harvester Press, 1978, p. 7.

马克思主义的专断性和排他性,因为写在纸上的这一哲学体系并不存在。"庆贺马克思主义死亡正像庆贺资本主义取得最终胜利一样是不能自圆其说的。"[1]乌托邦作为马克思主义反对神秘化的动力要素,要发挥其在社会主义发展进程中的动力功能。马克思主义具有典型的非神秘化形式,能击破各式各样的意识形态幻象,因此,乌托邦元素在其中的非神秘化运作,成为社会主义建设的驱动资源。同时,詹姆逊区分开乌托邦憧憬与日常生活的宗教表达,将诗性和意识形态性共聚在一起。

乌托邦不是为了再现某种未来社会形式,而是作为对未来想象的重要形式。乌托邦想象本身能够散发出希望的光芒,而这种希望和激励的性质,又是在当代社会逐渐遗失掉的。"但他的乌托邦主义却与乌托邦有某种共同的东西,这就是对社会进行批判,并欲求一个可选择的社会,一个消除异化结构并在人民之间创造真正和谐的社会。"[2]正是在现时代的不可能性,詹姆逊才得以展开现实批判,使人们认清现时代文化逻辑的运行规律。乌托邦在现时代的辩证颠倒,代表着革命的力量,使文化乌托邦想象富含历史性的革命气息。

六、激进的空间"替代方案"

当代乌托邦,既是一个话语和文本的建构,也是一种空间的表征。关于人类生存空间的想象性建构围绕现代性进程而实践性地展开,新的空间和城市不断地被构想出来,空间的重塑需要精神的渗入和文化的改造,文化观念也会形成新的文化空间追求和塑造。当代乌托邦生产出一种替代的想象程序,形成既合理地存在却又疏离现实的自律时空。空间手段在可能性与现实之间的微妙维系,构成了一种对现实的疏离与回归的张力指向。通过空间关系的合理化,资本统治进入到意识形态的幻觉之中,这一面纱有待被揭开;空间生产通过空间的同质化

---

[1] 俞可平主编:《全球化时代的"马克思主义"》,中央编译出版社,1998年,第1页。
[2] [加]谢少波:《抵抗的文化政治学》,陈永国、汪民安译,中国社会科学出版社,1999年,第2页。

手段,为资本主义生产活动和资本主义生产关系的再生产创造了条件。列斐伏尔和哈维的空间生产和空间政治,清醒认识到空间的分离化和工具化动向,对资本主义全球化做出评断,并重构当代社会辩证的空间乌托邦图景。

(一)日常生活:生活风格的空间文化革命

列斐伏尔将批判的视域引向日常生活领域,确立了以日常生活为核心的社会批判进路。"让日常生活成为艺术"的乌托邦,使得以制度建构为中心的宏观历史解放预期,在他这里被改换成了以日常生活为中心搭建起来的微观空间文化革命。他通过置换经典历史唯物主义的核心叙事逻辑来论证这样一种乌托邦社会文化建构的正当性与可行性。

由于日常生活的结构,是以城市化命运为蓝本的,所以都市空间的革命将是传统日常生活的复活,都市空间革命的本质就在于捍卫日常生活中人们的自由权力。传统的农民生活和农业现实从四面包围城市,以此来设置自己的界限,而都市社会则又不断扩充原有的范围界限。前现代社会的日常生活,符合共同体的结构,适应于自然节奏。到了资本主义社会,社会分层与制度化进入巅峰状态,资本主义生产方式的统治对象发生了改变,统治的领域也发生了相当程度的改变,这种统治逻辑促成了现代世界日常生活的殖民地化,不断制造出社会总体化统治所需的日常生活。日常生活审美化最终走向了表层的审美化,在这种文化空间中生活的人们,将变得更加都市化和狂欢化,对现实生活不负责任,体验和娱乐成为当前文化的主导倾向。符号与影像的文化霸权地位,对空间政治的位置进行不同程度的挤压,逐渐形成了现代消费社会中占统治地位的意识形态。列斐伏尔反对回到以古希腊的城邦民主政治为理想原型的复古主义模式之中,因为那将继续停留在静止不变的等级制度里,只是和封闭的熟人社会打交道。而都市社会则是由各种类型的素昧平生者所组成的,作为开放的社会空间结构,必然废除阶级差别与种族隔离,取消因隔离而造成的对立状态。都市社会将不会使日常生活转化为假装状态,而是以其自身的日常性方式来改变日常性。①

首先,列斐伏尔寄希望诗性语言的革命。他以口头语言的都市化运作,完成对书写语言体制的造反,成为都市空间的革命先行者。他所理解的日常生活神秘性,是由于对外部图像幻觉的误认,错误地将其当成是唯一真实的社会存在。人们对物质实在性的信赖感,在大众新媒介的可视性冲击下日益衰落,图像化的虚拟空间更大程度上在日常生活中运用。在这个意义上,现代社会的大型世界,完全是被书写出来,书写语言达成了对日常口语原则的统治。当前语言符号的虚假的自指性,使之逐渐演化为拜物教的统治力量。符号图像化的资本主义社会关系成为日常生活的主导形态,而生活在其中的人们却成了符号统治的奴隶。要打破符号空间对日常生活的统治,就必须反对技术语言体制。都市日常生活文化革命,其实是一种空间创造的实践。语言应当基于人对自身意义的取得,作为日常生活革命策源地的当代乌托邦,表达了诗性语言与日常生活的重新统一的渴望。列斐伏尔将日常生活重建的希望寄托于诗性语言的革命与造反,在这种日常空间的重建活动中,强调人的身体欲望与周围生活环境的适应,由此展开对当代乌托邦空间革命场景的描绘。列斐伏尔的空间革命,尽管带有古希腊城邦民主生活的底色,但作为现代大都市生活场面的瞬间化想象,却是以现实化的生命体验为尺度来克服日常生活和原始节日间的冲突,使节日受到推崇并重见天日,从而与都市生活形成融洽气氛,通过非殖民化的运动方式,恢复被现代性遮蔽掉的理想生活状态来实现日常生活的转型。

其次,列斐伏尔将日常生活政治美学化视为一种伪美学化行径加以批判,将文化革命看成一种全新的充满生气活力的生活风格。一种不是制度化的政治文化空间,主要是具有政治实践的,而不是文化的目标。它将改变人的存在方式,让每一种技术方式都被用来改变日常生活,形成人们自我再生产的自觉行为。这就不能仅仅将其视为美学的想象,因为这一革命不是在文化的基础上建立的,也不是单单追求文化

---

① 置身于高度流动化的全球化信息社会,在一种赛博空间里,没有具体位置感与物理空间感,获得匿名的数字化生存。这种后主体社会情境,也对列斐伏尔都市空间生产理念有所启发,以至于日常在空间生产中,也具有了某种后现代的属性。

自身的目标。这种空间政治意义上的精神生产活动,关注的点更多放在了身体欲望是否符合于其所处的社会生活,强调适应身体、欲望、时空等要素关联着的现实出现,并使身体真正成为自我创造物,从而达到空间政治与日常生活进一步整合的目的。世俗的日常生活,日益取代了形而上学意味的神性生活。这种演变更为快捷,新的空间形式生产出的大量的空间想象,对空间政治与日常生活的整合也变得复杂。日常生活不同于韦伯所描绘的单一的铁笼式生活,并不是铁板一块,而是包含复杂矛盾和多种可能性,逐渐形成生活世界或公共空间,舆论空间和意见空间也随之形成。各种生活时尚元素,也在这里不断生产出来。法国学者巴特对时尚修辞系统的建构,是把时尚作为日常生活中一定的恐怖主义元素来对待的,文化图腾带上了神话的性质,已然成为日常生活当中不可或缺的一个符号,对各种图像的解读由此带有了所谓的恐怖主义色彩。[①]而列斐伏尔对巴特式的时尚分析进行了批判,指出了当代社会中时尚等手法,在语言学范围内遭到了强制挪用。在列斐伏尔看来,日常生活中最微不足道的现象,都与资本扩张有关,并同政治意识形态之间,也保持一种密切的联系,倾向于日常生活的积极转变。时尚就是一种乌托邦的形式,这种拒绝强制性的因素,使日常生活的消极因素不再得以延续,将日常提升为一个总体的政治空间和文化空间观念。由此,列斐伏尔揭示出资本主义日常空间的运作机制,以实现激进的政治意图。

列斐伏尔试图摆脱经典马克思主义的经济基础与上层建筑的二分法则,从日常生活这个微观领域出发,重塑上层建筑的结构,对微型权力的隐性空间展开批判。沿袭卢卡奇所开创的总体性社会批判辩证法范畴,空间文化革命表现出总体性的批判锋芒。总体性的生活空间想象,是一种典型的文化革命构想,作为一种微型"瞬间性在场"出现,期

---

①在巴特看来,日常生活讯息是被修辞化诠释的,能指与所指的修辞都是级别较低的层次,符号的修辞才是代表时尚的理性的最高阶段,所有符号对象都是讯息,应是能指与所指、服装与世事及服装与时尚的统一,作为符号的日常生活,也是一种通过发送与接收的讯息化过程,"时间并不出现在时尚修辞中,为了重新找回时间及其戏剧效果,我们必须放弃所指修辞,走向时尚符号的修辞"。Roland Barthes, *The Fashion System*, trans. Matthew Ward and Richard Howard, New York: Hill and Wang, 1983, pp. 261-262.

望在文化空间领域内寻找良方来医治现代性痼疾,是对近代启蒙主义聚集式的"广场政治"理论模型的聚象化重塑,形成一种新的空间政治策略。他尝试修复都市化与工业化的割裂,进行的都市文化革命乌托邦,试图超脱工业化的物质背景,是介入和变革日常生活的政治化艺术运动的变种,在某种程度上已经是后工业社会的建设话语。①

(二)社会空间:空间战略规划中微型身体的权力转换

日常生活领域的社会空间乌托邦,以日常生活作为社会批判的出发点,通过长期的空间战略规划对日常生活进行彻底的变革,揭示了资本主义社会的组织对象及其运行平台,鞭辟入里地对消费受控的科层社会加以批判,直面消费领域替代性的次体系,以期打开日常生活重建的空间大门。

社会文化意义上的空间,在历史上首先是和政治联系在一起的。随着资本的全球化扩张,加之现代国家的兴起,导致平等的政治空间诉求,逐步走向想象和幻觉,人们的政治热情也随之减退,整体的政治空间感,仅仅停留在了意识层面。在视像时代和消费时代里,更广阔的空间画面,往往形成了对私人空间的置换。② 文化意义上的空间逐渐萎缩,现代空间也逐渐内化为消极的表面化意识空间。由此,人们也陷入消费空间的泥潭当中,丧失了对现代空间的反思能力。在列斐伏尔看来,这就要以总体化的日常生活革命策略,对占据绝对优势地位的资本主义生产方式加以控制,以此来对抗日常生活的总体化统治阴谋。因为人们在日常生活问题的突出地位,所以要拓宽革命的策略,形成同时具有经济与政治意味的总体性文化革命。都市日常生活变革,可以肩

---

① 列斐伏尔曾对情境主义这种后现代政治范式的局限性进行了批判,目的是在建构空间,而不是摧毁。从纯粹的理论观点看,他认为,越轨和生产是不能有意义地分离的。理论思考的目标和意义是生产,而不是越轨。越轨本身只是占有,而不是创造,而占有除了暂时地阻止统治外,不是什么别的东西。Henri Lefebvre, *Everyday Life in the Modern World*, by Philip Wander. New Brunswick:Transaction Publishers,1994,p.199.

② 美国哲学家杜威认为,处于这样一个特殊时代,面临着日益肤浅和表面化的生活方式的冲击,文化空间引导人们去经历各种"消遣",而不是去产生深刻的"情感"。〔美〕理查德·沃林:《文化批评的观念:法兰克福学派、存在主义和后结构精神》,张国清译,商务印书馆,2000年,第244页。

负起总体性社会革命的部分重任,"日常生活已经代替了经济而占主导地位,它来自一个阶级的全面性策略(同时是经济的、政治的、文化的)。需要进攻的便是这个层面"①。列斐伏尔进一步提出社会空间的概念,冲破传统对物质空间和精神空间的观念限制,把其视为一种社会结构。这种社会空间作为社会生产的结果,体现为社会生产的产品是由日常生活实践所构成的。②

列斐伏尔首先执着于都市经验的激进空间描述,通过都市空间的重构,尝试对日常生活进行变革,恢复空间概念的理论设计地位。他将现实社会空间看成是空间等级或规模的支架,资本主义空间的演变,就是一个连续不断地进行区域化、非区域化、重新区域化的历史进程。取消都市现代性矛盾的做法只能导致悖论性的结果,理想城市依然是一个暗藏危机的所在。绝对现代色彩的城市空间,带有一种技术原始主义,现代技术空间思维渗透的新感性特征背后,隐蔽的是法西斯主义的危险因素。这些乌托邦规划所暗含的悖论逻辑,反映出了都市现代性的内在矛盾,以及都市空间及其重构有可能包含的不同社会政治含义。他从日常生活实践出发,指出日常生活就是现代性的无意识。日常生活异化的表现就在于,对纯粹思想与感性世界的二分。历史辩证法在微观世界之中体现得最彻底、最深刻。他认为,要重新发现并返回日常生活,从根本上颠倒传统哲学与日常生活的等级关系,抛弃不合时宜的传统本质主义立场。他主张要将日常生活纳入哲学研究的对象,宣称日常生活批判作为哲学的基本问题应有其必要的位置。各个阶层虽均处

---

①Henri Lefebvre, *Everyday Life in the Modern World*, by Philip Wander. New Brunswick: Transaction Publishers, 1994, p.197.

②此后詹姆逊所指的空间,也是这种列斐伏尔意义上的社会空间。詹姆逊把空间形式与个别生存经验、特殊的生产方式联系起来,从而提出与资本主义发展的三个阶段相适应的社会空间。第一阶段是市场资本主义时期,空间形式具有同质性和无限延伸性,这种几何空间能够得到体验、把握和表现。第二阶段是垄断资本主义时期,由于资本的扩张和渗透,个人无法直接体验和把握世界整体,只能囿于自身处境,以个人为中心构建社会空间。第三阶段是晚期资本主义时期,由于资本的全球扩张,使社会空间剧烈变化,城市、民族空间已不再是主角,出现了全球化的、网络化的、多维后现代空间。〔美〕詹明信:《晚期资本主义的文化逻辑》,张旭乐编,陈清侨等译,生活·读书·新知三联书店、牛津大学出版社,1997年。

在日常生活空间领域内,却往往对此并不熟悉。本应当被直面的现代日常生活,被视为一个惯常合理的物世界,以充分制造与满足消费欲为特征,使人丧失批判的意识与反抗能力。日常生活并未被公共生活所同化,也未被政治革命所清除,在逐渐成为总体性社会中的重要组成部分后,这个私人领域反而变得越来越发达。这种日常革命只能是总体的,仅仅局限在经济意义上的革命,无疑是一种填鸭式的控制策略,打乱了个人对生活的规划。这种家长式的权力统治,逐步取消了生活权力,深层的消费异化进而浮出水面。仅仅局限于政治层面的革命,就有可能会导致斯大林主义的革命后果,现代日常生活中就不可避免将出现复杂的政治乱象,作为偶像的国家,被错误地视为革命的目的本身来对待。革命在其他平台上已经遭遇到挫折,只有从空间层面的合理性规划,通过文化意义的手段,才能超越本质主义和理性主义的视野局限。就都市文化空间而言,要尽可能地杜绝将某种技术规划方案粗暴地强加给都市社会现实。这并不是向艺术的神圣地位发起挑战,粉碎原先艺术品受尊敬的地位,而是主张将生活转化为艺术作品,重新建立起空间政治革命与日常生活之间的界限,既关注审美领域的生活,又关心如何将日常生活塑造为整体的空间政治策略。

其次,列斐伏尔试图带领人们走向一种新的不同以往的空间展望之中,阐释了空间的生产和再生产过程及其机制。空间在这里被演化成了一种政治追求,作为一种政治理想存在。早期乌托邦表征的空间,既带有写实性,又颇有幻想色彩,并以此建构起未来理想社会的图景,三个不同层次的地理学描述传统,被巧妙地融合在一起。而列斐伏尔则进一步摆脱传统表征空间的限制,对空间做了三层的区分:"第一层作为一种人类实践活动及其成果,是可感知的物理意义上的空间;第二层作为一种概念化的空间,是由城市规划者、技术官僚等建构起来的占有统治地位的抽象空间;第三层则是一种带有反思意味的想象性空间,是由生活在空间中的艺术家、思想家等人借助符号体系赋予特定生命力的空间。"[1]这种空间的实践、空间的表征和表征的空间的新型区分,

---

[1] Henri Lefebvre, *The Production of Space*. Oxford: Basil Blackwell, 1991, p.33.

使得三者形成一种彼此相互依存的结构。激进空间所表征的空间,依托他者的视角,进行空间叙事的想象性挪移,进而力求展开对现实社会结构的空间规划。这种社会批判的涂层,要么是通过将当下的现实进行隐喻性地投射,要么是采取换喻性的挪移来达到社会理想的建构目的。这两种手法要保持一定的交替使用。作为一种想象的空间,必须与旧有的熟悉现实空间加以结合,进而完成一种生存状态的调整,使得乌托邦成为一个现实与虚拟交替的符号空间。这种新旧空间所形成的联系不是直接的,而是一个间接的、复杂的话语建构过程,如果坚持与传统断裂的主张,并且试图在平地上建立新的理想空间,就会有消灭都市历史的危险倾向,空间的夷平常常导致社会思想的夷平,"要改变一个地方的性质,最有效的是改变物理背景和社会体制"[1]。如果将合理化的空间形式随意地进行复制,变成某种社会共同体形式,将都市生活作为任意的规划对象,就会扼杀生活解放的意义,忽略掉生活世界的多样性和丰富性。都市想象如果不经过复杂的空间诗学操作,就转而付诸实施,会使人们无法逃避体制化的命运。

再次,列斐伏尔试图打破空间的非政治化运作,对未来社会政治建构规划,加以空间化布局,提倡一种身体空间的革命。这不同于经典马克思主义者所关心的"男人—女人"的平等关系,这不是基于一种制度性关系的考量,而是要改变性别与社会之间固着的意识形态勾连。欲望已经不再是一个道德问题,而成为一种独立的剩余价值来源,是对身体施展的全方位控制。在社会控制越来越强化的现时代,这种微型生命权力,已很难发挥原有的功能。它要重新进入身体内部,掀起一场身体革命,除了社会意识的调整更新,以及社会制度的变革之外,还要对社会权力空间做根本的改造,消解这种日常生活的抽象控制符号。资本主义之所以能生存,就是因为它是建立在空间殖民化的基础上。空间生产从都市化到民族国家,从民族国家到全球化,同时,由连续瞬间构成的日常生活,使个人存在重新返回到集体空间之中。这种连贯性的生产过程,是把握资本主义形成和变迁的主要线索。穿过日常生活

---

[1] Kevin Lynch, *A Theory of Good City Form*. Cambrige:The MIT Press,1981,p.100.

的零度空间,身体空间革命打造了一种新型都市化的日常生活空间,清除了工业时代造就的科层化、体制化障碍,打碎了被消费体系包裹的隐形统治圈。人类将按照自己的意愿来创造属于自己的生活空间,"把传统的节日场面重新具体化为,发自欲望深处的诗性实践所创造出的崭新的生活情境"[①]。都市化的身体空间革命,包含现代性视域中深刻的创造潜能,重心是将从单一的生产重组,以及单一的国家机构变革,向创造一种全新生活的空间状态转换。这种身体空间环境的形成与发展,将不同以往的都市化进程策略。

传统空间的过度分化,以及出现的空间认同危机,都暗示了当代新型空间的功能发挥,显得越来越重要,并以一种空间乌托邦的遐想呈现出来,处在前现代、现代与后现代三者的共生之中。列斐伏尔进入动态的乌托邦空间领域,在对可能性空间欲望的想象中,新型乌托邦空间规划表现出与现实城市的混乱无序和差异多元相对抗。当代乌托邦空间不再作为对都市化的对抗,其表述系统与现实空间的多元开放和世界性一致。[②] 当代乌托邦空间,是经过现实改革甚至暴力革命而完善化的,现实与想象的图景交错,代替了原先本土与他乡的对比,使得历时性在时间的进程中代替了共时性。

(三)时空辩证的乌托邦:人与希望相遇方式的乌托邦地理学

哈维渴望一种理智乐观主义的出现,并与意志乐观主义恰当联合,深入理解激进空间乌托邦具有的未来功能指向。他对乌托邦演进的轨迹进行了考察,并展开现代城市空间建构的深入研究,由此发现的激进乌托邦空间思想,揭示了人类不平衡地理发展的轨迹,有一种恢复希望范畴并实践乌托邦的责任。他以地理思维的空间考察来揭示人文社会

[①] Henri Lefebvre, *Everyday Life in the Modern World*, by Philip Wander. New Brunswick: Transaction Publishers, 1994, p. 256.

[②] 建筑学家凯文·林奇指出:"就一般而言,传统的建筑空间乌托邦所描述的是一个保守的世界,一个规模小、平衡、有序的社区,其成员和自然环境、彼此之间都有着直接的关联。城市的规模被缩减到很小,地方居民自给自足,强调社会细胞的有序和异质因素的平衡、良好的健康条件、亲近性、稳定性、相互依存以及重返自然等等。" Kevin Lynch, *A Theory of Good City Form*. Cambridge: The MIT Press, 1981, p. 58。

中的诸种弊病,走向一种基于希望精神的乌托邦地理学,把希望定义为与世界相遇的方式来从事无休止的追问——这种以期通过理论干预现实来促进空间发生渐进式改观的进路。[①] 希望范畴能够与其他不同类型的参与活动结合起来,做出对黑暗现实有责任的回应。这是一种集体学习过程中达到的希望,哈维的这一范畴,与个人主体的特性无关。

哈维以想象的自由游戏为手段,说明乌托邦的替代方案的可行性。因为任何一种乌托邦实践,都会有对关涉未来的内容阐释。关于未来社会不同的可能性和合意性判断,也都会在这种内容阐释中得到表达。"空间秩序安排的无限可能性为社会世界的无限可能性提供了前景。当把随后产生乌托邦计划放在一起时,它们给人留下的深刻印象就是多样性。"[②]哈维摈弃了传统乌托邦的空间形式和时间过程的缺陷,认为,由于传统乌托邦话语具有片面性,其衰落不是偶然发生的。传统的乌托邦追求空间的封闭性和社会秩序的完美性,在空间上和时间上都具有封闭性的特征。因此,对空间乌托邦的批判,也不是对时间乌托邦的完全接受。两者在理论上都是片面的,在实践上也必然走向失败。当代乌托邦的任务,就是要把乌托邦话语从传统的片面形式中解救出来,认识到时间乌托邦的超越性与否定性作用,并同空间乌托邦传统相结合,赋予乌托邦以合理的形态。这既不会使得封闭的社会蓝图出现,不会形成对动员起来的社会建设无法控制的悲哀局面,也不会堕落为千禧年式的末世论幻想,而会导致无法控制的空间化形式被破坏,进而与个体实践的空间结构形成冲突。

哈维在试图克服传统乌托邦的时空两难中,通过对现代城市空间和地理条件,以及时间发展历史的考察,试图建立明确的时空乌托邦理想。他从特定社会历史时期的空间生产入手,紧紧抓住全球化资本主义的内在矛盾,既展开对传统乌托邦思想的批判,又力图撇开雅各比所

[①] 在苏贾看来,现代地理学与马克思主义的相互碰撞,极大地改变了马克思主义的知识图景,对经典历史唯物主义的叙述模式进行了改写,这一转向在理论架构和价值取向上存在着明显的差别,但这并不意味着它们是完全无关或截然对立。〔美〕爱德华·W. 苏贾:《后现代地理学——重申批判社会理论中的空间》,王文斌译,商务印书馆,2004年。

[②]〔美〕大卫·哈维:《希望的空间》,胡大平译,南京大学出版社,2006年,第156页。

批判的文化多元主义陷阱,与资本主义总体批判传统关系密切。辩证的乌托邦空间,作为现代社会的新文化形式,可以看作是一种新型的地理学空间和政治空间,而其作为一种将在现代社会产生的宽泛文化伦理空间,渐渐消散掉实体空间的传统意义,将社会变革和自我控制策略深度地融合在一起。哈维希望能有更多人重新重视时空辩证乌托邦的可能性方案。为此,他一直在进行想象与现实的关系调和,认为,对乌托邦过程性特征的过分关注,内在的想象品格就可能丢失;反之,对乌托邦否定性特征的过分重视,又会弱化其根植的现实意义。根据爱因斯坦时空两者无法有目的地分开的观点,乌托邦理想必须同时包括空间和时间的生产。当某个政治意识形态想要发挥其功能效力,就要认清人类与生俱来的能力和特性,同时找到人自身变化的力量源泉。原始空间作为直观的计量方式,而原始时间会产生空间化的趋势,是由空间来描述的,在时间中的空间则不再形象,仅仅存在于意识之中,是无法用来刻度的。然而现代空间意识,却发生了想象性的改变。福柯的异质空间就是外部空间的想象和演变,同时包含体验和想象的空间及其文化实践。现代空间意识的兴起彻底改变了人们传统的时空观,空间是被实践了的地点,稳固的时间观念将在空间中幻灭。现代社会迎来的全球化融合,出现了进入"后现代状态"的"时空浓缩"特征。传统的时间和文化就在现代空间中被消解,特别在文化的生产和消费上体现得更加明显,使得生产具有文化和象征意义,而大多数人不再具备批评能力,也无法行使话语权。资本主义发展中时空控制模式逐渐被隐匿化,而发展中的病症,也往往通过某种公共关系的手段加以遮蔽。

　　由此,哈维认为,人的问题,乃是时空乌托邦伦理的中心问题。城市空间在规训着人们身体,从而将城市空间的现实美好和幻想同规则逐渐交织融合,把人们的注意力移向别处。纵横交叉的空间脉络,都直指人的生存伦理和价值伦理。由于当代空间发展是不具备人文精神和生态理念的,城市空间的生产演变成了政治行为。空间,即政治,这里广义的政治空间概念,主要包含任何能够加以利用且具有自主性的空间,甚至可以理解成一种泛文化空间,而不是指代现实政治生活。政治空间的原则就在于,将实在与幻觉、现实与符号混同在一起。实际的空间构型中乌托邦会时隐时现，作为空间伦理的一种诉求，也可能是一种损害。在新空间的塑形中必须要抛弃空间文化霸权意识，把乌托邦空间视为空间伦理本身对待，"通过在话语层面重新解释辩证法来沟通理论与实践、结构与过程、个人与社会，从而为当代激进思想提供一个以城市(空间)为落点的普遍性方案"[①]。在现实的空间塑造中，这些交织的组合空间使人们生成幻觉的意识空间，很容易形成制造乌托邦的幻觉和迷茫。这或许会失去判断和反思能力。而时空乌托邦理想清晰地勾画出希望地理学的未来希望空间，即空间伦理的主要目标，就是生态地考虑和筹划人的生存。

(四)身体:多元背景回归与复位的积累策略

现代科技的发展，提供了地理空间不平衡的发展动力，资本积累在全球范围内制造阶级对抗，而且其本身就是一个连续的地理过程。

首先，现代都市的发展更加迅猛，城市化不仅带来城市人口的激增，也带来一系列连锁问题。在都市化过程中产生了所谓过度都市化问题，城市区域在成为重要竞争实体的同时，其内部的发展不平衡问题也遭遇了各自的经济政治矛盾的尖锐对立。资本的大规模聚积，导致其与阶级碎片化之间产生尖锐的冲突，这种冲突又推动了地理空间结构的不平衡发展。在资本推动下，大规模的地理空间不停地向前扩散，与落后区域空间结构呈现的碎片化，形成了鲜明的对比。

城市内部空间的构成，应当受市场规律的制约与影响。资本希望同空间之间进行何种程度的合作，不是简单随意的行为。资本希望抢占优势区位，实现自身增值的目的，而这些空间可能会成为全球资本积累链条的一环。资本在次级地带的扩散，乃是由于它没有在优势区位落地，或是没有寻觅到更为廉价的投资地带。"城市的发展过程就是生产、流通、交换和消费的物质基础设施的创建。"[②]可见，资本与空间

[①] David Harvey, *Justice, Nature and the Geography of Difference*. Oxford: Basil Blackwell, p. 247.

[②] David Harvey, *The Urbanization of Capital: Studies in the History and Theory of Capitalist Urbanization*. Oxford: Basil Blackwell, p. 1.

第四章 社会展望下的当代乌托邦构筑

结合的过程中,同样要考虑空间不平衡性的因素。

其次,资本积累扩张的力量,又会通过国家机器向政权世界推销。这种可能性的极端形式不但不会产生一个系统,还会使社会不平等的绝对化加剧,甚至导致早期资本主义的回归。资本在全球化的推动下,完成向核心地域的拓展与集聚,并形成掌握世界绝大部分财富的巨型都市带。这种集聚在资本逐利本性的带动下,形成更大规模的扩张趋势。

真实的世界恰恰找不到地图上的边界,身体被缩编成了全球资本积累的空间模型。人的身体在这里,正在顺应并追随资本全球积累的趋势,不仅作为资本积累的载体出现,而且也是一种资本积累的策略。现代都市生活方式中多重的生态过程,不停地在身体中集聚,使之作为内在的矛盾体而出现,这注定将改变人的生存方式和身体。城市塑造出大量不知自身将何去何从的群众。在城市里,这些人既是消散在人群里无影无踪的弱者,也是汇聚力量会制造诸种问题和事端的强者。但是,哈维认为,个人不是固定不变的实体,而是一个活生生的流动的社会构造,身体在这里被视为一种积累策略。现代城市伦理空间逐渐钝化了人原来具有的锐性,"于是,政治性的个人就被当作是一个向无数过程(发生于不同时空规模内)开放的实体,这些过程贯穿了我们的自然和社会世界。因而,个人必须被视为社会生态关系的整体"[1]。在规训的作用下,身体逐渐完成了积累过程。可操控的积累手段,使身体慢慢适合都市空间的需要。

探究经济全球化的实质,就能清醒地认识到,身体作为资本积累的对立面而存在,同时也是承载资本运行的受体。全球化背景下不平衡的地理发展和普遍权利的追求,表面上看是一对矛盾,但正是身体所带来的具体劳动,才有全球广阔领域中抽象劳动出现的可能。全球化制造出了碎片化的无产阶级,他们分散在世界各地,虽然无产阶级是属于世界范围的,但其所生存的城市区域,与全球核心地域的差距越来越

---

[1] [美]大卫·哈维:《希望的空间》,胡大平译,南京大学出版社,2006年,第230—231页。

大。可见,作为资本积累的载体的无产阶级,又一次在空间构建中成了资产阶级的对立面,成为资本全球积累加剧的牺牲品。城市空间重构的希望,是用空间协调发展来取代区域差异。人的身体理想,作为这种时空辩证乌托邦赖以实现的空间工具,成为新型空间乌托邦构建的重要平台,并在这种可能的空间重构之中被无限地放大,得以整合空间规划秩序和设计运作机制。

(五)生命之网:建构全体人类共同体生存理想的机遇

哈维认为,城市内部空间上的不平衡,在其发展过程中进一步加剧,城市乌托邦想象受到潜在因素的支配而具有游戏性。首先,社会辩证法等多元因素,经过此番波折变得抽象,从而又要在空间上依照单一的理想体现出来。城市的这种不正常的空间差异,导致了贫富分化和收入不均,这都是财富过度积累导致的恶果,这一积累过程中造成的过度贫困,反倒使得城市空间的功能发生变异,频繁出现以市场为导向的景观现象。地理悬殊的发展状况,自然而然就会引发长时间的权力不平衡局面。资本积累扩张依托权力的运作,并将之视为市场代言的角色,进而成为空间结构的利益表达工具。市场依靠权力的运作来保护自身运行。其次,在社会空间发展的历史进程中,存在着作为空间游戏的乌托邦,其包含着规划师个人理想的乌托邦境界,是将多元背景进行了某种程度的抽象。对这些空间的构建,使得多元背景回归和复位的机遇,不断地被创造出来。

哈维寻求产生多元背景回归与复位的机遇,通过对比建筑师与蜜蜂两者的不同展开讨论。蜜蜂在采集花蜜的过程中,创造出大量富含诸种变体的数学图式,这些复杂的关系系统,是任何建筑师都无法掌握的,蜜蜂的行为最接近其生命发展的核心规律与自然历程,而建筑师的活动则近乎在构建一种游戏性的乌托邦,这种空间设计脱离了人类生存的根本追求。"我们对蜜蜂了解的越多,与最好的人类劳动(更不用说最差的建筑师)所进行的比较就越多,而比较的结果越来越难以对

第四章 社会展望下的当代乌托邦构筑

我们所谓的高傲的能力感到骄傲。"[1]哈维依据蜜蜂空间构造的启发，试图在人类中间寻找到如蜜蜂一样的类存在物。在社会生态多样性中，抑或是在各种政治经济状况的异质性中，有着变革行动能力的规划师和建筑师们，进行大量的政治抱负翻译工作，把不同的话语结构呈现出来，并与对世界的再现联系在一起。哈维提出要正视各类文本、语言和人群之间，在沟通过程中遇到的间断性，要求能够将其整合起来进行翻译，对规划多元要素进行整合和再现，努力穿越时空去塑造更加一体的历史地理变化过程，并且不为利益共同体所规定的界限屈服。

构建辩证乌托邦的起点和终点就在于，这些空间构建者个人，以及他们的身体，也是乌托邦最基本的推动元素。"最差的建筑师与最好的蜜蜂的区别，就是建筑师在分析具体情况之前，仅仅用想象来制造构筑物。"[2]人类能够在多元乌托邦责任下的"生命之网"中，寻找空间复兴的地理空间意义，以使人类获得平等生存的希望，从中找到资本全球积累的替代方案，进而消除阶级与阶层的对立。人类要学会在他者的世界中成为与众不同的自己，把个人与身体的力量扩展开来。改造这种格局的政治运动，在关注知识的统一性的背景下就会以某种方式产生，加上具备更多的人类生态学的特性，就能实行一种普遍性的空间机制，以此来建构一种辩证的乌托邦，实现多元的辩证性。

哈维揭示了空间形式是如何与经济、政治相联系的，那就是不再依靠空间规划层层投影的旧有模式，而是以辩证乌托邦为起点，对空间协调机制加以整合，提供一种建构全体人类共同体生存理想的机遇。[3]后现代性只是资本主义生产方式与文化的一种转移，而辩证乌托邦打破以某种方式进行的空间生产，将具体的政治人的理想推向更大的规

---

[1]〔美〕大卫·哈维：《希望的空间》，胡大平译，南京大学出版社，2006年，第217页。
[2]David Harvey, The Right to the City, in: *International Journal of Urban and Regional Research*, 2003, pp. 939-941.
[3]哈维的观点是为了与后现代思潮下人们的倾向区别。在后现代看来，传统的历史普遍性已经失效，福柯心目中的空间、时间和社会存在都高度的异位化，区域与城市的地理空间也趋于不平衡和碎片化，身体和政治人的存在，也出现了空间割裂。〔法〕米歇尔·福柯：《疯癫与文明——理性时代的疯癫病史》，刘北成、杨远婴译，生活·读书·新知三联书店，2003年。

模,并争取集体行动目标的团结。在个人和政治向更加广泛的人类行动领域的转换中,政府在城市空间中的角色,应当是接受广泛监督的民主代言人。由于城市空间的包容性,不同类型的乌托邦形式都汇聚于此,由此带来各式不同的政治诉求。所形成的广泛政治主张,要求进行集体身份的构建,同时培育行为共同体,创立归属规则,从而使得政府角色不是作为少数利益的代言人,使得政治人和其身体为自己进行资本积累的理想接近现实,形成经济全球化冲动所推动的一个历史反思过程[1],在个体多元性融合与"协作"的多元要素整合基础上来建构网络化统一的辩证空间。

传统乌托邦思想家们在对理想社会的建构中,对城市的各个部分进行精心的描绘,甚至还附上城市平面图,留下大量设计构想,为空间规划与设计开辟了广阔的思想空间。工业社会制造的矛盾冲突,推动了当代乌托邦空间的产生,西方现代空间规划几近成为平衡多方利益的有效工具,并且这种工具性发挥到无以复加的地步。"地理空间总是属于'具体和特殊'的领域。现在需要解决的根本问题是,能否在判断马克思关于资本积累的普遍的和抽象的语境中构筑一种关于具体和特殊的理论。"[2]而哈维的空间乌托邦中渗透的价值理性,以维持社会公正为根本目的,使空间规划竭力保持价值理性和工具理性的平衡,与现实规划价值理性的缺失形成鲜明对比,不至于把都市建筑仅仅看成是试验场。空间不是材料学和建筑学本身,而是人学文化学和人类学的一部分。当代空间乌托邦是理想支配下的时空展示,动力来自以往的政治乌托邦的空间理念与现代物质乌托邦的潜意识的整合。立体几何形式的城市空间设计,是理想的宇宙或显示的政治结构体现,也是人们对人与自然、人与人的关系的写照,提供了一种在现实中看不到的乌托邦精神。由于空间本来就是一种高度理想化诉求的物质形式,乌托邦外衣就变成都市符号王国的重要组成部分,着力营造物质形式和精神诉求之间的统一和平衡。

---

[1] [美]戴维·哈维:《后现代的状况——对文化变迁之缘起的探究》,阎嘉译,商务印书馆,2003年,第21页。
[2] [美]爱德华·W.苏贾:《后现代地理学——重申批判社会理论中的空间》,王文斌译,商务印书馆,2004年,第103—104页。

如果说莫尔的乌托邦观念代表了前现代社会中的现代性的政治诉求和美学文化想象,那么西方马克思主义的空间乌托邦所融汇的社会现实的文化想象,依然提供了现有社会的巨大投影。批判性不仅使城市乌托邦得以与现实城市相关联,也为自身的发展提供养分。当代全球化空间体系建立,使封闭空间摆脱了以往孤立的状态,空间乌托邦凭借未来理想空间与现实空间形成的强烈反差,造成对现实秩序的持久性威胁。在持续不断地对现实空间进行批判的过程中,乌托邦空间思想才具有了社会革命与解放意义。这种当代乌托邦在批判现实的基础上,对未来理想空间提出设想,引导了现实空间的未来走向。传统的城市规划与设计的认识,常将思考的立足点定位在现在;西方马克思主义空间乌托邦却将之定位在未来。由于这种观察方式的跳跃性转换,空间乌托邦才能不受现实条件的制约,从而让未来决定现在,形成未来对现实的超越。"无论如何,乌托邦梦想不会完全消失。它们会作为我们无望的隐蔽能指而无处不在从我们思想的幽深处提取它们,并把它们变成政治变革的力量,这可能会招致那些无望最终被挫败的危险。"[1]城市属于现实的一种,且又成为一种未来的现实空间,作为整个社会进程中的某个点,连接了社会空间发展的过去、现在、未来。

七、生态空场的画卷填充

生态学马克思主义通过生态视域的社会运动实践,超越了乌托邦空间的视角,丰富了生态乌托邦理念。当代乌托邦又是生态的乌托邦,其关键问题是,怎样使一系列环境运动纳入到社会主义运动中,成为社会进步的重要动力。这里出现了一个深刻的悖论:"本来,人类是为了摆脱粗粝的自然而走向文明的,文明的对立面是荒昧和野蛮,那时的自然似乎与荒昧和野蛮紧紧相连。但是渐渐发现,事情发生了倒转,拥挤

---

[1] [美]大卫·哈维:《希望的空间》,胡大平译,南京大学出版社,2006年,第190页。

的闹市可能更加荒昧,密集的人群可能更加野蛮。"[1]生态学马克思主义者关注的重点是,人类系统尤其是人类的能力领域,保留自然系统的自主运作,给具有自身存在界限的自然以更大的发展空间。他们关心人的存在意义的形而上思考,呼唤具有丰富内容和厚实思想的观念集合体的乌托邦精神出现。

(一)生态社会主义:"红"、"绿"结合的生态乌托邦政治战略

传统生态乌托邦对于科技的态度不完全是敌视和拒斥。它积极寻求既能有效利用科技,又能保持社会持续发展的途径和方式,但也可能导致克制经济科技发展的渐进改良模式。就实质,它是一种反现代化和反现代主义的观念。而生态学马克思主义作为西方马克思主义具有活力的生长点,指出,现实社会主义和资本主义一样存在严重的生态危机,并力图揭示产生危机的社会根源,整合西方激进的"绿色"生态运动理论和环境主义思潮的主张,形成具有社会主义性质的生态革命。

生态学马克思主义形成了不同于以往生态学主张的功能和意义。它试图超越二者并建立绿色生态社会主义,系统阐释了生态社会主义理想。它旨在对人类社会和自然界的关系做出调整和变革,划清了与生态中心主义的西方绿色运动,以及无政府主义的后现代思潮的界限,并为生态环境保护运动指明了正确的方向,成为最具马克思主义"红色"标志的"绿色"生态乌托邦。这种生态社会主义的政治战略,通过社会经济结构的改造,达到社会正义的目标;通过新型生态价值的建构,追求人的自由发展,体现了当代乌托邦在生态领域的重大变革。

当代生态乌托邦致力于生态学和马克思主义的结合,并以此为工具来分析资本主义生态危机的实质。生态学马克思主义强调,马克思的生态思想是其理论渊源,在此基础上,他们力图填满经典马克思主义的生态空场。福斯特不把生态思想作为马克思著作的说明性旁白,而是一直追溯它的唯物主义基础,围绕自然和人、自然和社会、科学和生态学三个主题,对马克思主义展开生态学意义上的重建,注重从生产方

---

[1] 余秋雨:《千年一叹》,作家出版社,2002年,第498页。

式和消费方式上进行资本主义批判,从马克思主义对生态危机解决的潜在优势中,论证其辩证唯物主义基础和生态学基本原则的一致性。"这种唯物主义从来没有忽视过这些物质条件与自然历史之间的必然联系,也就是与唯物主义自然观的必然联系。这因此就说明了一种生态的唯物主义或一种辩证的自然历史观的必要性。"[1]阿格尔从反思马克思的危机理论入手,通过对历史唯物主义危机理论的修复,提出新的生态危机理论,以此达到生态乌托邦理念的构建。要遵循这种理论建构的要求,就要适合于当代资本主义发展特点,超越经济决定论和唯意志论对马克思主义的束缚,保留马克思的异化批判,以及对资本主义内在矛盾理解,以人的需要和生态系统限制之间的辩证运动为依据,针对其运动过程中所导致的生态危机,对通向社会主义的可能途径做一研判。一方面,生态危机并不必然导致资本主义的崩溃,除非处于异化地位的工人阶级发起社会主义革命;另一方面,从制度批判的高度出发,目标指向明确。资本主义的内在矛盾,会导致资本主义危机的发生。技术理性本身,不是导致生态危机的根源,而是因其受制于资本,造成了生产过程中的非理性使用所致。这揭示了资本主义制度的反生态本质。奥康纳既强调唯物史观的自然要素,也强调其内在的文化要素,以此构建一种双重关系维度的新型生态观。传统唯物史观的重大缺陷在于,仅仅将生产力和生产关系的关系,视为一种技术关系,双方是单向决定与被决定的。他通过对唯物史观的重构,得知这一关系运动会带来的两大危机:一类是以需求危机为标志的经济危机;一类是以成本危机为标志的生态危机。它们共同揭示了资本主义的历史命运。生态学马克思主义独树一帜地推动马克思主义和生态学的现代联姻,为生态危机的解决寻找到新出路。

在马克思主义理论基础上,生态乌托邦具有广义政治学的意义。由于生态问题已成了制约经济社会发展和建构的重要因素,生态学为马克思主义展开经济领域的批判,提供了新的视角和补充作用,说明两

---

[1] 〔美〕约翰·贝拉米·福斯特:《马克思的生态学——唯物主义与自然》,刘仁胜、肖峰译,高等教育出版社,2006年,第22页。

者嫁接在理论上的可行性与必要性。这种广义的政治生态学,从资本主义生产和整个生态系统的辩证运动中,展开对资本主义基本矛盾的分析。他们既同意马克思的立场,承认资本主义制度的内在矛盾是造成生态危机的要因,又高度重视人类价值系统的调整和转换在生态危机利用中所起的解放功能。"一方面,它认为资本主义商品生产的扩张主义的动力导致资源不断减少和大气受到污染的环境问题;另一方面,它力图评价现代的统治形式——人类在这种统治形式中从情感上依附于商品的异化消费,力图摆脱独裁主义的协调和异化劳动的负担。"[1]这让人们认识到在生态系统的制约下生态危机的不可避免,从而走向生态社会主义社会;同时,使人们对弥漫着的消费主义价值观进行反思,调整不适应社会进步的生存方式。

当代生态乌托邦有着不同于其他生态学的人类学倾向。生态中心主义重视的只是自然界自身的内在价值,要求建立一种以生态为中心的全新伦理标准来代替之前对待自然的普罗米修斯式观念,并认为,一切人类行动都应遵循自然法则,适应自然的需要。其实这是一种典型的反工业化的传统乌托邦式的生态浪漫主义,不能成为当前资本主义现实生态问题判定的参照点。生态学马克思主义者认识到,生态社会主义只能采取人类中心主义的立场。人对自然的控制,不是引起人与自然冲突的根本因素。人类对待自然的特殊生产方式,才是引发生态问题的罪魁祸首。格仑德曼把"控制自然"与马克思的共产主义理想联系起来,主张重返人类中心主义。[2]佩珀理解的生态社会主义,也主张把人放在中心地位,人不是自然的奴仆;否则,必然会颠倒人与自然的关系,甚至产生各种统治与压迫版本的反人道主义体制。近代形而上学人类中心主义,通过把人与自然对立来盲目追求人对自然的控制。

---

[1]〔加〕本·阿格尔:《西方马克思主义概论》,慎之等译,中国人民大学出版社,1991年,第420页。

[2]格伦德曼提出"第二自然"的观点,认为,这既是人与自然斗争的必然性的体现,也是解决人与自然相对立的矛盾的方法。由于人还没有真正实现对自然的控制,为了防止自然的破坏,就必须增强控制自然的能力,而共产主义条件下的自然控制,便是人类控制自然的最高境界。Reiner Grundmann, *Marxism and Ecology*. Oxford: Clarendon Press, 1991.

资本主义性质的人类中心主义,为了保证资本所有者的私人利益,采取工具技术手段,最大限度地控制和利用自然。与之不同的是,生态社会主义所实行的人类中心主义,则出于保护社会整体利益的考虑,通过集体控制的方式,试图在遵循自然规律的前提下,建立一种新型的人与自然协调发展的社会模式,对两者关系做出自觉的调整。"它强调人类精神的满足有赖于与其他自然物的非物质性的交往。人并不是一种污染源,人并不是生来就是傲慢、贪婪、好斗、富有侵略性,也不是生来就具有其他的种种野蛮性。"[1]这种生态乌托邦强调的是一种带有长远眼光的集体人类中心主义。

生态学马克思主义致力于新型社会主义的构建,主张现代化将经济发展与生态保护紧密结合起来,把生态保护作为现代化的重要内容,既反对经济主义对经济利益的片面追逐,又不同于主张取消现代化的生态中心主义,对经济发展与资源利用、环境保护、生态平衡的关系加以协调,建构有利于人与生态环境共生共荣的可持续发展模式。这种生态社会主义的现代化道路,形成了劳动和消费更少,但生活得更好的范式转换。社会主义的目标是限制经济合理性,致力于减少商品交换使用的范围,使经济理性从属于更高的合理性,即生态理性,从属于非定量的人的自由发展目标。在社会主义条件下,实施生态保护成为经济活动的基本原则。由于现存体制均不利于自然资源的合理分配和社会的持续发展,要试图通过建立一种共同体的财产所有制,对社会财富和个人财富进行重新分配所建立的社会共同体,就是小型的生态区域。生态学马克思主义者主张通过克服资本主义私有制,实行社会主义的社会占有制;主张建立市场与计划相结合的混合型经济,这种新型生态经济模式,希望达到计划的集中与自由经营的分散折中的目的,"市场与计划就其本身而论并不是不兼容的;混合经济或市场社会主义可能是适宜的社会(经济)形式"[2]。生态社会主义的经济增长,必须是理性的,因而也是有利于生态的有计划发展,既以不破坏生态平衡为限,又

---

[1] David Pepper, *Ecosocialism:from Deep Ecology to Social Justice*. New York:Routledge, 1993, pp. 232-233.
[2] Reiner Grundmann, *Marxism and Ecology*. Oxford:Clarendon Press, 1991, p. 270.

要以满足每个人平等的利益和需要为限度。"一个建立在公有制和民主管理基础之上的社会,仅仅为了使用而不是为了出售和利润而生产,那么它将能为人们提供一个为生态环境所接受的满足需求的框架。"[①]生态乌托邦通过不自主领域和自主领域的结合,既体现了政府对经济的管理权,在国家层面和地方分散层面上发挥功能,又保持了家庭和个体生产者的自主权——它们作为只受市场控制的生产部门。生态乌托邦通过分散和缩小生产单位,逐步消除商品生产和交换。当然,他们又认为,在现阶段社会主义主张消灭市场、货币和交换是不切实际的,无论是市场经济的运作方式,还是国家计划的调节手段,抑或是个人在生产生活领域的自主运行,都在一定层面起着作用,通过这些要素的结合,才能达到对自然生态的合理使用,实现社会主义性质的生产目的。

这一社会主义性质的生态乌托邦,将社会主义与人类中心主义相联系,坚持人类整体利益和长远利益高于一切,主张人与自然的和谐统一。这提示了人类不应全盘抛弃人类尺度,而应将人自身作为根本的价值尺度,重新反思自身在生态危机中对自然的态度。这本质上是一种新型人类中心主义,扬弃了"绿党"的政治主张,也不局限于仅仅关心资本主义体制内部的环境主义见解。

(二)生产性正义:达成人与自然之间和解的乌托邦伦理

在分析正义模式和资本逻辑运行的基础上,生态学马克思主义不仅对资本主义制度本身进行分析,同样关注资本主义生产过程,并对其同自然生态系统之间的矛盾加以思考。生态学马克思主义者坚持非暴力的革命方式来达到对各个层面异化现象的扬弃,关注人与人关系的处理和改善,实际上,就是注重如何超越极权国家来实现非极权的生态社会主义理想,采取的发展模式,既能满足个人的需要,使得人的基本需求得以满足,又能使这种满足以不损害生态系统为前提。这便是生态乌托邦追求的人与自然和解的伦理诉求。

[①] David Pepper, *Ecosocialism: from Deep Ecology to Social Justice*. New York: Routledge, 1993, p.219.

首先,生产性正义具有优先性。资本主义制度是基于社会的不平等而建立起来的,导致了资本主义的程序性民主本质上是以形式民主体现的,而苏联模式的社会主义,又是一种缺乏民主理念的极权政治模式。两者从某种程度上看,追求的都是一种分配性正义。而生态社会主义通过建构新型的人与自然和谐相处的社会主义模式,则更为关注生产领域的民主与正义,按照人们理性的需要来组织生产,这种理性需求还包括人类自我发展的需要,从生产性正义角度出发,考察社会公正的意义。生态社会主义将官僚机构加以民主化的改造,不再对生产进行全方位的计划控制,而是在工业生产的民主管理中,追求生产性正义的实现。

其次,由于资本主义的正义是一种分配性正义,即关乎社会民主的分配性正义,更为重视的是个体,而非社会的权利和要求,更为重视事物平等的分配,而非生产。传统社会主义追求的平等正义也是分配性正义,但它是以市场经济核算为前提的。随着社会化运作机制的日益展开,社会化程度得以迅猛发展,将难以合理地认识与认真施行分配性正义。生产性正义将需求最小化,或彻底废除分配性正义,使得消极外化物最少化,创造使积极外化物最大化的可能性。"正义之唯一可行的形式就是生产性正义,而生产性正义的唯一可行的途径就是生态学社会主义。"①公平正义的当代生态乌托邦价值,在这个意义上才可能变成现实。

再次,生态社会主义是一个建立在民主控制基础上的社会,公民有直接参与决策公共事务管理的权利。决策必须是民主做出,而不是精英的特权,阶级和性别等都是平等的互动关系。建立庞大的工业体系来支持资本追逐利润和异化消费,导致了官僚化的生产管理方式和极权式的权力关系,这必然意味着生态危机的进一步强化。在工业生产中,运用小规模技术,使得工业生产分散化,通过这种运作方式来达到缓解人和自然紧张关系的目的。单纯的小规模技术运用,是不能导致

---

① 〔美〕詹姆斯·奥康纳:《自然的理由:生态学马克思主义研究》,唐正东、臧佩洪译,南京大学出版社,2003年,第538页。

激进社会变革的出现,还要加上基层民主的力量,用工人民主管理的方式来代替官僚化的生产体制,工人能作为生产活动的主人,自觉参与到生产过程的各个环节之中,"通过使现代生活分散化和非官僚化,我们就可以保护环境的不受破坏的完整性(限制工业增长),而且在这一过程中可以从性质上改变发达资本主义社会的主要社会、经济、政治制度"[①]。分散化和非官僚化的举措,都有利于人们成为管理者和生产决策的主人,从而摆脱由异化生产所操纵的异化消费,彻底克服异化劳动的制度性病症,进而在体会到劳动创造的欢欣中摆脱异化消费。只有把两者结合起来,工人阶级才能从资本主义生产过程中解放出来,不被制度下的权力关系所困;同时,还要再与民粹主义结合起来以实现意识形态的综合。马克思主义要同民粹主义文化传统相结合,与高度集权的政府相斗争,与高度分工与集中的企业管理方式相对抗,才有可能走向激进的生态社会主义运动。

当代生态乌托邦的价值理念,取代了自然控制的观念传统,是一种可持续的和谐生态观。这种使人与自然关系根本改变的全新理念,抛弃人类中心主义的自然工具思维,而是通过生产性正义的政治表达,在制度运行上恢复价值理性的功能,找回人类缺失的正义观,进而达到人与自然之间和解的乌托邦价值目标。

(三)适度增长:社会—生态方向的社会主义生产逻辑

针对个别学者主张建立以稳态经济为主导的生态经济模式,生态学马克思主义者普遍主张经济的适度增长,反对零增长或负增长的稳态经济。经济零增长或负增长,长此以往,社会运行的内在动力将遭到打击,社会发展会出现停摆的状态,甚至发生倒退;反过来,经济盲目的高位运行,将会破坏健康的社会秩序,过度消耗有限的资源,损害生态环境的良性发展,也是不可取的。全球性生态危机的惨重代价,就是由取消经济持续发展的生态基础导致的。只有在不破坏

[①] 〔加〕本·阿格尔:《西方马克思主义概论》,慎之等译,中国人民大学出版社,1991年,第499—500页。

生态平衡的前提下符合经济发展的客观规律，即使是快速增长也属于适度增长，使经济发展对人类和自然环境来说做到可承受，才能达成人类社会的永续发展。

在生态学马克思主义者看来，首先，传统社会中生活的人们，他们劳动生产的原则是"够了就行"。劳动行为不受经济合理性的干扰，与生活的节奏步调是相吻合的。"足够的"不是一个经济范畴，而是来自传统社会的一种文化范畴。资本主义社会出现以后，经济的合理性从核算出发，关注的只是单位产品的劳动量，忽略掉其中生动的劳动体验，逐渐演变成具体的合理化的典型形式，劳动的原则，随即就从"够了就行"向"越多越好"的工业社会模式转化。从本质上看，这就是一种经济理性的表现形式。这种特殊的工具合理性，导致了畸形社会关系的出现，瓦解了日常交往的基础，社会关系再生产陷入危机。"它不仅错误地把体制行为扩展到它所不能适用的行为领域，它还使得社会统一、教育和个人的社会化所依赖的关系结构'殖民化'、物化和残缺不全。"[1]更多和更好的联系，如果能够被打破，意味着更多可以与更少相联系。其次，为了补偿异化的雇佣劳动，人们又致力于追求过度的物质消费，消费主义生活方式，又导致大规模的过度生产，对生态系统造成严重破坏。人们在异化的物质消费和意义消费中寻找人生价值，这种资本主义消费病在一定程度上蔓延开来，导致了人与自然的深层矛盾与冲突。在资本主义制度下恢复人与自然的和谐，实现生态的可持续发展是不可能的，因为资本扩张的本性，导致了人与自然的严重异化。全球性的生态危机，早已动摇了所谓"绿色"资本主义的前景。莱斯对生态危机生产根源的分析，主要从技术理性批判和制度批判两个维度展开的。从前者的角度上，"控制自然"的技术理性，带来了长期的非理性运用，由此造成严重的生态后果；从后者的角度上，资本主义制度，将一系列的虚假需求生产出来，使受这种需求控制的人们，陷入无止境的消费泥潭，进而引发全球性的生态危机。这种观点是对马尔库塞关于真实需求和虚假需求做出区分的继承和发展。

---

[1] Andre Gorz, *Critique of Economic Reason*. London: Verso, 1989, p. 107.

当代生态乌托邦希望采取的社会建构战略,是将资本主义生态危机同阶级激进主义结合起来。这种战略通过调整对稀有资源的消耗局面,改变资本主义制度对社会经济生活的干预方式,缩减对虚假需要的个人消费,通过改进税制重新对财富进行分配;同时,对人的需要合理性的重新反思,对损害人类共同利益的科技运用加以限制,生产更多不会污染环境的产品,使得废弃物尽可能减少,并使之简洁耐用和易于回收,在此基础上,缓和日益扩大的资本主义生产体系同生态系统之间的矛盾。高兹等人对现代化采取辩证的态度,指出,现代化过程中遭遇的种种危机,并非由现代化本身造成,也并非由理性本身所致。如果要认清并阻止危机的蔓延,就必须对支配合理化的不合理动机进行分析,为现代化,即理性,划定界限。支配现代化的经济理性,在资本主义制度下过度膨胀,造成人与人、人与自然的对立。这就需要一种全新的生态理性来摆脱经济理性对现代化的束缚。这种追求利润最大化的经济理性与追求生态效益最大化的生态理性在资本主义条件下是根本对立的。

同时,生态乌托邦致力于对经济进行必要的生态重建。通过这种重建,它才能解决两者理性之间的矛盾,使经济标准服从于社会—生态标准。不能走资本主义生态重建的道路,社会主义性质的生态重建在于,使得经济发展按社会—生态标准的同时又能最大限度地满足人们的基本需求。高兹超出纯粹经济学的学科界限,认为,生态重建就要建立新型社会制度,优先关注生态发展;同时,满足经济增长的需要,揭示了生态学所蕴含的社会政治意义,"对技术法西斯主义的抵制,不是出自于对自然平衡的科学理解,而是出自于政治和文化的选择"[1]。在高兹看来,资本主义的危机形式,受资本主义生产方式的支配,实际上就意味着生态危机。依照资本主义制度的生产逻辑,只能导致不平等和生态失衡的加剧,因为资本主义生产过程和生态系统在当今是以某种密不可分的形式结合的,"比试图以个人屈从于制度、屈从于他人的统治为代价,自主的运动对校正自然更有效。生态主义者反对系统工程,不是因为它侵犯了自然(自然不是神圣的),而是因为它是一种对现存

---

[1] Andre Gorz, *Ecology as Politics*. Boston:South End Press,1980,p.17.

自然过程的全新替代统治形式"[1]。随着人们不断打开需求的空间,经济也会随之发展,但是这种增长应符合理性的适度的生态原则要求,对自然资源的消耗,应当在维持生态平衡的限度内。

科学技术作为一种显性强势的文化逻辑,已形成无可阻遏的前行势能,而和技术迷幻和异化生产处于对峙之中的当代生态乌托邦,则期盼人文文化与科技文化的协调发展,避免在技术的基础上构建一个神话。走出现代化的困境不是退回到前现代,而是应当自觉将现代化运动中导致的负面后果与现代性本身区别开来,这是当代乌托邦面对社会发展走势的观念趋向。

(四)非工人的非阶级:一种可能的社会主义运动主体模式

高兹的乌托邦社会主义思想,明显地体现出社会主义思想逐渐与西方广泛兴起的各种社会运动结合的"从红到绿"特点。左派社会主义运动的冷却,主要是想象力缺失导致的。这就需要去想象、期待和激发显现在当前变革中潜在的转变,以解放关于变革的可能性的想象,通过对超越现代工业文明的新文明样式的分析,说明后工业文明过程中社会主义的可能性,描述后工业社会社会主义的生动乌托邦图景。

高兹认为,资本主义工业社会的乌托邦正在崩溃,现实的社会主义必须要有乌托邦想象的因素。这"意味着我们必须发现一种新的乌托邦,因为作为周围乌托邦崩溃的俘虏,将不可能洞察正在变化之中的解放潜力,也不可能赋予这种潜力以新的意义,而使之转变对我们有利的东西"[2]。对后工业社会社会主义的这种设想,以一种可能的双元社会的乌托邦出现,通过市民社会的扩展,能够提防技术法西斯主义的进攻。公民按照新的生活原则重新调整各种社会关系,并用社会劳动时间,作为衡量劳动价值与产品价格的标尺,以自由生活的自主权力取代了金钱权力。个人和社会的自主性增加,避免了国家独裁的形成和政府中心化,取消了消费与生活不正常一致的步调。

---

[1] Andre Gorz, *Ecology as Politics*. Boston: South End Press, 1980, p. 18.
[2] Andre Gorz, *Critique of Economic Reason*. London: Verso, 1989, p. 8.

当技术发展尚未自动地引发新的社会生产逻辑出现时,就需要在想象中去构建未来。技术进步一般说来,不会自动引发社会革命,单靠技术手段的带动,不足以使整个社会形态发生改变。新技术革命不仅不能处理好社会制度的根本性矛盾,反而可能使冲突加剧。经济危机并没有消除,反而爆发频率加快,持续时间延长。但是,新技术革命包含了以往技术革命所没有的革命潜力,引起对生产管理中心化的削弱,以及资本对社会控制力的降低。技术的进步与资本主义制度内在的不兼容性,必然会带来根本性质的经济变化。在新技术革命的繁荣背后,高兹把握了当代社会主义运动与其相关性,从中发现了达到未来社会的路径。高兹建立一种新的生存文化,作为改变社会的武器。这里存在方式的根本性变化,也使得公众的生存方式,将超乎想象地以多样化显现出来。

高兹分析了现实社会主义的危机在于,作为普遍主体的大写工人阶级,在社会建构中已不在场,其革命斗争中的本体地位不复存在,作为支撑社会主义社会力量的历史主体正在消失,受到的政治寄予和理论负载被祛魅。在工人斗争中形成的社会主义领导政党,也只是作为一个真正群众性的革命组织。苏联模式奉行的是经济理性,并不是真正的社会主义体现。他打破阶级分析传统的限制,用新工人阶级来取代传统的革命阶级主体,通过新型的劳工战略,作为达到社会主义的路径。[1] 一方面,经过合法的斗争渠道,工人阶级达到对资本主义生产过程的参与,并以自我管理促进新的管理方式施行,进而形成社会主义的自治模式。这种社会主义诉求,不再提供任何现存社会秩序,不提供固定的社会模式。这种社会主义改革,要由来自基层有自治要求的人控制。另一方面,由于白领工人地位日益凸显,作为自为阶级的新中间阶层正在崛起,即高兹所谓的新工人阶级。新工人阶级革命的动力是主张工人自治,把生产过程置于群体的控制之下,通过以新中产阶级为主

---

[1] 贝尔提出,马克思关于资本主义社会的发展结构,形成了两套图式,即纯粹的两大阶级对立,各种中间与过渡阶层的存在,使得界限规定模糊。而高兹的理论主张是贝尔后工业社会理论和普兰查斯新小资产阶级理论的逻辑延展。〔美〕丹尼尔·贝尔:《资本主义文化矛盾》,赵一凡等译,生活·读书·新知三联书店,1989年。

体的新社会运动,构成对经济理性统治的威胁。他们由技术工人和科技人员组成,不仅作为经济改革的主体力量,而且是新劳工战略的主力军。尽管他们在生活上和一般工人群众有着明显不同,但同样遭到资本主义制度的钳制,经历着异化的生活状态。新工人阶级的革命动力,有着追求劳动、生活的意义和创造性的特征,革命诉求直指社会制度内在的经济理性。而传统无产阶级的革命性,随着经济结构性调整与改善而逐渐降低。资本主义社会结构的发展变化,社会阶级构成的改变,决定了革命战略条件的变更,预示着实现社会主义的阶级斗争模式必然发生变化。新无产阶级的范围,来自未被同化的后工业时代各阶层。他们的工作场所日益分散化;同时,由于劳动的碎片化和间断性质,他们缺乏稳定的阶级意识诉求。掌握技术的专业人员,由于具有意识形态性质的技术,形成"非工人的非阶级"。技术革命将产生代表新生产方式的革命阶级,无产阶级的知识化是其素质提高的表现,而决不是无产阶级的消失。知识型劳动及其物化手段创造的财富越来越多,剥削的方式发生了变化,阶级对立已扩大到体力劳动领域以外更广泛的劳动范围。潜在的或现实的失业人群延展到社会的每个阶层,原来确定的阶级同一性,遭到致命的破坏。随着对抗日益趋向多元,越来越多的从事脑力劳动的知识化社会阶层,将涵盖到无产阶级的队伍中。

高兹的生态乌托邦在社会建构上,追寻如何生活得更好,是争取从客观事实中发现一种可能性的社会主义战略。生态社会主义的本质在于,要使经济行为能够真正服从于社会本身的价值,作为资本主义超越的参考系存在。它类似于布洛赫希望哲学中的尚未,这种可能性经过实践斗争是可以实现的。

(五)劳动闲暇一元化:消费批判中的文化价值转换

消费选择的向度,服从于资本追求利润的本性,通过公开消费主义的生存方式,公开资本主义生产体系可以许诺更多的需求满足来维护其合法性的虚伪面目。借助科学技术进步所带来的巨大物质财富,资本主义生产规模日益扩大,人和自然关系越发变得僵化。

阿格尔从分析人们的劳动观、消费观和幸福观的转变入手,注重生态制约性的目标要求,关注个人在异化消费中的自由解放。在异化消费观的支配下,人不能主动追求真实的需要,在这种需要基础上的消费模式,也得不到个体自我价值的确证,更谈不上自由和解放。人的幸福指向在于,把自我实现的劳动同有益的消费有机结合,"如果不与争取集体解放和自我解放的充满生气的自愿斗争结合起来,在政治上就不会收到效果"①。从创造性的社会劳动生产出发,才能形成自由幸福的状态体验,达到对自我价值的确证。人们为了刻意摆脱劳动异化,或表达对异化的不满,不得不从商品消费中获得虚假的满足,消费被视为虚假满足的单一泉源。人对真实需要的满足,堕入闲暇状态的商品占有与无止境的异化消费之中。由于生态系统的限制,劳动过程中的异化,不可能一直从有限的消费中得到补偿,资本主义生产体系扩张也不会是无限制的。来自异化消费的表层反抗,会破坏原有的生态平衡,不仅不能补偿劳动者遭受到种种异化代价,而且会让人陷入另一种全新的消费异化中。人的需要和商品间的相互作用,原先是通过有限生态系统来决定的,但现在却成为了社会进行变革的内在动力,只有消除异化消费,才能在实质上抵抗支持异化的社会制度功能。

在生态学马克思主义那里,劳动也成为当代乌托邦所使用的一个当然范畴,成为自由和幸福的源泉。基于生态制约之下乌托邦伦理,高兹提出劳动闲暇一元论。② 未来社会将实行更少的劳动原则,让劳动者获取到更多的自由时间,这种闲暇本质上是一种创造性的活动,即自由自觉的高级劳动,以便达到更好的消费原则,"'自由时间将压倒非自由时间,闲暇将压倒劳动';而'闲暇将不再只是剩余或补偿,而是必不可少的生活时间和生活的原因,劳动将降低到仅仅是一种手段的地位'"③。人们可以根据兴趣爱好来开展创造活动,通过激发潜能来达到自我实现的目的。在未来社会中,劳动应摆脱异化状态的束缚,重

---

① [加]本·阿格尔:《西方马克思主义概论》,慎之等译,中国人民大学出版社,1991年,第416页。

② 高兹认为,未来社会构划的哲学基础,是在三个基本点上建立的:一是我们将更少地劳动;二是我们必须消费得更好;三是我们必须把文化重新整合到每个人的日常生活中来。Andre Gorz, *Ecology as Politics*. Boston: South End Press, 1980, pp. 44-45.

③ Andre Gorz, *Critique of Economic Reason*. London: Verso, 1989, pp. 31-32.

新变为一种自由自觉的活动,为人与自然的和谐相处提供必要条件。自由和幸福的体验置于劳动过程中,进一步确立人和自然和谐发展的环境伦理规范,以与同一过程的闲暇构成一种互为补充的关系。未来的社会必须要改变表达需求和满足需求的方式,置换原有的单纯物质需求,过去组织规模化生产带来的劳动量变得不重要,转向适当的物质需求,更多是包含物质与精神的全面需求。直接自主的个人行为,并不会促成大规模的物质转变,劳动本身具有的个人性质正在消失。同时,劳动还要不仅仅满足于对生活物品数量的追逐,在直接性的生产劳动过程中,向更丰富生活质量的需求迈进。人们在新的劳动形式中,实现一种新型的生活方式,进而达到人的自我实现。

生态学马克思主义者建构了一种自由时间的乌托邦,这种时间政治学体现出社会解放的意义。劳动者的个人收入是根据一定时期的个人需要,而不是根据个人劳动量的多少来决定。这种由社会决定的个人需要,使得个人收入成为了实质上的社会收入。而对个人收入的保障,靠的又是所进行的社会财富分配,它是由作为整体的社会生产力创造的。这就凸显了马克思所预言的劳动将具有的社会意义。这里的社会收入原则,与马克思的共产主义分配原则是一致的,所展现出的一种后工业文明景象,是向超越工业文明的新型社会文明发展。这潜在地打通了后资本主义的社会主义逻辑,提供了一个人类自我实现的机会,并在此基础上构建丰富多彩的生活社会图景。从整个社会劳动时间的分配来看,自动化减少了劳动时间,形成了更多的自由时间,随着人们自由选择行为的扩展,工作时间也能同时得到缩减,劳动者可以从全时劳动的减少中得到工作机会,每个人都有时间从事自主的活动,通过愉快的自我管理也能达到克服经济合理性。当人们发现并不是任何价值都是可以量化时,生活不再完全被异化劳动所占据时,就能在具有足够自由时间的空间里,寻找到不可量化的价值,并拥有存在的自主领域,不再受制于经济合理性的压迫。这种劳动观有助于某种时间政治学的形成,以至在尚未存在的社会中,出现构成解放的环境。由于当代资本主义的劳动形式被异化,劳动过程中剥夺了人本质力量的自由属性,劳动与闲暇处于二元分裂状态,即只有在闲暇时间中,才能拥有自

297

由和幸福的权利。生态学马克思主义者主张，改造生产以消灭异化劳动，重新对人的需求做出定义，区别虚假和真实两者需求，合并使用生产性闲暇与创造性劳动这两种形式，克服两者间对立的二元状态，即以劳动闲暇一元化的有机统一，对异化消费加以改造。

人在非异化条件下，要靠生产活动来获得需要的满足，劳动不再被当作未来消费活动领域累积财富的动力源，而是让人们能通过生产性活动来自我表达，在对社会有用的生产活动中，达到人类基本愿望的实现。但是，通过单纯的技术理性批判或价值批判，在现有的制度框架范围内，是不可能做到这一点的。生态社会主义作为未来的社会主义目标，是以民主为基础的非极权社会主义，目标是实现社会的变革和人的自由解放，"批判资本主义，形成关于资本主义主要危机形式的理论，最终提出如何从战略上过渡到未来社会主义的模式"[1]，通过分析生态、需要和消费三者的矛盾运动，在消费批判中完成生态乌托邦的文化价值转换。

当代乌托邦激发起人类对未来生态世界的向往，这是人们认识自然的全新建构方式。它追求一种生态文明的建构，导引人们去发现不同寻常的生态伦理新境域，充分保有人类可贵的超越精神，体现出自觉的乌托邦冲动。生态学马克思主义者为解决人与自然生态的困境，提出的社会建构主张，不在于对自在自然的守卫，而在于改变人类生存思想的文化趋向。他们对未来生态图景有着鲜明的原则表述，不仅含有批判当前生态理论的内容，还含有未来社会替代选择的启发性主题。当代生态乌托邦突破传统伦理诉求，鼓励人们通过思考当前社会的生态矛盾来推动社会变革，并从不同自然生态主体视角考虑，多维地调整生态利益关系，在"人—自然—社会"这个动态的三维坐标上拓宽视域，根据乌托邦设想中均衡性的非蓝图规划来改造和取代当前社会。

---

[1]〔加〕本·阿格尔：《西方马克思主义概论》，慎之等译，中国人民大学出版社，1991年，第431页。

正是由于西方马克思主义者在反对资本主义制度中,不断进行社会主义建构尝试,才有了储备丰富的社会理想资源。这些资源在时机成熟时,就会变成完备性的可能,引发对如何处理若干社会主义重大问题的深入思考。西方马克思主义对资本主义的态度,一方面要反对其作为一种制度性的存在,另一方面要与其日常行为方式决裂;对社会主义的立场,一方面反对将其作为抽象的行动目标或理论说教,另一方面将其作为根植人类生活的价值理念,加以社会化的实践。与一些从革命中起家人士偏爱集权的倾向相反,西方马克思主义者采取的社会建构方式,与当代乌托邦的社会理想是相一致的,不会因为迫切希望实现未来的社会主义前景,而采取与他们价值立场相悖的举措;相反,这些生活在资本主义生存环境下的人,逐渐在现实内部寻找社会发展的可能性条件。在制定一系列未来社会革命策略时,当代乌托邦不相信社会主义革命之后,立即会达到质的飞跃,而是在连续的乌托邦社会理想建构中,逐步将革命可能性转化为社会的解放进程。

当代乌托邦进行的社会建构,是作为理论样态的行动起步,而理论则是社会建构的原则。[①] 这一社会建构逻辑,是对传统乌托邦理想社会的扬弃,是对社会现状的反思和批判,认识到包括生产关系与交往关系在内的各种社会关系对改变现状的潜力,寄希望于人类自身来改变社会生活和人类历史的命运。他们不仅在理论上做了理想路径的构想,而且当代乌托邦的价值理念,在现实中部分得以实现。

20世纪实现社会乌托邦理想的企图虽然归于失败,但西方马克思主义者所建构理想中的部分环节是可以实现并且可以超越的,这些都可以看作是对人类历史进步的累积。当代乌托邦作为整体而言,不是某种有待实现的绝对目标或状态,而是人们由以评价社会历史发展的尺度。作为价值取向的当代乌托邦,可以看作是一种批评性的实践公

---

① 齐泽克认为,虽然五月风暴结局是悲剧的,但乌托邦就是相信现存全球系统,有无限制地复制自己的能力。成为现实主义者唯一方法,就是在这个协调系统中设想看似不可能之事。真正的遗产在这句口号中:"让我们成为现实主义者,去要求不可能的事情。"连小丽、王小会:《齐泽克论1968年"五月风暴"》,载《国外理论动态》,2009年第4期。

社。社会发展进程中,必然会存在终极性和现实有限性之间的断裂。无论经过多长时间的积累,现实的有限性,也不可能完全达成向无限性的理想转化,即使认为能够转化的话,也只是将目标的无限性,误作为有限的行动过程,而这只是人们一个幻觉式的错误认知。实际上,人们并没有认清社会建构与社会理想之间的复杂关系。人作为有限存在物,只能对有限性的事物采取实际的行动,进而达到社会建构的有限性目的,从中取得一定的现实效果;反之,由无限性的理想出发,也采取相应的实际行动,则会和原来的社会建构初衷背道而驰。而当代乌托邦对社会建构的理想环节,在未来是可以实现的,在一定的社会历史条件下,这种实现也是应当的,从符合历史发展规律的意义上又是必需的。作为社会建构方式出现的西方马克思主义乌托邦思想支系,切中资本主义现实生活实际,有一个从可能转化为现实的机制,直接关系到人类社会生活的实际改善,实现真正的公社和真正的联合,不是仅仅停留在悬想阶段。

在社会建构之中的乌托邦维度与现实维度同样不可缺少。这是将乌托邦作为社会批判的尺度,而不是作为硬性加以实现的样板,将人的现实存在,与对社会历史意义的追求,通过当代乌托邦的社会建构作为中介,内在地联成一体。从科学到乌托邦,实际上就是意味着从现实到可能,在对社会主义未来理想社会建构的意义上,这是一种实践的思维方式,给人们戴上了一副对现实社会深刻洞察的眼镜,提供了一种不为现实妥协的社会批判维度。[1] 众所周知,真正的社会主义实现难度之大,但它不是不可实现的,如果到达一定历史发展阶段,符合当代乌托邦的理想社会价值,不是不可能,也不是不可以。

---

[1] 如美国新左派学者米尔斯所言的那样,现在的乌托邦是一切企图超越散乱个人的封闭的社会环境的批判方案,为了使这种社会环境能够直接被人们所了解,从而使他们自然而然地直接要求去改变它。C. Wright Mills, Letter to the New Left, in: *New Left Review*, 1960(5), pp.20-21.

第五章
乌托邦与意识形态的新型关系

战胜乌托邦的,正是乌托邦的精神。[1]

意识形态与乌托邦是社会想象的两个重要维度。乌托邦面对现实社会的种种矛盾冲突,往往提供的是带有想象或象征性的解决方案,但这种解决又具有一定的可行性,是对社会历史条件深入批判与反思基础上得出的,有着鲜明的意识形态指向性。"将乌托邦变成意识形态,是一种阴谋,它加强了意识形态的欺骗性。它用美好的幻想掩盖现实的邪恶,用幻想取代现实,使人民丧失了认识真理、改造历史的力量。"[2]乌托邦与意识形态如果不加以区分,对西方马克思主义乌托邦思想的发展来说,会造成致命的危害,甚至会影响到整个人类社会的进程。一旦乌托邦成为了意识形态,乌托邦的冲动就变成了少数人控制社会牟利的工具。少数人会利用他人改变世界的希望和动力来达到个人或者特殊利益集团不可告人的目的。人类社会屡见不鲜的人道主义灾难,大都是在至善和正义的口号下大张旗鼓地进行。与此相伴的是人们对乌托邦的态度的变化,社会动荡和变革的思想家们,将自己的批判矛头直接对准真正的乌托邦,往往将变成了意识形态的乌托邦当成产生历史悲剧的罪魁祸首,将其带来的灾难性后果误认为是当代乌托

---

[1] [美]蒂里希:《政治期望》,徐钧尧译,四川人民出版社,1989年,第229页。
[2] 周宁:《孔教乌托邦》,学苑出版社,2004年,第105页。

邦的本质。反乌托邦思想家对乌托邦的误解和讨伐，很大程度上是未对两者做有效区分的结果。即便人们从已转化为意识形态的乌托邦中觉醒，也不能很好地恢复曾经丧失的乌托邦热情，在改造社会的实践过程中，对乌托邦产生了不信任和质疑。混淆乌托邦与意识形态，不管是对社会进程而言，还是对乌托邦自身而言，都是一场容易被忽视的巨大灾难。

乌托邦与意识形态的复杂关系，表现为当代人类文化领域的中心冲突之一，从深层次上表达了人类对现实生活中复杂矛盾的焦虑。这又更为集中地反映在乌托邦思想与反乌托邦思想的冲突上。人类历史发展的很长时间里，人类的理想都是以乌托邦的形态来表达。近代以来，当科学进步事业长驱直入以后，人类逐渐获得了改变现实的强大武器，从而走向对人的形而上学追求的贬抑乃至否定，传统意义上的乌托邦理想无法满足人改造现实的愿望，人类社会生活也转入到了世俗化、功利化的另一个极端上来。人们的精神生活趋于贫乏，靠非理性主义、消费主义、拜金主义、虚无主义、宗教神秘主义等社会思潮填补信仰真空，各种社会意识形态此起彼伏，导致反乌托邦主义对乌托邦的戕害也更为深入，成了对传统社会乌托邦理想主义的报复和叛逆。

对乌托邦而言，种种成为其负面的意识形态，特别是反乌托邦思想的诞生，也有其社会历史根源。反乌托邦思想中描述的地狱景象，在资本主义经济危机、集权专制、种族灭绝、世界大战中都淋漓尽致地体现出来，还有社会主义革命和建设过程本身造成的失误，共产主义运动在20世纪遭遇的严重挫折，都是这些反乌托邦意识形态诞生和生长的土壤。社会主义往往作为资本主义意识形态的对立物呈现，人们寄希望它能在人类思想的舞台扮演更重要的角色，期待它能深刻揭示出资本主义社会发展中不断涌现出的弊病。由于种种历史原因，社会主义实践和共产主义运动经历了挫折与失误，使得乌托邦的幻灭感加剧，从而加深了对未来美好社会理想的错误认知。资本主义意识形态的役使范围，遍及人类社会生活的各个领域，反映了全方位的组织与制度化朝向，在给人类生活带来前所未有新变化的同时，却在自身的悖论中将人连根拔起，失去了完整的活生生的生活世界。

当代社会很少提出强烈的乌托邦诉求,现存秩序已使一部分乌托邦因素转化为系统稳固的现实意识形态。西方马克思主义的意识形态批判,针对的是资产阶级意识形态在理论战场上的进攻。专注意识形态批判的西方马克思主义者对意识形态观念做神秘化处理后,可以将其中的虚假意识彻底抛弃,建立起一种完全不同的意识形态价值系统,在某种意义上而言,就是用乌托邦取而代之。他们对意识形态视野中的乌托邦,不是当成前社会主义的文化思想来理解的,而是广义地理解成否定和超越现存秩序的社会理想。西方马克思主义者坚持乌托邦在历史发展中的积极作用,坚持乌托邦对现存秩序的超越,反对理性主义对人的控制。本章通过揭示乌托邦与意识形态的关系,根据乌托邦因素的变化,对变革时代思想结构中最重要的变化进行阐释,在马克思思想对乌托邦的审视中,在对大众文化的分析与反乌托邦思想的清理中,进一步得以明确意识形态与乌托邦的新型关系。

一、意识形态与乌托邦的关系分析

(一)意识形态的内涵考察

意识形态是一种构建和重建社会现实的方式,大体来说,意识形态这个词汇在学术使用中,大致分为描述性含义、贬义和褒义等三种。作为描述性的字眼时,意识形态对现实的表述是中性的,不做容易造成混淆的感情意义表达,只是反映各自社会群体的客观现实,而这一现实是通过其在社会结构中所处的地位来判断。而乌托邦精神在意识形态的构建活动中,与之有着密不可分的联系。

从意识形态的思想渊源上,一般认为,意识形态最初出自培根的《新工具》,里面所提出的假象说,就是为了说明观念是如何对本质进行歪曲的。意识形态第一次明确出现于1797年,由特拉西用法语来表示,最早是用来表示具有严格精确性的所谓观念科学,是以对概念和感知的科学分析来制作一种更为科学的观念体系,用一种反形而上学的视角来观测现实。在早期一般意义上,意识形态是指称系列复杂的并且包含有政治意味的观念,反映对世界和人类自身思考的问题导向或者哲学论断。[1] 意识形态在马克思那里,通常被视为歪曲反映社会现实的社会意识形式。在对 19 世纪德意志哲学的批判视野中,马克思认为,意识形态是源于特定社会中统治阶级的阶级意志和阶级关系,是由经济基础所决定的上层建筑的重要组成部分,为了维护经济利害关系和阶级统治,以一种虚假观念的形式被制造出来,一旦意识形态进入人们的视线之内,便会涉及整个社会历史发展的进程。"他们头脑的产物就统治他们。他们这些创造者就屈从于自己的创造物。"[2]马克思对意识形态的理解也发生了前后期的变化,似乎又暗含着意识形态这个词本身就没有好坏褒贬之分,"几乎整个意识形态不是曲解人类史,就是完全撇开人类史,意识形态本身只不过是人类史的一个方面"[3]。不同的社会阶级都带有不同属性的意识形态,为后来意识形态理论的不同发展奠定了基调。列宁把意识形态改造成了价值中立的描述性术语,作为一个涉及阶级意识的中性概念,意识形态涵义的变化,与之前相比,有了很大的突破。葛兰西认为,意识形态是表征社会意识诸种形式的概念,体现在社会生活的方方面面,不对这个术语做是非对错的分析。柯尔施认为,意识形态是客观实在的组成部分,内含在对物质关系的改造之中,对意识形态采取了革命实践的理解形式。阿尔都塞将意识形态纳入社会总体之中,作为社会运行的有机组成部分,是一种对现存的社会关系和人类实际生存状况关系的体验和想象,"意识形态并不是胡言乱语,也不是历史的寄生赘瘤。它是社会的历史生活的一种基本结构"[4]。这种真实和想象混杂的表象体系,甚至演化成一种国家机器的功能机制,成为维护合法统治的重要物质形态,具有特殊的能动作用。阿多诺从否定辩证法的视角切入,对意识形态特征,往往只做同

---

[1] G. Kinloch, *Ideology and Contemporary Sociological Theory*. Englewood Cliffs: Prentice Hall Inc., 1981.
[2]《马克思恩格斯全集》第 3 卷,人民出版社,1960 年,第 15 页。
[3]《马克思恩格斯全集》第 3 卷,人民出版社,1960 年,第 20 页。
[4] [法]阿尔都塞:《保卫马克思》,顾良译,商务印书馆,1984 年,第 202 页。

一性的单一化认定。意识形态的同一性特点,使之成了统治阶级流行的虚假谎言,接受主体具有标准化的特征,这种同一性通过对质的多样性的破坏来试图构成虚假的自然统一性。"它自称能够获得真理,即它不仅仅是一个纯粹的谎言,而是一个被体验为真理的谎言,一个假装被严肃对待的谎言。"①马尔库塞在一定程度上把技术理性本身看作意识形态,发达的工业社会具有意识形态化的色彩,通过与现代大众传媒技术的成套结合,更是成了扼杀人的个性自由的工具。哈贝马斯将晚期资本主义社会中的科学技术直接作为意识形态来看待,认为,意识形态是使社会真实状况合法化的虚假意识,科学技术本身介入了意识形态领域,取得了合法的统治地位。詹姆逊是从特定阶级的观点立场出发来认识意识形态的,把它看成是反映特定阶级或社会集团利益和价值立场的思想体系。人们通过意识形态的体验机制,完成想象性关系的再现,使个人主体能够在其生存的现实环境之内,与社会集体系统之间构成一定的联系。拉克劳和墨菲认为,意识形态是否具有阶级因素,不是绝对不变的,可以借助于各种意识形态话语,达到对各自价值观和立场主张的表达,逐渐把经济、阶级等社会存在因素从中分离,直接对意识形态本身做出判断;不存在某种纯粹的意识形态,也不能将之做抽象化处理,不能将阶级意识形态与固定不变的阶级利益,简化为一一对应的关系。齐泽克则引进了拉康的精神分析理论,展开对意识形态的批判:"意识形态可以指称任何事物,从曲解对社会现实依赖性的沉思的态度到行动取向的一整套信念,从个体赖以维系其与社会结构之关系的不可缺少的媒介,到使得主导政治权力合法化的错误观念。"②这揭示了背后所隐藏着的崇高客体的运作机制,不断将其塑造成为现实建构过程中的无意识。

意识形态是一种社会现实的观念存在。这种观念会直接影响到人们对社会生活的看法,以及人对自身存在的理解。意识形态的物质性,成为了其现代语义的关键词,能够主动揭示社会具体活动中包含的社

---

① [德]阿多诺:《否定的辩证法》,张峰译,重庆出版社,1993年,第15页。
② [斯]斯拉沃热·齐泽克等:《图绘意识形态》,方杰译,南京大学出版社,2002年,"前言",第4页。

会机制;乌托邦是作为一种关于应然的理想,但某种程度它还是需要作为社会意识形态来加以表达。乌托邦从理想层面跃出,成为一种现实意识形态,就会进入更广阔的视域空间,更有可能扎根社会心理,影响现实生活的思想发生。

(二)曼海姆关于意识形态与乌托邦的分析

曼海姆就意识形态与乌托邦的关系进行了深入的阐释,以时间对称性来定义它们之间的关系。处于不同地位的社会集团,在任一时期都会以概括的形式,表达自己的立场和主张,以此来代表那个阶段所需的未被实现的倾向,或是未被满足的想法。意识形态强调秩序,并主动维护现实秩序,是现实秩序赖以维护自身的价值规范和阐释系统;而乌托邦则否定现实秩序,有一种反现存秩序的追求,它与现存秩序存在一种辩证关系,来自于既定现实中那些未被满足和未被实现的倾向,更多地朝向现实所不能包含的东西。两者相互对立而又相互依存转化,在历史进程中,或在逻辑结构内,可以保持与现存秩序一致。每一种政治基础都需要用某种意识形态来维系,当某种批判现实的追求在这一政治统治尚未建构完全之际,都带有乌托邦的因素。一旦新的秩序建立起来,这种批判性的追求,就会朝意识形态与乌托邦这两条路向转化。乌托邦由现存秩序产生出来,反过来不断调整现有的秩序,使之能够顺着之后的现存秩序方向自由前行。超越现实的思想如果是能够实现的,就在特定的阶段转化为意识形态;反之,如果是实现不了的,则会转化为乌托邦。"每个历史事件都是由于乌托邦而从托邦(现存秩序)中产生的一种不断更新的解放。只是在乌托邦和革命中才有真正的生命,制度的秩序总是乌托邦和革命走入低潮后留下的邪恶残余。"[①]乌托邦形成了两者之间的区分,即相对不可实现和绝对不可实现。

曼海姆对乌托邦和意识形态的划分,最重要的依据还是社会现实。

---

① [德]卡尔·曼海姆:《意识形态与乌托邦》,黎鸣、李书崇译,商务印书馆,2000年,第407页。

意识形态是巩固过去且是过去的沉淀,乌托邦则是朝向未来且是未来的憧憬。他尝试着用实现的状态来区分实际中的乌托邦与意识形态。前者是在接下来的社会秩序中可以完全实现的思想,取决于现存事物冲突的上升集团的作用;而后者是对接下来的潜在社会秩序或者是对曾经的社会秩序进行歪曲解释的思想,取决于与现存秩序一致的统治集团的作用。对两者的命名,基于两个对立集团的相互拷问。

尽管两者与现实状态都不尽相称,都有着对一定社会理想的看法,但还是有着本质的区别。历史上的任一阶段中,虽然都包含着一些超越现存秩序的思想观点和看法,但是它们并不是发挥乌托邦的功能和作用,反倒可能成为这个生存阶段适当的意识形态。曼海姆把乌托邦视为拒绝接受科学标准的观念,与不同标准的程序为伍,也与业已实现了的现实不相符合。而与此同时,他又把这种乌托邦看成是一种意识形态,因为这种观念必然会被历史进程证明是一种陈旧的观念。他把受压迫者视为乌托邦的追求者,不仅仅局限于无产阶级的提法。对于追求社会主义的人们来说,"只要他们在与现存世界的关系中还是局外人,那么,乌托邦、观点和行动三者的统一便被认为是理所当然的"[1]。在这里,他赞同乌托邦常常只是早熟的真理的论断,有时又持有一种混合了社会达尔文主义和马克思主义的立场。

(三)西方马克思主义关于意识形态乌托邦关系的阐释

从西方马克思主义的视角看,意识形态和乌托邦都是能够进入表述层面的东西,都是有一定效力的话语,只不过前者具有现实效力,而后者具有潜在效力,但无论怎样都会对当下的状态产生一定的作用。

---

[1] 〔德〕卡尔·曼海姆:《意识形态与乌托邦》,黎鸣、李书崇译,商务印书馆,2000年,第529页。

意识形态一般区分为可见的和不可见的两种。① 当不可见的意识形态幽灵,在思维阐述的活动中重新被接受,在祛魅的视野中重新被吸入,就表明了人类对话语的主观性探索在某种程度上出现了。这种不可见也在西方马克思主义者的笔下做了区分,或是将不可见的作为可见的幽灵和镜像,或是完全成为与现实无干系的存在。前者是关于现实对立面的不可见,是从辩证的角度进行分析的,将不可见作为一种逐渐到来的可能性分析;后者则成为超现实主义的不可见,可能会使人们判断何谓真实的能力丧失掉,将这种不可见的虚幻存在,直接看成是类似鲍德里亚意义上的"拟象",被直接植入当下的社会生活空间。

而乌托邦是一种对未来的想象,但这种想象的语言成为普遍的话语现象后,很大程度上已经超越了党派界限,在泛阶层的社会中具有了塑形的意义。这时,具有塑形效果的乌托邦,就生发了具有普遍性的意识形态属性。意识形态有其发生也必然有其消亡的过程,马克思眼中的意识形态终结,是建立在未来的某个历史发展时期,而福山等历史终结的代言人,却将意识形态的终结变成了一种所谓的社会现实,这同曼海姆的"总体的意识形态"是截然不同的。这种意识形态终结中的意识形态,是需要加以限定的;否则,仍然是在传统的绝对对抗意识中旋转,导致其内部紧张对立的关系,还停留在了"零和"的状态。这种终结是一个无可争议的历史事实,但还是需要判断,这种终结是在哪种状态和哪个时间层次上而言,如何在这种状态和时间层次上来想象这种终结,而对此种终结的想象,又称为乌托邦功能不可或缺的一部分。很大程度上,西方马克思主义关于意识形态的理论,包含了深刻的话语策略,意在对意识形态与乌托邦的关系做一个达到良性效果的说明。

群体关系的变化,也随即导致了对意识形态认定的转化。一定时期的阶级关系,开始由对抗状态转入对话状态,但是并未完全排除经济

---

① 古希腊哲学将精神和物质世界绝对区分开来,不可见并不是虚假的,反过来具有超凡的神圣属性,可见的物质性呈现出的却是不可见的完美理念。启蒙哲学可经验的可见性,成为祛魅的前提条件,而不可见反倒成了虚幻。很多唯心哲学家认为,视觉带有欺骗性,精神的完满将会遭到物质多样性的分裂,视觉隐藏着偏执,可见的中心化意味着视觉中心主义,意识形态即使被认为是假的,也是从可见的角度出发的,不可见变成了不可分析的虚无状态。

基础作为对意识形态的认定标准,阶级理论的影响还在持续。阶级主体的性质,直接与意识形态真假相对应,阶级的意识形态特性,不因具体条件而生变。① 葛兰西的领导权观点,主动回应了传统马克思主义理论中的统治阶级策略,将统治阶级意识形态的性质,做了相对中性化的表述。统治阶级能够在一定层面上让渡出部分的利益,以此实现意识形态功能的整体性发挥。这一鲜明变化,体现在对阶级之间对话可能性的确认上。阶级对话是承认差异的,尽管像哈贝马斯对话理论具有的宏大性,也被说成想象大于现实的政治效力,但这使得意识形态完成了通达乌托邦的进阶。

纯粹的统治阶级意识形态话语,排除了意识形态交互的目标,进而就会抹杀其内在的历史性,也逐步会将乌托邦的时间向度从未来指向收缩到现存之中。列宁对意识形态的指代,做了新的感情色彩认定。意识形态的意义空间,随着阶级感情色彩的调整,而具有了更多的开放性。各个阶级都有各自的意识形态,意识形态划分形成了一定的内部张力。这就意味着不同阶级主体持有的意识形态,具有了可转换的对抗性特征,不占统治地位的意识形态也能占据一定的话语权。

在西方马克思主义那里,一般意识形态的意义表达,更深刻地被纳入对两者关系的思考语境中。意识形态层面的斗争,朝向非暴力冲突推进,当这种意识形态的角力成为思维战场上的斗争工具,那么就连西方马克思主义本身,也要接受意识形态对手,特别是反乌托邦理论家们对其进行的意识形态质疑。质疑作为一种基本的姿态,已不再是站在对立的立场上出发的,质疑的对象包括自身,意识形态与乌托邦同时在现实的意义上,取得了自身的合法性。传统马克思主义的意识形态阐

---

① 曼海姆含有真假判断的"特殊意识形态"具有心理学角度的价值判断。这种断定没有从社会历史具体语境出发,对事物做出分类,以致缺乏深层的理论依据,只是一种维护自身利益的公共解释。虽然阶级没有现实的直接对应性,但只要存在经济现实的不平等,阶级区分本身就有着自身的合法基础,对社会事实的规划起到潜在的作用。阶级关系在社会学意义上的变化,直接影响到意识形态的内涵。经济落差基础上的阶级对立,对马克思主义传统意识形态划分起着决定性作用。但历史形态的断裂是不可避免的,自然法哲学的人际和谐彻底变成了社会幻象。社会关系的二元对立虽然缺乏社会的具体性,但作为社会的"理想型"对现实却有着强大的理论效力,甚至在社会实践中形成了不可忽视的心理模式。

释效力，是依托阶级主体并基于经济基础之上的。这就说明马克思的划分标准，成为了新的阐释标准之一，且这种阐释的有效性在降低。阿尔都塞秉持这种理论逻辑取向，对意识形态根源问题的重新定位成为了普遍的方法论。马克思对上层建筑的反作用的理解，打破了原先对经济基础和上层建筑的机械理解，表明了时代结构的组成部分不是完全不变的，在矛盾的相互运动中，有关于指向未来的乌托邦要素，只要社会条件具备，都呈现出社会现实的面貌。

阿尔都塞等人更加包含有减少决定论的意图，在多元决定的原则下，走向偶然相遇论的乌托邦，将经济基础和上层建筑看成是同一层次的结构对待，这就在一定意义上满足了乌托邦更大程度的释放。社会差异所制造的大型冲突，慢慢具有了微型化的色彩，原先有生命力的对抗行动，逐渐演变成了非暴力的权力制衡。其中一部分对抗目标，又植入了社会个体的意志和情绪在里面，无法上升到全新社会形态的普遍诉求。而体现强烈社会诉求的乌托邦，就会从意识形态的另一端，作为一种社会的普遍现象生长出来。在西方马克思主义者眼中，社会革命者具有的特殊社会地位，可以决定其是否具有把握社会总体的能力，这种社会意识的特点既包含了意识形态因素，也包含了乌托邦因素，同时起到了揭示资产阶级意识形态虚假性的作用。如果总是以虚假的统治意识形态来粉饰革命成果，或用短浅的政治现实来取代具有乌托邦意味的解放思路，就会无形中将无产阶级的阶级意识降格，退化成为狭隘的经验主义。"对无产阶级来说，它的'意识形态'不是一面扛着去进行战斗的旗帜，不是真正目标的外衣，而是目标和武器本身。"[①]因为对于无产阶级来说，在解放其自身和解放全人类的问题上，实现其意识形态目标，还是达成乌托邦理想，都有着高度的一致性。

追逐普遍性的科学逻辑深刻影响了人文逻辑，西方马克思主义者在指认科学逻辑和人文逻辑的历史地位发生转变时，塑造的关于意识形态的一系列理念，意味着后曼海姆时代的意识形态与乌托邦关系开始浮出历史地表。"阿尔都塞似乎认为'真'和'假'这样的术语极为不

[①] [匈]卢卡奇：《历史与阶级意识》，杜章智等译，商务印书馆，1992年，第129页。

第五章 乌托邦与意识形态的新型关系

适用于意识形态,因为它根本就不是一种知识。"[1]关于意识形态的真假判断仍具有历史的价值,但这种关于意识形态的界划,形成了两种逻辑思考方式的判断:一种关乎人文逻辑;一种关乎科学逻辑。这也不能说明意识形态和乌托邦的关系,在脱离单纯的界划之后,变成绝对的相对主义思考模式,因为社会总是遵循一定秩序的,社会发展的可能性总是有限的,社会境遇的无限可能性,也可能会被纳入可预期的模式之中,这种语境是仍然存在的。拥护或批判意识形态的话语意图,带有一种鲜明的主观倾向性,不可能有着对意识形态和乌托邦纯粹的客观判断。这不过是一种意识形态神话,与之前的话语意图相反。"意识形态的对立面并非正好是真理或知识,而是我们称作有助于解放的批判的那种形式的'有利害关系的'合理性"[2]。法兰克福学派第二代后期的语言学转向,其生发的革命意义就在于,不断反思话语背后的权力。关于意识形态真假的判断是从启蒙科学逻辑领域借鉴过来的,一旦到了观念领域就无法避免主观的价值判断,容易导致对事态的简单化想象,也不符合乌托邦复杂的想象特征。意识形态从曼海姆所言的"特殊的意识形态"到"总体的意识形态"的转换,实际上是使得意识形态存在发生了由真到假,再到真假并置出现,进而出现了非真非假的逻辑转化,这是从简单的本质判断到对自身的逻辑反思。这种内涵的转换过程,也与乌托邦因素的促成有着不可分的关系,两者的关系也在此中发生变化;同时,这表达了社会观念多层次的复合变化特征。理论范式的变迁,也能洞见社会政治格局和阶层变迁的历史作用。

西方马克思主义者从文化意义上,反思了在实际生活中出现的乌托邦与意识形态对称性破损的状态,并在相关论述中给予了两者形式、内容和功能上的区分。这种区分被概括为:意识形态和乌托邦,都反映了处于一定时代中人们的思想观念,表达了人们在特定历史时期表现出的思想方式和与之共生的社会行动状态。

---

[1] 〔斯〕斯拉沃热·齐泽克等:《图绘意识形态》,方杰译,南京大学出版社,2002年,第290页。
[2] 〔斯〕斯拉沃热·齐泽克等:《图绘意识形态》,方杰译,南京大学出版社,2002年,第270页。

从形式上看，两者都是以观念的方式出现，有着独特的社会观念表达。当代乌托邦存在于交互的历史时空中，由创造理想共同体的意志和希望创设，是关于理想社会观念和社会可能状态的反映，是政治理论和政治计划中的宣言，以及观念。而意识形态则是围绕着思想观念的转化而发生发展的，或是为了表达某些群体或利益集团的独特利益，或是反映出整个社会群体观念的倾向。

从内容上看，两者都反映了特定群体的利益诉求，主体活动都会与现实社会发生联系和作用。它们都会要求关乎与自身宣称的目的合法性证明，在社会运动中会尽力宣称其代表社会方向的正确性，并努力为期望中的理想社会做代言，从而获取更多人的赞同和支持。但当代乌托邦强大的精神力量，是从社会历史实践中获取的，不是让人们依靠意识形态的外在支撑，而是寻求自身的力量来寻找到希望的泉源，在自身所理解的理想共同体中实现最大化的效益。

从功能上看，两者尽管作为现实社会的观念，都受到社会现实的制约，但都具有社会整合的功能，也都对社会进程进行干预，对革命的发展方向产生影响。意识形态在促使人们做出一定的行动手段和方式之时，是在符合该意识形态主体利益，并且对社会有意或无意的扭曲经常附着其中的前提下，对人们的判断和行动产生相应的影响。当代乌托邦具有比传统乌托邦更丰富的社会欲望功能，有着更强烈也更具建设性的批判功能，既以应然的理想社会标准来批判社会现实，又以提供某种理想目标观念的方式促进社会行为朝符合社会历史发展进程的方向转变，直接或间接地调整现存的社会状态。

两者之间既有着区别，又在互动中演绎一种互惠关系。在此之中，双方互为形式与内容，形成一种互相表达与被表达的关系。而在互相与政治权力的交锋中，两者则体现出一种间离关系，过于接近则走向现实的平面化，过于疏远则完全游弋在精神领域。乌托邦因素和意识形态因素，在历史进程中并不是单独出现的。当代乌托邦对当代的超越和永不停歇的未来化诉求，在发挥传统批判功能的同时，也使得新型意识形态的基础建构更加牢固，形成对人们生活态度和行为方式，乃至生存方式的正向表征。

二、共产主义中乌托邦与意识形态的张力

(一)空想主义者与马克思的思想的分歧引申

马克思主义的创建者同乌托邦社会主义进行过古典论战,同时将乌托邦社会主义列为马克思主义的三大思想来源之一,作为马克思主义产生的前提条件。恩格斯认为,乌托邦社会主义相当于一种无法实现的真理,缺乏实现理想的必要手段,比受到更为迫切而警觉的矫正、较容易引起争论的教条错误要复杂得多。空想主义者倒转了社会主义的发展轨迹。

空想社会主义是在对近代资本主义社会的批判中产生的,深受启蒙运动的影响,但从这种理性出发是不可能超越资本主义的。这个永恒的理性,实际上不过是进步资产者理想化的悟性。空想社会主义与启蒙思想的差别在于,启蒙思想理论的批判矛头仅指向封建统治,而空想社会主义的批判矛头直指资本主义制度导致的不平等现实,"按照这些启蒙学者的原则建立起来的资产阶级世界也是不合乎理性的和不正义的,所以也应该像封建制度和以往的一切社会制度一样被抛到垃圾堆里去"[1]。通过设计一种理想的社会蓝图,制定关于未来社会的详尽图景,同现存社会对立起来,通过宣传、典型示范等手段,把这种理想从外部强加于社会,这只能是外在于社会历史进程的,就当时资本主义制度本身的社会历史状况而言,也尚未全面展开其深刻的矛盾,因而也不具备深入探究其社会本质的条件,更谈不上消除社会弊端的手段。

空想社会主义存在公私所有制之间的逻辑悖论。一方面,政治统治集权统一,社会思想整齐划一;而另一方面,"贫与富是国家制度的主要缺点……自私自利是万恶之因"[2]。但是,空想社会主义又要靠这

---

[1]《马克思恩格斯选集》第3卷,人民出版社,1972年,第406页。
[2]〔意〕康帕内拉:《太阳城》,陈大维、黎廷弼译,商务印书馆,1980年,第66页。

种极端的控制力来作为生产资料公有的保障。空想社会主义的理论缺陷,反映了经济基础和上层建筑之间运行的尖锐矛盾。

当代乌托邦与空想社会主义依据理性的原则对未来社会加以臆断是不同的。传统乌托邦试验,是不重视社会现实条件的,因为只要加进这些环境条件,乌托邦社会目标马上就会偏离甚至化为乌有,"现代化过程是一个世界性开放的过程,自然经济状态下的封闭社会已经没有存在的必然性"[①]。人类历史上曾有过无数次的乌托邦设计,其所凝结的道德信念与终极关怀也是丰厚的。马克思将这些凝结的丰厚果实,即超越现实的乌托邦精神,保留下来。后来的西方马克思主义者继续在社会实践的舞台上不断展开理论构思,从而将传统乌托邦主义含有的空想性解除。共产主义运动中将要生成的事实存在是内含乌托邦精神的,这与传统乌托邦中所想象的完美无缺的价值存在不能相提并论。随着苏东社会主义制度的瓦解,一些为资本主义社会做论证的学者认为,当代乌托邦失去了价值和意义,资本主义意识形态取得了全球范围内的普遍胜利,人类历史到此终结。这分明是对人类历史发展价值指向的误读和误判。

虽然共产主义在历史发展的某个阶段,会接近于一种相对平衡的形态,但更多所指还是体现共产主义向度中深层的形上价值,指向的绝对不是当下既定现实的永恒化,或"历史的终结"完美形态的实体化。以现实存在的具体经验事实来作为制约和决定未来的障碍物,表面看似乎在尊重历史事实,实质上并不尊重历史总体的当代乌托邦走向。

(二)几种对共产主义理想的解释方式

首先,是实证解释方式。实证主义思维模式,把共产主义作为实证科学的严格结论,是用实证主义研究方法推导出来的,并对复杂的社会历史系统做所谓科学证明。资本主义经济关系被化约为再简单、再抽象不过的典型模型。现代物理学彻底改变了人们对世界的认识,但科学乐观主义的简单论证方式,对现实中大多复杂系统是不起作用的。

---

① 《马克思恩格斯选集》第1卷,人民出版社,1995年,第276页。

人类社会系统无疑是最复杂的系统,即使一个子系统都难以预测,更何况是作为整体的人类社会历史。诸如劳动成为生活第一需要,人们道德水平极大提高等,这些马克思共产主义学说依赖的前提,在短期是不可能达到的。全社会"各尽所能,按需分配"在马克思时代想象也许没有问题,但当今世界各种自然和社会矛盾交织在一起,用实证主义的思维方式,只能得到对未来社会先知般的预言说明,或是进行某种具体的制度设计操作。经验主义的实证化意图,会消解乌托邦的形上维度,有割裂人的终极价值与现实存在的危险。马克思对社会现实问题的求解,恰是形上与形下的结合。

其次,是过程论解释方式。这种方式用过程论的社会主义观取代实证主义的社会主义观,共产主义被理解为一种社会的现实运动和不断生成的历史进程,"共产主义是用实际手段来追求实际目的的最实际的运动"[1]。按照过程论的解释模型,共产主义不是位于遥不可及的彼岸世界,人类为争取自由解放而进行的社会运动,都是国际共产主义运动的必要环节和组成部分。这是对天堂式形而上学解读的否定,共产主义不能解释为一个遥远的彼岸国度,数代人为之不懈努力,却又同自身利益无必然关联。共产主义应当以人的发展为指向,作为人一直置身其中并以人的发展为目标的现实运动过程。过程论的共产主义观,把社会形态化约为一种时刻在不停为之奋斗的运动过程,认为,围绕人的发展而展开的运动就是共产主义。过程论的共产主义观用深刻改变世界的现实运动,反衬共产主义的存在价值。经典文献对共产主义的表述,大多都有确定本质且存在于未来的状态,而不是现实的过程。如果作为过程的共产主义,完全排除了作为未来目标状态的共产主义,就会导致逻辑上的不周延。完全用过程说消解状态说是不合适的。

再次,是社会张力解释方式。共产主义是由资本逻辑必然派生出来的,以批判的姿态时时矫正现实的缺陷,从而逐步铸就了抗议资本逻辑运行的社会文化张力,现存社会由此不断进行反思和变革、调整

---

[1]《马克思恩格斯全集》第3卷,人民出版社,1960年,第263页。

和驱动。共产主义的目标状态在这里是一种高于现实、优于现实的理论值,这里的共产主义作为一种运动过程,是为了促成现实社会向未来理想的理论值靠拢,并不是指向一个不可知的未来,而是在当下的生活中不断使人自身得以提升净化。马克思的共产主义学说,同西方马克思主义乌托邦思想一样,是资本主义工业文明的派生物,是与资本逻辑截然对立的文化现象。共产主义理想就是以资本主义极端不合理性作为负面参照系,以公正、自由、民主为其价值取向,究其根源在于,资本的逻辑宰制了人类理性和人道观念。共产主义不仅仅是一个单纯的时间概念,更多是一个描述状态的概念,"在资本主义社会,是过去支配现在;在共产主义社会,是现在支配过去"[①]。共产主义没有实现过作为有确定质的目标状态,但人们会从与其产生根源相对立的角度,把它作为一面发挥巨大无形作用的镜子,对资本主义的面孔进行探照。

在对历史经验事实思考和揭示的基础上,对共产主义加以正确的意识形态运作,就会富含当代乌托邦的理想主义元素。当这种当代乌托邦元素与错误的绝对客观主义理解相结合,就会形成对人的本质及其生存方式的误解,造成的结果是一种绝对意义的生成,从而会错误地寻求现实世界的完美替代物。共产主义在新型意识形态与当代乌托邦的双重属性中,找到了社会的张力所在。

(三)共产主义的双重性质

当前,存在把当代乌托邦与共产主义划清界限的危险。西方马克思主义乌托邦思想中包含了可实现的部分或要素,在未来社会历史进程中,西方马克思主义乌托邦思想中的某些构想环节,也不是没有实现的可能,其所具的超越性与历史性都是相对而言的。从这个角度上,人

[①]《马克思恩格斯选集》第1卷,人民出版社,1995年,第287页。

第五章 乌托邦与意识形态的新型关系

们不必对共产主义与乌托邦进行死板的划界。①

马克思勾勒的共产主义理想实现了理想与科学、理想与现实的双重联姻。这种理想不仅揭示出资本主义社会的弊端,还进一步指明了产生社会弊端的根源,把理想与革命作为两个相互关联的核心要素,通过相互之间的双向涵摄,将共产主义理想的结构特质展现了出来,从中挖掘出资本主义内在运行中自我否定的力量,促成资本主义矛盾运动中不断孕育出不同以往的社会要素。马克思主义和当代乌托邦的历史走向是高度相关的。与传统乌托邦社会理想不同的是,它用以实现理想的条件,是对现实的革命化方式,而不是诉诸道德的感化与领悟,不像传统乌托邦主义那样,是基于对社会黑暗现实的道德义愤而建构起来的。这为西方马克思主义的乌托邦思想提供了一种理论支撑和实践上的指引。马克思主义上的革命运动,就是共产主义理想实现与展开的过程,也注定是包含着乌托邦理想的革命。丧失了强有力的理想统摄,革命旅程就裂变成了一次粗陋的政治活动而已。共产主义通过理想革命化与革命理想化,代表了历史运动的方向。这种表现在革命不同阶段的价值与意义,既包含了革命意识的解放,也提供了革命精神的凝聚,充分体现了对马克思主义的科学信仰,为现实的社会制度建构与改革也提供了建基式的价值理念。

马克思从人的现实经济生活出发,对资本主义私有制及其资本异化运作机制加以猛烈批判。"对私有制的最初的批判,当然是从充满矛盾的私有制本质表现得最触目、最突出、最令人激愤的事实出发,即从贫穷困苦的事实出发。"②"非神圣形象"严重束缚人的本性,遮蔽人的现实世界。资产阶级领导的政治革命,实现的是市民社会中资产阶级的解放,而民主制度也只是对政治权利平等的保障。人类经过了政治解放、社会解放,最终实现自身的解放,这也是意识形态的最后解放。

---

① 迈斯纳认定马克思主义中有乌托邦因素的唯一论据,就是因为马克思主义为人类预见了共产主义的美好未来,而共产主义构想没有超出乌托邦对未来完美社会秩序的幻想。〔美〕莫里斯·迈斯纳:《马克思主义、毛泽东主义与乌托邦主义》,张宁、陈铭康等译,中国人民大学出版社,2005年。

② 《马克思恩格斯全集》第21卷,人民出版社,1965年,第545页。

未来的共产主义,不是纯粹的理论教条,不是主观的逻辑推理,也不是传统乌托邦的价值预设,而是人类践行理想生存模式的客观历史运动。马克思的共产主义思想的提出,具有十分深刻的现实基础,体现在其来源的社会实践性上。在与思辨哲学不同的实践领域里,共产主义理想是以人所特有的对象性活动为基础,表现为一种总体性的活动方式,既不能单纯还原为某种主体的道德理想观念,也不能简单还原为某种现实的客观存在,而是主客体具体的历史的统一、三维时空的统一。

共产主义是马克思对人类历史的双重阐释,既是对人类社会特别是西欧社会具体发展进程阐释的逻辑结果,又是人类历史进程的逻辑结果。国内学者用延长时间的做法来解释由于某些原因的影响和作用,导致未来社会延后而未如期实现,以调和理论与现实的偏离,这是波普所指认的用"特设条件"来逃避证伪的做法。随着唯物史观的确立和进化思想的发展,原来意义上的社会乌托邦理论认为,社会运动是朝向某种绝对形式的社会,一种预先设计的、固定的、永不变化的社会发展状态就不再出现。传统乌托邦思想家的设想完全是远离现实世界的,看不到整个社会集团在物质经济层面具备足够的力量。而共产主义者则要形成对所有权的共同占有,以及对矛盾运动的生产关系的干预,进而参与反对现存社会制度的现实运动。共产主义如果作为人的本质存在方式的表征,更符合自由人联合体的含义表述。

经典马克思主义论证逻辑蕴含的致命弱点,就是将乌托邦冲动转换为与现实保持一致的意识形态,从而投射到遥远的未来中再去找寻它。这种理性主义把工具理性确立为理性的合理范围,把价值选择留给个人,与此同时导致的另外一种后果就是,"所有的评价性判断,尤其是所有的道德判断,就其在本性上,它们是道德的或是评价性的而言,都不过是爱好、态度或情感的表达"[①]。马克思的共产主义社会,并非是一个悬设的未来理想,更重要的是,共产主义运动的每一步发展,都有力地证明了当代乌托邦的超越性质,彰显了一种生活世界的现实

[①]〔美〕L. J. 宾克莱:《理想的冲突——西方社会变化着的价值观念》,马元德等译,商务印书馆,1983年,第10页。

性。社会主义丝毫也不意味着要消灭革命的想象和精神。它所摒弃的只是不根据和不符合于客观事实的空想,而非人的自觉的能动性。"我们名之曰'自觉的能动性',是人之所以区别于物的特点。"[1]它所具有的现实与历史维度,内含着对现实的无情批判和对未来理想社会的追求,对现实社会主义运动起到极大的指导作用。

被误读的乌托邦与空想主义之间并没有不可逾越的鸿沟,乌托邦甚至也可能成为一种逃避现实的借口,因此,决不能回避乃至否定乌托邦存在着的某种消极面。在社会主义国家曾经有过的长期意识形态宣传,总是过分制造出与资本主义之间的区分,对两种社会形态和两种意识形态之间的联系,一直不能正确对待,普遍形成越发否定就越革命的错误观念。从社会主义发展到共产主义需要一个相当长的历史时期,但在国际共产主义运动史和社会主义建设中,人们在这个常识问题上却屡屡出错。包括国家和政党消亡的必然性,也需明确这个过程是长期的,其长短将取决于共产主义高级阶段的发展速度。至于消亡的日期或消亡的具体形式问题,现实还没有提供解决这些问题的材料。

当代乌托邦不是海市蜃楼,其流露出的一种面向实践的激情,有着深刻的现实生活根基。这个现实生活世界的建构,是通过人与人之间的实践活动来完成的。当代乌托邦自觉地认识到,人的世界不是实体统一性的,而是具备功能统一性的;人也必将能成为功能性、创造性的价值存在,而不是实体化、抽象化的僵化存在。对真实的价值理想追求,不需要再和超人的实体相联系,而是在对现实生活世界的自觉理解和对有限现实的批判与超越中,在克服意识形态与乌托邦的分裂与对立中确立。

---

[1]《毛泽东选集》第2卷,人民出版社,1991年,第477页。

三、现代大众文化整合的冲突交锋

(一)吞没乌托邦维度的同一化机制

西方马克思主义者在深远的人类文化背景上,论证了大众文化在整个世界范围内崛起的历史必然性。随着全球一体化时代的到来,伴随着日常生活政治状态的改观,传统乌托邦的洪流亦正陷入幻灭,温润着当代乌托邦精神的大众文化洪流滚滚而来。当民众突然意识到死亡失去了神圣的意义,发现了死亡的世俗性之后,最向往的当然便是延长自己精神世界里的生命长度,而不至于坠落至大众肤浅的世俗追求,更不会陷入孤寂绝望的精神困境。

西方马克思主义者深刻认识到,"肯定的文化"所具有的意识形态属性,认为,资本主义时代的大众文化,不再有当代乌托邦那样的否定性和超越性,而是通过平息社会的反叛欲望,提供给大众某种幻想图景,从而使人们在一个不同于现实世界的幻想中得到满足,达到为现存秩序辩护和美化的目的。[1] 大众文化同真正的文化创造和艺术作品相比,对关乎人的存在的当代乌托邦使命来说,在一定程度上是有消极意味的。大众文化不再具有文化本应表现的时代个性和创造性,而是大多逐渐蜕变成了文化商品,开始进入科技支撑下的复制阶段,呈现出齐一化和商品化的特点,受市场价值导向所支配,带有马克思所言的商品拜物教特征。现代文化装置,提供人们以无限的娱乐消遣,使人们沉溺于娱乐之中不能自拔。这种文化特征具有较强的欺骗效果,以此消解人们对现实的负面情绪,甚至通过行使统治功能来达到维护现状的

---

[1] 海德格尔对现代文化的反思,就是在图像时代的界定下进行的。后现代社会是图像复制的时代,现代和后现代在图像观念上是前后相继的。现代实为表象时代,人是表象的主人,表象作为现实的基础,而成为人们认识世界的中介;而后现代则是影像时代,影像不再能让人想象现实,因为它就是虚拟的实在。〔德〕马丁·海德格尔:《林中路》,孙周兴译,上海译文出版社,2004年。

第五章 乌托邦与意识形态的新型关系

目的。

大众文化技术的重要理念就在于,如何进行最成功的同化。凭借现代科技手段和大众传播媒介,资本主义意识形态与技术控制力相结合,大众文化被迫行使了意识形态的统治功能。人们在日常生活中被大众传播工具所覆盖和包围,处在一个无法逃脱的大众文化网络底下。这种文化作为新的统治方式,不断促成大众的接受,促进同种资本主义意识形态的扩散,人们在消费和享受文化商品时,压根就难以意识到,这种扩散在现实社会中往往受到法律的保护,实际上是在从事一种意识形态实践,使这种技术传播的合法性不容置疑。[1] 文化工业的运行,推动形成了整个社会同一化的功能,反映在文化结构自身是主要以文化意识同一化为主体。机械复制技术让艺术作品逐渐失去了灵韵,原有的膜拜基础荡然无存,艺术的崇高和自主性也在其中被磨损掉,乌托邦的文化价值在特定历史情境中规定性被抽离。艺术的大众化背后的机械复制,使所有的人都有被艺术化的要求,这就迫使对艺术的膜拜自行转化为对明星的崇拜,感知方式也逐步转变成了狭义的视觉接受,大众在艺术中寻求习惯性的消遣,在消遣中获得的"看"的接受模式,将原先传统艺术创作中的凝神与专注取代。"电影资本所促使的明星崇拜并非单单是保存了早在其商品特质的腐朽暮色中就已存在的那种'名流的魅力',而是对电影资本的补充,即观众的崇拜同时也促使了大众的堕落心态。"[2]如果对意识形态消遣的外部接受,逐渐内化为大众自觉的行为方式与感知模式,乌托邦就可能会变成资本主义意识形态的共谋。

文化生产通过具有的图式化和类型化作用,不断制造出平等化的大众。这种大众的再生产,根据人们的活动环境和活动时间分类后,达到了与社会标准化再生产相适应的地步。"办公室和工厂以外的生活

---

[1] 正如福柯所言,话语就是一种权力,在资产阶级的强大话语权面前,被统治阶级逐渐沉浸在大众通俗文化所带来的廉价的快乐之中,许多时候只能有意或无意地选择沉默。

[2] [德]瓦尔特·本雅明:《机械复制时代的艺术作品》,王才勇译,中国城市出版社,2002年,第36—37页。

被当作为了恢复精力再到办公室和工厂的生活;因而是一种纯粹的附属物,是一种劳动的彗星之尾,像劳动一样,它用时间来衡量并被称为'自由'。"[1]现代文化空间的形成,首先是在意识上的纠偏,然后就是扩展,现代社会任何场域和人都已经在文化空间的延展过程中被裹挟。大众文化的兴起带来的种种表征,都不是知识分子所能掌控的。传统文化精英主义空间逐渐失去活力和市场。通俗文化的发现就是知识分子制造和想象出来的,并非为民众所认同。现代消费时代的文化逐渐显现出狂欢和冷漠的残酷对比,也逐渐出现反文化和泛文化的极端或篡改倾向。

文化工业呈现出标准化和统一化色彩。文化工业的物质前提与载体都是现代科技的产物,技术化使得文化艺术中的乌托邦韵味,可以大批量地生产和复制。机械复制使得艺术固有的性质发生了改变,使得艺术固有的韵味尽失,文化成为一种充满悖论的商品,文化产品与一般商品之间的区别也难以厘清。一旦传统的价值标准丧失,又没有新的价值标准填补空缺,资本就会创造出自身不具否定性功能的理性原则。这种文化生产方式,还制造出其所需要的崇拜对象,以更好地展开对大众的精神殖民,并在无个性的情境中对人的个性进行虚假创造。

大众文化的标准化生产,使得未来想象的能力逐渐削弱。在专业化和机械化的分工禁锢下,导致一种对人的无意识控制,一旦有效做到这一点,就能逐渐进入到人的无意识心理结构之中。当这种结构被文化生产侵蚀,复制艺术在追逐利益的过程中渐渐抛弃了艺术的批判功能,发达资本主义社会文化已成为统治人的新型意识形态。[2] 作为文化表达载体的语言,也已成为被全面管理的对象,带有的某种操作性以其合理的行为方式,将语言中体现的乌托邦超越性、时间性、否定性的特征吞噬。文化变成了一种消遣娱乐的方式,甚至变成了某种商品,失

---

[1] Max Horkheimer, *Critical Theory*. New York: Seabury Press, 1972, p. 275.

[2] 阿多诺认为,艺术只有具备抵抗社会的力量时才会得以生存,如果拒绝将自己对象化,那么就成了一种商品。而布迪厄眼中的文化场,也在随意破坏文化的否定性和反叛性。这就是霍克海默与阿多诺笔下维护和巩固资本主义意识形态的"社会水泥"。〔法〕皮埃尔·布迪厄:《艺术的法则:文学场的生成和结构》,刘晖译,中央编译出版社,2001年。

去了它本有的价值内涵与反思性力量。可见,统治者对大众文化的宣传与控制,取消了传统教化中其他意识形态机器的作用,进而达到对未来一代的思想控制。精英文化阶层的反思与批判武器,也在与大众文化距离感拉近的过程中逐渐移除。

广告是大众消费文化中的新型样式,以一种包容性极强的全新视角,针对商品未来的消费意义进行当下的价值示意。在西方马克思主义者看来,广告这种意识形态用不同地域的奇异景观做意义延伸,形成具有未来性的心理动因,将美好家园的范围指向全人类和不同的族群。广告以一种持续的教化态度不停地进行大众说服,大规模的媒介传播手法,使得社会大众形成机械化的单一价值判断,进而完成对其文化价值的建构。

无系统架构的意义诉求,深入社会心理与大众认知方式之中。在诸种意识形态命题里,原有的仪式化被消解,社会价值评价中确立的道德规范,被当作具体物品的附加意义来对待,当代乌托邦作为一种道德体系评价标准的严肃性与神圣性,在商品世界的话语体系面前受到质疑。但是,由于社会大众是能作为意义建构角色出现的,即使目前是处于对大众意识形态的无意识参与中,也使得当代乌托邦在意识形态领域的思想表达,具有获取潜在受众基础的可能性。

(二)思想观念殖民时代的乌托邦功能

西方马克思主义者对文化的生产方式和存在形态有着深刻的认知。在文化工业的推动下,文化的格局随之发生重大改变,衡量文化价值的标准逐渐市场化,文化创造的内在规律,也演变为批量生产的市场规律。乌托邦作为固着的现实运动必然离人们的视线越来越远,西方马克思主义者都试图以微弱的生命去唤醒大众的心灵,以阻止乌托邦的离去,而不至于在精神层面缓慢地变成幻象。大众文化既是支配的,又是对抗的,不是一种机械性的文化存在状态。

这种具有乌托邦精神的大众文化,是在当代乌托邦引领者为了获取领导权地位的努力中构成,需要应对无数可能的霸权抵抗。它不单纯是统治阶级意识形态的通俗宣传和灌输,而是一个不断斗争和整合的场域。比如葛兰西就是把大众文化置于思考的中心位置,通过占领市民社会的举措来塑造具有新的大众文化视野的新人,以此来控制整个权力运作方式。这种运作甚至是以非暴力的形式出现的,提出相应争夺文化领导权的政治策略。葛兰西眼中的文化,成为历史变革中的一个积极因素,甚至是唯一的决定性力量。他把文化的意识形态属性放置在核心位置去考察。"葛兰西的整个工作重心始终集中在上层建筑的课题上……他把文化领域、上层建筑的自治和功效当作一个政治问题,并联系到同社会秩序存亡之间的关系。"[1]大众文化相对于强制性国家机器,形成了在一定社会形态下某一社会集团更为隐蔽,也更为牢固的文化霸权。在大众文化与精英文化的交互中,文化霸权成为革命的关键所在,具有一种先天的政治功利性。关于上层建筑的希望要求,在革命者乐观主义意志与悲观主义理智的混合形象中得到了概述,大众文化的社会作用与新型意识形态的运作巧妙地结合在一起。

在大众文化泛滥的时代,西方马克思主义给出当代乌托邦解救大众的路径,其实这一路径相应地就是文化接受者自身的改造过程。大众在接受权力话语欺骗时是无意识的,同时他们也就不自觉地接受了话语背后暗含的意识形态,被动地融入到普遍性的权力空间。这种在权力运作下被揭示出来的虚假个体特征,实质上是对个体与权力、主体性与阶级性之间不可调和的矛盾的反映。

大众文化是现代文化影响的产物,主要以都市大众作为无深度的传播对象。西方马克思主义者明晰资本的迅猛发展,从大型都市的出现,以及大众观念形成的历史,继而从感知方式、内在构成等不同角度,对大众文化概念进行了清理。大众文化既不同于原始文化,也不同于市井文化与民间文化。原始时代尚无雅俗分野,故无所谓大众文化,市井文化、民间文化则是一个历史文化概念,按照社会阶层划分,与贵族雅文化对应存在的,从传播媒介类型来看,且基本上停留在口语文化范围,仍然停留在古典文化阶段。大众文化已不再具有社会阶层的属性,

---

[1]〔英〕佩里·安德森:《西方马克思主义探讨》,高铦等译,人民出版社,1981年,第99页。

而只代表着一种文化态度。正是在此基础上,法兰克福学派及后来的詹姆逊等人充分论述了大众文化在当代社会生活中的局限及意义。当代乌托邦不像大众文化那样,要与普遍性达成全面的一致,而是在大众文化批量式复制的环境下,要继续生长就必须找到能够利用的空间。因为在这种达成一致的局面下,个人才被赋予虚假的自由,在以微米来衡量差异的文化复制品中间,满足虚假而非真正意义上的乌托邦需求。

西方马克思主义所指认的大众文化,明确剖析了文化本身的分裂,不同于传统意义上所言说的对象。其中的一部分服务于统治阶级的意识形态,而另一部分则试图挽救分裂的人性,恢复人的主体性。自律的艺术通过保存着的革命力量,使主体性逐渐得到释放,而并不需要使接受者再去寻求文化之外条件的满足。乌托邦因素构成了接受过程的中介环节,不再受制于外界力量就能立足于接受过程本身。在当代乌托邦的中介下,通过理性化的传播路径,新型意识形态才可能为大众所接受,且具有极强的时空扩张功能和同化效应。这样,新型意识形态不仅不会只作为一种可供即时消费的文化形态,也不会演变成一种具有倒退和辩护特性的意识形态。西方马克思主义者试图发动一场文化精神领域的革命,力求使乌托邦为接受者主体性的实现做指引,以此达到最终变革社会的目的。他们通过在大众文化接受人群中间,打造敢于进行现实批判的接受者,并保持接受者清醒的自我意识,使之在面对文化选择和判断的过程中,能以主体性抵抗资产阶级意识形态的进攻,使得破碎的人性,在接受大众文化的人群中间复原。

(三) 乌托邦对新型大众文化生存的作用

西方马克思主义没有完全否认大众文化存在的合理性,着重将大众文化与乌托邦性质的精英文化进行了比较,认为,精英文化注重于理性和主体意识的强化,致力于一种纯粹的精神价值的维护与追求,致力于一种理想境界的向往与构造,但传统乌托邦的某些品性又总令人疑窦丛生,无论理性乌托邦,还是技术乌托邦,都不能在生存意义上带来人类的自由发展,未来并不是通过技术的精英主义立场,或通过靠完美的精英之善来指引。正是在美好未来的名义下,在美妙动人的音乐声中,在先进的科学技术的基础上,德国法西斯从容不迫地进行了人类历史上最大规模和最残暴的杀戮。

精英文化孜孜于终极关怀与未来构想,主流文化则力图以一体化意识形态统驭纷纭的现实,而没有乌托邦维度的大众文化,则只是满足于个人肤浅的文化消费。快餐化、平面化、模式化,无疑是大众文化令人难耐的缺陷,尤其是它唯利是图的商业特性,常常在破坏着正常的文化标准,呈现出明显的反文化倾向。但大众文化的历史进步性也是昭然可见的,从历史发展过程来看,民间文化虽具一定大众性,但缘其口语性却无法满足更大范围的现代大众的需要,书面文化则对大众的部分成员构成阅读障碍,而大众文化与其他文化形式相比,具有广泛传播的独特优势,借助于得力的现代传播媒介,平等地对外发声。实际上,乌托邦重建的达成,是需要借助于大众文化传播的平台和媒介,终归是需要整个社会文化的发展与普及。尽管大众文化是一种能清楚地看出缺陷的审美体验和生活方式,但目前很难找到另一种替代物能够用来填充文化的空缺,西方马克思主义构筑的乌托邦恰好能严密地填补这一隙缝,清楚接受者真正的主体性是如何背离当代乌托邦而存在的。

精英文化与大众文化作为资本主义条件下文化生产裂变的孪生子而相互渗透。"这样一种方式要求我们把精英和大众文化读作客观上相联系的、辩证地相互依存的现象,作为资本主义条件下美学产生裂变的孪生子或不可分离的两种形式。"[①]在西方马克思主义者看来,两者并不是完全冲突的两极,而是资本主义条件下的两种意识形态形式。现时代通过技术理性来取消精英文化中的超越性维度,文化越发具有世俗化倾向,但这并不意味着两者间只存在着二元对立关系,对大众文化的衡量,不能以精英主义来作为评断标准。对传统乌托邦的精英文化与大众文化的合流现象,西方马克思主义者深感忧虑。多元文化整合的过程当然可以调整策略,可对大众文化因势利导,予以渗透,但由于二者的不同品格,不可能彻底融合;某些精英文化与大众文化的

---

① 〔美〕弗雷德里克·詹姆逊:《快感:文化与政治》,王逢振等译,中国社会科学出版社,1998年,第243页。

第五章 乌托邦与意识形态的新型关系

合流,说明在文化多元的层面,当代乌托邦本来应有的明确指向,也渐趋多维化,但不可否认的是,文化发展的理想前景,应该是多元文化的并存。"目前文化领域中大众文化、精英文化及主流文化相融的迹象肯定只是一个暂时现象。文化之间的矛盾决不会消除,因为这种矛盾正是文化不断发展的动力。"[①]詹姆逊等人辩证地解读大众文化的价值,提出重新审视与精英文化的关系。他在对大众文化的声讨与反思中认识到,它具有新社会形式的适应能力。大众文化不再是一个纯粹而独立的领域,而是蕴含了丰富的传统美学观念,同时被看作一种乌托邦的启蒙事业。它不单单与政治和规划相关,而且与日常生活早已失去边界的隔离。大众文化和通俗文化或民间文化不尽相同,它实际上是与精英文化同时发生的,两者之间有着结构上的深刻联系。大众文化通过精英文化的界定,逐渐取代其原先的霸权地位,使之慢慢消融在这种文化格局的变化之中。[②] 大众文化在某种程度上也在用压抑来对抗现存秩序,力图发挥其具有的意识形态功能;同时,也作为当代乌托邦的承载形式,反映深层的集体想象能力。

西方马克思主义者对大众文化与乌托邦的关系考察,表明对社会乌托邦的想象力在萎缩。当代乌托邦是通过自身区别于以往乌托邦的概念得到检验,不是根据统治集团自身的权力运作去重新自发地想象未来。当今以各种不同方式进行的社会审查,暗示了对乌托邦想象的压抑,造成对其他社会主义景观的不信任,这只会沦于整个反乌托邦的政治功能的扩散之中。西方马克思主义者具有识别某一乌托邦原则的一些变体的资格,事实上,他们通过各种想象性的努力,排解了与这一切相对的噩梦。通过疏导集体想象的源流,大众文化像是一个社会的调节者,不仅提供一种能量,使其变成为新型制度服务的渠道,而且也

[①] 陈刚:《大众文化与当代乌托邦》,作家出版社,1996年,第47页。
[②] 在艾略特看来,精英文化并不比大众文化具有绝对优势,不过显得更有自觉性和更专门化而已。解释权的平民化与大众化,不仅真正地发挥解放大众的功能,使之得到启蒙,还意味着无须他人引导就可以运用自己的智慧来了解自身和认识世界,获得认识世界与解释世界的机会和权利,更好地体现了文化的平等观念,使所有人都拥有认识和解释的权利。〔英〕托·斯·艾略特:《批评批评家》,李赋宁、杨自伍等译,上海译文出版社,2012年。

有能力控制和操作这种能量。大众消费系统的前景与所提供的现实的满足之间,隐含了可能随时爆发的矛盾,包含的此类精神冲突和紧张情绪,也在社会化生产与个体原子化之间延续。大众在明晰这一矛盾之后,便会及时地表明,自己会断然拒绝那些在大众文化与乌托邦关系中,所扮演的既定角色和价值,以此形成对群体和真实的人类关系的乌托邦渴求。①

大众文化的快餐式发展为西方马克思主义者提出了意识形态问题,大众文化倾向于描述体制给未来带来的负面影响,而没有像乌托邦那样每时每刻在对各种社会主义体制所带来的极权噩梦进行预防和诊疗。传统乌托邦主义者通过集体生活强制,或公共生活更新的方案,对解决现代消费的后遗症,是无能为力的。② 大众文化积累起来所营造的价值观,已经具备了某种不同的地位,需要当代乌托邦提供一种更为复杂的批评阐释的范例。经由文化消费品的传播,主导意识形态已植入到了整个社会系统。以往的某些抽象的价值系统,已不再具备和先前一样的强大社会功能。代表底层的大众文化,由于缺乏社会制度内在的颠覆力量,对当代乌托邦等进步观念的吸纳速度也不如以往。现如今,商品就是意识形态的传播路径,甚至其本身就是意识形态。意识形态在新的时代语境中,不能再简单视为一种虚假意识。现如今吸纳了乌托邦精神元素的大众文化,会重新对新型的文化消费品进行定义,使得原有的理论误判得到恰当的限制。

尽管大众文化是当今社会历史进程中的必然产物,但与此同时,没有乌托邦的大众文化,总是被现实束缚而无所发展。正是基于这样的认识,西方马克思主义者坚信未来的社会发展会出现制度性代替,人们

---

① Stanley Aronowitz, *False Promises*. New York: McGraw-Hill, 1973, pp. 111-112.
② 布洛赫也在大众文化矫情的时刻,提出了一个历史的框架来理解乌托邦命题,不是对个别乌托邦景观的审视,而是涉及现时代文化的诊断。他认为,一件文化产品的社会功能,即便就是娱乐,也能通过将注意力和想象力集中和限制在某些积极的方面,或通过某种天才创造来实现自己的目的,尽管内容是虚假的、被歪曲了的,即便在最卑微的商业产品之内也都充满了"希望的比喻"。这为考察乌托邦、意识形态与大众文化的关系提供了分析的工具。Ernst Bloch, *Heritage of Our Times*, trans. Neville and Stephen Plaice, Cambridge: Polity Press, 1991.

无法回避终极问题的考验。人类终究要向越来越高级的文明境界发展,而离开了精神的向往与追求,哪还有什么大众文化,更谈不上有新的文明形态。现时代正面临乌托邦精神幻灭的危机,乌托邦精神虽然遭到了近似摧毁性的冲击,但其内在冲动并没有被彻底消解,仍在构成世俗生活的意义。在此情况下,西方马克思主义者对当代乌托邦的重建,顺乎大众文化发展的趋势。

四、西方思想界的反乌托邦诠释

(一)反乌托邦的概念及其相关概念区分

除了大众文化作为一种意识形态与乌托邦形成的复杂关系之外,反乌托邦与乌托邦之间也形成了持久的张力。随着乌托邦概念的创立与演进,社会想象力也随之发生了不同程度的变形。莫尔对乌托邦的实体化描绘,将乌托邦本来的面目遮蔽,本应具有的本真色彩因此变得越发暗淡。乌托邦产生之初的模糊性特点,造成对乌托邦概念的使用,也存在一定的分歧。此后,人们长期以来对乌托邦的态度,可谓是褒贬对立鲜明,实体乌托邦与价值乌托邦由此种下了混同的果实。乌托邦在经历转喻、隐喻、换喻的几个阶段之后,与其一开始在词源学上的意义逐渐有了距离。伴随着人类认识思想史的,几乎一直是乌托邦处于两极的极端倾向。"在最近时期,对乌托邦理想的拒绝有一部分原因就在于,敏锐地意识到它与独裁主义和极权主义的内在联系。以这些理由来拒绝乌托邦理想也带来不幸的结果:在搜寻替代方案的过程中抑制了想象的自由运用。"[1]乌托邦思想本身的演变,也经历了一个复杂的过程,在由实体趋向本体、再由本体趋向存在的不断推进之中。

以前,总是把乌托邦和反乌托邦看作是犹如磁铁的两极,如同宗教

---

[1] 〔美〕大卫·哈维:《希望的空间》,胡大平译,南京大学出版社,2006年,第158页。

和世俗一样，也是一对正相对立的概念；同时，这一对概念也并不是对等的。①两者提供了在表面上完全相反的社会空间景观，而实际上，乌托邦与反乌托邦这一对概念，可以说正是从这种相辅相成的关系里，找到了相互关联的差异，并由此获得了彼此的意义。乌托邦是原始性的概念，反乌托邦作为其反面对立物，与乌托邦思想是息息相关的，是对乌托邦的抹黑式模仿，从乌托邦中汲取养料。它的存在依赖于乌托邦的发展而获得确定的含义，在某种程度上是乌托邦的副本，如果在其中彻底否认了乌托邦的思想传统，那么就难免会造成对现存体制的种种逃避。反乌托邦在一定程度上，表现出对现存社会的妥协和肯定。它把现存世界视为一切可能存在方式中的最佳位置，通过把乌托邦中的正面因素向消极的否定性一面进行转换，进一步否定乌托邦的论断。但不可否认，反乌托邦也有其自身特定的发展历史。

广义上的反乌托邦概念，意为可怕之地。未来社会的理想图景，在其中常发生倒置或者颠覆，从而暗示了现实境遇的凶险。通常人们所认知的乌托邦，一般是乌托邦思想家们构想的形式，通过文学艺术、社会政治等具体形式表达，往往忽视了乌托邦所赖以建立的哲学基础和隐而不见的思想原则。与此相对应，反乌托邦也能区分为两种不同的表现形式。

一种是反面乌托邦。这一名词公认是 J. 麦凯思·帕特里克谈论 17 世纪的晦涩文艺作品时的发明产物。他在所著的《1952 乌托邦文选》中认为，那个世纪著作中所描述的世界，是莫尔意义上乌托邦的反面，在此基础上，他还另行捏造了恶托邦这一概念。反面乌托邦（dystopia）是由 dys 和 topos 两个词根合成的，合在一起的话，所表达的涵义，就正好同乌托邦相反。其中的拉丁语词根 dys，源自希腊语 dus，表达的是坏的、反常的意思；topia，是源自希腊语 topos，表达

---

① 亨廷顿对乌托邦与反乌托邦逻辑进行了深入的分析。他认为，乌托邦—反面乌托邦的逻辑旨在作为思想实验，引导读者走向理想或从噩梦中唤醒，而反乌托邦的逻辑结构，则是发现问题、提出疑问和表示怀疑，是一种无止境地质问与怀疑乌托邦本身的思维形式，具有一种建基信念的意图。〔美〕萨缪尔·P. 亨廷顿：《变化社会中的政治秩序》，王冠华、刘为译，上海人民出版社，2008 年。

第五章 乌托邦与意识形态的新型关系

的是地方的意思,反面乌托邦因此也被称为敌托邦。"敌托邦"一词,是19世纪政治经济学家和哲学家约翰·穆勒,在1868年杜撰出来的。它指一个比当前人们的生活更为糟糕的想象世界,任何事物在那里,都变成坏得不能再坏的样子。[1] 它是与具体的乌托邦构想相对应的,往往以文学艺术的形式表达出来。如果说乌托邦是人类对自己未来生活的理想化描绘,对未来可能生活所做的是一种积极而肯定的判断,那么反面乌托邦则是否定性的,是人类挫折感的产物,是对于现代性的怀疑和反动,往往是从悲观及怀疑的角度来看问题的,显现出来的是对未来社会消极的、否定性的生活趋向,并在此基础上演化为人类全方位的噩梦。"反面乌托邦是他们对自己的愚蠢幻想的恶意报复,是对高贵而又空幻的乌托邦期望的间接讽刺。"[2] 来自20世纪的反面乌托邦作品,特别是"反乌托邦思想三部曲",是期望在乌托邦领域内部解构科学乌托邦主义。它们着力描绘一个地狱般的世界,与完美的未来社会蓝图相对应,一般含有警戒和劝喻的意味在里面。古希腊意义上的讽刺乌托邦与反面乌托邦有着共同之处,它们都是借助某种表达手法和表现形式攻击现世的社会结构,经典乌托邦讽刺文学一样具有明显的反工具理性的倾向。但两者也不尽相同,前者主要是通过创造另一个社会结构,达到对社会现实的讽刺,而后者则直接呈现出另一个结构本身。[3]

而另一种则是反乌托邦思想,简称为反乌托邦,"一种与乌托邦—敌托邦的连贯一致性相反的怀疑性想象"[4]。反乌托邦认为,任何建立在地上的世俗乐园的企图,注定是悲剧意义和灾难性的,对应的是乌托邦赖以建立的思想基础。反乌托邦是对乌托邦及其思想原则的根本质

---

[1] Roland Schaer, Gregory Claeys and Lyman Tower Sargent, *Utopia: The Search for the Ideal Society in the Western World*. New York: Oxford University Press, 2000, p.15.

[2] Krishan Kumar, *Utopia and Anti-Utopia in Modern Times*. Oxford: Basil Blackwell, 1987, p.104.

[3] 希腊乌托邦讽刺文学,可以看成是20世纪反面乌托邦小说的先驱。在古希腊时期,戏剧家阿里斯托芬的作品,就曾针对柏拉图的乌托邦观念,里面带有讽刺性的意味,这已经蕴含了一定数量的反面乌托邦成分。

[4] Tom Moylan, *Scraps of the Untainted Sky: Science Fiction, Utopia, Dystopia*. Boulder: Westview Press, 2000, pp.128-129.

疑，直指乌托邦哲学根基的理论失误，甚至将带有的恐怖特征发挥到极致。反乌托邦思想家从不同角度对理性乌托邦本身进行批判，通过对这种反科学乌托邦构建的努力，力图从根基上解构乌托邦的存在意义，还对受乌托邦影响的制度设计和社会行动加以细致的研究。反乌托邦有时被视为反面乌托邦的同义语，它们都以理想对立面的面貌来展开对未来世界的勾勒。但是，两者之间还是不尽相同，反乌托邦代表的是正值的乐观思考方式，是因对世俗乌托邦的幻灭而产生的对乌托邦本身的一种反抗，而反面乌托邦代表了一种负值的悲观思考方式，实际上是乌托邦构想内部的消极倾向。

科学技术和反乌托邦思想有着亲缘关系，乌托邦和反乌托邦两者都建立在现代科学的发展之上。[1] 反乌托邦思想家不是保守主义者，他们也信仰自由、平等、科学和理性这些原则，并不反对现代性和科学进步观念，反乌托邦思想也绝不是对现代性的简单否定和反动。但是，往往如列宁所言，真理向前迈进一步就成了谬误。反乌托邦主义者往往对现代性原则产生过度的迷信，对科学进步观念不恰当的运用，使现代性的构成因素在这里发生了实质上的蜕变，即对科学和理性的渴求导致了对这些追求的普遍颠倒，对自由和民主的向往导致了对乌托邦思想的压制和桎梏。反乌托邦揭示了现代社会中的乌托邦，执着于一些现代性原则中所潜藏的压迫性质，但本身又带有这些原则的专制色彩。

恶托邦是坏地方的意思，与乌托邦对完美图景的描绘，几乎是相对应的。乌托邦的完美色彩和进步意义，直接替换成了邪恶性和停滞性。恶托邦与反乌托邦相比，具有强烈的批判现实主义色彩，并试图替换存在歧义的反乌托邦概念。它和乌托邦一样带着浓烈的社会批判价值，与逃避现实的悲观主义不同。但其攻击的对象相对具体，批判目标相对狭窄，既敢于挑战反乌托邦对乌托邦的完全拒绝，揭示出某种隐匿的社会问题，又能反映出一些乌托邦传统的内在矛盾和缺陷。恶托邦并

---

[1] 阿多诺认为，科学与其说是人类进步的忠诚助手，毋宁说是包含了新的人类异化的种子。可以想象，科学技术是一个雅努斯的两面神。〔德〕马克斯·霍克海默、〔德〕西奥多·阿道尔诺：《启蒙辩证法——哲学断片》，渠敬东、曹卫东译，上海人民出版社，2003年，第156页。

第五章 乌托邦与意识形态的新型关系

非是充当乌托邦的反面,其在拒绝蓝图的同时保留乌托邦梦想。典型的恶托邦表现形式,反映了反叛者与铁笼般的极权体制的抗争机制,对社会革新或发展的需要,在一定程度上能够加以辨识。当科学技术作为一种新的统治意识形态,就失去了原先的中立性,而成为一种合理化的控制工具和统治手段,演化成了一种社会控制手段,甚至为独裁和极权统治服务,充当极权主义者的帮凶。这种情况下,个体自由受到了前所未有的限制,娱乐和思想交流处于停滞的状态,恶托邦往往作为邪恶之地的代言人,形成对未来光明世界的逆转。"这是语义狭窄的恶托邦与范围宽泛的反乌托邦之间最关键的区别,恶托邦基本上关注作家生活的现实社会,立足于把一种正在发展中的,作家认为势必导致灾难性后果的趋势推演为恐怖的力量。"[1]许多作家或思想家以恶托邦指代乌托邦的反面,把批判的靶头锁定,既设想出技术世界在未来可能出现的暗淡前景,又从与读者个体的日常生活息息相关的现实弊端入手,以期他们有能力去改变这种种弊端。如果说这意味乌托邦是对美好生活的全面憧憬,那么恶托邦就成为了人类社会全方位的噩梦。

莱曼·托尔·萨金特在《乌托邦理想的三面性重新探讨》中梳理了相关概念,区分了乌托邦、反面乌托邦小说、反乌托邦思想等相关概念的不同点。[2] 当然,反乌托邦、反面乌托邦,包括讽刺乌托邦文学在内的演变,其中会有交叉重叠。关于这两者的区分,也是相对而言的,如果反乌托邦思想以文学的形式出现,就会导致反面乌托邦这一形式的出现。反面乌托邦赖以存在的思想依据,其实就是反乌托邦思想。

---

[1] David W. Sisk, *Transformations of Language in Modern Dystopias*. Westport: Greenwood Press, 1997, p.7.
[2] 乌托邦理想——社会理想;乌托邦——一个详细描述的不存在的社会,通常定位于时间和空间;优托邦或正面乌托邦——是这样一个乌托邦,作者想要同时代的读者把它看作比读者所处的社会要好得多;恶托邦或反面乌托邦——是这样一个乌托邦,作者想要同时代的读者把它看作比读者所处的社会要坏得多;乌托邦讽刺文学——是这样一个乌托邦,作者想要同时代的读者把它看作是对读者所处的现有社会的批判;反乌托邦——是这样一个乌托邦,作者想要同时代的读者把它看作对乌托邦理想或某种特定优托邦的批判;批评乌托邦——是这样一个乌托邦,作者想要同时代的读者把它看作是比读者所处的社会要好但是存在困难的问题,对这些问题,作家所描述的社会可能或是不可能解决,这就对乌托邦形式采取了批评的观点。

反面乌托邦在现代诞生,是因为人们强烈的乌托邦渴望背后所造成的相反走向,与现代社会所出现的一系列问题是密切联系在一起的。反面乌托邦将一系列进步观念原则背后内在隐藏的深刻矛盾,悖论式地加以了反映。

传统乌托邦思想带有古老思维陷阱的悖论性质:历史进步从对完美的追求来发动,一旦实现了这种对完美境界的追求,则又意味着死亡或停滞的到来。而现代乌托邦思想又容易受到现代性思维的限制,而陷入到另一种意识形态的窠臼之中。① 西方马克思主义乌托邦思想则力求用更好的社会生活来取代这种传统意义上的完美性,着眼于变革社会的实践意义,在社会实践中不断动态地构想一个可替代的开放未来,这在一定程度上突破了乌托邦与恶托邦的界限。恶托邦中所构建起来的替代性社会同样充满斗争、压抑和不满,这种"批评的乌托邦"在对自己的批评声音中提供了现实注解。当代乌托邦陷入困难重重的政治困扰之中,而在这里人们与"乌托邦人"一同进行未来探索并积极参与改革行动,往往能改变社会的整体面貌,即使这种行动可能归于失败,但却种下了走向开放和解的希望种子;相反,现代性观念支撑下的那种乌托邦冲动,"在反乌托邦看来,也正是这些力量成为制造现代地狱的罪魁祸首"②,乌托邦就会在这种现代意识形态的压制下,将人间变成某种地狱。

在理性和科学中不断建立起来的某些反乌托邦因素,在乌托邦沉寂之后,反倒使二战时期的屠杀场景重新上演,甚至颇为精细化。这使对历史的美好幻梦近于破碎。在经历一阵思想解放的幻觉后,暴露出的是虚妄和谬误的结果。由此,人们感到一种更为沉重的打击和失落,在一切理性、科学、进步的名义面前,反而面临和遭遇到前所未有的挫折。

---

① 库玛认为,乌托邦往往始于绝对的自由,终于绝对的专制。但往往现代性及其构成要素,才是构成乌托邦出错的动力源。"乌托邦的衰微和它如噩梦般的兄弟出现,是与十九世纪这个超现实主义世纪的历史保持一致的。"Krishan Kumar, *Utopia and Anti-Utopia in Modern Times*. Oxford: Basil Blackwell, 1987, p.99.

② Krishan Kumar, *Utopia and Anti-Utopia in Modern Times*. Oxford: Basil Blackwell, 1987, p.110.

(二)新自由主义者对乌托邦运动的批判

在强烈反乌托邦的现代西方学者眼里,乌托邦主义成为人类极端主张的典型,由于对乌托邦盲目地批判而不加合理地区分,马克思主义也成了他们最集中的攻击对象。[1] 新自由主义的代表人物大多是反乌托邦主义者,他们自觉地在思想的阐发中渗透对乌托邦运动的批判。在他们看来,在乌托邦自由观念转化为行动时,便刻意模糊应然与必然的边界,打乱目标与行动手段的位置。基于乌托邦主义曾造成的严重后果,乃至犯下的种种罪行,反乌托邦主义者主张把乌托邦扔进历史的垃圾堆,将乌托邦演化出的消极逻辑结构肢解,并致力于从根本上动摇和消解乌托邦主义的哲学基础。具体说来,有以下几点:

第一,对教条主义的批判。乌托邦运动把社会进程归结于普遍规律的规制,前行道路和归宿都已被强制预定,似乎只要在找到客观规律的基础上,就能从整体上设计社会发展的终极目标。在乌托邦主义者眼里,乌托邦观念从绝对真理的自发活动,上升为不容怀疑的教条。人的本质被一劳永逸地规定完毕,预先设定了人的生活方式与生存价值。安身立命的根本缘由,也在无形中被安顿好,乌托邦如此教条式地统一众人的思想行为,确定理想政治生活的单一道路和既定方向,决定人类政治和社会生活的价值与理想,也在逻辑上主张只要依规律而行,就可以实现价值和拥有自由。美国政治学家塔尔蒙认为,假设事物完善的模式推动,引发了独特救世主义倾向的出现,这成了现代的集权专制的基础。哈耶克认为,建构理想社会的道德出发点是好的,但他是坚决反对设计历史的,而乌托邦工程恰恰都是人为设计的历史,"人不是神,也绝对不可能变为神,在神面前,他必须俯首称臣"[2]。人类历史并没有

---

[1] 英国学者哈耶克就借德国浪漫诗人荷尔德林的格言,"总是使一个国家变成人间地狱的东西,恰恰是人们试图将其变成天堂",责难马克思主义的社会主义乃是一条通往奴役之路,因为那些自称社会主义者的人们,为了实现所谓终极自由目标,而不惜一切代价。〔英〕弗里德里希·奥古斯都·哈耶克:《通往奴役之路》,王明毅、冯兴元译,中国社会科学出版社,1997年。

[2] 〔英〕弗里德里希·A.哈耶克:《科学的反革命:理性滥用之研究》,冯克利译,译林出版社,2003年,第109页。

先验的目的,也没有预先设定前行的目的和路径。社会现象的呈现方式,一般都是某种个体行为的合力作用,但这并不意味它们完全是出自个人的意图。哈耶克特别对这种教条主义设计的典型展开批判,认为,计划经济设计剥夺了个人的自由选择,进而消灭自发秩序从而通往奴役之路。乌托邦对实现理想政治生活的道路和方向是教条的,所设定的社会发展进程,犹如一列在既定轨道上行驶的列车,个人则不过是车上受动的乘客,乌托邦运动无形中被落实为乌托邦工程。

第二,对唯美主义热情的批判。波普认为,柏拉图有一种艺术家式创作的冲动和激情,他的理想国具有唯美主义情结,政治对柏拉图而言是最高的创作的艺术,"希望建立一个不仅比我们的世界好一点而且更为理性的世界,而且是完全消除它的所有丑恶的世界"[①]。政治家是为了美而创作城邦,这是他们开始进行工作时必须采取的方式,艺术家与政治家的理念和思考模式交汇在一起,形成"擦净画布"的清晰含义。现实世界里的许多人都承受着不可能承受之轻,在追求完美梦想之苦中生存。这种审美的乌托邦激情,只有在理性的约束下才有价值。美好社会应当像一件艺术品一样美丽无缺,必须采取净化、清洗、流放、驱逐和杀戮的手段,根除现存各种与之违背的制度和传统,这就容易导致采取措施的性质趋向于暴力。苏俄的"大清洗"运动,以及许多社会主义国家的"大肃反"和"反对派清除"等,与"擦净画布"的运动理念是如出一辙的。波普从早期理想主义者的身份脱胎而出,深刻反省黑暗现实与理想社会之间的关系。社会理想中尽善尽美的社会并不存在,缔造人间天堂的种种企图,都会造成人间地狱的灾难。在社会历史发展实践中,保存和延续下来的传统观念,是不可能得以根本上的移除;否则,将会出现社会秩序的不宽容。这些传统价值需要保持相对的稳定性,要采取渐进主义的零星社会工程,这是一种小心翼翼的试错或证伪的过程,即用小规模的修修补补来取代大面积、大范围的社会革命,循序渐进地对社会制度和思想观念加以局部的修改,而非与初衷背道而

[①] [英]卡尔·波普:《开放社会及其敌人》第一卷,陆衡等译,中国社会科学出版社,1999年,第309页。

驰的暴风骤雨式的大规模清洗。①

第三,对狂热理想主义情结的批判。理想社会的建构者大多秉承一种偏执的行动方式,走向极端就会生成偏执心理。之所以理想社会的蓝图能够煽动起大众的狂热情绪,是因为这种理想具有上帝拯救的色彩,带着一股卫道士的情结,源自毋庸置疑的善良出发点。它主张动用各种手段来实现所设计的完美社会,自负地认为,不惜一切代价就能够发现并拥有真理。乌托邦主义实践者,都有一种救人类于水火之中的狂热激情,但从精神信仰的纯粹到这种危险的理想狂热,往往只是一步之遥罢了,甚至可能发展成为一种神经性官能症或歇斯底里。这种狂热发展到极端,往往是革命自身成为一种价值而将原初革命的目标抛弃殆尽。这种浪漫主义与激进主义紧密结合的狂热信念,使得人们主动放弃对理性的执着,继而诱导思想中产生出孤注一掷的可怕想法。理想主义往往诉诸的不是理性,而是可能带来可怕结果的非理性情感。

第四,对极端唯理主义的批判。盲目乐观的理性主义,被反乌托邦思想家看成是一种未加批判的全面理性主义,"那种认为理性能够成为其自身的主宰并能控制其自身的发展的信念,却有可能摧毁理性"②。只有理性主义中刻上批判的痕迹,才能够避免将理性推向致命的深渊,波普和哈耶克都极力推崇苏格拉底"认识你自己"的思想,人理应保持一种谦卑的态度来认识自己的不足,要达到自我反思的效果,意识到人的理性不是万能的。而柏拉图则傲慢地把人的理性抬高到神的地位,这是对苏格拉底思想的一种背叛。在哈耶克看来,人们应当在自生自发的状态中,充分运用有限理性来开展行动,并以此指导和反思自身的行动,对他人和社会的反映做出预测和判断,从而在竞争状态下

---

① 在马尔库塞看来,波普的渐进工程易成为一种让统治者为了自身利益去操纵另一些成员的方法,沦为一种社会变革的借口,反而会导致持久的阶级奴役。波普则针锋相对地认为,社会改造的乌托邦蓝图必定会过于简单,难以为独立的个人选择留下空间,况且对于什么状态是一种理想社会,各种意见会大不相同。他由此得出,毁灭人类自由的不是渐进的方法,而是乌托邦工程。〔英〕卡尔·波普:《历史决定论的贫困》,杜汝辑、邱仁宗译,华夏书店,1987年。

② 〔英〕弗里德利希·冯·哈耶克:《自由秩序原理》上卷,邓正来译,生活·读书·新知三联书店,1997年,第80页。

反倒是能达到一种相对的和谐。他将近代以来西方文明发展模式分为两类：一类是经验的、自生的模式，以英国为代表并在美国得到继承和发展；而以法国为代表的文明发展模式，则是一种思辨性质的唯理主义类型。哈耶克从理性累进的思想方法出发，对唯理主义文化类型的局限性进行了考察，认为，这种政治制度设计框架，没有体现出西方文明发展中的经验实证的优点。

第五，对权威主义的批判。在波普称之为"神谕的哲学"看来，它相信自身可以发现社会运动的真正目的之所在，这就赋予了这些思想活动生发出先天的使命感。自诩为时代先知的那些人，往往认为自己发现和掌握了真理，所发现掌握到的就是历史规律和必然性，是进行一切预设的前提。这些所谓神谕哲学的建立，在理论上隐含了他们是有知的、正确的，而人民是无知的、错误的假设。之后，权威主义者往往将自己包裹为免受攻击的强制独断，打扮成为一种独断和强权的体系，或打造成哲学思维难以逾越的巅峰，并认为，理想社会的发现与建构，是为社会大众带来了福音。这需要充分的智慧储备才能达到要求，而这是大众所不具备的，于是大众需要通过他们的理论灌输来听从他们的教导，在社会实践中接受他们的领导。波普认为，真正的历史就是芸芸众生欢乐与痛苦的历史，而不是由于人民所能懂得和理解的有限，那么统治者需要驭民术，要依靠统治手段控制信息渠道，以免让他们知道了解太多或对他们过分迁就。

第六，对国家至上主义的批判。往往传统乌托邦著作中所描绘的理想社会，大多是在思想与行动上，民众都处于半军事化的控制状态。在这里，国家利益高于一切，国家政治就是人民的生活。只要是推进国家利益的行动模式和方法手段，就能够体现出善和公正的意义；反之，就成了坏的邪恶的体现。人们的幸福感是来自国家的定义，而不是源自人类的天性使然，与人类自身的直觉体验也毫无关系可言。人们从小就要培养起接受与认同统治的社会习惯。社会共同体往往提倡这种忽略掉个人的道德因素，不计较个人的自我实现，为了城邦或国家的利益，献出生命也在所不惜，甚至充满了自豪感。如波普所言，很多乌托邦主义者相信军事纪律对社会建构的至关重要性，人们强烈需要并必须在持续总动员的国家里终其一生,即使在和平时期也必须由此制约全体公民的整个生活,不仅包括孩子们在内的成为军事化战士的全体公民,而且包括那些实实在在的牲畜在内。

第七,对唯目的论的批判。乌托邦工程带着期望历史朝着至善至美的目标发展,但充满道德感的行为目标,并不表示在实现社会蓝图的方法手段和整个过程中间,就会一直贯彻这种体现乌托邦工程的道德主义元素。统一的世界观渐行渐远,事实和价值被刻意地界分。人类的认识视野,不是两个领域全部包括在内,而是只包含了唯目的的事实领域,价值领域中的理解与分析,则仅变成了个人的偏好,"个人足以知道并能根据社会成员的偏好而考虑到构建社会制度所必需的境况的所有细节"①。人类文明是通过长期不断试验和改进艰难取得的,其复杂程度往往超出人们的想象。既然任何问题的理性解决在本质上都是完美解决,那么凭借理性构建的完美社会设计,在实现的过程上又如哈耶克认识的那样,许多传统都是未阐明的知识,只能通过人的模仿而改进和延续下来,有时很难用因果关系来论证和说明,但又往往与激进主义的个人偏好联系在一起。

第八,对个人道德主义的批判。在乌托邦主义者来看,对道德价值的取舍和判断由个人来负责。至于说根据何种道德信念来实践,也与他人无关。道德价值由于不具有工具性意义,因而只能停留在自由选择的私人领域内,必须从公共领域中驱逐。个人道德主义的统治,要求人们在公共领域排除私人性,这为社会生活中放弃一切道德责任的恶行提供了合法的借口,只要符合价值中立的教条,公共领域的行为就不受道德的约束。这种把统一完美的理性知识加于全人类的做法,有权利也有义务把所认为的反对者,从蒙蔽的非理性泥潭解救,进而滑向专制主义。

第九,对人神逻辑的批判。乌托邦运动中相当程度地存在着造神运动,认为,人类社会发展进程中,必然存在先知先觉者,他们在德行和

---

① 〔英〕F.A.冯·哈耶克.:《个人主义与经济秩序》,邓正来译,生活·读书·新知三联书店,2003年,第33页。

知识、勇气和道德上均高于常人,从而理应成为全人类的领袖。乌托邦王国中所谓的贤人或哲人被赋予至尊地位,执行善恶的终极决断,最终蜕变为永恒正义的代言人,凡与之不符便会惨遭毁灭。传统的人神思维蕴含体现为至善论,有着渴望对人自我认知的英雄主义情结,人们心灵深处希望通过怀有英雄感来达到对美德情操的追求,然而人性和神性的分裂正是乌托邦主义失败的内在原因。在波普看来,某些圣贤或精英可以准确掌握规律,进而对人类历史进行设计,都是人类理性的过度膨胀所致。因此,他提出以批判理性主义的概念来反对乌托邦主义。人是容易犯错误的动物,人类的见识从本质上说是容易犯错误的,对于各式各样的企图,把真理标准置于任何团体、阶级或历史时期之中都是不足取的。人神的理想化色彩与乌托邦运动中的现实人性之间往往形成了惊人的反差。当自以为拥有绝对真理的领袖,为一己之私而互相残杀被历史揭开后,人神形象便轰然倒塌,天国理想也会在顷刻间趋于崩溃。

第十,对至善行动纲领的批判。在反乌托邦主义者看来,乌托邦运动以至善作为建构理想国家的最高原则和行动纲领,随即作为衡量全部社会生活的根本尺度。作为传统乌托邦思想核心价值的至善,有其积极的一面,这种绝对观念能够使得信念不至于经常发生破灭,行为不至于经常产生摇摆。但乌托邦运动几乎都会宣告,取消当下的地位,并认为,现存世界不具有任何价值可言。这表明了它最终是以贬抑,甚至否认人的现实生活为起点和归宿的,妄图盲目利用至善观念来规范人的世俗行为。伯林提倡多元主义的价值主张,以此质疑乌托邦主义的至善理念。在他看来,诸多冲突的价值在社会结构中是互相并存的,人类目标表现出矛盾性的特征,行为方式也表现出多样化的态势,人们往往不具备一次性拥有所有善的能力,而是必须在其中进行多元的选择。"其中一些价值的实现,不可避免地要牺牲另一些价值……(因此)在不同的绝对要求之间做出选择的必要性,是人类状况中一个无可逃避的特征。"① 不管是个人的各种价值,还是社会的各种价值,都不可能完全从人类生活中消除。所有价值关系之间,都不存在任何的紧张和冲突,这无疑是戴上了独断论的眼镜。不经反思的至善纲领,往往成了抹杀人性的武器,抹杀了神性道德与世俗道德间的界限,一旦落实到政治行动,必然会导致善恶二元对立的简单模式,从而导致理想世界与现实世界长期的紧张和对立,清洗压制或是打击改造在至善的行动纲领面前取得了合法性。

(三) 当代乌托邦对反乌托邦主义的回应

反乌托邦主义特别是新自由主义,对乌托邦进行的前所未有的猛烈批判,折射出人类思想史的复杂境况。乌托邦乃是人类天性的一部分,"一旦被发明后,乌托邦的观念就不会完全消失,因为乌托邦内在于人的本质之中"②。乌托邦的存在本身,就是对这种思想境况和政治危机的宣告,因为反乌托邦理论本身,就存在严重的意识形态合法性危机。从更深的层次上看,显然过一种无乌托邦的人类生活是不行的。对乌托邦思想的评断,不能简单地用"好"或"坏"来形容,而应当区分传统乌托邦与当代乌托邦的边界,挖掘其所蕴含着的高度复杂性。西方马克思主义者通过合理地评估乌托邦的意义,证明了当代乌托邦的历史合法性地位。而反乌托邦主义者对乌托邦的批判,也体现了乌托邦思想在现代意识形态博弈中所具的复杂性。

反乌托邦主义者基于乌托邦运动可能造成的灾难局面来展开对乌托邦的强烈批判。但需注意的是,用乌托邦在历史上产生的部分危害来抹杀其积极作用,就逻辑而言,也存在着缺陷。乌托邦理想在当下状态的不可行,并不能下结论说理想本身就不可靠。人类从来就没有实现过完全意义上的真善美,但属人的价值观念,还是依然可以成为推动人类历史发展方向的动力源泉。乌托邦从一种单纯的理想状态向社会

---

① 〔英〕迈克尔·H.莱斯诺夫:《二十世纪的政治哲学家》,冯克利译,商务印书馆,2001年,第281页。
② Krishan Kumar, *Utopia and Anti-Utopia in Modern Times*. Oxford: Basil Blackwell, 1987, p.423.

现实的行动转化中,不可避免地会渗透各式各样的情况。当乌托邦思想产生与发展面临的历史境遇发生改变,或者各种特定的社会事实与之发生某种"化学反应"的时候,这些情况都会分裂成更细微的社会要素,产生的变异就可能导致灾难性后果的发生。

乌托邦主义带来的后果,也不能与乌托邦主义的发生机制画上等号。某一种乌托邦主义能否产生,取决于乌托邦能否同特定社会历史情境的结合。① 在阻碍社会发展进程的历史环境中,乌托邦才更易从观念转化为行动。尽量减少或尽力杜绝大规模乌托邦工程的施行,才可能消弱乌托邦主义引发的社会混乱状况。但假如乌托邦由此裹足不前,人们又将被迫在极不正义的制度环境中生存,遭受黑暗现实带来的身心摧残,同样会产生另一种在邪恶秩序中生活的恐怖局面。对这两种可能引发灾难的路径进行观察,我们就会发现,并没有也不可能有精确的标准能够判别灾难发生的强弱大小,即使是乌托邦运动导致了革命后果的发生,也不一定就比严重缺乏公平正义的制度环境导致的后果更难使人承受。

反乌托邦主义者对乌托邦主义和乌托邦运动的批判,也不必然导致对乌托邦特别是西方马克思主义乌托邦思想和乌托邦精神的批判。乌托邦运动绝不是乌托邦所致的必然结果,而只是乌托邦观念的一种可能性结果,这就从逻辑上对其批判的效力打了一个问号。乌托邦或是纯粹的想象力表达,或是对人自身的重新定位,或是对属人信仰的重建,或是对未来生活的憧憬,或是对社会黑暗的批判,无论哪种,都不会直接造成致命性的后果。只有当乌托邦思想直接盲目地投入社会历史进程,变异为断然决定人类历史命运的暴力运动,传统乌托邦主义的恐怖画面,才可能显现。

反乌托邦主义者还将面临一个现实经验上的问题悖论,也就是要没有乌托邦对现实生活的批判和审视,那么当下社会如何能有长

---

① 按黑格尔的观点来看,这些乌托邦主义的实践者们的行为,在特殊历史时期带有必然性,他们可以不很重视其他伟大的甚至神圣的利益。这种行为当然要遭到道德上的非难,但是迈步前进的途中,不免要践踏蹂躏些好东西。〔德〕黑格尔:《历史哲学》,王造时译,上海书店出版社,2006年。

远的进步。[①] 乌托邦要是不再保有的话，弱势人群乃至被剥削者，思想上会处于可能的麻痹状态，会长期在自我感觉良好的虚假情境中生活，被当下的主导意识形态结构所控制，那么社会变革的力量就迟迟无法产生。乌托邦往往是对现实政治生活的宣示。正是乌托邦所具有的强大反叛和超越功能，现实社会才被迫对自身的合法性危机进行反思，进而才可能痛定思痛做出相应的调整和修复。乌托邦在一般情形下，是作为一种想象的方式存在，同时作为社会批判的力量呈现，但社会所能容纳的苦难，已经超过其所能承受的限度，乌托邦作为不正义的政治现实的反映，就会走出想象的边界，从一种精神活动转变为改造世界的行动，并包含深刻的人道主义内涵，使人们保持批判的力量，从而自动地转变为推动历史的精神力量，转化为一种干预政治现实的强大力量。

虽然反乌托邦思想家对乌托邦的批判，是经过深入研究和思考的，但没有乌托邦的世界是可能的吗？如果没有乌托邦，这个世界又会变成什么样？这种对生活的现实世界乃至人类自身的叩问，需要一种新的理论支撑，而西方马克思主义的乌托邦思想，就成为新时期乌托邦精神的发起者和传承者。虽然乌托邦的消极面是不可忽视的，但其正能量的意义，还是要放在第一位来思考。现实社会不应当也不可能让乌托邦的力量穷竭。没有乌托邦的社会生活注定是残缺的，人类将失去个体的生命属性，也将丧失想象的能力，现实世界转变为人类共同体的希望将破灭。出自任何理由的对乌托邦的打压和迫害，特别是如果出现当代乌托邦的取消或者退化，本身就会成为人类历史的巨大灾难。

---

①按照马丁·路德的观点，历史就是一部记述特权集团很少主动放弃特权的故事，其中的悲惨是被压迫群体无法说清楚的。人们不得不以斗争行动来争取正义，这不是也不可能是一种施舍，而是直接斗争的回报。"直接行动要造成这样一种危机，要造成创造性的紧张气氛，使得经常傲慢地拒绝谈判的（特权）社会被迫面对争论的问题，它要把问题闹得人人注目，使它不致再被忽视不顾。"〔英〕阿伦·布洛克：《西方人文主义传统》，董乐山译，生活·读书·新知三联书店，2001年，第285页。

五、乌托邦危机中的知识分子抗争

(一)冷漠时代的知识分子

知识分子、意识形态与乌托邦思想三者之间,形成了彼此交织的复杂关系。知识分子的兴起追溯到文艺复兴时期,他们的活动是理论性的,是对多种现实主义的形式上的否定,"理念人"这种批判锋芒和精神气质,与乌托邦有着亲缘关系,两者都具有一种居间性质。对真正的知识分子来说,乌托邦都内嵌在他们的观念结构里,这不仅仅表达了私人性的独立愿望,更多的是对意识形态公共性的表达。知识分子曾几何时,都以良心代言人的面目出现,是人格独立角色的代名词,是永恒流亡者的旗帜。但自 20 世纪,特别是二战后,随着大量的各领域内技术专家的涌现,传统的知识分子正在退位,知识分子的含义随即被改写,其功能属性也遭到了质疑。知识分子原先作为立法者的权威性被取消,作为阐释者的解释权被剥夺。[1]

乌托邦冷漠成为了时代的病症,知识分子在现时代出现了对乌托邦精神的放逐。这在一定程度上,揭示了他们甘于屈从社会现实的压力,对乌托邦的想象力发生了前所未有的衰竭。雅各比以"乌托邦之死"来指称冷漠时代的政治与文化特征,"知识分子"这个称谓以前有着耀眼的光辉,而二战后却基本上已是知识分子衰退的过程。

在西方马克思主义者看来,技术专家时代的出现,导致这个特殊的社会群体代替了公共知识分子走向历史的前台,意识形态的冲突也在

---

[1] 福柯悲哀宣告知识分子从此销声匿迹,剩下的只是各专业领域里忙碌的专家;利奥塔也失望地指出,由于后现代社会不断地趋于多元化和碎片化,作为对社会全体承诺的整体性话语立法者角色凋零,知识分子已经完全不存在;古德纳认为,代替知识分子的技术专家是一个充满朝气但却有缺陷的普通阶级,将充当历史的代言人。"如果没有知识分子,或者知识分子的角色发生了转变,乌托邦就会逐渐消失。"〔美〕拉塞尔·雅各比:《乌托邦之死:冷漠时代的政治与文化》,姚建彬译,新星出版社,2007 年,第 156—158 页。

知识分子群体之中放大。学术问题逐渐变得专业化和狭隘化,技术专家专注于专业话语,而对引领社会大众的普遍话语加以排斥。丧失乌托邦精神的知识分子,具有了更丰富的乔姆斯基所言的制造同意的能力,但却丧失了批判的热情,即使取得了操纵公众舆论的能力,大量人群也将对从中接受到的信息嗤之以鼻。当知识分子成为了学院派人士后,也就从公共视野中消失。在伊格尔顿看来,传统知识分子正在被所谓的专业人士取代,身处商业写作的市场导向旋涡中。知识分子作为可识别的社会阶层,在登上社会亮眼宝座的同时,也预示了专家支配地位的到来,文化越发受制于政治意识形态话语,从而不再以真理和理性为使命。

"知识分子之死"既指出了其立法者和阐释者角色的衰退,也表明其独享的解释权将落到大众身上。过分强调乌托邦有害的反乌托邦群体,往往既表现出对理想化的幼稚感到不满,又表现出对理想主义的狂热感到隐忧,抑或是对其猛烈的批判性言论感到担心。知识分子的自我定位已出现分化,作为启蒙者和立法者的位置,在一些后现代学者视线中已变得不重要。

乌托邦同知识分子的命运是密切相关的。乌托邦社会运动,往往暗示了一种或可称作大众乌托邦的存在,而在意识形态斗争的层面上,乌托邦又成为了知识分子的特权。布洛赫不仅视乌托邦是上帝死后宗教的唯一合法继承人,而且认为,乌托邦是知识分子的乌托邦,知识分子精英是乌托邦思想的先知,而社会大众是出于现实压力而行动的,这种行动在知识分子眼里,其实只是他们乌托邦冲动受挫的心理投射而已。曾经充满乌托邦想象的知识分子,不断扫除思想中仅存的乌托邦冲动。"正当新的、辉煌的科学力量变得对我们有用之时,我们却面临一种贫困——缺少对乌托邦的虚构想象。"[1]在不断原子化的世界中,乌托邦也出现了私有化的迹象。伴随着文化悲观主义的出现,乌托邦被迫逐步让位于反乌托邦。

---

[1] 〔美〕莫里斯·迈斯纳:《马克思主义、毛泽东主义与乌托邦主义》,张宁、陈铭康等译,中国人民大学出版社,2005年,第2页。

知识分子过去权威阐释的时代,一去不复返。知识在当代社会中的用途,往往是解决琐碎的生活事务,而不是宏大崇高的叙事。由于技术专家们,扮演着的角色,是对社会制度的不公平的设计,要求自行销毁他们的所谓知识成果也不大可能。新一代知识分子,是否能重新反思在乌托邦精神选择上的失误,雅各比等人还是报以希望。乌托邦想象力的衰竭,反倒是社会文化表面上的蓬勃生机造成的。想象力是乌托邦冲动的最初形态,如果知识分子能够从现实中退回并反思自己的错误,就能恢复那种对现实有价值的想象力。对于他们而言,没有比身处资本时代的同时,再来重温或想象一个乌托邦,能得到更为美妙的体验。

曾在专制和暴力下生存的知识分子尚能坚守学术自由,而如今相对宽松的意识形态领域,知识分子却在乌托邦重建与时代近视症之中艰难选择,学术自由显得越发唐突,而放弃这种自由却成了时尚之举。"实用主义本身转移了知识分子的注意力,使他们不再去实现对公众生活发挥重要影响这一潜能,而是沉迷于狭窄的专业领域。"[1]弗洛姆认为,要么通过爱和工作自发地与世界联系起来,在不放弃自我尊严和独立性的前提下,实现自己、自然、他人三者之间的融合,进而朝向积极的自由;或放弃自己的个性和完整性,通过填平自我与世界之间形成的鸿沟来克服孤独感,转而向后逃避自由。两条相反的路向摆在了知识分子面前。西方世界的知识分子患上的时代近视症,其所面对的矛盾丛生的时代问题,得不到及时的关注,反而累积越多,自身角色也被边缘化,同时也自我边缘化。

(二)知识分子的历史责任

葛兰西在诸多西方马克思主义者中,赋予了知识分子更多的历史性功能,带有一种典型的革命乌托邦气象。知识分子在葛兰西的话语体系中,通过为社会大众提供特定意识形态,以及信仰价值体系,而被

---

[1]〔美〕弗兰克·富里迪:《知识分子都到哪里去了》,戴从容译,江苏人民出版社,2005年,第66页。

赋予了重大历史责任。市民社会、文化领导权和知识分子,这三个范畴相辅相成,共同构成文化意识形态的主体。

葛兰西强调了知识分子在市民社会中的地位,将完成新文化的建构和新人塑造的历史性任务,寄希望于有机知识分子身上。"知识分子与'普通人'有一种应该存在于理论与实践之间的统一性,即要使知识界能成为这些群众的有机的一部分。"[1]在带领无产阶级夺取文化霸权的历史活动中,知识分子凸显出文化的意识形态职能。他们所占领的市民社会,所包括的是整个思想文化领域的精神生活。文化领导权的获得,并不是通过简单的强制和压迫手段来获取的,而是要靠有机知识分子的行动能力。知识分子也可以凭借文化软性力量的充分渗透,并进行大众世界观的塑造,使其摆脱对现存社会秩序的束缚。葛兰西强调了文化领导权在社会现实中的具体形态,由于文化与政治、与阶级之间的关系是错综复杂的,以至于不能完全依赖知识分子来行使市民社会中各种机构的作用,还必须有一定的政治权力为支撑。如果划分和考察知识分子,只是置放于阶级斗争这一个关系中,就会忽视文化的自主性,以及意识形态的特殊性。文化和政治并不具有天然的联系和相通性,文化领导权也并不是赤裸裸的压迫关系,这种意识形态效力的达成,需要被统治者的认同,或是一致舆论和意见的形成。即使是占据了文化领导权的统治阶级文化,也是不同阶级文化和意识形态的联合,而不是纯粹反映统治阶级意志的。而知识分子只有经历一个意识形态斗争的过程,才会拥有独立的思想文化意识,"变成实践活动的基础,变成人们协调一致的活动的要素,变成人们精神的和道德的结构要素"[2]。借鉴和反映不同社会群体的利益,才能使新文化的发展取得突破进展。

葛兰西提出了泛知识分子的概念,承认每个人都有着不同于他人的世界观。从这个角度看,一切人都是知识分子。但是,这些人并非都能够执行知识分子的社会职能,即作为意识形态的实践功能。知识分子活动与社会具体实践之间有着必然的联系,只有获取了文化霸权,才

---

[1]〔意〕安东尼奥·葛兰西:《狱中札记》,葆煦译,人民出版社,1983年,第12页。
[2]〔意〕安东尼奥·葛兰西:《狱中札记》,葆煦译,人民出版社,1983年,第8页。

能获得政治上的权力。葛兰西主张,根据个体在社会关系中所执行的职能来界定知识分子的类别。区分传统知识分子和有机知识分子的主要标志,乃是知识分子的任务不同,这归结为一定的社会关系的划分。有机知识分子通过争取传统知识分子,把新型意识形态变成共同志向,以此对社会公共领域加以介入。然后,他们以市民社会的组织者的身份出现,通过市民社会的各种机构在文化和意识形态上的运作,得以摆脱资产阶级意识形态的束缚。后者的任务就是通过文化和新型意识形态,对革命阶级进行启蒙教育,创造朝领导阶级转化的条件。在权力争夺的过程中,由新型的意识形态制造出崭新的主体并促使主体行动,必须采取一个长期的、缓慢的阵地战的方式,构建起一整套设计的革命路线。当然,知识分子的文化领导权在现阶段不可能是彻底的行为,各种类型的意识形态,都可能会在霸权与反霸权形态的斗争之中,起到媒介生产的中介作用。

葛兰西在文化战场托举乌托邦精神,认为,一切意识形态都必须通过知识分子的工具作用,才能被广泛地传播和认同。葛兰西将当代乌托邦的社会建构关注的焦点集中在文化之上,从对知识分子功能的理解中,寻求对文化霸权认同的革命希望。葛兰西所设想的意识形态革命路线,就是一种当代乌托邦精神唤起。政治家和囚徒的身份角色,使他的文化霸权理论成为一种新型乌托邦文化战略,试图找寻到一条无产阶级解放的救赎之路。

(三)当代知识分子的角色选择

西方当代知识分子寻求精神的突围,有选择追忆与怀旧的,也有选择对未来美好生活的希望的。"每一个人都在改造自己和改变自己,其程度正如他改变和改造那整个一套的相互关系,而在这一套相互关系中他本人就是一切线索汇集的枢纽。"[1]雅各比等当代西方马克思主义者看似矛盾的身份标识,交替出现在他们的想象空间。他们并不属于最后的知识分子,在继承革命年代知识分子的优良传统的同时,又没

---

[1] [意]安东尼奥·葛兰西:《狱中札记》,葆煦译,人民出版社,1983年,第419页。

有学院化倾向带来的弊病,作为一种公共人的角色存在。

多种亚文化和激进话语在意识形态领域涌现,不再受某种文化或者学术体制的限制,而是播散到了整个文化空间。这既为知识分子提供了更丰富的理论资源,也提供了更广阔的思考平台,迫使知识分子敢于担当,重新确立批判精神,以适合的方式向权力说真话。[1] 知识分子共同体对何谓更美好社会的回应,就是对他们所了解的最美好生活给出的解释,把他们自身的生活模式投射到"美化社会"这个无限的屏幕。

雅各比对乌托邦的历史流变与知识分子个体质变的相关性进行了分析,希望能够找回知识分子的责任担当。他针对乌托邦精神的衰落,从乌托邦的概念起源出发,对知识分子与乌托邦的关系给予了说明。知识分子的历史发动者角色消退,集体功能逐渐被个人化所代替,连个体本来所持有的身份也将至不保。当代知识分子在对公共生活的忽略中,缺席了探求乌托邦智慧的历史义务。他的"乌托邦之死",旨在证明知识分子的乌托邦视野不再,为此,要致力于追求公平正义世界秩序的知识分子角色。在雅各比眼中支撑公共思想的,还是老一代的左翼知识分子,但资产阶级已从文化贵族和左派学者手中夺回了文化领导权,而所谓新一代知识分子,不少人已从社会文化批判的身份,蜕变成为具有专业人士的角色。他们在学术日趋专业化的背景下,靠文化资本谋取利益,将自身整合到社会分工和职业体系中,似乎只有与现行的文化意识形态体制结盟,才不会危害到他们的固有身份。他坦言现在的年轻学者在后现代语境中的研究路向,只是在于对文化资本的追逐,甚至在

---

[1] 新左派的萨义德与法兰克福学派所强调的社会批判是一致的,主张"流亡的知识分子"的思维方式,强调流亡者的心态与知识分子良心相结合的方法,也就是一种流亡和边缘的身份,使知识分子保持一种他者的视角,可以从外部看清事情的真相,从而能真正地发挥言说真理的职责,也使知识分子不受事情的约束,能保持一种身份的自由,从而敢于为民众奔走呼号,敢于对权势说真话,把关怀的重点放在和平与正义的事业上,同时把技术效应与人类长期利益结合起来,坚信科学与人文关怀的密不可分。"这需要稳健的现实主义、斗士般的理性的活力以及复杂的奋斗,在一己的问题和公共领域中发表、发言的要求二者之间保持平衡。"〔美〕爱德华·W.萨义德:《知识分子论》,单德兴译,生活·读书·新知三联书店,2002年,第26页。

社会生活中凭空地塑造。①专业化在他们眼中并不是以自然的法则来恪守的,充当的不过是一种文化潮流而已。那些专业人士们,要想真正地了解社会发展的走向,就要投身广阔的公共领域,而不是陷入到狭隘的专业里。知识分子要是想在后现代意识形态的裹挟中有所作为,就要从看似混乱的自然中,探寻到真实的规律和法则,以人类社会为研究对象并从中获取思想资源,抛弃将社会生活规范化和政治理性化的研究模式。即使是科学家,也有可能转变为批判性知识分子,因为科学事业是公平地追求知识的,其中还包括着一些经济因素和政治因素,而这些因素常常是社会矛盾的催化剂。同时,科学事业的进步,为知识分子提供催化批判的知识元素,当科学工作者成为批判性知识分子的一员,社会矛盾的批判性空间就会更加开阔。知识分子是具有一定附属性的,有影响的知识分子靠这种附属性,才能吸引团结更多人。

雅各比对真正的独立知识分子与各类产业化知识分子做了区分。作为知识分子必要品格的乌托邦精神,成为分别两者的重要标识。"乌托邦理想的命运是同知识分子的命运紧密结合在一起的,这是因为,假如乌托邦曾经发现过一个家的话,那么这个家就存在于独立的思想家和咖啡屋的常客之间。"②真正的独立知识分子,不仅要有知识分子公共性与实践性的素质,还要能够在精神与理性中间,通过乌托邦来寻找到恰当的平衡。要想重塑知识分子精神,避免恶托邦对乌托邦的替代,就需要将批判精神、技术效应与人文关怀紧密联系在一起。推动知识分子整体复兴的先决条件,乃是给逐渐削弱的乌托邦精神以责任勇气和道德良心的滋润。口号式的道德愿景,不能从根本上对知识分子进行良知的审判。

从乌托邦与知识分子的关系中,看到更多的是乌托邦与意识形态

---

①古德纳也对当代知识分子的倾向持相似看法,这些人乐于获得一张由官方授权,并借此谋生的技能资格证书。"对那些正式获得证书的人来说,优先获得某些官职、生活条件或工作——就想把收入留起来——的权力,如同在任何官僚机构、知识精英阶层或公务员体制中一样,是这些文化技能的资本化。"〔美〕艾尔文·古德纳:《知识分子的未来和新阶级的兴起》,顾晓辉、蔡嵘译,江苏人民出版社,2006年,第35页。

②〔美〕拉塞尔·雅各比:《乌托邦之死:冷漠时代的政治与文化》,姚建彬译,新星出版社,2007年,第156页。

之间关系的矛盾性和内在张力。追溯到古代去审视乌托邦,不可避免会造成某些知识分子对乌托邦思想的意识形态误解;将其与现代性勾连,又会招致后现代知识分子对乌托邦的鄙视,以及对现代性的否定。西方马克思主义者超越了技术专家带有的纯技术思维倾向,既展开了对知识分子堕落的批判,同时也着力修复现代价值与传统价值之间的断裂。在资产阶级意识形态的重压下,他们希望强化独立知识分子的思想力度,以理性态度来识别当代知识分子的属性。积极诉诸普遍范畴的乌托邦精神,是一条可选择的道路,它曾作为左翼知识分子的专门指代,事实上作为知识分子内心真正的指导原则,也理应成为当今知识分子存在的意义来源。当代乌托邦所具有的对社会现实的深广洞察力,涵盖包括西方马克思主义者在内的知识分子的一切精神活动实践。

当代乌托邦要从比之更高的角度去审视,如雅各比所言的反偶像崇拜乌托邦的知识分子。如何能够把乌托邦转化为现实的政治力量?一个丧失了乌托邦渴望的世界,对乌托邦冷漠时代的知识分子而言,将是一场巨大的灾难。"如果没有乌托邦冲动,政治就会变得苍白无力、机械粗暴,而且往往沦为西西弗式的神话。"[1]知识分子是社会文化的代言人,其承担着的角色往往是知识启蒙与伦理教育。但如今的西方马克思主义者,要更多地承担起对生存价值的追问,以及对精神生态的思考。知识分子自我救赎之路,与当代乌托邦对走出人类生存困境的启蒙,在他们看来是相吻合的。知识分子作为社会群体中的特殊团体,往往将自身做特定的角色扮演,形成拥有特殊品质的群体来凸显其纯净的本性。[2]

任何文化产品既是乌托邦的,同时也是意识形态的,乌托邦和意识形态总是这同一枚硬币的两面。意识形态所致力的目标,是接近于传

---

[1] [美]拉塞尔·雅各比:《不完美的图像:反乌托邦时代的乌托邦思想》,姚建彬等译,新星出版社,2007年,第196页。
[2] 如维特根斯坦所言,虽然他不把自己作品的期待对象当作人类的精华,但还是倾向于把这类知识分子人群看作"故乡人"。[英]路德维希·维特根斯坦著,[芬]冯·赖特、[芬]海基·尼曼编:《维特根斯坦笔记》,许志强译,复旦大学出版社,2008年。

统乌托邦式的所谓尽善尽美的社会。意识形态是一种包罗万象的思想体系，就它的乌托邦性质而言，它不仅追求一种理性的论证，更追求一种情感上的满足。意识形态是一系列充满激情的信念，意识形态图绘下的乌托邦，既带着冷静的理性思考在里面，同时还以现世的情感寄托示人。在社会生活中，意识形态仍应成为人们生活的支点，只是意识形态应该不断自我调适，通过世俗化为大众需要来实现自身。历史已经证明，那些抽象空洞、高高在上的意识形态，不论多么精彩动听，都不可能真正化为社会大众的精神血肉，更不可能成为社会发展的有效动力。对于乌托邦本身，当然也要对其进行合理的规范与制约，尽可能在限制消极影响的前提下，尊重大众文化传播的特点，以此来提升自身的发展空间，将贝尔眼中作为世俗宗教出现的意识形态，变为西方马克思主义者眼中的世俗乌托邦。

乌托邦经常成为空想或不科学的代名词，当代思想界能够为乌托邦价值正名的哲学家屈指可数，反倒是在哲学观点的评价中，给对方思想扣上乌托邦的帽子。反乌托邦主义者似乎都在竭力使观点为误读乌托邦的大众们所认可，更加贴近于乌托邦相对的所谓现实，"只有这样，他才能卓有成效地胜任他的工作；也只有俯首帖耳地追随时代的风尚，他才称得上明智，称得上有现实的眼光，有现实的头脑"[①]。在现实实践中，大部分的乌托邦评论者都是在认为合适的范围内进行探索，却又没有说出或共同承认合适的范围界限。

在长期的话语实践中，乌托邦形象的具体内容被消解，并在不断的言说中被钝化，出现了对乌托邦言说极度匮乏的时代，只留下已被掏空了内容的空泛意义指向，具体所指可以自由言说。乌托邦形象获得普遍性意义的同时，也带来了反乌托邦的普遍危机。考察乌托邦思想的发展史，就能揭示出反乌托邦思想家内心也有自己的乌托邦。乌托邦被视为独裁极权的同义语，招致反乌托邦主义者的合力围攻，以乌托邦精神为载体的当代乌托邦，也一并随传统乌托邦主义遭到清洗。反乌

[①]〔德〕海德格尔：《人，诗意地安居：海德格尔语要》，郜元宝译，上海远东出版社，2004年，第45页。

托邦主义者拿哲学的解剖刀,对乌托邦运动造成的巨大灾难进行分析批判,是具有深刻意义的。但人们摆脱了乌托邦锁链的桎梏,却也抛弃和穷竭了乌托邦精神,这导致人类历史在资本主义市民社会中终结的结论。

意识形态时而在日常生活中将乌托邦维度丢弃,与生存相关的东西也时而被遗忘。乌托邦在意识形态维度中出现的意义危机,乃是乌托邦精神的失落所致。西方马克思主义者从乌托邦根植的社会文化心理入手,将之作为抵抗新自由主义的武器,希望以此唤醒知识分子展开思想抗争。他们从价值维度探求对其拯救的路径,既挽回乌托邦的整体解放意义,又围绕具体历史条件展开,使之体现为事实与价值的动态统一,以一种整体的现实性力量推动自身的反思。乌托邦与社会现实之间,体现为一种重构与解构双重的连接。

之所以西方马克思主义者有勇气拿起当代乌托邦作为斗争的武器,是因为他们认可马克思主义是观测资本主义制度构成的一种难能可贵的分析武器。当然,西方马克思主义者对资本主义的分析和批判仅仅是第一步,并不一定导致社会主义实践。最终所要证实的毕竟不是当代乌托邦与资本主义的关系,而是它与社会主义的关系。当代乌托邦是共产主义思想层面内在地包含的维度,以直接或隐性的方式诉诸人之生存的本体论诉求,是对共产主义意识形态的自觉显现。当务之急不仅在于透彻地分析目前这种不完善的制度,还在于孜孜不倦地探索各种可供选择的未来方案。这些方案应当建立在本身所具有的公有社会的建构传统之上。确切地说,我们所需要的是一种乌托邦式的马克思主义,既是批判的、分析的,也是符合传统的。这提示了各种意识形态包裹下的西方马克思主义知识分子,应当从意识形态与乌托邦的关联中,以找寻当代乌托邦意义为己任,恢复人之为人的根基而具的意义支撑,唤醒酣睡的乌托邦精神。这也成为当代马克思主义的历史使命。

当代乌托邦本身体现了一种必要的社会张力,当代乌托邦的转向,反映出乌托邦与反乌托邦的冲突,在社会生活中是长期存在着的。消灭乌托邦的话语方式,就要做一种重建乌托邦的转换。消除任何一种

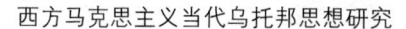

绝对意识强制其他意识的可能,使绝对意识的绝对性品质化做相对的社会功用,在社会范围内造成不同意识之间的竞争局面和互补结构。西方马克思主义对乌托邦的重建,就是使乌托邦精神和当代乌托邦的实践,脱离各种反乌托邦意识形态的操纵和打压,纳入新型的意识形态与乌托邦的关系结构之中。

第六章
当代乌托邦的重建

乌托邦是想象能力的政治表现。它更接近于诗,而不是更接近于计算。

要推进任何一种社会变化,人们都必须首先想象别的可能选择。[①]

乌托邦思想受到西方马克思主义者越来越多的关注,使其在西方并没有消亡,反而有复活之势。乌托邦社会主义的两大传统——技术的、社会结构的传统,或是美学的、文艺的传统——在西方马克思主义的乌托邦思想中都占有至关重要的位置。现代社会压抑乌托邦精神,但乌托邦精神却挣脱了现实的罗网无处不在,已不再只是一种"虚假意识"。它既是一种理论,也是一种实践、一种方法和策略。苏东剧变改变了世界的政治格局,意识形态已经终结,乌托邦快快已死的口号不绝于耳。在这样的背景下,后现代主义思潮中生发出的乌托邦理论,并不愿意直接面对现实秩序,这种批判意义构不成对现实结构的挑战,所以只能从边缘空间中力图寻找到逃避的缝隙。作为当代乌托邦的具体化建构,在历史维度上,不在乎对未来历史的经验式描述,通过对经济社会的发展前景和人类未来社会发展路向的粗线条描绘,各种建设性构

[①] 华东师范大学当代中国马克思主义研究中心:《社会主义发展的历史进程研究》,上海人民出版社,2001年,第377页。

想对具体社会发展战略,提供了有益的参考和借鉴。西方马克思主义者利用更为丰富的想象力,先知先觉地提出了崭新的社会——伦理问题,为人类社会的现实发展提供了许多可能性和创造性空间,试图表达一种对历史总体的信仰。

西方马克思主义乌托邦思想,是随着现代性版本展开而适时出现,再逐步进入人们的视野的。由于现代性是被编入资本主义的密码后,在其设定的轨道上运行的,所以西方马克思主义者突破了启蒙运动沿袭而来的陈旧观念,试图在文化层面影响社会变革以破解现代性的悖论。[1] 西方马克思主义者承袭了马克思思想中独具的理论元素,打碎了原先以空想社会主义形式出现的乌托邦主义,在批判资本主义的同时,以超越性追求人的全面而自由的解放。

形下的现代性诉求层面,本应当受当代乌托邦理想的形上之维规范和指引。但在具体的社会历史运动中,受不同社会行为的操作形式影响,原本作为不同理论视域内社会历史目标的乌托邦与现代性,却在乌托邦解放事业后的政治化实践过程中,以二元论的思维方式对立起来。传统乌托邦社会理想过去在内忧外患的挤压下渐变,在解放事业完成后延续的革命思维,一味地提出在摆脱落后生产力束缚后的新的政治诉求,又表现出现代性典型的救世主义特征。寻求现代性与乌托邦的统一,是一个极为复杂的过程。本章从历史、现代性与当代乌托邦之间的密切关联出发,着重研究现代性视野下乌托邦思想的批判性重建问题,还原西方马克思主义乌托邦所展示的新型历史意识,隐含对历史终结论等极端思潮的客观批判,阐释在现代性展开中的当代乌托邦诊断,从理念、制度、实践等层面,探讨当代中国乌托邦重建的可能性和内在限度。

---

[1] 正如霍克海默和阿多尔诺所揭示的那样,启蒙由于自身的辩证性质而可以成为反启蒙,科学、理性和民主同样也会由于自身的辩证性质而走向自己的反面。事实上,现代性本来就是一个充满矛盾的概念。科学、理性进步的观念,由于其自身辩证性质可能成为压迫性的。

一、历史意识中的当代乌托邦唤醒

(一)历史意义:乌托邦精神的展开

西方马克思主义不只是单纯把乌托邦看成现实中不可能兑现的社会状况,不只是规定性地处于不在场的状态,而是尽力缓解实际生活与其彼岸超验特征之间的矛盾。传统乌托邦式的历史设计,预设了完善完满的神的结构,这一乌托邦本体论价值的误用,为有限的人提供了超出现实界限的价值理想;当代乌托邦的位置处于此岸与彼岸之间,既有着现实的深切关怀,又有对未来历史的总体性把握,这一角度不会只关注人的历史性,而将彼岸的特性排除在视线之外。

带着应然逻辑的当代乌托邦,避免了可能的乌托邦定势出现,从而引出对这一定势历史运演的批判。西方马克思主义者有强烈的人本价值取向,试图在社会分析和批判中,指出人在社会异化链条中的状态,进而把握由此造成的人之自我设定。他们超脱于人性论的循环论证,试图从多重视角来把握人的潜能和极限、命运和未来,避免传统乌托邦思维一些基本倾向或定势,在此基础上,批判地反思历史上各种传统乌托邦历史设计的误区,发现乌托邦文化的历史演进机制。当代乌托邦的历史意义在于,乌托邦精神的展开。这种精神内在地构成人类生命的内在方式,而不是某种外在的附着物。人类历史的意义,从某种程度而言就是乌托邦朝向未来展开的历史,而到了新的历史阶段就是当代乌托邦的展开。乌托邦精神随社会历史运动减弱,而容易进入昏睡状态;当乌托邦精神大部分或全部展现时,人类历史就不至于陷入停滞。不同的西方马克思主义者分别对各种典型乌托邦历史设计给予过实证范例解剖,对诸如传统理性思维、工具理性主义、斯大林模式的社会主义等加以批判。终极的乌托邦设想具有大一统王国的特质,演变为压制个人的极端国家主义的制度,甚至连反乌托邦主义的自由世界也致力于把社会共同价值传播效应的乌托邦搬上历史舞台。从历史意识中观测作为普遍适用的乌托邦,是对大一统的整全性的书写,取消了特定社会条件的限度。希望囊括整个历史的终极乌托邦,自身在确定性方面是无能的,即使在有整体化预兆的状况下,也不能够实现。

多数西方马克思主义者认为,历史就是人类的实践史,人所面对的历史就是人的实践基础上的自然的人化,一切存在都是历史性的和社会性的,并非纯粹自然意义上的。历史进步观悖论,逻辑地表现为历史总是"已经是",而乌托邦总是"尚未",历史要通过乌托邦在其内部的作用,但经过其作用后已经实现的历史又不能被定义成乌托邦。"不管一个体系如何被动态地构想,如果它事实上是一个封闭的体系,不容忍它的领域之外的任何东西,它也就成了一种肯定的无限性。"[1]当代乌托邦对历史进步观的哲学反思,就是对静态先验图式的消解,对独断立场的否定,对盲目乐观设计无反思性的克服,对自我中心论立场的颠覆。西方马克思主义要检讨启蒙主义和现代历史进步信念对传统神圣文本的叛逆式误读,修复这种误读基础上的厌恶性反拨所造成的严重破坏,承认乌托邦存在的当代价值和合法性。

传统乌托邦定势浓缩了人类理想的价值追求,最终转化为一种可能的现实危害力量。人的历史被错误地定位为神性的化身,历史往往表现为不断的轮回。当代乌托邦的视野一旦消失,现实生存的人都难以把握社会历史的未来走向。传统的历史设计带有浓厚的传统乌托邦色彩,把人的历史当作神的历史来设计和创造,这就加剧了理想与现实的冲突的反差。超实体的神在历史沉浮中相继衰落,不断地打破人们的希望与乐观,自觉的历史却一直没有真正生成,人类历史的地平线几近模糊。历史发展规律的必然性和科学性,给推行的任何政治实践涂上了一层保护色,人的历史主体地位被降低到作为某种规律性的接受者和追随者,成为追逐历史既定目标幻象的运作工具和实现手段。人的历史不完全被定性在自然体系运动序列的一个特殊领域,而属于一种开放的历史进程。某种必然性的存在和自律演进的铁的历史规律,取代了超人的实体力量来对人的自由发展和创造性加以束缚和限制,

---

[1] [德]阿多诺:《否定的辩证法》,张峰译,重庆出版社,1993年,第26页。

将丰富多样的历史趋势一股脑地抹杀,各种对社会主义发展趋势的探索都用符合必然规律的同一种标准口径剪裁。经济必然性的逻辑,制约了人类本应有的合理存在,异化状态反过来作为普遍的合理状态。近似宿命论的历史决定论似乎杜绝了唯意志论的色彩,但又在同其共生的状态中才能继续维持下去。这就决定了,人们在历史中的任务就是为了找到这些未被发现的规律,但实际上,现实情况下对历史发展的有限认识,使得人们所依据的只能是自行做出的对必然性和规律的认识与解释。出现的规律本身与人的解释认识之间的无休止的混同,导致历史悲剧接踵而至。迄今为止的历史一直在经济必然性的运动下得以推进,人自身存在的自由和发展空间没有最大化地展开。人的存在意义不能被归结为对现存状态的肯定和盲目发现,而是存在着广阔的选择范围和创造空间,存在着开放的可能性场域,存在着的历史规律也不可能是单向性的线性规律,而只能是在社会实践中不断生成的某种历史可能性和相对稳定的发展趋势。

当代乌托邦自觉追问历史的发展方向,推进对终极乌托邦历史误区的澄清,使人类历史进入新的一页。西方马克思主义乌托邦思想就在于,唤醒人类内在的乌托邦精神,重建契合当代乌托邦的精神价值。

(二)历史进步:历史总体的信仰

西方马克思主义者在乌托邦思想的发展过程中,逐步形成超越传统乌托邦设计构架的历史意识。他们通过彰显人的主体意识,在参与历史进程中达到对历史的重新发现,自觉领会历史投入与历史产出的关联。历史的复杂性远远超出逻辑的复杂性,多数西方马克思主义者都自觉避开地狱一样的进步观念。

任何人都无法将历史全部复制,西方马克思主义者眼中的历史,只能是在当代乌托邦的文化总体中泛化的历史。一旦乌托邦丧失了历史性,历史就会反过来抛却希望。西方马克思主义者反思了新历史意识展开的可能性,对构成新型历史意识的诸要素加以整合,认为,乌托邦需要一个恰当的场合以证实自我。他们深刻意识到当代人面临着的重大转变,即所谓的文化转变,努力将以人神地位相继动摇带来的乌托邦衰竭,转化为人的乌托邦精神生成。因为乌托邦不能被解释成是为了未来而牺牲现在,但这绝不是对以未来规范现在的否定,而只是对完满的实体与绝对至上性力量的否定。带有终极观念的乌托邦观念统治,其统治的最终指向仍是期望整齐划一来规划世界。人渴望从社会异化中走出,这就要正视不完美的图像,关注总体人在历史中的生成,这对充满感情的乌托邦思想者而言,确立了历史进步的新的价值尺度,展现出了世界人的格局。传统乌托邦之衰竭,就是人当代乌托邦精神的生成,这也促成了新的历史意识诞生。

乌托邦思想与理性科学的进步观密切相关。先验本质理念的兴起,更加促成了无限理性对神位的挤占和重新规定。近代有关理想社会的乌托邦设计中,终极的乌托邦理念,在社会模式或制度结构上,表现出某种绝对的历史进步观,以之来为社会主义的合法性辩护。而西方马克思主义者不再追求一种终极的乌托邦,也不再为正统社会主义的正面意义做辩护。他们抛弃终极假设蓝本,认识到工具理性和技术发展造成的人类困境,对历史进步的价值尺度,从技术理性之外的多重角度去把握,并以弘扬当代乌托邦的名义,揭示真正意义上人的历史开始的时代可能性。

计划经济下的社会主义模式,被西方马克思主义者批判为传统社会主义。这个官方所确立的正统,成为社会主义传统社会实践中,占主导地位的历史设计,在一定程度上,同样带有传统乌托邦的理论色彩。近代乌托邦中科学主义表现出的对理性的张扬,并不能证实其与神学历史设计构成对立关系。同样如此,西方马克思主义者深入对传统社会主义的批判表明,简单附加上科学的字眼,放于社会主义概念之前作为限定,并不能保证社会发展的确切历史定位。这种社会主义不是一种不断生成的现实运动,而始终是以给定的面目出场,并未从根本上突破传统的历史观结构。而西方马克思主义对斯大林模式为主的传统社会主义批判,指明了其思维方式上的传统乌托邦历史设计的缺陷所在,其要害在于,把计划经济神圣化,从而出现了集中和压制的倾向。西方马克思主义者面对各国的不同国情和社会实际,反对线性历史思维方式,坚持多样性的、统一的社会主义发展道路,把社会主义视为在当代乌托邦实践中的探索过程,这与理性主义的历史观大相径庭。西方马克思主义者发现自己所处的先进资本主义国家,出现了一种精神上的贫困,这与被西方马克思主义者痛心疾首批评过的社会主义国家如出一辙。在理论上,马克思主义关于未来社会的崇高理想被多种现代西方社会思潮围攻,一些官方马列立场甚至与西方流行思潮出自一炉,已经同化在了类似资本主义的经济数字和物质的量的营造上,"与其说单调乏味出自乌托邦主义,不如说更多地源自乌托邦主义的缺席"[1]。而在社会实践上,社会主义国家在世界舞台上演历史的模仿剧,一味地仿效资本主义,作为"未来的希望"的社会主义社会并没有如预期般那样美好。

当今世界存在着关于乌托邦的一个严酷悖论。当人们从经济匮乏和物质贫困的状况中脱离,原先为建设社会主义而提出的前提条件发生了根本的置换,这时相对宽裕的现实化客观图景,使得强烈的建设热情减弱,甚至被遗忘。斯大林模式下的社会主义理念,强化了通过与人无关的力量来实现发展目标,依靠经济发展的客观规律来为之提供理论依据,发展经济的手段变得越来越像发展的最终目标,而社会主义在当今似乎和经济发展画上了等号,生产力成为解释社会主义生命力的代名词。

西方马克思主义者在挖掘乌托邦向历史不同向度拓展的可能,这就产生了多样化的乌托邦图景。具有历史维度的当代乌托邦,不是一个玄思和神话相结合的诗性乌托邦,而是一个提升玄思与超越具体生活样态的乌托邦,在历史内外穿梭游走。失去多样性的世界日益同质化,是乌托邦内在向度的悲剧,超历史的乌托邦类同于一种神话性质,其象征意义完全大于现实意义。源自历史的统治力量,都是对乌托邦历史维度的一种超历史反动。脱开历史的乌托邦玄思,只是一种预设乌托邦存在的无意识残余,是指向某种深层的无意识规则,剩下的虚无

---

[1] 〔美〕拉塞尔·雅各比:《乌托邦之死:冷漠时代的政治与文化》,姚建彬译,新星出版社,2007年,第259页。

感只能带来西西弗斯式的单调与苦役,现时代所谓的政治文明也将丧失自救的能力,人在其中也将如物般彻底失去行动的能力。来自这种超历史的乌托邦的预言,是一种纯粹幻想的危险观念形态。避开历史的乌托邦玄思,它的不确定性便显而易见,总是呈现出一种超验形态。作为一种意向性的存在,在既定时刻面向的是心智现象,而经验的明显事实则与此无关。内在于历史的乌托邦,是在一个完整的社会结构基础上产生的。[①] 类似如保罗·蒂里希也谈到了内在于历史的乌托邦与超历史的乌托邦的分疏。西方马克思主义者所言的当代乌托邦不同于玄思,作为一种向后看的乌托邦,取得了与历史的联系,并且在其中呈现出其特殊的意义;同时,作为一种向前看的乌托邦,也是为了并寻求在历史中的实现。

西方马克思主义的思想脉络中,对乌托邦本身有一个清晰而理性的总体审视。西方马克思主义乌托邦思想保持着文化超越性的同时,揭示了历史的超然性。从全球性的金融危机,到遍及全球范围内的地区冲突,无不在证实乌托邦的生存空间是不可能彻底根除的。西方马克思主义不仅区分开乌托邦观念与乌托邦的社会运动,而且以未来为价值导向,把追求人自身的价值实现作为历史发展的目的,把每一次具体的社会运动当成社会发展和历史进步的一个过程。超越某一特定时代的当代乌托邦,不是在历史的发展过程中作为达到的最终目标,而是在实践活动中渴望达到的确定目标。西方马克思主义乌托邦思想从社会功能上所做的解读,既对现存统治秩序构成持久的威胁,又在社会建构的努力中,尝试缝合想象与现实之间的裂缝。这种社会的革命与解放功能,富含了建设性的意义。在对现存秩序批判和对新秩序的追求中,西方马克思主义乌托邦思想得以历史地生成并不断得到发展,历史也在此中以整体的观照来领悟自身的统一,"在经过长期曲折的,但亦是英雄式的发展之后,在意识的最高阶段,当历史不再是盲目的命运,

---

① "因而在乌托邦中,需要予以否定的不应是社会的力量结构,而应是社会的统治结构。这种统治结构作为一种疏远化的统治结构,在我们的现在,即在介于事物原始状态和最终状态之间的存在中,到处都是现实的。"〔美〕蒂里希:《政治期望》,徐钧尧译,四川人民出版社,1989年,第209—210页。

而越来越成为人本身的创造物"①。西方马克思主义对历史的总体性审视,不期望用实证科学来证明乌托邦的存在,也不再依靠终极信仰来表达。它隔离开乌托邦和末世论的绝对理性主义观念,为历史进步所设置的种种先见,抛弃计划理性构造的完满色彩,摆脱抽象封闭方案带来的重重诱惑。即便其中一部分带有末世论色彩,但也认为,从来不存在绝对唯一的东西能够使人类彻底摆脱蒙昧和获得解放。

人所能把握住的历史进步,是无限延展的可能性,不再是感官和理智所无法触及到的盲区。当代乌托邦只有做到在场化中保持不在场,与现实保持相当的距离,才能具有历史总体性的色彩。拒绝乌托邦的历史短视行为,或者是乌托邦完全达成的意识形态自欺,后果都将同历史保持惊人的一致,必然会被历史的车轮碾碎。

(三)历史存在:人本质上所是

西方马克思主义者打破了传统乌托邦的历史设计构架,不再借助于超历史的力量,或超自然的实体,不再以神的完满形象将人的有限形象取而代之,而是希望实现人之历史的一种根本性转机。乌托邦表现了人的本质和人生存的深层目的,显示了人本质上所是的那种东西,因而具有真实性,并使人们具有历史意识,形成理解历史活动的能力。

传统乌托邦情结的产生,正是基于对人性的误解与分裂之上。传统各种乌托邦历史设计中缺少一种关注人的存在的自我发现意识,人对自身作为自由的、有限的、孤独的存在物地位,应当做出积极肯定的回应。终极的乌托邦历史只能被说成是一种被分裂的历史,它怀抱着不再被分割的世界主义观念,实质上折射的是一种道德灾难和精神分裂化的危机。一旦终极乌托邦进入人们的智识生活,无所不在的可能将是一种错误理念的覆盖,是一种如同宗教启示录的存在。历史投入与历史产出的反差,不断展示出历史进程的复杂性,历史意识继而显示

---

① 〔德〕卡尔·曼海姆:《意识形态与乌托邦》,黎鸣、李书崇译,商务印书馆,2000年,第539页。

出痛苦的性质。①

当代乌托邦是对资本主义历史发展可能性的预示。出于这种有效性的特点,现在才处于过去和未来的张力之中,对现代人在自身存在的某些异化本质或本体缺无上的不满迸发出的活力,使得人类可能性的自我实现不会受到窒息。乌托邦的承担者具有改造已有事物的力量,能够把存在的一切方面推向前进。法兰克福学派在总体上承认自然是人为实践活动的产物,自然就是人化的自然,具有实践性和历史性,人的本质的历史性是由人类实践活动的历史性和现实性所确定。"我们所论述的不再是在每个具体历史阶段都千篇一律的抽象的人的本质,而是在历史中并且只有在历史中才能被确定的人的本质。"②

当代乌托邦不制作僵化的铁箍笼,规定失去生命力的呆板生活方式,而是继承马克思思想的遗志,希望每个人的个性得以彻底实现,社会财富与个人智慧得以充分涌流。人之所以不同于动物,很大程度上在于,人是在实然基础之上应然的存在,而不是纯粹作为没有历史价值与目的性的实然存在。这意味着人的存在带着历史、反思、价值与存在的目的性,人有限性的创造活动结果,能面向无限性的开放历史前景,锻造出人的乌托邦精神。这是人的自由与创造性之所以能够存在的必要条件,由此人和历史的存在,才不会失去其未来指向的意义。

当代乌托邦自身存在的关键在于,完整把握人的本质特性。它通过扬弃人的有限性,推动人的本质实现,并清晰地认识到人的有限性与自我超越性的本质构成,避免造成人的本质疏离的后果。"人在自然界中到底是个什么呢?对于无穷而言就是虚无,对于虚无而言就是全体,是无和全之间的一个中项。"③历史进步使人不断地克服非社会性力量,充分地展现人作为社会关系总和的社会性本质。但无论对人的本质做何种定义,由于其自身的有限性,所以人只能接近于实现全部的

---

① 很多时候乌托邦力量的穷竭,如同哈贝马斯所言,是因为乌托邦非但没有与历史现实融合,反倒是历史意识与乌托邦精神分裂所致。〔德〕尤尔根·哈贝马斯、〔德〕米夏埃尔·哈勒:《作为未来的过去》,章国锋译,浙江人民出版社,2001年。
② 〔美〕马尔库塞:《历史唯物主义的基础》,载上海社会科学院哲学所外国哲学研究室编:《法兰克福学派论著选辑》上卷,商务印书馆,1998年,第322页。
③ 〔法〕帕斯卡尔:《思想录》,何兆武译,商务印书馆,1985年,第30页。

社会性力量,而不能彻底消除与本质的疏离。具有有限性的人,从可能性的逐渐完备中,实现人的本质不断发展,从而提升人的本质状态。①人自身发展的任一阶段,都存在非社会性与其社会性本质的对抗。人不可能完全克服自身的有限性,但同时又在日益接近人的本真状态,在克服人与人的本质疏离的过程中,不断地竭力超越这种有限性。

  人是一个历史的过程,就其现实性而言,并不仅仅属于当下现时,更多的是一个历史的存在。这个历史过程不仅表示人自身发展的过程,而且表示人目的性存在的价值追求过程。理想对现实的影响,就体现了其引导人们超越现实的价值趋向。人特有的存在方式,使内在的乌托邦精神,能驱策人这一有限的存在物,不断打破自身的界限,并使之成为自我的超越性存在物,在实践活动过程中,发展与超越自身,凸显了人的本性内在的本质需求。② 西方马克思主义乌托邦思想,是对人自身存在的反思,这种带有实践指向的价值目的性追求,赋予了人特有的历史表达方式,不会完全转化为个人化的沉思和理性实践,其本身所保留的整体解放意义,仍在持续发挥效力。当代乌托邦作为一种理想指向,给人的一切具体存在赋予某种不可见的内在吸引力,使其趋向于一个价值终极性存在。"我们的目的恰恰是建立一个价值模式的人的王国,有别于物质的世界。"③西方马克思主义乌托邦思想中的理想性元素,通过对自在东西的否定性批判,使之上升为自由的自为东西。不管是从人类起源进化及发展的历史进程,还是从个体人的发展的阶段和过程来看,人总是在不断地从非人化走向人化,从自在走向自为,这是人性中最根本的人之所以为人所追求的可能性。人在具体的存在

---

  ①蒂里希就把人看成是有限的自由,作为人而言无法避免有限性,人之作为人的本质状态,没有一个绝对完美的发展形态,人也没有一种手段和力量使自己实现绝对完美的状态。

  ②萨特认为,作为主体存在的人,必须同时满足三个基本要求:一是不是其所是;二是是其是;三是……是其所不是,又不是其所是。萨特的这一晦涩表述,揭示了人的存在是一个历史过程,且只有在三维时间的连接中才能把握,要求对现实的一种超越和对理想的一种接近。人的存在本身,"一个必须同时在它所有尺度中存在的存在"。〔法〕萨特:《存在与虚无》,陈宣良等译,生活·读书·新知三联书店,1987年,第195页。

  ③〔法〕让-保罗·萨特:《存在主义是一种人道主义》,周煦良、汤永宽译,上海译文出版社,1988年,第21页。

中,保持历史性与超越性的合理张力结构,不断地由现存趋向非在。现代人自身也会在社会实践和社会交往的过程中,具有当代乌托邦的精神品格。

历史可以作为体现当代乌托邦的人的主观存在,存在于一切与人发生联系的事物中,人既能够借助某种手段对历史重现,同样也能据此预见未来的历史进程。正如维柯所言,历史是人创造的;同时,历史也是一种体现当代乌托邦的客观存在。历史自始至终都包孕了无限的可能性,无论采取怎样的技术途径,或者运用怎样的理论手段,对历史的认识都无法穷尽,反过来要敬畏历史。

(四)历史乌托邦:人存在的二重化结构

西方马克思主义从形而上与文化的双重维度,对乌托邦精神观照下的人、世界、历史给予了重新思考,确证人之实践活动的这种扬弃给定性的超越本性(自由和创造性)能无限地发扬下去,并不断得以优化,并展开了一系列逻辑运演,阐发了新历史观的价值内涵,使人和历史的存在不会丧失意义。

当代乌托邦源自现实而又超越现实的升华冲动,随时随地将自身纳入现实世界的变革之中。正是有了乌托邦的召唤、引导和激励,人自身的历史才会表现得如此律动不息。就人的本质而言,人以自己的本质运行着一个开放结构,有能力也有义务去追寻乌托邦冲动的真理。西方马克思主义者的主导认知框架是首先从人的存在出发的。古典人本主义往往是从人的类本质出发,强调人性,而现代人本主义则多从孤独的个人存在出发,强调个体体验的独特性和不可替代性。而布洛赫这里的出发点两者兼而有之。他用尚未范畴来刻画这种延展着的黑暗:人们活在现在而又无法直接经验,唯有瞬间的过去呈现在眼前。[1]

---

[1] 布洛赫所说的当下的黑暗和柏格森所说的绵延或生命冲动十分相似。当下的黑暗同时是一种涌动的东西,未来就是延展着的黑暗。在柏格森看来,当下虽是理智无法把握的,但可以通过直觉来把握当下的绵延,直觉通过细密地、专心地关注自我,便可以意识到存在于内心的精神"由过去侵入未来的持续的涌进"的延绵,在这个意义上,"我们的黑暗"与尚未意识是可以合并解释的。〔法〕柏格森:《时间与自由意志》,吴士栋译,商务印书馆,2011年。

第六章 当代乌托邦的重建

人的类本质就是他的尚未完成性。在布洛赫那里,尚未存在是能指,给定的生存结构是所指。生存只能作为事后的"回忆"才存在。布洛赫批判弗洛伊德的无意识只是回忆,只是不再意识,而不是尚未意识;相反,只有希望才指向了想要的完满,这种希望是以讶异的形式体现的。为无限的潜在可能性的讶异与这个世界的"不可避免的终结"相遇,希望和讶异,指向了一个尚未存在的、在未来将要出现的当代乌托邦。"所有的道德和形而上学都表达着尚未完全达到的乌托邦现实,然而却是业已起推动作用的现实、本质的现实,乌托邦的现实最终是唯一真实的现实。"[1]在萨特那里,决定人的本质的存在,是一个自由选择的过程。他对人的存在做了自在与自为的区别,自在是当前所处的存在境况,自为是对自在的否定,就是努力设定并实现新的可能性。人的活动、人的选择造就了他自己。"首先是一个把自己推向未来的东西,并且感到自己在那样做。"[2]布洛赫与萨特在强调存在的主观性意义上走到了一起。主观意图和已达到的东西的相合性,仍然处于开放的潜伏状态。在关于不断表露自身的尚未存在的本体论中,尚未包含着超越既有生存结构的精神动力,它不是对既有生存结构的否定,不只是人生存样式静态的描述,不代表简单的否定或不存在,而是人成其为人的生存活动的展开,是对尚未存在这种生存发展方式的反思,意味着具有构成性意义的时空塑造与生成。

乌托邦是人的存在的重要维度,这一内在于人生存结构的精神冲动,揭示了人作为历史主体的存在意义。西方马克思主义描述的乌托邦主要不是指一种实体性的存在,而是一种价值指向的描述性界定。特别是布洛赫把乌托邦作为本体性的精神冲动,并内置于主体的生存结构中,与自身历史、社会现实性相互动态制衡。人自身的历史中承载的自由与希望,就是乌托邦释放自己的能量,承担自己的使命,发挥自身功能的历史。乌托邦在整合进人自身的历史之时,实际上就一并获

---

[1] Ernst Bloch, *The Spirit of Utopia*, trans. Anthony A. Nassar, California: Stanford University Press, 2000, p. 204.
[2] 〔法〕萨特:《存在与虚无》,陈宣良等译,生活·读书·新知三联书店,1987年,第152页。

取了和人类相生相伴的法权。乌托邦虽在表层涂满了诗性色彩,但不可能完全摆脱物质纠缠,更不可能跳出历史的视野。乌托邦对当下的超越,正是在勇往直前挖掘厚重的历史意识。作为处在将来完成时态之中的开放结构,乌托邦就是对人类历史意识的生动追求,而这一追求也反过来表征了乌托邦的开放性。处于对未来对话期待的当代乌托邦,释放出与历史对话的冲动,通过回望历史来反观现实,又经由现在而追问未来,对话平台面向三维时空不断敞开。

一般西方马克思主义所谈及的历史都是指人类历史[①],因为单纯的自然历史,超越了人的能动性范围,人在其中无法感知作为整体的自然,要承认自然本体论上所具有的优先性。人类自身活动极限的"自然之镜"被现时代打碎,而现时代又应当在当代乌托邦力量的整合下得到修复。当代乌托邦所表达出的自然力,使得自然和历史能够紧密相联。人在此领域中能获得一种普遍的治愈,使得人们既要克服权威,又要反对剥削。其一个阶段的历史任务,就是打碎蒂里希所指认的这种疏远化的历史结构。它不仅在打碎旧的政治经济社会结构基础上生长起来,还通过对内在权力的全面解构,同时对外在利诱有效地消解。这一新型乌托邦可能会给人们重新带来一种形而上学的幻灭,但靠的不是非理性的革命激情。当代乌托邦关注人类历史本身,对包括人在内的全体自然的内在价值是确认了的。如果把自然的价值硬性作为工具价值来看待,将自然简单粗暴地推向历史发展轨道,自然本身的力量无形中就会遭到破坏,人对自然的掠夺和奴役,也就在这种逻辑推理中顺理成章。

人既直接的是自然物,又具有自己内在的尺度,自然性与超自然性、生命本性与超生命本性在现实的人身上同时凝结。可见,人是立足于现实生活世界的双重性存在,是肉体与灵魂、感性与理性、有限性与

[①] 按照哲学家雅斯贝尔斯的观点,历史区分为自然历史和人类历史。自然历史是指过去在永恒的自然界中无意识地反复发生的一切,人类无法知道它的起源与终点。人类历史是指因精神而获得意义和连续的现象的演变,是通过人类记忆和继承同人类现在有机地联系起来的过去。相对自然历史而言,人类历史才是真正的历史。〔德〕卡尔·雅斯贝尔斯:《历史的起源与目标》,魏楚雄、俞新天译,华夏出版社,1989年。

无限性等多重矛盾的统一体,能够创造性地建立起属人的一体性关系。乌托邦根植于人的存在方式,即独特的二重化结构之中。① 通过对这种人的存在结构的考察,可以看出这种结构并存于分裂的二元结构之中,不是单一性的存在,而是充满张力的否定性统一。② 历史主体的行动总和,构成了一种具有多种功能意义的社会结构。随着人们交互作用的活动开展,这种动态平衡的结构渗透到社会的各个层面、历史的各个环节之中,这才有了完整的历史。"人作为一种存在,既生活于一个既定的世界之中,与此同时,他又能超越这个世界,能从内部改变它,以此作为它的起点。"③人与其他一切存在物的根本区别就在于,人能够使自身的存在方式获得不同于物的方式,彰显其开放的、应然的和生成的属性。

其实历史正是由人的行为能动建构发生的;同时,人又决定于这种客观结构之中。人的世界决不是被给予的,而是永远处于开放和创造之中。当代乌托邦立足于人本真的存在方式,对人这一价值存在,进行人独特价值本性的理性把握与自觉反思。

现代性的历史设计,将历史的轴心完全从天上转移到地上,美国学者福山所言的历史的终结,按照这一现代性神话的逻辑无可厚非。按照这一命题的解释,苏东解体后的人类历史是单一而非多元,社会历史发展的理念已经凝固,纵然有流动的现代人类感性变化,也不会为之创造能力,去开辟不同于当下现实的社会发展道路。西方马克思主义乌托邦思想的着眼点,不是以一种新的经济必然性运动来决定社会形态的变更,而是为人的生存发展创造尽可能丰富的条件,直至建立实现人总体性的自由人联合体,使人具有历史主体的意义。

---

①哲学家蓝德曼也认为,人与动物相比,是有限的、"未特定化"的,而人的有限性非但没有使人屈从于命运,反而成就了他对既成现实的超越意识和不断的超越行为。人这种独特的二重化存在方式使得人的乌托邦精神由此萌生。乌托邦本体生存结构下,人趋向于超越自身。一旦他不再超越,人就不再成其为人。
②对于究竟是人还是结构促成了历史的转换,这一当时人文科学最尖锐的论题,戈德曼明确指出,结构作为所有人们的思想意识、感觉特性和行为模式的一个普遍方面,没有任何理由可以取代人而作为历史主体。
③〔法〕吕西安·戈德曼:《文学社会学方法论》,段毅、牛宏宝译,工人出版社,1989年,第129页。

二、现代性展开中的当代乌托邦诊断

(一)现代性批判:现代转型中的乌托邦伦理回应

在历史现实中,乌托邦超越性追求往往与原初的价值目的背道而驰。随着人类社会的历史发展,现代性成了人们最为神往的价值理想与价值目标。现代性的后果反映在人的存在角度上就在于,把幸福与解放这类维度与从生产力解放中脱缰的工具理性维度结合,使得合理利用自然、组织计划社会事务与塑造生活方式等环节捆绑起来,形成了现代性虚幻的共生结构,导致超越性与历史性二元分裂。①

现代性是一个体现社会生活多方面的总体性概念。从一开始,现代性便具有两副面孔,许多特征一旦超过了既定性水平,一系列对抗性的反应,就会随即被激起。"现代性文明最初在西方产生时,从刚一开始,就受到内在悖论和矛盾的困扰,进而引出持续不断的批评话语。"②虽然现代性带来了一系列的社会困境和问题,造成了两极分化、工具理性扩张、经济危机和德行丧失等,但伴随而来的自由、平等、民主、社会繁荣等无疑是现代社会结构中的财富。社会进步的现代性过程本身,就包含着现代乌托邦的色彩在内。这种理性主义历史观,推动资本主义的快速进步,极大程度解放人们思想,同时也导致人自身的分裂,效率的优势往往被不公正与不平等所代替,"现代性不仅预示了形形色色宏伟的解放景观,不仅带有不断自我纠正和扩张的伟大许诺,而且还

---

① 依照哲学家洛斯基看来,20世纪人类的价值超越活动本身导致了恶和罪过,这是一个深刻而痛苦的经验,究其原因:一是以一种抽象的方式来规定价值并以之作为超越活动之引导;二是抽空了超越性活动的价值实质。张雅平:《洛斯基和他的〈价值与存在〉》,载《世界宗教文化》,1999年第4期。
② [以]S.N.艾森斯塔特:《反思现代性》,旷新年、王爱松译,生活·读书·新知三联书店,2006年,第23页。

包含着各种毁灭的可能性:暴力、侵略、战争和种族灭绝"①。韦伯从资本主义社会合理化及其过程的理论视角展开对现代性的诊断,现代资本主义社会的合理化过程主要就是形式合理性不断增长而实质合理性不断减少的此消彼长的关系过程。正是由于资本主义占据社会统治地位才使得形式合理性和实质合理性之间出现了断裂,而正是这种断裂成为了现代性的助推器。② 西方马克思主义者的批判声音,都对现代性发展起来突出的社会不平等、思想堕落和阶级压迫做了注解。乌托邦实现了自身由古代到现代的转型。在资本主义进步所致的现代性分裂背景下,乌托邦思想又随之付诸自身的发展,从而形成了当代乌托邦。以工具理性为表现形式的现代性造成的功利和短视,也就需要有一种乌托邦精神。黑格尔把现代性自我确定的要求看成是"哲学的要求",由于主体性保障的是自明性和肯定性,所以黑格尔用主体性原则作为现代性的标志,"说到底,现代世界的原则就是主体性的自由,也就是说,精神总体性中关键的方方面面都应得到充分的发挥"③。哈贝马斯由此表示,现代性仍然是一项"未竟的工程"。

当代乌托邦视野下的现代性,是作为启蒙现代性的对立面而提出来的。西方马克思主义乌托邦,成为对其从另一侧面进行的诠释,推动了传统乌托邦向现代的转型,并使之在对现代性的批判中保持了生命力。即使是审美维度中的现代性范畴,暗含了审美是个人情感的表现,这种表现又受到理性概念的制约,它也和启蒙现代性有着共同的目标指向,即两者都是要把人从异己力量的压迫中解放出来。马克思对世界历史的现代转型和与此相关的现代性来临,早就做过鲜明判断:"彼

---

① [以]S. N. 艾森斯塔特:《反思现代性》,旷新年、王爱松译,生活·读书·新知三联书店,2006年,第67页。
② 在鲍曼看来,现代性对秩序的追求导致视矛盾性为一种威胁,极力消灭矛盾性,于是以理性方式设计的社会是现代国家公然的终极因。现代国家是一种造园国,甚至大屠杀也蕴含在这种造园抱负里,这就将现代性和乌托邦一笔抹杀。但是鲍曼也自相矛盾地把一种内在秩序强加给了现代性。他的论断或许适用于盛期现代性,却未必符合早期现代性。[英]齐格蒙特·鲍曼:《流动的现代性》,欧阳景根译,上海三联书店,2002年。
③ [德]于尔根·哈贝马斯:《现代性的哲学话语》,曹卫东等译,译林出版社,2004年,第20—21页。

岸世界的真理消逝以后，历史的任务就是确定此岸世界的真理……对天国的批判就变成了对尘世的批判。"[1]当代乌托邦在方向目标的认定上不至于发生错位，即使从审美现代性的角度看，也不会由自律堕入自恋危机之中，也并不提供一套反理性主义和科学主义的完整解构策略。

反对资本主义发展导致的现代性分裂，成为西方马克思主义对资本主义批判过程中的主线。西方马克思主义者以新时期文化诉求和时代理想平衡现代性发展造成的问题，把理想社会建立在人性和谐之上，给当今现代性分裂时代更多的可能性。他们沿袭马克思主义一贯的历史态度和话语系统建立起对未来的信心，承认现代性在社会历史进程中的积极面，对现代性分裂的负面后果加以批判，不像某些乌托邦主义者，仅仅通过复古来达成未来希望的实现。当代乌托邦虽有理论和实践上的困惑，但它把人们引向一个更高的蓝图。20世纪特别是二战后，现代性带动了市场原则的通行，资本主义进入了新的繁荣时期。在当时复杂的社会情势之下，西方马克思主义者的深度社会批判，以及对苏联模式的警告，使得社会不至于在集体理想中完全否定当下的合理性存在。法兰克福学派认为，理想的未来社会享有充分的自由，同时接受这种理想社会作为乌托邦的充分合理性，这是对现代性视野下社会问题的路径诊断。

在西方社会从传统阶段向现代性的扩张中，乌托邦也逐渐从不在场向在场化变换，直至发生残酷的变形，这两条线索出现了并非是意外的交互。西方马克思主义者对资本主义这一现代性载体加以讨伐，但这并不是对现代性发展逻辑本身的否定。乌托邦往往因为受现实困扰，可能产生误判，甚至会无处找寻落地的真实根基。虽然境况如此，但仰望星空的乌托邦视野，与只留意脚下的理性主义相比，一定更为宽广。把当代乌托邦视为现代性背景下社会主义成长的文化生态，这在西方马克思主义者来看，文化批判过程中的乌托邦精神重塑，就是不断生长起来的整体性文化样态。自由主义的反乌托邦情绪，特别是在现代性中所宣扬的"告别乌托邦"是不足取的。西方资本主义的政治社

---

[1]《马克思恩格斯选集》第1卷，人民出版社，1995年，第2页。

会架构,虽然已经经历了后革命时代的转型,但仍被看成是彰显当代乌托邦力量的主要场所,而这不仅仅如传统乌托邦主义者们所谓的试验或是运动。

西方马克思主义乌托邦思想,不附着于西方传统社会的文化观念,使未来社会理想在保持不在场的同时,又能进入在场化的关怀视野。

(二)现代技术反思:当代乌托邦功能唤醒

西方马克思主义者明示了现代性过程中的深层文化危机。现代人想象与当下所不同的全新生活方式,几乎变得不可能。对未来社会的展望,很大程度上不再具有超越维度,同质化的文化模式向全球范围蔓延,个体的独立性在此中被吞没,同化成为现代人不能摆脱的噩梦。

与后现代主义思潮对现代性极度反叛的显学姿态不同,西方马克思主义者所表达的立场主张,还是蕴含深度的确定性追求,并在批判中促使现代性自我反省,不断追问现代转型的合理性。在他们看来,必须有一种心灵解毒剂,对这个机械文明高度发达、个体精神却受到压迫孤独的祛魅世界加以诊疗。这就要求有一种更高的文明形态去完成对现代性的"再次否定",把现代性在否定传统的社会理想过程中所丢弃的乌托邦精神重新找回来,对现代性的价值进行一次重新的估价,"即便是'头脑最为简单的'乌托邦,也'拥有显著的人类品性'"[①]。西方马克思主义乌托邦思想,为未来社会构想了可替代的多种选择模式。选择模式通过直面现代性的价值坐标系,加深理解现代性内含的历史终结逻辑,并打破对现代性盲目迷恋的固执态度,超越现代性的道德价值,在此之外的广阔领域寻求对社会历史的关切,而不至于作为反乌托邦思想中的非理性因素被抛弃掉。

随着资本主义社会的结构转变,西方马克思主义者加强了对理性

[①]〔美〕拉塞尔·雅各比:《乌托邦之死:冷漠时代的政治与文化》,姚建彬译,新星出版社,2007年,第260页。

功能的反思。① "现代性并不是完全凭借其自身'规律性'发展而来的，这种'进步的'历史观也不是在一个稳固的'客观'基础上产生，它的产生与人们的某种特定观念或信念有关，与社会的权力结构有关，其真理的限度有待界定。"②海德格尔眼中对存在的遗忘，正是归因于技术化的理性思维方式，不断地座架世界的世界图像化过程。作为海德格尔弟子的马尔库塞看到了由技术理性的合理性与操作性所带来的社会极大进步，但这种技术理性原则普遍化，则导致技术本身成为一种统治与奴役人的力量。发达资本主义社会对人的压迫与统治的突出表现在于，利用技术而不是恐怖去压服人，技术理性的分析与量化原则也被应用到社会统治领域，从而导致了科学与价值、目的与手段、真与善的分离，技术几乎失去了原有的解放与进步性功能，而成为一种单向度的、隐匿的、认同性的统治性政治力量。

哈贝马斯概括了技术的两面性，科技作为一个"雅努斯"两面神，既是第一位的生产力，又是作为一种意识形态存在。马尔库塞断言，技术的世界将是一个日渐衰缩的世界，集权扩展到社会生活的各个方面，深入到人的思想观念，人们的生活方式将处在技术掌控之中。霍克海默认为，批判理论的早期理想必须让位于更为激进化的批判，这是对资本主义文化的全面批判，也是现代资本主义的全面图绘，体现了更为明确的当代乌托邦主题。从资本主义社会结构的转变来看，资本主义经济越来越像一个自组织结构，生产率的长足发展所带来的财富增长，一方面使人们对当下的生活越来越满意，另一方面资本主义也越来越通过现代科学技术将人们整合到当下历史之中，建构出自身合法性的神话。

西方马克思主义者清醒地看到了工具理性操控下的技术座驾，

---

① 韦伯曾以"合理性"范畴为核心指出，现代资本主义的重要特征是社会结构越来越合理化，人的行为越来越符合理性的要求，社会日益朝着理性化、可控化的方向发展，现代科层就是这种合理化的现实体现。正是对韦伯理论的反应，卢卡奇结合泰勒制的技术意义，提出了现代社会劳动中的物化问题，并以此说明理性的物化。这些研究对法兰克福学派产生了深远影响，技术理性构成了思维的标准。

② [德]霍克海默：《霍克海默集：文明批判》，曹卫东编译，上海远东出版社，2004年，第189页。

对人的存在状况加以反思，人越来越拘泥于按照技术的方式来构建存在者领域。乌托邦的本体论问题，也转向了人的意义问题，以此在对存在进行追问并发现存在，人的自由超越于必然性的世界，承续了启蒙理性时代资产阶级的自由思想，对社会的未来和人的发展前景有着理想性的憧憬。这与资本主义早期的快速发展相一致，虽然现实发展过程中也还没有带来社会的全面异化和奴役，也没有彻底消除传统的影响。西方马克思主义者认识到，以启蒙理性的方式来认识和管理社会生活的条件，已经发生了根本性质的改变，人的存在境遇也由此发生了复杂的变化，人在异化现实的支配下，成为既定模式下的爬行者。整个社会的二律背反越来越严重，导致了物化渗透到生产过程和人的心理结构之中。一旦人们完全顺从了这个变形的结构，这个结构之上的人之超越存在，就失去了原初的意义。劳动分工越来越严密，生活变得越来越组织化，生产关系和交往关系的变化，进一步改变了人的存在方式。社会个体的成长主要受制于教育与社会机构，成人时代的延长，造就了适合技术化社会的类型形象。随着人自身生存结构的内在性变化，社会个体的感受形式对个人修养做了外在化的处理。新的行为模式在很大程度上，从实证化的社会科学中剥去了希望内容。

在众多的西方马克思主义者眼里，现代性不再像有些人所希望的那样，被当作现代人的囊中之物看待，对西方后工业社会冷静客观的洞察取代了现代人在异化世界中的精神病态。

(三) 人类精神世界：当代乌托邦的诗性栖居

乌托邦在文化层面为人类对生命与生存的诗意想象，开启了一个悠远而广阔的精神领域。人类精神世界出现的内在表达在于，价值理性的式微与工具理性的兴盛处于最紧迫的对峙之中，"我们的非诗意的栖居，我们的栖居无能于采取尺度，乃起于狂热度量和计算的一种奇怪的过度"①。人类对外部自然界的认识与改造能力愈发强大,而对真善美价值的反思能力日益衰微。西方马克思主义尖锐的社会批判立场,正暴露出人越来越为自己的创造物所拘束,又越来越为作为存在条件的外部环境所束缚。这种价值理性阙如,揭示出了现代性发展内部之分歧。对存在价值缺乏的深刻的反思,正是价值理性缺失的核心,其深层次原因就是乌托邦精神在现时代遭遇的淡漠。

传统乌托邦化为实现后产生的剧烈反应,最后会生发出无尽的虚无感。当代乌托邦出于对人类自身不足的反省,是对人类文明重生的悲怆,以及从中求得解放的反思。面对的这些不足,虽然不可能完全得到最终的消除,但西方马克思主义的乌托邦并不是简单的祛魅,而是从价值上对匮乏的人类精神生存状况给予的期许。"人绝非在他的时代的开端即已认识到自己面对虚无。他负有责任去通过对过去的回忆而为自己开辟一条新的道路。"②人在诗意的想象中,寻求更完整的生活,因为人没有想象是无法生存下去的。在西方马克思主义看来,他者和中介在诗意想象中有重要位置,是具有优先性的构成要素;否则,人就难以形成开放性的视域,进而全面地自我展开。传统乌托邦确立的是虚无的乌托邦的远景描绘,而西方马克思主义乌托邦思想则力求书写一个并非终结的个体,乃至整个人类的生存境遇,从中找寻现代性中最激进的版本来展现现时代一种独特的生活形式。常人与乌托邦精神之间都可能存在着一系列需要突破的鸿沟。作为一种不完全确定的存在,人的本质是无法准确测度的,而当代乌托邦就是要在多种可能性未来的意义上,让人获得充足的主体性自由。历史现实都有一个边缘域,因其直指生命和过程,从而能够与客观想象相连。边缘域是面向未来的前沿,涌现出来的是真正面向未来的可能性。当代乌托邦浸润的是"空无",其所开辟的意义表达不仅是逻格斯的,而且是希望能够承担起修复历史碎片责任的,从而这个世界被肢解的历史命运由此得以

---

① [德]马丁·海德格尔:《海德格尔选集》,孙周兴译选编,上海三联书店,1996年,第479页。

② [德]卡尔·雅斯贝斯:《时代的精神状况》,王德峰译,上海译文出版社,1997年,第159页。

改换。

现代乌托邦对神圣领域的僭越,面对自身无法实现的失落,以及如影随形的累积而生的虚无感,引发了对所有乌托邦希望的逆转和各种猛烈的反乌托邦批评声音。西方马克思主义者不再希望建构起大一统的乌托邦王国,原本停留在传统乌托邦主义者身上的殉难色彩不复存在。整齐划一的符号序列,在多元色彩中逐渐淡化,继而孵化出的希望在注定赢得路标的同时开辟出新的道路。乌托邦在现时代所具的悲剧性格,是西方马克思主义者个体生命无可替代的底色。诗意栖居是西方马克思主义者承续海德格尔精神的另一种现代性解决路向,引向人类理想本真的栖居状态。在现代技术社会,诗人摒弃技术性尺度,采取本真的尺度对待栖居地的建造,使人们认识到栖居的非诗意性,从而通过面向现实的"作诗",引领人们关注本真的诗意栖居。

对人的总体性形象的关注与对个人具体存在的关注,从原先的一致到如今矛盾的日益加剧。对外在世界的控制,并未使得人在对现实的关切之中,发现人的希望所在,这种客观的强制力,反而取消了人的自我实现。当这种对立无法自决时,社会进步需要借助于鲜血和困难来实现,社会本身不再是一种公意的体现,而是作为利己主义的合理典范,物质利益、生存斗争、社会繁荣也都成为人盲目意志的结果。最后如海德格尔所言,只有一个上帝能救我们。但是,西方马克思主义者并没有从这种悲观走向绝望,而是在悲观之中保持一种绝地而生的希望。当他们正视和面对绝望之时,希望虽在表面陷入无望,但更有产生的价值。

西方马克思主义者不是依靠虚拟的政治制度、意识形态、生活方式来为一个过分物化、工具化与奴性的世界去蔽,而是肯定了乌托邦的现实向度。但是,修补完善的乌托邦内在生命与外在形式的有机联系中,存在隔裂。完善的乌托邦永远只能存在于人类的意识和文字中,是心向完美的最终解决。而西方马克思主义者秉持的乌托邦理想未必是无法实现的,作为市民生活世界中十分匮乏的精神资源,它以现实的对立面出现,指明了一种追求完美而不是达到完美的向度。

三、现代性视野中的中国当代乌托邦重建

(一)中国社会乌托邦观念的演进:社会主义实践中现代性与乌托邦的交织

在内忧外患的双重挤压之中,中国传统文化所内含的乌托邦精神被激活,但又没有自觉地反思和批判现实的自主性。内在文化属性中缺乏科学实证,缺乏具有超越性的乌托邦精神,在社会实践中容易制造狂热的乌托邦运动。一旦内部忧患和外部压力,经过长期的磨合逐渐播散,世俗生活习惯与文化传统方式就不能内在产生本体论意义上的超越性和普遍性。

中国的乌托邦言说系统,形成了思想、文学、政治等不同的话语模式。中国传统文化中的乌托邦思想,有相对独立的演进脉络,对乌托邦精神的长期执着,并没有破坏乌托邦本身的完整性。一般而言,整体文化氛围还没有把乌托邦完全当成历史发展的切近目标来对待,而是以永不在场的形象展示在世人面前,以一种道德向往的精神动力推进历史向前发展。在西方现代性卷席而来之后,中国式乌托邦原先自在自为的文化存在状况被打破,逐步被具有时间化历史维度的乌托邦社会实践取代,开始附着上了启蒙现代性的特征。西方社会乌托邦由于其内在的文化基因,以形下的经验重塑来置换原先的形上的道德批判是不可避免的。而传统社会将大一统的文化观念和群体至上的心理旨趣熔为一炉,形成中华民族特有的价值取向和思维定势。表面上来看,西方传统乌托邦所具的超验性和彼岸性,对中国式乌托邦是陌生的,既缺少拯救世俗的宗教传统,也缺乏能够稳固的形而上学的文化建构。知识分子自视为"救世者"和"代言人",充满了神圣的使命感和庄严感。但究其实质,乌托邦救世主义与受理性进步观影响的近代乌托邦观念之间,在历史演进中造成过强烈的反差。但是,这种表面差异乃至对立

第六章 当代乌托邦的重建

是一时的,更多体现出的是内在的相通;否则,如果没有外来现代性文化的冲击和挤压,没有现代性的冲击,没有启蒙精神的嵌入,以"天人合一"为基础的乌托邦观念传统是不一定会发生转向的。

中国的发展进程不是重复走西方的老路,乌托邦的重建也必须随着历史的发展不断赋予新的时代含义。这就需要我们开发自身的民族文化资源,在对资本主义现代性的批判和对传统社会理想的改造中做出新的选择。"我们并非只能在理性的建议和非理性的乌托邦两者中间作选择。乌托邦思想既不曾破坏也没有贬低真正的改革。"[1]康有为和孙中山对中国传统乌托邦社会理想做了更新和调整,使之适应于特定历史语境中现代性发展的要求。总的来看,当代乌托邦对传统观念的更新,就是要使大同社会的发展方向与现代化为伍并肩前行。传统大同思想视小康为实现现代化的途径,指出富者愈富贫者愈贫,认为,中国必须通过建设小康,进而走向世界大同。但这种构想将理想与实践分割开来,完全把两者看成处于不同的价值层面来作为未来社会的前提。不过,以大同来主张共产主义理想,以小康来描述中国现代化进路,并将二者联系起来看的思路,超越了当时的时空层面,"'大同'说毕竟曾经导引过中国历史的进程,并且已经成为我们文化传统的一部分。在一个经验主义和相对主义盛行的时代,它受到某种冷落并不奇怪;但是它内部包含的价值却一定依然为当代人所信服"[2]。孙中山则有限度地抑制资本主义的不良后果,把民生提升至关系现代性发展的合理性高度:一方面,主张引进国外科技、资金和人才;另一方面,推行民生主义,要像英美一样富足,所得富足的利益要归多数人,使得全体民众都可以受益,"民生主义就是社会主义,又名共产主义,即是大同主义"[3]。随着西学东渐、启蒙精神的侵入,孙中山倡导的世界大同陷入与太平天国运动同样的失败命运,究其原因,是将其作为当时政治革

---

[1] [美]拉塞尔·雅各比:《不完美的图像:反乌托邦时代的乌托邦思想》,姚建彬等译,新星出版社,2007年,第1—2页。
[2] 高瑞泉:《中国现代精神传统——中国的现代性观念谱系》,上海古籍出版社,2005年,第380页。
[3] 黄彦编:《孙中山选集》,广东人民出版社,2006年,第628页。

379

命的既定目标来对待，忽略了当下社会所拥有的经济成分和所掌握的阶级基础。但不可否认，其在一定程度揭示了社会主义现代化所具的中国意义这样广阔的历史命题。虽然国人对社会主义的认识各不相同，也不一定正确，但在对现代性分裂的批判和反思中，不同程度的当代乌托邦倾向随之相伴，表达了在历史情境中中国现代化社会实践的制度选择。

中国传统乌托邦理想在外来现代性冲击下的现代转化，是在乌托邦精神的感召下，从全面发展和可持续发展上认识市场理性的合理性，以社会主义现代化作为制度考量。① 詹姆逊曾指出，社会主义在中国如果能成功地建立起来，使之不同于西方资本主义的发展路径，将对全球任何地方都会产生深远的影响，而中国的环境和历史条件为这提供了有利的土壤。中国历史上的乌托邦具有多元的特点，中国历代文人并不把桃花源作为唯一的信仰和向往之地，如《镜花缘》中的"君子国"、"大人国"就不是对桃花源的模仿。这与中国文化中缺乏定于一尊的神的做法有关，更重要的是反映了中国人价值多元，同时往往具有现实性与神秘性相统一的特点。中国现代性问题大都是从西方移植而来，在还未完全达到现代性的历史方位下，不能以后现代性的思路去解决现代性困境。可以说，现阶段所建设的小康社会是与大同不可分割的，从中国传统文化资源传承上来说，这一实现社会理想的实践道路，使得传统理想被赋予现时代的生命力，形成具有特色的未来阐释。共产主义作为人类最高理想，与世界大同理想作为对人类发展境界的描述，在未来社会语境上具有一致性。

中国式传统乌托邦理想，无论是康有为的大同论，还是孙中山的民生主义，内含的大同精神和大道气质，既充分消化了与现代文明相适应的进化史观，从而促动了国人的理想观，从对过去的追逐转向对未来的向往，又使国人根据人类文明的发展趋势来对资本主义的发展路径进

---

① 国内学者杨国荣认为，现代化与现代性无法截然相分，对现代化过程的理解，总是同时渗入关于现代性的看法，从总体上考察现代化过程的人文意义时，也相应地涉及现代性的人文这一维度。杨国荣：《现代化过程的人文向度》，上海古籍出版社，2006年。

行诊断,在面对现代文明并对资本主义的批判中,凸显社会平等和普遍幸福的生机,形成新的生命力。"不过世界之外观,于民生独人之困苦,公德之缺乏,未能略有补救也"[1],而当代乌托邦对传统乌托邦的改造,不仅能紧紧抓住了国人对现代化的期许,并且保持与马克思主义的内在关联,体现出对资本主义发展中现代性分裂的判断,代表了现代化追求与社会主义选择的统一,逐步形成对中国社会发展道路的选择,传达了一种典型的社会主义价值取向。

(二) 传统乌托邦:中国当代乌托邦重建的误区

中国社会主义的历史与现实交织着理想的追求与现实的选择。这种选择体现了包括马克思在内的社会主义思想的连续性,现代性生长形成的对传统乌托邦的批判,或是乌托邦对现代性实践中导致社会分裂的批判立场。这两者在追求社会主义的价值理想的文明进程中,是结合在一起的。

乌托邦与科学社会主义之间,其实具有一定的亲缘关系,但如今更多展示的是彼此明显的区别。马克思提出的社会主义构想,作为过去和未来的中介形式,处于不断的生成之中。它一开始被提出时并不完全是作为现代化的另一种社会形式。由于这种形式优于传统专制主义,体现了现代真正的自由与平等观念,从而更多是以现代化的对立面和超越者的形象示人。

社会主义和共产主义被看作是人的生活方式,逐步体现并竭力完善人的价值意义的过程,而传统乌托邦的缺陷需要在实践过程中得到修正,但根本性的问题不在于乌托邦本身。过去把有限的具体社会发展目标当成了社会或历史发展的终极状态,特定的历史演进阶段当成了某一历史时刻,以为能以此一劳永逸地扫除人类社会阴霾的当下存在状态,这误解了原本作为一个开放的历史过程的意义。马克思所构想的社会主义是符合历史发展规律和趋势的,要通过一定的社会物质条件和社会发展力量来实现,而乌托邦则对社会发展进行深层次的道德

---

[1] 康有为:《大同书》,中州古籍出版社,1988年,第279页。

归约和价值规范,两者都对未来历史有着一种深刻的关切在里面。科学社会主义反映了一种客观的现实的可能性。这包含了当代乌托邦更多与人的精神超越、批判性和自我反思相联系的特征;同时,又具有实现自身的物质基础和现实的社会力量。在西方马克思主义乌托邦思想中有某些可实现的因素,超历史性也是相对而言的。如果从历史的发展序列中,抽离掉超越和替代资本主义的社会主义,进而将之永恒化,那就必然会丧失内在批判维度和自我反思精神,乌托邦本身也在激进的社会运动和超历史的社会实践过程中受到曲解和变形,甚至从整体上招致厌恶,可能还会导向对个人自由的压抑和集体主义的独裁。作为乌托邦的观念整体对人类具有的魅力,需要在新的社会理想中加以完善,社会主义建设才不会陷入传统乌托邦设计的陷阱,陷入历史的投入与产出的巨大反差之中。一种新的价值系统的重建,即使做出了慷慨激昂的价值承诺,如果离开了现实生活世界与生存模式的转换,也将落空。

传统乌托邦在中国的理论和实践来源如下:

第一,在文化层面上埋下了表征传统乌托邦的种子。受中国传统文化影响,马克思主义理论被接受之时,陷入一种经验论的解读。中国文化的深层意识,归根结底要落实到天人合一、体用不二上,同西方坚持灵与肉的二元分裂和身与心的外在对立不同,归结起来,是为了求和才划分开形而上与形而下。此岸与彼岸的关系结构,由于其中应有张力的缺失,容易落入对超验目标的经验误读之中。近代中国之所以进行自我文化批判,是由中西方文化的冲突和碰撞在功能上的失效直接促发的。马克思主义的中国化也得益于中国文化意识和思维活动中的特有接受方式。东方社会的农耕文化,大体容纳了天时、地利、人和这些诸多赖以存在的条件,既做到了对自然的顺应与自然节奏相吻合,建构起的社会样式又是以血缘关系为纽带的宗法伦理社会。这种拥有自足的社会空间前喻文化,将社会传统和历史经验视为鲜明的参照系。

第二,将社会主义通常视为是理论设计的产物。资本主义的起源在总体上呈现为一个自组织过程。这就使得资本主义的乌托邦问题在实际面前并不举足轻重,甚至不用担心乌托邦危机的存在,因为资本主义的历史生成,是以典型的自发秩序来运行的,"以往的历史总是像一种自然过程一样地进行,而且实质上也是服从于同一运动规律的"①。与此情况不同的是,对社会主义革命和建设的规划,在时间顺序上先有理论形成发展,之后再诉诸社会实践。传统乌托邦问题乃至危机的内在可能性,从一开始就难以避免,共产主义运动的实际后果已经充分加以了验证。过去诸多社会主义的制度设计,导致社会主义的历史生成,往往是一个自觉设定目标进而追求目标的过程。在改革开放初期,真理标准的讨论中往往把实践和经验混为一谈,过分强调了实践效果的意义,忽视了真理的规范价值,未能对传统乌托邦的文化隐患做出理论防范,也没有揭示其存在的价值负荷。

第三,跨越"卡夫丁峡谷"不具备充分的历史前提。马克思的设想摆脱了以往历史逻辑的限制,将普遍性的社会发展法则局限于西欧各国。东方社会出现的先天不足,是马克思对人类社会历史实证研究的反证,加上在资本主义最不发达的东方社会发生社会主义革命,以及后天社会建设与治理上的薄弱环节,可见,社会主义的实践往往是不够格的,还需要进行补课,要利用自身不同于西方社会的特点来避免资本主义的痛苦。

第四,理论家在理论建构上的差异。马克思的表述风格,往往带有一些诗意化的话语特点,而恩格斯的知识背景上渗透了所具有的科学知识论和经验论的特点,使之与马克思思想中的超验性内涵有着很大的差异。争论最多的是恩格斯对马克思文本的理解,这种不同的表达方式直接影响了马克思主义哲学的解释传统。

第五,传统文化经验论特征背后的革命领袖诗化气质。传统社会人治观念尚未完全摒弃,以及理论家浪漫主义诗人气质等个性因素,渗透到其不可替代的历史进程之中,因而把马克思的价值理想做一种经验论上的解读。社会主义建设被直接等同于某种具体的政治设计。共产主义社会被设想为一种能够加以实际操作的具体模式,甚至开出详尽的时间表加以推行,这就难以避免乌托邦悲剧的发生;同时,也连接

---

① 《马克思恩格斯选集》第4卷,人民出版社,1972年,第478页。

起了民族命运塑造和伟人地位之间的变量关系。

第六，超验理念的经验解读。共产主义是自然与社会对立冲突的扬弃，人与人之间矛盾运动的完成意味着要在经验领域和现象世界中，消解一切对象性关系。在经验层面上，人类历史的自我完成虽表现为无限地展开，却只能是一个理念的规定。马克思所追求的自由王国，乃是一个超越此岸性的彼岸世界，对必然王国充分认识到的这一自由，隐现出人类的理性认识方式，与本体论意义上的积极的、绝对的自由，还是有很大差异的。马克思所述的由必需和外在目的规定的劳动方式，"是人类生活的永恒的自然条件，因此，它不以人类生活的任何形式为转移"[①]。劳动作为谋生手段的意义，如果在人类历史中一直存在的话，就无法绝对地实现人的自我超越。而自由王国作为体现人类最高价值尺度的终极规定，由于其绝对的超越性，不得不只能作为一种理念逻辑地存在，而难以被经验地在现实生活里表征。

当代中国人的精神生活，按照当代的乌托邦原则来审视，是无法被还原为现代性物质事实的特殊规定性的。无法被归结和还原为自然物的当代乌托邦文化，成为布洛赫所言的人造物中文化剩余的精华之所在，这正是人之所以为人的乌托邦精神之所在，充分凸显当代乌托邦重建中乌托邦—人与异化—物的分野，且不至于陷入还原论的误区。

(三)实践中的社会主义：工具理性与价值理性相互发展

现代性与乌托邦的关系，是中国社会主义选择中提出的重大命题。西方现代性引进与自身现代化生长力互为一体，由此形成的彼此的复杂关系成为贯穿近代以来社会思想逻辑发展进程中的内在冲突。一种外源性机制的现代化类型的形成，造成了工具理性与价值理性最初的分裂局面，打破了以理性为特征的现代文化的内部平衡，并过早地将两者之间的冲突公之于众。

一元化政治话语的乌托邦激情，在新时期渐趋消退，但当代乌托邦

[①]《马克思恩格斯全集》第23卷，人民出版社，1957年，第208页。

并未完全消散,而是转为多元的叙述方向和言说内容,显现出对现代性的多元思考。在批判旧世界中发现新世界的观点,在社会主义社会曾经的错误实践中缺失,完美无缺的计划理性,自认为已经把握了人类历史的规律,将当代乌托邦所具的批判性创造精神取而代之。殊不知,在对西方资本主义发展进程的判断中,发现其制度运行的悖论性后果,是一个漫长的历史过程,是一个不断从必然王国走向自由王国的历史行程。从当代的全球化视野来看,国人必须反对线性思维和变化了形式的理性主义历史观。这决定了相当长的历史时期内,要提升当代乌托邦内含的乌托邦精神,不可能建立在纯而又纯的生产关系之上。这种上层建筑领域的建构,必须在适应生产力进一步解放与发展的基础上加以调整。在当代乌托邦指引下的现代性成长,要求其成长环境进一步达到社会文化的多元开放。

中国人生存方式发生了深刻变化,对现实生活世界的认识也发生了转换或者跃迁,"我们真正需要的是以称作乌托邦的欲望全面代替现代性的主题"①。这就意味着当代乌托邦力图超越根深蒂固的经验主义封闭思维方式,以及带有依附性的自然主义行为模式。② 社会主义与现代化的统一,面对乌托邦精神阙如的世俗化深层文化困境。一般说来,要充分打造充满主体性与创造性的现代人类生存意识,保留西方马克思主义乌托邦思想中对未来社会的理解,不外乎三种选择:在培育现代性中完成现代化;在拒斥现代性中对未来理想保持坚守;在社会主义现代化进程中保持二者之间的张力。这就既不会把社会主义变成永远不能实现的梦幻,也不会否定乌托邦在现代化进程中所具有的现实意义,更不会产生社会主义具有与资本主义完全不同价值追求的局

---

① 〔美〕F. R. 詹姆逊:《詹姆逊文集》第 4 卷,王逢振译,中国人民大学出版社,2004年,第 180 页。

② 列斐伏尔认为,必须寻找到他者的可替代性选择,选择超越当下现实的另一种可能性,才能走出现代性,以此来消除或缓解人们对现代性价值的固执。在此意义上,当代乌托邦就是这个他者,作为一种可供选择的模式不可或缺。Henri Lefebvre, *Introduction to Modernity: Twelve Preludes, September 1959-May 1961*, trans. John Moore. London: Verso, 1995.

面。"乌托邦提供的是一种精神力量和方向,而不是一个终结目标。"[①]中国文化中所固有的"均贫富"、"求大同"等,使人们对作为理想的社会主义的认同和向往,比之他国更为强烈,具有浓郁的传统文化气息,而与发达资本主义国家相较而言的劣势,加之长期以来妄图改变生产力水平的极度低下的急迫心情,使得中华民族这个认同性很强的社会群体,在两种同等强烈的社会要求面前,自觉或不自觉地形成了两种不同的对待未来的思考路径。在工具理性与价值理性的博弈中,价值理性作用的萎缩,导致一部分人陷入严重的空想情绪之中。儒家理想的内圣外王,或是道家的无为而治和自由逍遥等,均延续了对人生意义的探究,价值理性的文化价值没有在现代性进程中被清除。意义追寻中所面临的困惑,暂时无法在这一阶段获得解答,又被转嫁到对工具理性的拒斥之中,使得两者的无形冲突过早地在中国展开。

由于文化作为人的"第二遗传机制"影响,人们在当代面临工具理性与价值理性之间的艰难选择。在这种现代性与乌托邦张力下产生的文化冲突,使得中国人的心灵世界遭遇更为复杂的撕裂与痛苦。市场经济的逐利性使得各种现代性因素激增,作为人本身生存的意义逐渐淡忘。现代性问题与现代性危机,不再是西方资本主义社会的专有词汇。现代性把人从彼岸拉回到了此岸,仅仅是对传统的反叛和报复,不但没有使现代社会中生存的人找到现代人的价值所在,也没有办法妥善解决好个人与他人、自然、社会的内在和谐。只有当代乌托邦的重建,能够使之不再像传统乌托邦那样丧失具有反思自身的能力,才能产生积极的批判效应,不至于让现代性在盲目的乐观主义泥潭中偷生。

工具理性与价值理性彼此相互促进,是现代性文化本应持有的状态。人们实际在现代化进程中,面对两者之间的博弈,所持的工具理性偏向,切断了传统曾赋予的安身立命之所,导致了文化内部精神结构的失衡。工具理性是价值理性的现实支撑,离开工具理性的价值理性的张扬,只能是悬浮在空中的楼阁,使人失去生存的基座。不可否认,工

[①] 苑洁:《后社会主义》,中央编译出版社,2007年,第298页。

具理性的张扬带来心灵的阵痛与失衡,但这并不是工具理性本身所致,而是价值理性在长期的博弈中受到冷落所致。蔑视并脱离工具理性扩张的现实,而沉溺在自己所建构的精神世界,着实不可取,这只能是脱离现实的虚妄挣扎。

工具理性与价值理性之间的紧张关系,在现代文化内部始终存在。这种共生的关系所传达的内在张力,是推动现代文明向前发展的巨大动力,在社会生活实践中做到知行合一,运用辩证意识来对两者加以审视,是缓解乌托邦与现代性张力失衡的思维逻辑与行为方式。

(四)应然和实然的中道:当代乌托邦重建对超越性存在的同一性把握

重建的中国式乌托邦,需要来自中国人对超越性存在的同一性把握。这种重建,应当同西方马克思主义乌托邦思想遥相呼应,既具有当代乌托邦的特征,又是在一定程度上向前现代性乌托邦回归。它继承了传统文化中非名与同一性观念,建立在内在性自然与超越性存在的同一性基础之上。

中国当代乌托邦重建,是与具体历史条件下的现代化紧密结合的。一个民族的现代化,取决于该民族自己现代性的成长。但由于资本主义裹挟现代性洋枪大炮打开了中国大门,闯进之后给整个经济社会发展带来了巨大冲击,这就不得不在对西方现代性引进步伐中对其加以识别,因为对西方文明的学习,并非中国进行自身拯救的归宿,而只是社会必经的一个环节。后现代主义对现代性的讨伐,从一个层面透露出,无论现代性以哪一种技术面孔出现,作为主体的人,已经从反映、判断和行动的结构中崩溃和瓦解,但在现代性冲击下,仍然会出现认清社会总体变革的工具。"外部世界对人的影响表现在人的头脑中,反映在人的头脑中,成为感觉、思想、动机、意志,总之,成为'理想的意图',并且以这种形态变成'理想的力量'。"[1]正是在经历了处于乌托邦与现代性交织状态中的艰难抉择,中国人才逐渐在批判西方社会矛盾冲突

---

[1]《马克思恩格斯全集》第3卷,人民出版社,1960年,第440页。

的漫长历史进程中，自觉形成一种超越性的乌托邦精神。

中国式乌托邦的生命力没有完全消失，而且也在西方马克思主义乌托邦思想的指引下实现着当代转向。和谐理念、民生关怀、道德诉求，这一系列传统社会理想诉求中包含的内容，在历史语境中体现出现代性的时代内容。在价值理性越位和思想价值畸变的特定历史条件下，社会乌托邦由于狂热性的波澜喧嚣，最终导致整体性的理性失控和社会痉挛，继而丧失了真理性，噩梦消散过后的幻灭感随之而来。大众心目中的乌托邦，已不满是道德理想主义色彩，也不再是个人乌托邦的极端主观崇拜，而是在物化社会中保有人类灵性中的自由之光，随时连接上割断掉的人与理想社会的乌托邦的关联。

社会不和谐是现代性直接或间接的反映。现代性的分裂不是可以在理性主义的线性发展中解决的，引起的全球性问题与"现代化问题"的叠加，非常容易演变成马克思眼中的异化之根和巴塔耶笔下的末日之源，导致人与自然、人与社会的双重矛盾，并诱发人自身不同思想的尖锐冲突。但现代性的分裂，同时是乌托邦存在的根据，现代性通过制造矛盾来不断激发起人类的理想诉求，在不断制造矛盾和分裂的过程中，改变自身的发展轨迹。改革开放以来对乌托邦理解上的偏差，从另一个分叉点彰显开来。社会主义现代化全面启动以后，现代化是现代性成长推动社会转型的过程。人们对乌托邦悲剧缺乏全面系统的总结，其后又反其道而行之落入另一误区，未能真正走出两极之间的怪圈和轮回。他们在抛弃空想主义的同时，也一并将乌托邦精神抛弃，远离甚至告别其所蕴含的理想与崇高，现实生活的空气中，弥漫着浓烈的世俗市井气息。随着市场经济的强劲发展，现代性价值观念的影响深入，社会生命体之间，也几乎沉沦在此消彼长的冲突情势中不能自拔。游弋在个人乌托邦与社会乌托邦之间的人们，面临着严重身份危机的挑战。当前，人们好不容易从绝对真理的教条牢笼中逃脱，但有可能在发展过程中导向现代性危机的极端情况，甚至有可能重蹈西方的没落，因此要防止被现代性的历史终结神话牵绊住开放性的思维。

西方马克思主义乌托邦思想中独具的超越性、批判性的乌托邦精神，从人所具的最高与核心价值入手，对人们的世俗生活的过分膨胀进行限制,发挥了文化的形上之维优势,起到显著的道德制约和价值制衡作用,使得现代性不能够单向度地张扬,而是在内在的限度内展开。当代乌托邦重建,以期由理想向实际再双向互动的思维转型,不乏其合理性,并能够阻止这一发展进程被全球化的同一性机制所吞没。走出传统乌托邦给中国道路所开具的历史设计蓝图,并不应该彻底摆脱乌托邦的社会理想本身,历史上的各种乌托邦追求,从总体上自始至终推动着实际的历史进步,对待当代乌托邦,不应当像"文革"过后那样再进行无原则的声讨。

历史语境下的现代性与乌托邦之间,就是对实然和应然的关系反映。当代乌托邦可以使国人对资本主义保持本应具有的批判力,并促进先进文化中的社会主义因素的生长。人的全面发展,在市场逻辑和工具理性的逻辑下不可能得到满足,而必须使现代性的意义追求,突破原先理性大全的限制。现代性与乌托邦重建,在现阶段处于不可兼容的状态,主要因为理性主义的现代性逻辑所致。它对应然问题的解决缺乏效力,必须有强有力的文化要素介入。"在广义上,文化是社会的秩序、自我说明以及它和其他社会、文化的关系的有机体。"[1]当代乌托邦作为一种依托乌托邦文化传统,进而超越现代性的可能性价值诉求,试图解答当今面临现代性困境的人包括中国人从哪里来向哪里去的问题,"通过抓住公众的想象力,可以创造出供人效法的中心,并以新的思想和理想注入集体道德……所有这一切都是为了防止停滞不前并保证社会的进步"[2]。社会转型不可避免地导致传统道德的失落,实践中的社会主义,也依然存在着应然与实然之间的距离。而对当代乌托邦的重建,则理性地表达了现时代人们对精神家园的回归,以超越当下和消除片面成见的方式,检视西方文明全球化扩张的后果,试图提示恰当的发展路径选择。完全以现代性思维来处理历史、社会发展、现代性与乌托邦的关系,就会造成从传统社会向现代社会转型过程中一系列社

---

[1] 〔德〕彼得·科斯洛夫斯基:《后现代文化》,毛怡红译,中央编译出版社,1999年,第11页。
[2] 〔美〕乔·奥·赫茨勒:《乌托邦思想史》,张兆麟等译,商务印书馆,1990年,第259页。

会矛盾的激化,人被理性工具钳制,而使之为人的意义缺损;反过来,如果完全以传统乌托邦思维对现实做出认定,又会造成主观盲目行为的滋生。在逻辑上,这种混淆一方面,把实然看作应然来对待,导致为现实做长期的无力辩护;另一方面,把应然当作是实然追求,一直在做把超验目标在经验世界完全变成现实的幻梦。消除应然与实然的距离,不是完全以某一者规范另一者,而是要把社会主义的运行发展,纳入到现代性与乌托邦两者的协同作用之中。

当代乌托邦与现代性的同一性机制就在于,寻求到一种中道,尽管并非建立在严格的逻辑论证之上,但仍要使得彼此之间做到相应的平衡。在这一过程中,传统乌托邦的消极影响就可消除,理性判断对人的贬低和控制会由此而减弱。中国人内在尺度的意义追求,就需要在两种层次的文化背景间,通过一个社会内在信仰将两者勾连,认清现代性的边界,将形成的社会分化加以整合,达到当代乌托邦的意义追求,与"大同之道,至平也,至公也,至仁也,治之至也"[1]的独特乌托邦精神气质契合。即使是在彼此对立的过程中,国人也不是在抛弃现代性或唯现代性是瞻的非此即彼中盲目判断,而是把马克思关于人的发展的理论与社会实践联系起来,超越理性主义和传统乌托邦的论域,力求以此发现彼此内在的限度所在。鉴于人们忙于具体的事务而使乌托邦冲动衰竭的情况,面对现代性的独断,当然不是以乌托邦取代现代性。哲学家冯友兰对现代文化做了最精辟的中国式阐释:"现代观念与古代观念一个最显著的区别在于,现代人具有进步观念,认为人的理想状态只能求诸于未来,而不能失之于既往。"[2]在告别传统乌托邦造成的历史困顿之后,对乌托邦采取完全否定的态度,绝对不利于中国现代性的展开,不要怕用"乌托邦"这个字眼,经过了学术上的澄清,即使为了避免歧义,也需要弘扬它在现代性分裂批判中所彰显的精神意义追求,把当代乌托邦所主张的乌托邦理

---

[1] 康有为:《大同书》,中州古籍出版社,1988年,第8页。
[2] 冯友兰:《中国哲学简史》,北京大学出版社,1996年,第77页。

想主义精神,作为社会主义生命力的源泉。① 对社会主义和资本主义这两种社会发展形态,不应当仅从道德上去拷问,而是要在历史语境下洞察现代性与乌托邦关系的意义。

现代性分裂使社会发展处于艰难波折的矛盾状态,而在现代化与社会主义统一命题下的当代乌托邦重建的效果,不是以工具理性为终极指标来衡量,而是以价值目标与运动过程、工具理性与道德理想、社会转型变革与人的生存意义这些要素,能否得到适度的统一来衡量。乌托邦的重建恰恰在于,使工具理性和拜物教宰制中的人们,能够保持对现实生活的判断能力,寻求现代化的合理边界,规范合理发展的现代化实践对人自身的意义,在理想与现实的张力中实现人的发展,在目标与过程的统一中践行以人为本的科学发展理念。尽管当代乌托邦带有理想主义的色彩,但又指引着道德理想与社会变革的统一。

在历史语境下透视现代性,可以发现乌托邦精神在此中的迷失,现代社会很大程度上人已无家可归。人类渴望精神家园的重建,只有在乌托邦重建的限度之内,才能找回人本质上所是的那种东西。

马克思抛弃了康德将理想与现实二元分裂的做法,揭示了其早期思想中乌托邦因子整体解放功能的当代价值,实现了将当代乌托邦在实践中的动态化、现实化路径。马克思思想中的理想与现实、事实与价值之间,不再是彼此分离的,而是在特定历史情境之中,逐步走向功能性而非实体性的具体化的动态统一。"历史的伟大传统在于帮助我们人类认识自身及世界,从而使我们——无论是作为独立的个体,还是作为与他人密切相连的社会成员——能够设计出有意

---

① 学者顾准指出,理想主义(乌托邦)虽然不科学,但它出现在"娜拉出走之前"的革命年代,其作用却是科学的,然而用它来解决"娜拉出走之后"(发展生产力)的问题却必然是空想。这种观点将乌托邦与革命挂钩,与发展截然二分的传统思路,同当代乌托邦的理念是冲突的。顾准著,陈敏之、罗银胜编:《顾准文集》,福建教育出版社,2010年。

义的和充满理性的选择,并进而成为有意义的历史创造者。"①西方马克思主义者承袭了马克思思想,突破了传统理性主义认识的视野,将知识的源泉扩充到理性之外,突破线性的科学范式,不再将乌托邦的历史建构悬浮于彼岸世界,而是在此基础上,不超脱历史条件之外的抽象规定,而是在科学认知的事实关切之上,建立当代乌托邦的理想价值规范。

西方马克思主义对乌托邦的重新阐释,在现代性维度上,使得不在场能够在现代化进程中一定的在场化,从消极无为转而朝着更深层意义的有为目标演进。"乌托邦的伟大使命就在于,它为可能性开拓了地盘以反对对当前现实事态的消极默认。正是符号思维克服了人的自然惰性,并赋予人以一种新的能力,一种善于不断更新人类世界的能力。"②乌托邦与现代性不断靠近,同时又保持距离,让现实总体性的批判得以展开。当代乌托邦对现代性反思中透露出的批评性否定,暗藏的是对现实生活的期待。而在对现实的理想化过程中,当代乌托邦散发着的超现实性,既表现为对改变现实的想象能力的追求,也表现为价值目标的全面和多元。在现代社会甚至面临后现代的消费社会,人类走出乌托邦困境,不是扼杀其想象的本质,而是通过对想象能力的激发来以想象为底色,努力释放其批判的特性,使这种被现存埋没的可能性重新开放。

当代乌托邦的重建,具有强大的辐射作用,使得诸多思想家以多重面孔,继续做出重建乌托邦精神的努力。乌托邦的整体解放意义,也在乌托邦的重建过程中化为一种现实性力量,与现代性交织在一起生长。"文化本身是为人类生命过程提供解释系统,帮助他们对付生存困境的一种努力。"③在目前以工具理性为根基的人类生存语境下,通过当代乌托邦重建,而完全实现中国独特气质的乌托邦精神的历史条件尚

---

① William Appleman Williams, *History as a Way of Learning*. New York: Oxford University Press, 1973, p. 8.
② 〔德〕恩斯特·卡西尔:《人论》,甘阳译,上海译文出版社,2004年,第78页。
③ 〔美〕丹尼尔·贝尔:《资本主义文化矛盾》,赵一凡等译,生活·读书·新知三联书店,1989年,第24页。

不具备，未来能预见到的是这种精神力量在量上的积累。当代乌托邦内含的精神气质，随中国现代性社会的具体历史情境变迁而螺旋式生成，以文化的形态在现代性批判的维度中出现。社会未来发展的希望，被置于社会历史条件诸因素的合力调节之中。这样，才有可能实现社会总体变革，与乌托邦精神发育保持质的同步。

当代乌托邦的重建，无论是将其单独放置于个人沉思的界域内，还是单独归入到客体化社会动态运动过程之下，当前的历史条件都还不完全具备。整合这两种平衡社会运行的有效资源是必要的。这使得当代乌托邦的内在批判性价值与外在现实性价值发挥出联合效应，在精神生成中不断造就科学社会运动的历史机遇，加固社会运动中的信仰厚度。

结　语

尽管乌托邦的记录是凄凉的,但乌托邦的冲动绝没有熄灭。[1]

由于历史境况的演绎和时代的变迁,人类的生存与发展呈现出多棱面相的诉求,思想家给出的求解方式也不尽相同。西方马克思主义者在继承传统乌托邦思想的基础上,重建一种健康合理的,与在实践中从不同的角度构想出外延不同,却又内涵相近乃至合一的乌托邦理论。这一理论演进的逻辑,遵循了对人类诸多文化价值整合、包孕的总体性立场。如果对科学和理性做一种非实证主义的理解,如果对乌托邦做一种超越解构主义的理解,科学和乌托邦的结合并非绝无可能,两者之间并不是非此即彼的关系。

乌托邦思想在历史实践中曾经遭遇了多次失败,但这并不能够否定乌托邦思想在实践层面上所体现的彰显正义和趋向至善的社会意义。传统乌托邦思想是完美的理想主义,渴望一种和谐美好的政治制度安排,向往能构建一种体现人类真善美本性的公共生活。当代乌托邦作为一种走出传统乌托邦的新型政治建构或社会发展目标,其社会理想意义更多集中表现在文化价值或道德建构层面。对生存达到了最

---

[1] 〔美〕温伯格:《五个半乌托邦》,钱进译,载《世界展望》,2000年第6期,第11页。

高程度的被理性控制的人,由于放弃了乌托邦而可能失去塑造历史的意志,变成由各种物质冲动支配的动物。当西方社会科学进入实证主义阶段,哲学方法论几乎排斥了一切信仰的存在,价值理性被工具理性所泯灭,即使要营造乌托邦的理论,也试图用更为实证的方法鼓吹对现实虚幻的满足取向,却在实际上已破坏了乌托邦。

乌托邦在某一历史时期往往以一种相对固定的模式出现,并与现实的生活是游离的,人需要在这游离之外的自律世界模式中,用心寻找生活的一般意义。"在本体论的幻想以及使它的激情变得有意义的东西中,有一种信仰,即存在着或者必须有某些固定的、永久的限制,我们可以诉诸于这些安全并稳定的限制。"[1]

当代乌托邦处于多重关系交织的历史方位,迫使其要从社会变革的要求上,实现各种复杂关系的相连,在理想观念的创新中,达到理论外源形式的本土根植化,探索其在当下语境的内在生长因子。把现实理想化是庸人的思维,把理想现实化必然导致理想之灯的熄灭。保持对现实的批判精神,在理想之光的照耀下去追求更加美好的未来,是社会变革和发展中不可缺少的精神力量。"具有非理性实在和许多可能意义的生活是不会穷尽的……最高价值之光永远照耀着浩瀚无序的随着时间流逝的事件之流中永远变化着的有限部分。"[2]乌托邦重建应在其自身与现实社会二者的张力中,找到反思与批判的平衡点。这样才能向历史的未来开放,从而展开无限的可能性。把当代乌托邦完全制度化,必然会破坏现存秩序;反过来,以其本身所具的开放性意义,能够满足多样化的社会诉求。

如今人类生存发展的状况发生了巨大变化,现代科技作用日趋复杂,使得乌托邦领域发生了多角度的质疑和多向度的批判。这表明一种固执己见、不因时而变的思想观念,最终将被时代所抛弃。而当代乌托邦的本质,就是要使现存世界不断革命化。当代乌托邦具有的人类学意

---

[1] 〔美〕理查德·伯恩斯坦:《超越客观主义与相对主义》,郭小平等译,光明日报出版社,1992年,第23页。
[2] 〔德〕马克斯·韦伯:《社会科学方法论》,朱红文等译,中国人民大学出版社,1992年,第104—105页。

义是不容替代的,虽然原本激进的乌托邦可能蜕变为保守的意识形态,但是西方马克思主义乌托邦思想,随社会历史情势而不断向前发展,其主张不亚于一服摆脱现代性桎梏的清醒剂,在批判性解构和创造性建构的双重境遇中生存了下来,昭示了西方马克思主义者是不能被消解的乌托邦守护者,是西方真正意义上的知识分子。他们根据历史发展状况不断更新自身的理论视野和创造性的变革能力,建构起现代社会所稀缺的合理维度,着力恢复体现时代精神和人类实践活动尺度的乌托邦维度。

西方马克思主义乌托邦思想所体现出的当今人类的乌托邦冲动,代表了其对现实人类生存状态的连续性关注。"存在地道道是超越。此在存在的超越性是一种与众不同的超越性,为最激进的个体化的可能性与必然性就在此在的超越性之中。"①在当代乌托邦的指引下,人能够试图突破以往乌托邦的藩篱,真正依靠自己的力量超越自身现状,在筹划的超越性历程中实现一种可能性,同时面临新的可能性的挑战,并继续展现出人的自我生成、自我创造、自我否定的超越性潜质。作为一种批判世界与改造世界的理论武器,西方马克思主义乌托邦思想始终秉持实践的批判精神,其不在于是否能够达到某种终极价值,或是寻求某种终极存在,而是作为一整套审视现实的社会规范和价值标准,在历史终极指向与当下确定性的两者之间,获得必要的张力支撑。当代乌托邦的根本旨趣就在于,不断地超越现存世界,合理改造现实生活,以实现人的全面自由解放。它独一无二的魅力,一方面,是对政治现实的批判和否定;另一方面,又与人所生存的政治生活兼容,社会的自我完善是依靠人的自身不断趋近完善。

马克思把人类历史最后一幕的喜剧,永远地隐藏在历史的无尽悲剧之中,而这无尽的悲剧,又总透露着终局之喜剧之预约。②注重实际的西方马克思主义者作为"人类灵魂工程师",总是在对现状的否定和

---

① 〔德〕马丁·海德格尔:《存在与时间》,陈嘉映、王庆节译,生活·读书·新知三联书店,1987年,第187页。
② 用马克思的话来说,突发奇想式的企图只是在"精神的笼子"里谈人的"还原"和人的"自我实现",完全脱离实践付诸内心的人的解放,始终围绕着封闭的精神循环圈中打转。

批判中,达成对现存的辩证批判和更新,引导人们思考消除人世间的丑恶现象和异化现象的历史条件和生活土壤,暗示和提出解决人的自由、幸福和解放的现实途径。

当代乌托邦栖居于乌托邦现象背后,在产生它的时代才具有乌托邦意义。作为一种社会理想,它包容了人类意识中无穷的精神存在,立足于可感的当下,又超越当下现存状况,坚信社会是能够加以改造的,以此不懈追求人的自身价值实现。这种对社会发展整体进程趋势的展望,所要追问的无外乎是人之所以为人、社会之所以为社会的基本原则和可能性。目前,人类用自己的手倒提着自己的脚来观察自己的本领还是欠缺的,但这并不妨碍人能够通过当代乌托邦所规范的未来向度,生活在自我超越、自我创造、永远趋向未来的敞开之中。现实总要被未来所超越,乌托邦精神的未来向度,只有关涉人和由人构成的社会本身这一核心问题,才能够作为人类物质精神生活的绝对目标而存在,"不在于对未来世界做出面面俱到的细节上的设计与规划,而在于克服人的自然惰性和对现存事实的消极默认,为人和社会走向新境界提供新的可能性"①。

从前述可见,西方马克思主义者的当代乌托邦,内涵丰富而又具包容性。

第一,当代乌托邦做出现代性视野中当代可感现实生活的普遍性价值悬设。它以一种否定性、反思性的话语立场,审视人目的行为的合理性,透析种种社会现状背后人类行动的意义和根据来超越当下有限之物的应然状态。这一来自远方的价值向度展开了一个希望空间,在人们的现实行动和精神修炼中,不断建构起通往当代普遍性价值的通道,对纷繁的价值观点做出较为明晰的检视。

第二,当代乌托邦在历史语境中被赋予具体的、现实的价值意蕴。真正的乌托邦对价值理想的把握,一定是不断对历史的确定性与终极的指向性之间微妙平衡的调整和冲撞。它基于现实又超越现实的内在超越性,能够划时代地在物质生产、文化进步、制度建构,以及观念变革

---

①贺来:《现实生活世界:乌托邦精神的真实根基》,吉林教育出版社,1998年,第6页。

中根植，在现实生活世界对效率与利益的堆积中，维持现实与超越之间所能保持的必要张力。人的尊严与价值的建立和维持，就要遵循当代乌托邦具体的、历史的逻辑，在对现实世界的批判中发现新世界，并使之得以牢固的定义。

第三，当代乌托邦蕴含一种追求趋向于审美的文化意识。人绝不会甘心完全受制于理性的规约，人与社会作为当下的现实，又不能始终停留在原地，而是在诗性与地气的交汇处，寻求在现实画卷内可能达到趋向于美的境遇。当代乌托邦的诸多层次都既不排斥现实主义成分，又同时更多地追求当下尚未具备的完美价值理想，抑或是探寻不完全具有实现可能性的价值。当代乌托邦不是以超验同义词的形式出现，其内涵在广阔的社会领域和精神世界深处，都具有广泛的指涉性，乌托邦精神概念不会出现泛化的迹象。当代乌托邦试图超越又不完全等同于超越，既使得其外延逐渐扩展到对完美境界的追求中去，又不会使其时代特性在历史的连续发展过程中遭到遮蔽。

第四，当代乌托邦表达了一种乐观向上的生活态度。人天生是乌托邦的存在物，人类孕育了乌托邦精神，得以能揭开社会变革无边进程的序幕。当代乌托邦的诞生，就是对资本主义社会危机的揭示。当代乌托邦并不承诺一个永久恒定的美好家园，而是将对未来的希望投射于一种理想的观照之中，以此来反映现实世界的诸多矛盾和局限，其所包含的价值理想，具有了内在超越的性质，才敢于乐观地面对不完美的现实。

第五，当代乌托邦内含了马克思主义性质的批判思维。西方马克思主义者基于其对时代精神的深刻解读，才能对各式不同的乌托邦形态进行提炼，通过长时期的革命意志锤炼，这一强烈的价值信念充盈了对现实不完满状况的讨伐，或是保有了隐喻式的批判态度。这种代表性的批判力量，打破现存又必须依托于现实行动，以此稳步推进秩序的健全和完善。乌托邦精神的内部构筑出的现代人所应具有的精神样态，同现实社会的不足加以批判性对照，体现了现实社会中所传达出的人与现实生活的重要价值关联。

当代乌托邦在资本主义气数未尽的大背景下，仍然是探索发展中的社会主义的铁杆盟友,并在中国特色社会主义发展中彰显独特的意义。乌托邦从来就不是以具体社会形态的形式呈现,就其本质而言,它是对人自身存在与历史真实境遇的书写,昭示了人在自由与必然、永恒与死亡、理想与现实、超越与个体的对立中无法彻底解放的事实。中华民族历史上的传统乌托邦,虽然更集中地体现了献身道义的存在意义,却在总体上形成一种悖论,崇尚道义的人文精神,却又往往缺少执着于科学与理想的乌托邦精神。

近些年传入中国的西方各种繁杂的社会思潮,很大程度冲击了中国的思想传统精髓,同时孕生的畸形产物也强化了传统文化中所未被剔除掉的落后眼光和功利思维。在这种中华民族一度激进思潮甚嚣尘上的历史性转折中,以认同为基础的乌托邦,作为质疑全球化离心逻辑的话语避风港,在必须面对可能跨向多重文化开放的同时,即使失去部分地域参照,却依然忠于固有的认同性。如果说认同性的纯粹一元逻辑时代,已经让位于当代社会生活体现出的多元性和跨文化表现的话,那么就需要通过对西方马克思主义乌托邦思想的反思来开辟若干类似的途径。扩大社会资本的范围,建构各种各样的共同体,提供情感纽带的同时,国人需要进一步传承共享的文化品格,并根据现实需要重塑当代乌托邦的精神框架,而不能再次对追求真理品格进行侵蚀,上演如同黑格尔所说的倒洗澡水连同孩子一同倒掉的一幕。空想主义被理性所抛弃,不代表也要将乌托邦一并抛弃。

现时代的资本逻辑对社会公平正义进行着不同程度的扭曲,人的主体性也不断地被消解。西方马克思主义的乌托邦思想,起到的正是对社会发展过程的整体性推动。无论社会建构,还是审美,抑或是对现代性的批判,还是对知识分子的唤醒,它都是强大的精神武器,旨在重建一种现代资本主义社会不可能达到的理想生活。"任何愿认真思考,并在思考时自我克制的人,都会认为天上可能有一个'理想国'的样板;而他是不会介意在那里或就在这里到底有没有理想国的。他只是对这个理想国尽到责任,而不是别的什么。"①历史上一旦人们反映出对现实的强烈反抗与不满,就会设计出与之截然相反的社会生活画面,在摒弃详尽的设计与规划后,转向当代乌托邦的社会生活乃至精神建构中。人的外在行为和内心状态,也在一个社会发展时间流转中得到改换。如果用实证科学的眼光去衡量的话,从未有过一种乌托邦真正得以实现,但在与现实丑陋冷漠针锋相对的抗争中,西方马克思主义孕育和生长起来的当代乌托邦,作为一种人类文明的进步表达,旨在让社会发展带来必要的张力,从批判和对比的视野中,进一步发现这一社会文化理想所蕴含的魅力。价值的体现不是从它哪一天真正被实现来计算和衡量的。"人如果不扩大甚至超越现实世界的界限,他的思想就不能前进一步。"②有了乌托邦这面镜子,人们才能发现现实生活的不公和缺陷。乌托邦引导人们走向改变自身现状的最迫切希望,通达希望中的人的存在本身,创造希望中更多的正义、和谐、美好。

---

① 〔美〕乔·奥·赫茨勒:《乌托邦思想史》,张兆麟等译,商务印书馆,1990年,第266页。
② 〔德〕恩斯特·卡西尔:《人论》,甘阳译,上海译文出版社,2004年,第76—77页。

参考文献

一、中文参考文献

[1]马克思、恩格斯:《马克思恩格斯全集》1—4卷,人民出版社,1995年。

[2]马克思、恩格斯:《马克思恩格斯全集》1—50卷,人民出版社,1956—1985年。

[3]〔美〕F. R. 詹姆逊:《詹姆逊文集》第1—4卷,王逢振译,中国人民大学出版社,2004年。

[4]〔美〕弗雷德里克·詹姆逊:《政治无意识》,王逢振、陈永国译,中国社会科学出版社,1999年。

[5]〔美〕弗雷德里克·詹姆逊:《文化转向》,胡亚敏等译,中国社会科学出版社,2000年。

[6]〔美〕弗雷德里克·詹姆逊:《时间的种子》,王逢振译,漓江出版社,1997年。

[7]〔美〕弗雷德里克·詹姆逊:《语言的牢笼:马克思主义与形

式》，钱佼汝、李自修译，百花洲文艺出版社，1995年。

[8]〔美〕拉塞尔·雅各比：《乌托邦之死：冷漠时代的政治与文化》，姚建彬译，新星出版社，2007年。

[9]〔美〕拉塞尔·雅各比：《不完美的图像：反乌托邦时代的乌托邦思想》，姚建彬等译，新星出版社，2007年。

[10]〔美〕拉塞尔·雅各比：《最后的知识分子》，洪洁译，江苏人民出版社，2006年。

[11]〔美〕大卫·哈维：《希望的空间》，胡大平译，南京大学出版社，2006年。

[12]〔美〕戴维·哈维：《后现代的状况——对文化变迁之缘起的探究》，阎嘉译，商务印书馆，2003年。

[13]〔美〕赫伯特·马尔库塞：《单向度的人：发达工业社会意识形态研究》，刘继译，上海译文出版社，1987年。

[14]〔美〕赫伯特·马尔库塞：《审美之维》，李小兵译，广西师范大学出版社，2001年。

[15]〔美〕马尔库塞：《爱欲与文明：对弗洛伊德思想的哲学探讨》，黄勇、薛民译，上海译文出版社，1987年。

[16]〔美〕马尔库塞：《理性与革命》，程志民等译，重庆出版社，1993年。

[17]〔美〕埃里希·弗洛姆：《逃避自由》，刘海林译，国际文化出版公司，2002年。

[18]〔美〕弗罗姆：《占有还是生存》，关山译，生活·读书·新知三联书店，1988年。

[19]〔美〕弗洛姆：《健全的社会》，欧阳谦译，中国文联出版公司，1988年。

[20]〔美〕约翰·贝拉米·福斯特：《马克思的生态学——唯物主义与自然》，刘仁胜、肖峰译，高等教育出版社，2006年。

[21]〔美〕詹姆斯·奥康纳：《自然的理由：生态学马克思主义研究》，唐正东、臧佩洪译，南京大学出版社，2003年。

[22]〔美〕乔·奥·赫茨勒：《乌托邦思想史》，张兆麟等译，商务印书馆，1990年。

[23]〔美〕蒂里希:《政治期望》,徐钧尧译,四川人民出版社,1989年。

[24]〔美〕丹尼尔·贝尔:《资本主义文化矛盾》,赵一凡等译,生活·读书·新知三联书店,1989年。

[25]〔美〕丹尼尔·贝尔:《意识形态的终结——五十年代政治观念衰微之考察》,张国清译,江苏人民出版社,2001年。

[26]〔美〕约翰·罗尔斯:《政治自由主义》,万俊人译,译林出版社,2000年。

[27]〔美〕迈克尔·J.桑德尔:《自由主义与正义的局限》,万俊人等译,译林出版社,2001年。

[28]〔美〕A.麦金太尔:《德性之后》,龚群等译,中国社会科学出版社,1995年。

[29]〔美〕罗伯特·诺齐克:《无政府、国家与乌托邦》,何怀宏等译,中国社会科学出版社,1991年。

[30]〔美〕莫里斯·迈斯纳:《马克思主义、毛泽东主义与乌托邦主义》,张宁、陈铭康等译,中国人民大学出版社,2005年。

[31]〔德〕布洛赫:《乌托邦的意义》,载董学文等编:《现代美学新维度:西方马克思主义美学论文精选》,北京大学出版社,1990年。

[32]〔德〕瓦尔特·本雅明:《机械复制时代的艺术作品》,王才勇译,中国城市出版社,2002年。

[33]〔德〕本雅明:《发达资本主义时代的抒情诗人》,张旭东、魏文生译,生活·读书·新知三联书店,2007年。

[34]〔德〕马克斯·霍克海默、〔德〕西奥多·阿道尔诺:《启蒙辩证法——哲学断片》,渠敬东、曹卫东译,上海人民出版社,2003年。

[35]〔德〕霍克海姆:《批判理论》,李小兵等译,重庆出版社,1989年。

[36]〔德〕阿多诺:《否定的辩证法》,张峰译,重庆出版社,1993年。

[37]〔德〕阿多诺:《美学理论》,王柯平译,四川人民出版社,1998年。

[38]〔德〕A.施密特:《马克思自然概念》,欧力同、吴仲防译,商务

印书馆,1988年。

[39]〔德〕哈贝马斯:《交往行为理论》,曹卫东译,上海人民出版社,2004年。

[40]〔德〕尤尔根·哈贝马斯:《合法化危机》,刘北成、曹卫东译,上海人民出版社,2000年。

[41]〔德〕尤尔根·哈贝马斯、〔德〕米夏埃尔·哈勒:《作为未来的过去》,章国锋译,浙江人民出版社,2001年。

[42]〔德〕卡尔·曼海姆:《意识形态与乌托邦》,黎鸣、李书崇译,商务印书馆,2000年。

[43]〔德〕布伯:《我与你》,陈维纲译,生活·读书·新知三联书店,2002年。

[44]〔德〕黑格尔:《逻辑学》上下卷,杨一之译,商务印书馆,2001年。

[45]〔德〕黑格尔:《精神现象学》上下卷,贺麟、王玖兴译,商务印书馆,1979年。

[46]〔德〕马丁·海德格尔:《存在与时间》,陈嘉映、王庆节译,生活·读书·新知三联书店,1987年。

[47]〔德〕恩斯特·卡西尔:《人论》,甘阳译,上海译文出版社,2004年。

[48]〔德〕马克斯·韦伯:《新教伦理与资本主义精神》,于晓、陈维纲译,生活·读书·新知三联书店,1992年。

[49]〔英〕特里·佩珀:《生态社会主义:从深生态学到社会正义》,刘颖译,山东大学出版社,2005年。

[50]〔英〕伊格尔顿:《后现代主义幻象》,华明译,商务印书馆,2002年。

[51]〔英〕特里·伊格尔顿:《审美意识形态》,王杰等译,广西师范大学出版社,1997年。

[52]〔英〕托玛斯·摩尔:《乌托邦》,戴镏龄译,志文出版社,1997年。

[53]〔英〕詹姆士·哈林顿:《大洋国》,何新译,商务印书馆,1963年。

[54]〔英〕弗·培根:《新大西岛》,何新译,商务印书馆,1979年。

[55]〔英〕卡尔·波普:《开放社会及其敌人》(全二卷),陆衡等译,中国社会科学出版社,1999年。

[56]〔英〕卡尔·波普:《历史决定论的贫困》,杜汝辑、邱仁宗译,华夏出版社,1987年。

[57]〔英〕卡尔·波普:《猜想与反驳:科学知识的增长》,傅季重等译,上海译文出版社,1986年。

[58]〔英〕弗里德里希·A.哈耶克:《科学的反革命:理性滥用之研究》,冯克利译,译林出版社,2003年。

[59]〔英〕弗里德里希·奥古斯都·哈耶克:《通往奴役之路》,王明毅、冯兴元译,中国社会科学出版社,1997年。

[60]〔英〕以赛亚·伯林:《自由论》,胡传胜译,译林出版社,2003年。

[61]〔英〕迈克尔·欧克肖特:《政治中的理性主义》,张汝伦译,上海译文出版社,2003年。

[62]〔英〕约翰·格雷:《自由主义的两张面孔》,顾爱彬、李瑞华译,江苏人民出版社,2002年。

[63]〔英〕齐格蒙特·鲍曼:《生活在碎片之中——论后现代道德》,郁建兴等译,学林出版社,2002年。

[64]〔英〕齐格蒙特·鲍曼:《流动的现代性》,欧阳景根译,上海三联书店,2002年。

[65]〔法〕萨特:《存在与虚无》,陈宣良等译,生活·读书·新知三联书店,1987年。

[66]〔法〕让-保罗·萨特:《存在主义是一种人道主义》,周煦良、汤永宽译,上海译文出版社,1988年。

[67]〔法〕列菲伏尔、〔匈〕赫勒:《让日常生活成为艺术品——列菲伏尔、赫勒论日常生活》,云南人民出版社,1998年。

[68]〔法〕摩莱里:《自然法典》,黄建华等译,商务印书馆,1982年。

[69]〔法〕雷蒙·阿隆:《知识分子的鸦片》,吕一民、顾杭译,译林出版社,2005年。

[70]〔法〕米歇尔·福柯:《疯癫与文明——理性时代的疯癫病史》,刘北成、杨远婴译,生活·读书·新知三联书店,2003年。

[71]〔意〕葛兰西:《实践哲学》,徐崇温译,重庆出版社,1990年。

[72]〔意〕安东尼奥·葛兰西:《狱中札记》,葆煦译,人民出版社,1983年。

[73]〔意〕康帕内拉:《太阳城》,陈大维、黎廷弼译,商务印书馆,1980年。

[74]〔匈〕卢卡奇著,〔德〕本泽勒编:《关于社会存在的本体论》上、下卷,白锡堃等译,重庆出版社,1993年。

[75]〔匈〕卢卡奇:《历史与阶级意识》,杜章智等译,商务印书馆,1992年。

[76]〔匈〕卢卡奇:《卢卡奇早期文选》,张亮、吴勇立译,南京大学出版社,2004年。

[77]〔加〕本·阿格尔:《西方马克思主义概论》,慎之等译,中国人民大学出版社,1991年。

[78]〔加〕威廉·莱斯:《自然的控制》,岳长龄、李建华译,重庆出版社,1993年。

[79]〔俄〕尼古拉·别尔嘉耶夫:《人的奴役与自由》,张百春译,中国城市出版社,2002年。

[80]〔以〕S.N.艾森斯塔特:《反思现代性》,旷新年、王爱松译,生活·读书·新知三联书店,2006年。

[81]〔古希腊〕柏拉图:《理想国》,郭斌和、张竹明译,商务印书馆,1986年。

[82]包亚明:《后现代性与地理学的政治》,上海教育出版社,2001年。

[83]陈周旺:《正义之善:论乌托邦的政治意义》,天津人民出版社,2003年。

[84]陈刚:《大众文化与当代乌托邦》,作家出版社,1996年。

[85]陈永国:《文化的政治阐释学:后现代语境中的詹姆逊》,中国社会科学出版社,2000年。

[86]陈岸瑛、陆丁:《新乌托邦主义》,扬智文化事业股份有限公

司,2001年。

[87]程巍:《否定性思维:马尔库塞思想研究》,北京大学出版社,2001年。

[88]段方乐:《总体性的终结:从卢卡奇到阿多诺》,中国社会科学出版社,2009年。

[89]范晓丽:《马尔库塞批判的理论与新感性思想研究》,人民出版社,2007年。

[90]冯宪光:《"西方马克思主义"美学研究》,重庆出版社,1997年。

[91]龚群:《道德乌托邦的重构——哈贝马斯交往伦理思想研究》,商务印书馆,2003年。

[92]贺来:《现实生活世界:乌托邦精神的真实根基》,吉林教育出版社,1998年。

[93]金寿铁:《真理与现实:恩斯特·布洛赫哲学研究》,同济大学出版社,2007年。

[94]刘怀玉等:《走出历史哲学乌托邦——马克思主义发展观的当代沉思》,河南人民出版社,2001年。

[95]刘怀玉:《现代性的平庸与神奇:列斐伏尔日常生活批判哲学的文本学解读》,中央编译出版社,2006年。

[96]林慧:《詹姆逊乌托邦思想研究》,中国人民大学出版社,2007年。

[97]陆俊:《理想的界限:"西方马克思主义"现代乌托邦社会主义理论研究》,社会科学文献出版社,1998年。

[98]李建:《审美乌托邦的想象:从韦伯到法兰克福学派的审美救赎之路》,社会科学文献出版社,2009年。

[99]陆梅林选编:《西方马克思主义美学文选》,漓江出版社,1988年。

[100]王凤才:《重新发现马克思:柏林墙倒塌后德国马克思主义发展趋向》,人民出版社,2015年。

[101]王雨辰:《哲学与文化价值批判:解读当代西方马克思主义》,湖北人民出版社,2004年。

[102]谢江平:《反乌托邦思想的哲学研究》,中国社会科学出版社,2007年。

[103]徐崇温:《西方马克思主义理论研究》,海南出版社,2000年。

[104]夏凡:《乌托邦困境中的希望:布洛赫早中期哲学的文本学解读》,中央编译出版社,2008年。

[105]杨祖陶、邓晓芒编译:《康德三大批判精粹》,人民出版社,2001年。

[106]衣俊卿:《历史与乌托邦——历史哲学:走出传统历史设计之误区》,黑龙江教育出版社,1995年。

[107]衣俊卿:《20世纪的文化批判:西方马克思主义的深层解读》,中央编译出版社,2003年。

[108]张一兵:《文本的深度耕犁:后马克思思潮哲学文本解读》,人民大学出版社,2004年。

[109]张一兵:《无调式的辩证想象》,生活·读书·新知三联书店,2001年。

[110]张亮:《"崩溃的逻辑"的历史建构:阿多诺早中期哲学思想的文本学解读》,中央编译出版社,2003年。

[111]张彭松:《乌托邦语境下的现代性反思》,中国人民大学出版社,2010年。

[112]章国锋:《关于一个公正世界的"乌托邦"构想》,山东人民出版社,2001年。

[113]郑忆石:《社会发展动力论:从马克思到西方马克思主义》,重庆出版社,2012年。

[114]朱立元主编:《法兰克福学派美学思想论稿》,复旦大学出版社,1997年。

[115]包立峰:《詹姆逊与马克思主义意识形态理论批判本性的回归》,载《马克思主义与现实》,2011年第3期。

[116]陈岸瑛:《关于"乌托邦"内涵及概念演变的考证》,载《北京大学学报·哲学社会科学版》,2000年第1期。

[117]陈雄辉、关锋:《交往的乌托邦:哈贝马斯人类解放思想评

析》，载《华南师范大学学报·社科版》，2007年第3期。

[118]崔执树：《乌托邦观念与现代性的超越》，载《哲学动态》，2009年第2期。

[119]范晓丽：《"乌托邦的终结"与马克思哲学的当代意义》，载《国外理论动态》，2007年第6期。

[120]董四代、杨静娴：《现代性、乌托邦与中国社会主义的历史和现实》，载《天津师范大学学报·社科版》，2008年第1期。

[121]黄小惠：《论詹姆逊乌托邦思想的政治维度》，载《学海》，2011年第3期。

[122]金寿铁：《无—尚未—全有——论恩斯特·布洛赫的尚未存在的存在论》，载《自然辩证法通讯》，2009年第2期。

[123]刘怀玉、范海武：《"让日常生活成为艺术"：一种后马克思的都市化乌托邦构想》，载《求是学刊》，2004年第1期。

[124]刘宇：《超越"反"的逻辑——论乌托邦精神的失落与重建》，载《教学与研究》，2009年第12期。

[125]鲁路：《阿多诺非同一性观念对统治的批判》，载《马克思主义与现实》，2011年第2期。

[126]梦海：《乌托邦——物质之弓——论布洛赫的物质观》，载《哲学研究》，2006年第2期。

[127]沈慧芳：《乌托邦精神的意蕴及其理论与实践价值》，载《福州大学学报·哲学社会科学版》，2010年第5期。

[128]谭善明：《通向主体性审美救赎的乌托邦——试论西方马克思主义文论中的接受者》，载《武汉理工大学学报·社会科学版》，2009年第1期。

[129]王凤才、陈学明：《国外马克思主义研究：四条路径及其评价》，载《学术月刊》，2011年第2期。

[130]王伟：《论詹姆逊辩证批评标准的乌托邦》，载《东南学术》，2009年第2期。

[131]汪行福：《乌托邦精神的复兴——西方马克思主义对乌托邦的新反思》，载《复旦学报·社会科学版》，2009年第6期。

[132]夏凡：《恩斯特·布洛赫的乌托邦范畴再评价》，载《学习与

探索》,2006年第2期。

[133]刑崇:《凝固的辩证法:本雅明消费文化研究的方法论》,载《哲学动态》,2009年第6期。

[134]颜翔林:《论审美乌托邦》,载《江海学刊》,2002年第6期。

[135]曾文婷:《生态学马克思主义的乌托邦社会主义理想》,载《南京社会科学》,2010年第3期。

[136]张彭松:《乌托邦的困境与希望的哲学反思》,载《哲学动态》,2009年第12期。

[137]郑忆石:《多维视角中的西方马克思主义社会主义》,载《新疆社会科学》,2008年第6期。

[138]朱彦明:《弥赛亚主义的革命实践:布洛赫和本雅明》,载《复旦学报·社会科学版》,2009年第3期。

[139]朱波:《从阶级革命论到技术决定论——浅析高兹对马克思资本主义分析方法的改进》,载《求是学刊》,2011年第3期。

二、外文参考文献

[1] Aurel Kolnai, *The Utopian Mind and Other Papers*. London: The Athlone Press, 1995.

[2] Darren Web, *Marx, Marxism and Utopia*. Aldershot England: Ashgate Publishing Ltd., 2000.

[3] David W. Sisk, *Transformation of Language in Modern Dystopias*. London: Greenwood Press, 1997.

[4] Ernst Bloch, *The Spirit of Utopia*, trans. Anthony A. Nassar. California: Stanford University Press, 2000.

[5] Ernst Bloch, *The Principle of Hope*, trans. Neville Plaice, Stephen Plaice & Paul Knight. Cambridge: The MIT Press, 1986.

[6] Ernst Bloch, *A Philosophy of the Future*, trans. John Cummings. New York: Herder & Herder, 1970.

[7] Ernst Bloch, *Man on His Own*, trans. E. B. Ashton. New York:

Herder & Herder,1970.

［8］Ernst Bloch, *The Utopian Function of Art and Literature*, trans. Jack Zipes and Frank Mecklenburg. Cambridge:The MIT Press,1998.

［9］Ernst Bloch, *Essays on the Philosophy of Music*, trans. Peter Palmer. Cambridge:Cambridge University Press,1985.

［10］Ernst Bloch, *Heritage of Our Times*, trans. Neville and Stephen Plaice. Cambridge:Polity Press,1991.

［11］Ernst Bloch, *Atheism in Christianity*, trans. J. T. Swann. New York:Herder & Herder,1972.

［12］Ernst Bloch, *Natural Law and Human Dignity*, trans. D. J. Schmidt. Cambridge:The MIT Press,1986.

［13］Frank E. Manuel and Fritzie P. Manuel, *Utopian Thought in the Western World*. Oxford:Basil Blackwell,1987.

［14］Fredric Jameson, *Marxism and Form*. Princeton: Princeton University Press,1971.

［15］Francis Fukuyama, *The End of History and the Last Man*. London:Hamish Hamilton,1992.

［16］Foucault,Michel, Texts/Contexts of Other Spaces,in:*Diacritics*, Spring,1986(1).

［17］Herbert Marcuse, *Studies in Critical Philosophy*. Boston:Beacon Press,1973.

［18］Herbert Marcuse, *The Aesthetic Dimension*. Boston:Beacon Press, 1978.

［19］Herbert Marcuse, *Five Lectures: Psychoanalysis, Politics and Utopia*. Boston:Beacon Press,1970.

［20］Henri Lefebvre, Critique of Everyday Life, in: *Fundations for a Sociology of the Everyday*,trans. John Moore. London:Verso,1991.

［21］Henri Lefebvre, *Introduction to Modernity: Twelve Preludes September 1959-May 1961*,trans. John Moore. London:Verso,1995.

［22］Henri Lefebvre, *Writings on Cities*, selected, trans. by Eleonore Kofman and Elizabeth Lebas. Oxford:Basil Blackwell,1996.

[23] H. Arendt, *The Human Condition*. Chicago: University of Chicago Press, 1958.

[24] Jurgen Habermas, *Philosophical-Political Profiles*, trans. Frederick G. Lawrence. Cambridge: The MIT Press, 1983.

[25] Jurgen Habermas, *Toward a Rational Society*. Boston: Beacon Press, 1968.

[26] Jurgen Moltmann, *The Coming of God, Christian Eschatology*. Minneapolis Fortress Press, 1996.

[27] Jurgen Moltmann, *Theology of Hope*, Minneapolis: Fortress Press, 1993.

[28] Jacques Derrida, *Dissemination*. London: The Athlone Press, 1981.

[29] Krishan Kumar, *Utopia and Anti-Utopia in Modern Times*. Oxford: Basil Blackwell, 1987.

[30] Lawrence Wilde ed., *Marxism's Ethical Thinkers*. New York: Palgrave Publishers Ltd., 2001.

[31] Leszek Kolakowski, *Main Currents of Marxism*. New York: Oxford University Press, 1978.

[32] Mardell L. Fortier and Dobert F. Fortier, *The Utopian Thought of ST. Thomas More and its Development in Literature*. New York: The Edwin Mellen Press, 1992.

[33] Michael Lowy, *Redemption and Utopia*. London: The Athlone Press, 1992.

[34] Paul Ricoeur, *Lectures on Ideology and Utopia*. New York: Columbia University Press, 1986.

[35] Perry Anderson, *Considerations on Western Marxism*. London: New Left Books, 1976.

[36] Ruth Levitas, *The Concept of Utopia*. New York: Philip Allan, 1990.

[37] Roland Boer, *Marxist Criticism of the Bible*. London: Sheffield Academic Press Ltd., 2003.

[38] Robert M. Adams ed., *Utopia: A Revised Translation Backgrounds*

Criticism. New York: W. W. Norton & Company, 1992.

[39] Theodor W. Adorno, *Aesthetic Theory*, trans. by Robert Hullot-Kentor. London: The Athlone Press, 1997.

[40] Theodor W. Adorno, *Notes to Literature*. New York: Columbia University Press, 1991.

[41] Theodor W. Adorno, *The Culture Industry*, ed. by Bernstein. London: Routledge, 1991.

[42] Vincent Geoghegan, *Utopianism and Marxism*. New York: Routledge Kegan & Paul, 1988.

[43] Wayne Hudson, *The Reform of Utopia*. Chippenham Wiltshire: Ash Gate Publishing Ltd. ,2003.

[44] Wayne Hudson, *The Reform of Utopia*. Aldershot England: Ashgate Publishing Ltd. ,2003.

[45] Zygmunt Bauman, *Socialism: The Active Utopia*. London: George Allen & Unwin Ltd. ,1976.

后　记

　　从华东师大的读博时光到复旦大学的博士后历程，让我真正体会到了学习和思考的乐趣。多么期盼这种生活能够继续下去！经过痛并快乐着的论文写作，从硕士论文向阿尔都塞一个哲学大师致敬到博士论文向西方马克思主义整个哲学流派倾注满满的感情与心血，如今，自己第一部学术著作终于可以出版。在挖掘西方马克思主义当代乌托邦思想深刻内涵的过程中，我渐渐懂得，思想跋涉的每一个路标，都是生命延续的不竭动力。这也是我一心追求的意义和价值。

　　不能停留在黑夜里做梦，只有在白昼中大胆做梦的人，才能成为"乌托邦人"。守住稍纵即逝的白日梦，成了乌托邦动人心魄的魅力所在。对一切非日常之梦追寻，才构成用生命去追求的根本。被财富梦想灼伤的现代人，只活在当下、活在瞬间中。心灵也在世俗化的征途上，催生了太多的噩梦，乌托邦被驱逐与流放，未来无可奈何般地遗失与搁置，我们不是为人之为人的意义而活着！

　　当今，内置于文化深处的乌托邦，成为普遍化的生存追求，成为不能被忽略的文化、历史与生活事实，成为反观自我历史与生命过程的超越维度，不断泛化出神性的光芒。自莫尔《乌托邦》问世以来，乌托邦正式以高贵的、不可屈服的姿态进入文化领域，西方马克思主义者更是使得乌托邦开显当代意义,成为进入人类生命结构中的显性符号,成为超越苦难现实生活的新型利器,成为引渡迷失的人开辟未来的希望之路。乌托邦是一个无比坚硬的"硬东西"!它传达出生活的真理,揭示出生命的法则,播种出希望的种子。西方马克思主义当代乌托邦思想,在人们对乌托邦的反感与诟病中打开一处缺口,让人们特别是经受"乌托邦之死"的当代知识分子,拥有新的想象能力与希望空间,相信一直都有新的太阳升起,一直都有美好在展开,一直都有立足现实的未来在生成。

　　拙作的出版发行,需要表达诸多谢意。发自肺腑地感谢在华东师大学习生活六年中哲学系诸位老师和同窗对我的关心帮助,特别是博士生导师郑忆石教授,她对我学业上的指导和生活上的关怀,无以为报。感谢我在复旦大学哲学学院的博士后合作导师王风才教授,本书能够出版与其中的重大修改,都离不开他的关怀与付出。感谢重庆出版社对本书出版的倾力相助,本书凝结了出版社诸编辑特别是林郁老师的大量心血。感谢工作单位上海对外经贸大学马克思主义学院,感谢中共上海市长宁区委党校许涞华校长,对我写作上的大力支持和体谅。最后,感谢无私奉献全部生命的父母双亲与一生挚爱,有亲人的默默鼓励,我得以在这条人生思考的路上不断向前。